Feldvermessung Kunstdidaktik

Festschrift für Klaus-Peter Busse

Kontext Kunstpädagogik Band 38

herausgegeben von Johannes Kirschenmann, Maria Peters und Frank Schulz

Sidonie Engels, Rudolf Preuss, Ansgar Schnurr (Hrsg.)

Feldvermessung Kunstdidaktik

Positionsbestimmungen zum Fachverständnis

kopaed (muenchen)
www.kopaed.de

Bibliografische Information Der Deutschen Nationalbibliothek
Die Deutsche Nationalbibliothek verzeichnet diese Publikation in der
Deutschen Nationalbibliografie; detaillierte bibliografische Daten sind
im Internet über http://dnb.ddb.de abrufbar

ISBN 978-3-86736-138-5

Umschlagabbildung: Felix Dobbert: EDGES 3 (Cover), EDGES 1 (Rückseite), C-Print
auf Aludibond, 150x125cm, 2013

Layout: Oliver Mast, Hilden, olli@violi.de
Redaktion: Sidonie Engels, Rudolf Preuss, Ansgar Schnurr

Druck: docupoint, Barleben

© kopaed 2013
Pfälzer-Wald-Str. 64, 81539 München
Fon: 089. 688 900 98 Fax: 089. 689 19 12
e-mail: info@kopaed.de Internet: www.kopaed.de

Kartierung

Weiße Flecken

Vorwort

Diese Festschrift widmet sich der Kartierung des kunstdidaktischen Raums mit seinen vielen Begrifflichkeiten, Schauplätzen und Erfahrungswerten. In der Kunstdidaktik ist das Projekt einer Kartierung von *Räumen* mit Klaus-Peter Busse verbunden. Er wurde 1953 in Wuppertal geboren, war lange als Lehrer für Kunst und Deutsch am Gymnasium in Bochum-Wattenscheid und später als Fachleiter für Kunst am Studienseminar Hagen/Westfalen tätig. An der Universität Dortmund, seit 2007 Technische Universität Dortmund, war er zunächst abgeordneter Lehrer, bevor er 1999 zum Professor für Kunstdidaktik berufen wurde.

Klaus-Peter Busse ist ein kunstdidaktischer Brückenbauer, der nicht nur den Fluss Kunstdidaktik mit seinen Fahrrinnen, Untiefen und Kehrströmungen kennt, sondern auch die Ufer der Kunst und der Wissenschaft ausmisst und Freude daran hat, immer neue pädagogische Verbindungen dazwischen zu bauen und deren Tragfähigkeit zu beobachten.

Über Erzählungen, Landschaften und Texte intensiv nachzudenken, sie zu drehen und zu wenden und in ganz eigener Weise zur Darstellung zu bringen, verbindet ihn mit Cy Twombly. Mit ihm hat er sich intensiv beschäftigt, über ihn promoviert und in seinen Alltag sowie sein wissenschaftliches Denken aufgenommen. Diese außergewöhnliche Methode der Auseinandersetzung mit Situationen in Räumen, die besonders erlebt werden, hat er als ein *künstlerisches* und *didaktisches Skript* systematisiert. Künstlerisches Erleben und Handeln und wissenschaftliche Systematik treffen sich in seinen Arbeiten und in seinem Denken. Die leisen Töne dazwischen, aus denen sich durch genaues Beobachten, scharfes Nachdenken und entkonventionalisierte Wege Erkenntnisse ergeben, sind für ihn charakteristisch. Vorweggestellt ist deshalb eine Arbeit seines langjährigen Freundes HOLGER SCHNAPP, der in freier Assoziation Erfahrungen in Collagen und Zeichnungen festhält.

Die Unüberschaubarkeit der Welt, der Kultur und der Kunst in ganz verschiedenen Symbolsystemen kartierend zu erfassen, sie probehalber in Atlanten als kunstdidaktische Handlungsapparate zu ordnen und sinnstiftend zu arrangieren und in einer nie ganz spannungsfreien Weise verstehbar zu machen, begreift Klaus-Peter Busse als Erkenntnis- und Bildungsprozesse. Ausgerüstet mit Methoden, die u.a. der raumerschließenden Kunst entlehnt sind, erkundet er Handlungsfelder des Faches, kartographiert künstlerische, wissenschaftliche und pädagogische Strategien, Schauplätze und performative Strukturen und zeichnet somit die Karte der Kunstdidaktik an den Rändern wie in den Binnenstrukturen weiter.

Klaus-Peter Busse fordert, man solle in der Kunstdidaktik »Wissenschaft zulassen«. Dieses Buch nimmt einen Teil seines Forschungsinteresses auf und führt es unter der Fragestellung fort, wie sich die Kunstdidaktik als wissenschaftliche (Teil-) Disziplin kartieren lässt. Die *Feldvermessung Kunstdidaktik* fragt nach der Verortung in der Wissenschaftslandschaft, nach der Sprache und den Handlungsformen ihrer Einwohner und nach den Verhandlungsprozessen entlang der Grenzen des Feldes. Zahlreiche Kolleginnen und Kollegen, Weggefährtinnen und Freunde sind gern dem Ruf nach einer Beteiligung an dieser Festschrift gefolgt. Sie beschreiben in diesem Band ihre Blickwinkel auf das gemeinsame fachliche Terrain, um Klaus-Peter Busse zum sechzigsten Geburtstag zu gratulieren.

Herzlichen Glückwunsch!

Im Namen aller Autorinnen und Autoren, die Herausgeber

Den Autorinnen und Autoren sowie Künstlerinnen und Künstlern, die mit ihren Blickwinkeln zur Feldvermessung beigetragen haben, gilt unser herzlicher Dank. Auch danken wir Ann-Kristin Graf für ihr sorgsames Korrektorat und Oliver Mast für die gelungene grafische Umsetzung.

Sidonie Engels/Rudolf Preuss/Ansgar Schnurr

Felder anpeilen und Karten entwerfen
Zum Projekt einer Vermessung des eigenen Terrains

Kunstdidaktik, eine Disziplin?

Als 1925 in den »Richert'schen Richtlinien« – aufbauend auf die Diskussionen des ersten Kunsterziehungstages 1901 in Dresden – Preußens Kunstunterricht in seiner bis heute bestehenden Form beispielhaft grundgelegt wurde, gab es keine entsprechende Fachwissenschaft, auf die sich das neue Schulfach hätte beziehen können. »Während die kulturkundlichen Fächer«, also der Geschichts-, der Religions- und der Sprachenunterricht, »das Kunstwerk mehr in seiner geschichtlichen und inhaltlichen Bedingtheiten verständlich machen« sollten, waren für den »Zeichen- und Kunstunterricht«»Übungen in flächenhaftem und körperlichem Gestalten« in Zusammenhang mit auf »formale Gestaltung« und »persönliche Ausdrucksweise des Künstlers« fokussierender Kunstbetrachtung vorgesehen.[1]

Zur hauptsächlich für die Initiierung und Reflexion von Bildungsprozessen in der Auseinandersetzung mit Kunst und visueller Kultur zuständigen Disziplin entwickelte sich im Zuge der fortwährenden allgemeinen Verwissenschaftlichung der Fachdidaktiken seit den frühen 1960er-Jahren die Kunstdidaktik selbst. Sie war bald ein forschendes Fach mit eigenständigem Diskurs und Gegenstandsfeld. So schnell und selbstbewusst die Feststellung einer *wissenschaftlichen Disziplin Kunstdidaktik* im Hinblick auf die steigende Zahl an Dissertationen, zunehmenden Drittmittelprojekten und eigenen wissenschaftlichen Publikationsorganen – die Währungen der Wissenschaftlichkeit[2] – ausgesprochen ist, so offen sind nach wie vor die Fragen, die sich an die Vorstellung der Kunstdidaktik als Wissenschaftsdisziplin oder zumindest Teildisziplin im Horizont der eng mit ihr verbundenen Nachbar- und Bezugsdisziplinen knüpfen: Wovon ist sie als Teildisziplin ein Teil? Was alles befindet sich in der Domäne? Was ist das Eigene und Alleinstellende dieses Teils? In welchen Beziehungen steht die Kunstdidaktik zu den anderen Teil-, Leit-, Bezugs- oder Nachbardisziplinen? Kann und soll sie eigenständige Standards entwickeln, die sich aus dem Gegenstandsfeld ableiten? Was bedeutet es für die Kunstdidaktik, eine »Disziplin« zu sein?

Die Praxis des Kunstunterrichts orientiert sich stark, wenn auch nicht ausschließlich, an den Gegenständen der Kunst und der Kunstgeschichte/Bildwissenschaft.

Die Bezüge weiten sich noch, geht man von den forschungsorientierten Projekten, Handlungsfeldern und Erkenntnisinteressen aktueller Kunstdidaktik als akademischer Disziplin aus. Hier ist keine einzelne Bezugswissenschaft erkennbar, deren Befunde die Breite kunstpädagogischer Lern- und Bildungsziele abdecken und alleinig geeignet wären, spannungsfrei in pädagogische Situationen übertragen und dort angewandt zu werden. In vielen Fällen ist die Bezugsdisziplin sicherlich die Kunst, zumal die aktuelle; jedoch verstehen sich manche kunstpädagogischen Positionen selbst in einem erweiterten Sinne als Kunst, was die disziplinäre Beziehung komplex werden lässt. In anderen Fällen ist die Kunstgeschichte eine wichtige Bezugsgröße, oder auch Teile der Bildwissenschaften. Medienwissenschaften oder Soziologie stellen wichtige Gegenstände und Methoden für bestimmte kunstdidaktische Projekte bereit, ebenso wie Pädagogik, Psychologie, Psychoanalyse, Raumplanung, Denkmalpflege, Archäologie, Literatur- und Kulturwissenschaften, Ethnographie und so fort. Diese Diversität im kunstdidaktischen Zugriff auf Bezugswissenschaften hat mindestens einen Grund: Die Gegenstände, mit denen die Kunstdidaktik umgeht, sind von hoher gegenstands- und lebensweltlich bedingter Komplexität, da hier grundsätzlich die Breite von bildenden Prozessen in der Auseinandersetzung mit Kunst und visueller Kultur reflektiert wird: von der Konfrontation mit einem historischen Landschafts- gemälde über Bewertungspraktiken von Performanceprojekten bis zu empirischen Studien zum ästhetischen Verhalten von Kindern und Jugendlichen. Man stelle sich ein kunstdidaktisches Forschungsprojekt vor, das qualitativ-empirisch untersucht, welche Bildungsprozesse Jugendliche erfahren, wenn sie ihre in der Gemäldegalerie dokumentarisch aufgenommenen Handyfotos in sozialen Netzwerken tauschen, vernetzen und reflektieren. Keine einzelne Bezugswissenschaft kann dies thematisch und methodisch erfassen und hier als verbindliche und leitende Fachwissenschaft für die Kunstdidaktik gelten.

Andere Fachdidaktiken stehen in einem klareren Verhältnis zu einer Wissen- schaftsgruppe, als es der Kunstdidaktik eigen ist. Oft stellt sich dort die Frage nach den relevanten Bezügen weit weniger, wenn etwa die Biologiedidaktik auf die fachwissenschaftlichen Teildisziplinen Ökologie, Physiologie, Molekularbiologie, Botanik, Biochemie, Neurobiologie, Biophysik usw. zugreifen kann, was viele für die Schulpraxis relevanten fachlichen Gegenstandsfelder umfasst. Ein Blick auf einige Kompetenzerwartungen und inhaltliche Schwerpunkte im Fach Kunst, die ein aktu- eller Kernlehrplan NRW für die Jahrgangsstufen 7-9 fordert, macht unabhängig von einer möglichen Kritik daran klar, dass die Bezugsdisziplinen und Forschungsfelder der Kunstdidaktik breit gedacht werden: »*Die Schülerinnen und Schüler verwenden und bewerten den bildfindenden Dialog als Möglichkeit, selbständig Gestaltungslösungen*

*zu entwickeln; sie gestalten Bilder durch Verwendung material-, farb- sowie formbe-
zogener Mittel und Verfahren sowohl der klassischen als auch der elektronischen
Bildgestaltung; sie bewerten Arbeitsprozesse, bildnerische Verfahren und Ergebnisse
im Hinblick auf ihre Einsatzmöglichkeiten im Kontext von Form-Inhalts-Gefügen in
komplexeren Problemzusammenhängen. [...] Sie analysieren mittels sachangemes-
sener Untersuchungsverfahren gestaltete Phänomene aspektbezogen und geleitet
in ihren wesentlichen materiellen und formalen Eigenschaften. [...] Sie analysieren
historische Bilder in Bezug auf Motive und Darstellungsformen, die sich mit der
eigenen Lebenswirklichkeit in Beziehung setzen lassen.«*[3]

Kunstdidaktik als akademische Disziplin kann auf ganz verschiedene Fachwis-
senschaften zugreifen, die zueinander kaum fachgeschichtliche oder wissenschafts-
systematische Familiennähe haben. Viele Positionen kombinieren deren Blickwinkel
und Handwerkszeug und erfinden davon ausgehend neue Settings, die geeignet sind,
die für das facheigene Erkenntnisinteresse relevanten Phänomene abzubilden und
diskutieren zu können.

Kartierung des Raums und seiner Ecken

Kunstdidaktik wird in der Breite der Diskursfelder und Bezugswissenschaften weitgehend uneinheitlich begriffen und verhandelt: So wird sie mal als Verlängerung
von Kunst in die Pädagogik oder selbst als Kunst in der Pädagogik gedacht, mal als
Konjunktion oder als Koppelung von beidem oder als Zwischenbereich sowie als
Le[ ]rstelle; sie wird als direkte Lehranwendung von bildnerischem Tun, von künstlerischem Denken oder von Kunstgeschichte deklariert, auch als Crossover, als Essenz
diverser Bezugsdisziplinen oder eben als eigene Wissenschaftsdisziplin genauso
wie als disziplinärer Teilbereich mit eigenen Beständen, Regeln, Methoden etc. Die
Komplexität im Dazwischen, den eigenen fachlichen Raum zwischen den Bezügen
und Aufgabenfeldern mehrperspektivisch zu kartieren, zu drehen und zu wenden
und immer wieder zu befragen, nimmt sich dieses Buch vor.

Dies verfolgt auch Felix Dobbert in künstlerischer Verdichtung, wenn er – auf
dem Cover und im Kapitel »Artefakte« – fotografisch einen Raum mit komplexer
Ausdehnung zwischen umgebenden »EDGES« definiert und aus verschiedenen Blickwinkeln zeigt. Je nach Perspektive bestimmen und verdecken diese Ecken gleichsam
den Raum, sie stecken seine Ausmaße ab, umhüllen ihn und spielen dabei mit der
Frage nach dem Verhältnis von innen und außen, Begrenzung und Beschaffenheit.

Solche künstlerischen Verdichtungen helfen als Erkenntnismittel, wenn man
sich das Projekt der Bestimmung des Feldes Kunstdidaktik mit ihren durchaus unscharfen Grenzen, diversen Binnenstrukturen und Hotspots ohne klaren Konsens

und mit einem hartnäckig darüber schwebenden Nebel vornimmt. Womöglich kann es als typisch für das Fach gelten – Klaus-Peter Busse ist hier nicht unbeteiligt –, als Erkenntnismittel Metaphern zu wählen, die bildliche oder gedankliche Kontraste stiften. Dieser Band schlägt vor, Kunstdidaktik als *Terrain* zu verstehen und deren Feld zu *kartieren.* Strukturen, Ausdehnungen und Grenzsteine, Gräben und Täler können so in den Blick geraten.[4] Da jede Kartierung abhängig ist vom Standort und Erkenntnisinteresse des Kartographen, der das Feld aus eigenem Blickwinkel und mit seinen Methoden zu erfassen versucht, täte man der Kunstdidaktik keinen Gefallen, hier die unterschiedlichen Maßstäbe der Autorinnen und Autoren in einer Karte zusammenzubringen und auf einen kleinsten gemeinsamen Nenner zu reduzieren.

Diese *Feldvermessung Kunstdidaktik* fängt ganz verschiedene Blickwinkel, Vermessungsbefunde und Positionsbestimmungen ein und stellt sie in thematischen Gruppierungen für den weiteren Diskurs zusammen. Mal antworten diese Beiträge explizit auf die Fragen des Buches, mal leisten sie exemplarisch einen thematischen Beitrag zur Kartierung der Fachdisziplin. In diesem Band sind eine große Reihe von Autorinnen und Autoren versammelt, die in der Vergangenheit Klaus-Peter Busse bei der Kartierung der Kunstdidaktik begleitet haben und innovative Blicke auf aktuelle und zukünftige Flurstücke der Kunstdidaktik einnehmen.

Marksteine

Mark meint Grenze und Marksteine bezeichnend Grenzen, stehen mit mittlerer Lagegenauigkeit fest in der Erde und setzen Zeichen. Im Projekt der Kartierung der Fachdisziplin mit ihren unscharfen Randbereichen ist es hilfreich, nach solchen Marksteinen zu spähen, die Diskursfelder markieren, Gebiete abstecken und Bezugsgrößen darstellen. Unter diesem Begriff finden sich Beiträge, die in der zunehmenden Diversität von Wissenschaftsgegenständen zentrale Diskursknotenpunkte markieren. Als exemplarische Knotenpunkte werden dargestellt: Kunst, pädagogische Situationen, Habitus, ästhetische Urteilsbildung, forschendes Lernen und Kompetenzorientierung. Es zeigt sich: Kunstdidaktik wird vielfältig gedacht, weil sowohl die Gegenstände als auch das Zielpublikum immer heterogener werden.

JAN KOLATA, dessen Bild das Kapitel einleitet, untersucht das Medium Malerei, indem er ihre Mittel und Materialien auf ihre Verortung und Grenzen hin befragt.

CARL-PETER BUSCHKÜHLE stellt die Frage nach dem Stellenwert der *Kunst* für die Kunstdidaktik. Wo wäre die Kunstdidaktik, wenn sie der Frage nach den Gegenständen ihrer Vermittlung ausweicht? Für ihn ist die Kunstdidaktik ein dynamisches Gebilde, dessen Elemente sich durchaus nicht homogen zueinander fügen. Er wendet sich dagegen, einen Teilaspekt der Kunstdidaktik zum ganzen oder zumindest zum wesentlichen zu erklären und lässt nicht locker, immer wieder die Frage nach der Kunst zu stellen, nach der Auseinandersetzung mit ihrer Geschichte und Gegenwart, aber auch die Frage zu stellen, was Kunst sei und was an ihr bildend sein könnte. Er verortet die »künstlerische Kunstdidaktik« als zukunftsweisenden Ansatz, der auch wieder Bezug nimmt auf »Künstler-Pädagogen« wie Joseph Beuys.

RUDOLF PREUSS untersucht den essenziellen Gehalt kunstdidaktischer Handlungen unter verschiedenen institutionellen Rahmenbedingungen. Ausgehend von dem Begriff einer *pädagogischen Situation* analysiert er Vermittlungsstrategien in schulischen und außerschulischen Zusammenhängen. Konzepte und Begriffe wie »Kunstvermittlung«, die für ihre Methoden eine besondere Qualität reklamieren, werden auf ihren sachlichen Gehalt hin hinterfragt. Seine Kernthese: Aufgaben und Funktionen der Kunstpädagogik verändern sich mit dem institutionellen Rahmen, in dem diese stattfindet. Anstatt die Allgemeingültigkeit eines einzelnen Konzepts der Kunstpädagogik zu behaupten, wird der Blick auf die Synergien zwischen den unterschiedlichen Funktionen der Kunstpädagogik in institutionellen Zusammenhängen gerichtet.

Der Fokus von JOHANNES KIRSCHENMANN liegt auf den Bedeutungskonstruktionen von Panofsky und der Theorie zum *Habitus* von Bourdieu. Durch die verschiedensten gesellschaftlichen Entwicklungen, insbesondere durch die medialen Strukturen, werden die bildungsbürgerlichen Traditionen und der damit verbundene Habitus von bestimmten Gesellschaftsgruppen als ein zunehmender Widerspruch zur Wirklichkeit anderer Gruppierungen empfunden. Diese Tatsache verlange zukünftig nach einer stärkeren Beachtung bei der Auswahl der zu vermittelnden Gegenstandsbereiche. Der von Klaus-Peter Busse formulierte Ansatz der Bildumgangsspiele, der basierend auf Gunter Otto und in Ausdifferenzierung der didaktischen Ikonographie entwickelt wurde, müsse um das Konstrukt des Habitus als Methode und Konstrukt kultureller Produktion, Rezeption und Reflexion ergänzt werden. Dies sei eine in der Kunstpädagogik bislang vernachlässigte kulturwissenschaftliche Perspektive im generativen wie rezipierenden Bildumgangsspiel.

GEORG PEEZ stellt die Entwicklung der Fähigkeit zur Selbstbewertung von Kindern und Jugendlichen in den Zusammenhang einer kulturellen Sinnpraxis zur Entwicklung einer »künstlerischen Haltung« und damit als zentrales Forschungsfeld der Kunstdidaktik vor. In Auseinandersetzung mit historischen und neueren Forschungen zum ästhetischen Verhalten von Kindern und Jugendlichen werden Forschungssettings entwickelt, die ein differenziertes Bild auf den Bildgebrauch von Kindern und Jugendlichen werfen. Da die Stärkung des *ästhetischen Urteilsvermögens* eine wichtige Basis und Methodik für kunstdidaktische Forschung sei, fordert er eine Beteiligung von Kindern und Jugendlichen an diesen Prozessen. Die Stärkung der

Selbstbeurteilungskompetenz der Kinder und Jugendlichen habe direkte Auswirkung auf die Unterrichtspraxis, da selbstbewusste Einschätzungen als ein wichtiges Agens im produktiven und rezeptiven Prozess zu betrachten seien.

In eine ähnliche Richtung argumentiert ANDREAS BRENNE. Er plädiert für *forschendes Lernen* in den unterschiedlichen Lehr-Lernprozessen an der Universität und in der Schule. Ausgehend von einer Kritik der gegenwärtigen Bildungsplanung, deren Hauptziel die Optimierung von Bildungsprozessen sei, stellt er fest, dass die Offenheit von Lehr-Lernprozessen der Raum ist, in dem erste individuelle Entwicklung und individuelle Motivierung zur Partizipation und Teilhabe an der Gesellschaft generiert werden könnten. Forschendes Lernen erfordere die Selbstreflexion der Schülerinnen und Schüler und notwendigerweise deren Beteiligung an der Konzeption und Realisation von Unterrichtsvorhaben. Forschendes Lernen generiere eine Individualisierung von Lehr-Lernprozessen und berücksichtige die individuellen Faktoren. Forschendes Lernen als Element einer bildungspolitischen Offensive sei also viel wichtiger als Standardisierung und Vergleichsarbeiten.

MARIA PETERS und CHRISTINA INTHOFF beschäftigen sich mit Lernkulturen im *kompetenzorientierten Kunstunterricht*. Auch sie stellen die Frage nach einem offenen Prozess, in dem Kinder und Jugendliche angeregt werden, wichtige oder im Moment unwichtig erscheinende Gedanken achtsam wahrzunehmen. In einer prozessorientierten Aufzeichnung und Rückmeldeformen dokumentiere sich das Verständnis, welches die Aufzeichnung als Selbstreflexion und konstituierender Bestandteil von Unterrichtsprozessen begreift. Die Autorinnen definieren drei Ebenen der Reflexion. Deren erste ist die Prozessaufzeichnung, eine zweite ist die begleitende Reflexion vor und nach der Prozessaufzeichnung und die dritte Ebene wäre die Beurteilung der im Prozess gemachten Erfahrungen. Diese Ebenen markierten Methoden im forschenden Lernen. Insofern wird auch hier wie in den anderen Beiträgen der Blickwinkel auf selbstreflexive und institutionelle Prozesse gelegt.

Kartierung

Für eine Kartierung gibt es viele Methoden. Man peilt, schreitet ab, schätzt, kalkuliert und bedient sich vieler verschiedener technischer Hilfsmittel. Je nach Standort und Erkenntnisinteresse fällt die entstehende Karte unterschiedlich aus. Wie misst die Kunstdidaktik? Welche eigenen oder aus Bezugsdisziplinen übersetzten Methoden werden angewendet? Gibt es den originär kunstdidaktischen Blickwinkel? Das Verbindende im Kapitel ist die Bandbreite der methodischen Herangehensweisen an kunstdidaktische Probleme und deren Ausfransungen zu anderen Wissenschaftsgebieten.

BETTINA VAN HAAREN begleitet grafisch dieses Kapitel. Sie kartiert Städte zeichnerisch, um ihre Besonderheiten zu erfassen. In reduzierten Linien folgt sie in ihren Zeichnungen Strukturen und Oberflächen in Palermo.

FRANZ BILLMAYER fragt danach, *wie und was die Kunstpädagogik beobachtet* und unternimmt eine diskursanalytische Untersuchung des kunstpädagogischen Feldes und der Wissenschaften, die in die kunstpädagogische Debatte integriert werden. Klassische Bezugsdiskurse der Pädagogik, der Kunst, der Kunstwissenschaft und der Philosophie fänden viel Beachtung in kunstpädagogischen Texten. Allerdings vertritt er die These, dass die deutsche Kunstpädagogik noch viel zu selbstreferenziell arbeite. Ein Großteil der Zitate in der kunstpädagogischen Literatur stamme aus eigenen Texten sowie aus dem eigenen Sprachraum. Die Anbindung an den internationalen Diskurs sei sehr gering ausgeprägt.

KUNIBERT BERING beschäftigt sich mit dem Verhältnis der Mappingmethode zu verschiedenen *Raumphilosophien und Raumkonzepten*. Er wendet eine diachrone Untersuchungsmethode an und übersetzt die Ergebnisse für die Kunstdidaktik. Ausgehend von den Vorstellungen des existenziellen Raumes von Merleau-Ponty, der damit den Antagonismus zwischen der Theorie des objektiven Raumes und dem Raum als Form der Anschauung im Sinne Kants überwunden habe, werde heute bei Peters Sloterdijk der traditionelle Raumbegriff aufgelöst. In diesem Feld gegenwärtiger Raumtheorien entfalte sich die Stärke des Mapping-Konzeptes.

Mit den Möglichkeiten des spezifischen *Methodenkompetenzerwerbs* im Fach Kunst setzt sich CONSTANZE KIRCHNER auseinander. Dies meine einen systematischen Erkenntnisgewinn in Bezug auf produktiv-künstlerische Verfahren ebenso wie auf die Rezeption von Alltagsbildern, Kunstwerken und Architektur. Gerade der Gegenstand unseres Faches und die hier stattfindenden ästhetischen Erfahrungen folgten an vielen Stellen eigenen Gesetzmäßigkeiten, wie zum Beispiel dem durch kreatives Handeln entstehenden Kompetenzgefühl. Kirchner zufolge fordern die Fachgegenstände zum unkonventionellen, experimentellen, provokativen und flexiblen Denken auf und verlangen deshalb eine Subjektorientierung auch in den Forschungsfeldern. Dies gehe weit über das Verständnis einer Methode als Anwendungswissen hinaus.

MANFRED BLOHM nimmt sich etwas sehr ungewöhnliches vor, indem er sein *iPad zur Vermessung* des kunstpädagogischen Feldes verwendet. Er definiert die User, die Innovationen, die Performances und die Producer als die Vermessungseinheiten und Vermessungspunkte der Kunstpädagogik. Die Passgenauigkeit des Kunstunterrichts für die User existiere ebenso wenig, wie Innovation im Unterrichtsgeschehen festgestellt werden könne. Es sei schwer zu sagen, was Kunstdidaktik eigentlich ist, und mit dieser Unschärfe könne das Produkt Kunstpädagogik in Kombination mit antiquierten

Vermarktungsstrategien nicht erfolgreich sein. Die Bezugnahme auf das iPad zeige, dass ein Produkt auch dann erfolgreich sein kann, wenn man nicht genau sagen kann, was es eigentlich ist, jedoch eine Plattform für das flexible Experimentieren, Erproben durch den User darstellt.

Auch Barbara Welzel befasst sich mit dem Konzept des *Mappings*. Es sei der Flaneur von Walter Benjamin, der auf den Sohlen der Erinnerung als Stadtwanderer und Stadterkunder durch die Stadt streife. Mapping verwebe in besonderer Weise Orte, Texte und Bilder unter dem Blickwinkel der Kunstgeschichte mehr als andere Methoden der Kunstdidaktik. Mapping führe Inhalte, Kompetenzen, Methoden und Bildungslegitimationen zusammen und biete für Kunstgeschichte und Kunstdidaktik ein zukunftsweisendes Konzept.

Artefakte

»Zukunft braucht Herkunft« lautete 2003 die Zielrichtung des kunstpädagogischen Generationengesprächs in München. Daran hat sich nichts geändert. Die Beiträge in dem Kapitel versuchen den historischen Blick auf die Bestimmung des Terrains Kunstdidaktik zu schärfen – nicht nur in Hinsicht auf bestimmte Fachinhalte. Vor allem in Bezug auf die eigene Fachgeschichte wird gefragt, ob und inwieweit historische Entwicklungen mit ihren Kontinuitäten und Brüchen für Neuformulierungen taugen.

Helene Skladny erörtert anhand der *Zeichnungslehre* Johannes Ramsauers, wie der Pestalozzischüler in dem bereits von anderen Zeitgenossen kartographierten Gelände das Zeichnen als Orientierungssystem begründet. Johannes Ramsauer beschäftigte sich jahrelang mit der Frage »Was heißt richtiges Sehen?«. Damit legte er schon 1821 in die Grundlage für heutiges Zeichenverständnis und bahnte weitere Forschungsansätze an. Die Aktualität erschließe sich auch über den Stellenwert, der dem Zeichnen von Ramsauer in der Steigerung von Komplexität in der menschlichen Wahrnehmung zugeschrieben wird.

Ein hohes Potenzial bei der Vermittlung und Übersetzung von historischen Räumen sieht Jutta Ströter-Bender in *Modellen*, durch deren Konstruktion und Materialität Deutungen und kulturelle Identitäten offen gelegt würden. Diese Fragestellung ist aktuell, da der Modellierung von Wirklichkeit in analogen und digitalen Zusammenhängen eine immer größere Bedeutung für die Weltwahrnehmung zugewiesen wird. Neben der Modellfaszination, was eine sinnliche Auseinandersetzung mit den Modellen meint, führt die Diskussion um die Ästhetik und Ausgestaltung von Modellen auch zu grundsätzlichen politischen Fragestellungen im Kontext historischer und aktueller Baukultur. Modelle transferierten materielle Erfahrungen in ein Medium zur Erkenntnis von Welt.

KURT WETTENGL verweist auf die Bedeutung der *Künstler-Pädagogen* in den 1960-er und 1970-er Jahren für die heutige Debatte um eine zukunftsfähige Kunstpädagogik. Allan Kaprow, George Brecht, Yoko Ono, Dick Higgins und natürlich Joseph Beuys äußerten sich dezidiert zu pädagogischen Fragen. In ihren Konzepten komme dem Betrachter eine zunehmend aktive Rolle zu. Er formuliere eigenverantwortlich einen prozessualen Zugang zu Kunstwerken. Diese historischen Positionen lesen sich wie neueste Diskurse in der Kunstvermittlung und eröffnen in der historischen Korrelation einen Blick auf Diskurskontinuitäten in der Kunstpädagogik.

Flurbereinigung

Jede Wissenschaft hat ihre Mythen und Axiome. Deren Hinterfragung ist zwar manchmal ein Tabubruch, in dem aber immer auch Innovation enthalten sein kann. In der Kunstpädagogik etwa war über Jahrzehnte das Bild vorherrschend, kleine Kinder liebten überwiegend Bilder mit kindgerechten, gegenständlichen Inhalten und der Unterricht müsse entsprechend gestaltet werden. Bis dann in den 1990er-Jahren Untersuchungen zum ästhetischen Verhalten zu anderen Ergebnissen führten. Eine weitere Bruchstelle war zum Beispiel die Entstehung des Konzepts der Visuellen Kommunikation, deren Vertreter der bildenden Kunst im Kunstunterricht nur eine marginale Rolle zuwiesen. Solche Prozesse der Flurbereinigung sind von basaler Bedeutung für die Wissenschaftsentwicklung und beinhalten damit immer auch eine Bestandsaufnahme des Faches und grundsätzliche Reflexion vorhandener Strukturen.

Das Kapitel wird eingeleitet mit einer Arbeit von HANS BREDER. Er wirft als Begründer des weltweit ersten Intermedia Department an der University of Iowa einen grundsätzlich philosophisch-reflektierenden Blick auf die Welt und sich selbst.

ALEXANDER GLAS übt eine grundsätzliche Kritik an der momentanen Diskursstruktur in der Kunstdidaktik. Er sieht eine Aufgabe künftiger Forschung darin, das Fach aus den radikalen Positionen *subjektivistischer Grundannahmen herauszuführen*. Zukünftige Forschung müsse vielmehr didaktische Probleme wie das Heterogenitätsparadigma grundsätzlich in den Blick nehmen und den daraus entstehenden Anforderungen an einen gelingenden individualisierenden Unterricht Rechnung tragen. Für das hier anschließende Feld der Diagnostik fehlte bislang jedoch eine angemessene Theoriefundierung und entsprechende Verfahren. Bisher habe die Kunstpädagogik nur unscharfe Begriffe wie »Perzept«, um dieses Problem zu umreißen. Auch die entwickelten Unterrichtskonzepte wie Projektunterricht und offene Unterrichtsformen seien nicht hinreichend für einen Umgang mit Heterogenität. Um eine praktikable Fachdidaktik zukunftsorientiert zu entwickeln, müssten also die anthropogenen Faktoren ins Zentrum der fachdidaktischen Forschung gerückt werden. Dadurch verlagere sich der Fokus vorrangig auf die Prozesse der subjektiven Begegnung in Vermittlungssituationen und deren intentionale Ausrichtungen. In dieser Betonung sieht er eine Richtung, die Kunstdidaktik zu einer eigenständigen wissenschaftlichen Disziplin zu entwickeln.

Eine grundlegende Skepsis gegenüber der Vorstellung von *Kunstdidaktik als Disziplin* äußert KARL-JOSEF PAZZINI. Er argwöhnt, dass das Fach, dessen Verortung er durch eine Konjunktion von Kunst und Pädagogik anpeilt, besser ohne festgeschriebenes Gebiet, ohne klare Grenzen und frei von definierten Methoden aufgehoben sei. Der Begriff der *Disziplin*, angewendet auf die Kunstdidaktik, ist nach Ansicht Karl-Josef Pazzinis nicht einlösbar. Zu breit aufgestellt ist der Gegenstandsbereich, mit dem sie sich beschäftigt. Er reicht von alltäglichen Gebrauchsgegenständen, den Medien, der vergangenen und gegenwärtigen Kunst über Architektur, Design bis zur Kinderzeichnung und der Malerei von Laien. Niemand kann in all diesen Bereichen professionell handeln. Wenn die Gegenstandsbereiche so vielfältig sind, dass ein professionelles Umgehen damit nicht möglich ist, worin besteht dann Professionalität unseres Faches? Die Frage ist eine grundsätzliche, da der Vermittlungsprozess zentral inmitten aller Gegenstandsbereiche steht und es faktisch nicht möglich ist, hier rein strukturalistisch zu denken, da abhängig vom Gegenstand, eine Unschärfe in der Form des Vermittlungsprozesses besteht. Dessen Ergebnisse sind nie vorhersehbar.

HUBERT SOWA beschreibt das Fach als ein *durch Diskontinuitäten zerrissenes Feld*, welches seine Verbindung zu den Bildungs- und Erziehungswissenschaften sowie zu den philosophischen Grundlagen verloren habe. Wesensmäßig habe die Pädagogik als Wissenschaft zwar immer Unbestimmtheitsstellen, dies dürfe jedoch keine Legitimation für Beliebigkeit sein. Verantwortliches pädagogisches Handeln müsse sich die Fragen nach der eigenen Legitimität und nach der praktischen Orientierung stellen. Die Klärungsprozesse für diese beiden Pole müssten auf der einen Seite mithilfe empirischer Bezugswissenschaften und auf der anderen Seite mit ethisch philosophischer Argumentation und Handlungserfahrung angelegt werden. Neben allen im Moment postulierten Glaubenssätzen, wie Kunstbezug, Kreativität oder Subjektzentrierung, soll es in der Kunstpädagogik vielmehr um das Sehen, Vorstellen und Darstellen als gemeinsam Geteiltes gehen. Zentral für die Kunstpädagogik sei daher das Verhandeln von Sichtbarkeit als Teil der allgemeinen Bildung im Sinne Klafkis.

Weiße Flecken

Landkarten ohne weiße Flecken sind langweilig. Allerdings kann zwischen subjektiven Landkarten und dem allgemeinen wissenschaftlichen Erkenntnisstand des Fachs unterschieden werden. War ich noch nie in Afrika, ist dieses allgemein bekannte Land für mich ein weißer Fleck. Heute werden viele Bilder von weißen Flecken geliefert und erzeugen einen Erwartungsdruck und eine Besuchssehnsucht. Ähnlich verhält es sich mit weißen Flecken im Wissenschaftsgelände, die neue, bislang im Fachdiskurs übersehene, noch unerforschte oder vernachlässigte Ecken, Gegenstände und Gebiete kartieren. Gefunden durch akribische Kleinarbeit oder einem zufälligen Blick aus dem Augenwinkel, entwickeln sie eine besondere Anziehungskraft. Die im Kapitel versammelten Beiträge nehmen exemplarisch solche weiße Flecken in den Blick und werben für eine Erweiterung kunstdidaktischer Landkarten.

Mit künstlerischen Mitteln beginnt Ursula Bertram-Möbius. Sie schreibt flankierend zum Kapitelthema »weiße Flecken« mit Zitronenschrift, deren Besonderheit ist, unsichtbar zu sein. Im sichtbaren Teil denkt sie darüber nach, ob Zitronenschrift nicht das geeignete Werkzeug sei, um künstlerisches Denken in Worte zu fassen.

Während Karten längst als vermeintlich objektive und gebrauchsbezogene Bildsorte im kunstpädagogischen Fokus stehen, erkennt Andrea Sabisch in den ihnen verwandten *Diagrammen* eine in der Kunstpädagogik kaum beachtete Bild- und Aufzeichnungsform. Die Aufzeichnung als Agens in einem Denk- oder Produktionsprozess habe ihre eigene Erkenntnisqualität, wie bei ihren Überlegungen über die Bedeutung und Funktion von Diagrammen deutlich wird. Sie sieht hier ein Regelwerk operativer Relationalität, welches die seit dem 19. Jahrhundert entstandene Polarisierung von Wissenschaft und Kunst, gemeint ist die Zuschreibung von Objektivität und Subjektivität, zueinander bringen könnte. Im grafischen Denken sei das diagrammatische ein operatives Medium, welches die Interaktion von Einbildungskraft, Hand und Auge zwischen dem Sinnlichem und dem Sinn vermittle.

Als weißer Fleck kunstdidaktischer Forschung gilt gegenwärtig das Thema Heterogenität. Ansgar Schnurr versucht in seiner empirischen Studie, die Unterschiedlichkeit von Weltsichten nicht nur rein individuell zu verstehen, sondern durch die *Verschiedenheit sozialer Milieus* zu erklären. Anhand der exemplarischen Darstellung zweier Jugendlicher seien unterschiedliche Weisen erkennbar, wie sie Kunst und Kultur sozial gebrauchen. Ihre Denk- und Handlungsroutinen ließen sich als Rückgriffe auf bestehende »soziale Skripte« verstehen. Dieser systematische Blick mache deutlich, aus welchen ganz unterschiedlichen soziokulturell bedingten Orientierungen heraus Kinder und Jugendliche beispielsweise Faszination oder Abneigung gegenüber dem Uneindeutigen von Kunst äußern.

SIDONIE ENGELS verweist auf eine vielseitige Gattung von Bildern, die in der Kunstdidaktik keine oder nur marginale Beachtung finden. Gemeint sind *Bilder für Kinder*. Über einen Blick in die Vergangenheit der Fachgeschichte skizziert sie mögliche Gründe für die Marginalisierung. Dabei versucht sie Trennschärfen zwischen den Disziplinen Kunstgeschichte, Kunstpädagogik und Kunstdidaktik vorzunehmen und plädiert schließlich – auch angesichts der sich entwickelnden kulturellen Frühförderung – dafür, die Bildwelten für Kinder als kunstpädagogisches und kunstdidaktisches Forschungsfeld wahrzunehmen.

Die medialen Figuren Lara Croft und Lady Gaga beschäftigen BIRGIT RICHARD und KATJA GUNKEL unter dem Blickwinkel »Sheroes ohne Raum?«. Sie versuchen, *Weiblichkeit in männlich dominierten Aktionsfeldern* wie der Computerspielkultur zu kartieren. Untersucht wird der Autonomiegrad der jeweiligen Heldinnen in unterschiedlichen Spielen, ihre Inszenierungsstrategien und Bewaffnungen. Wird ihre Eigenaktivität letztlich doch durch männliche Figuren gebrochen? In medienwissenschaftlicher und gendertheoretischer Aufmerksamkeit wird nach Zusammenhängen zwischen der stereotypisierenden Inszenierung von Weiblichkeit in Spielen und den Performances von Madonna und Lady Gaga gefragt. Die Autorinnen argumentieren, dass sich die Kunstpädagogik diesem weißen Fleck in ihrer Forschung zuwenden sollte, da Computerspiele eine zunehmende Dominanz bei den Auseinandersetzungen mit Selbst und Welt von Kindern und Jugendlichen erlangten.

---

[1] Hans Richert (Hg.): Richtlinien für die Lehrpläne der höheren Schulen Preußens. 1. Teil: Grundsätzliches und Methodisches, Berlin 1925, S. 170 und S. 173.

[2] Fachdidaktik in Forschung und Lehre. Herausgegeben von der Konferenz der Vorsitzenden Fachdidaktischer Fachgesellschaften (KVFF) o.J., S. 11, online: http://www.fachdidaktik. org/cms/download.php?cat=40_Ver%C3%B6ffentlichungen&file=Fachdidaktik_ Forschung_und_Lehre.pdf (12.07.2013).

[3] Kernlehrplan für das Gymnasium – Sekundarstufe I in Nordrhein-Westfalen Kunst. Arbeitsfassung des Schulministeriums NRW, Stand 11.05.2011, S. 23. Online: http:// www.standardsicherung.schulministerium.nrw.de/lehrplaene/upload/lehrplaene_ download/gymnasium_g8/G8_Kunst_Endfassung.pdf (17.07.2013).

[4] Vgl. in Bezug auf biografische Terrains von Kunstpädagoginnen und Kunstpädagogen: Fritz Seydel: Didaktische Landschaften. Möglichkeiten kreativer Visualisierung didaktischer Positionen, in: BDK-Mitteilungen 3/2001, S. 28 ff.

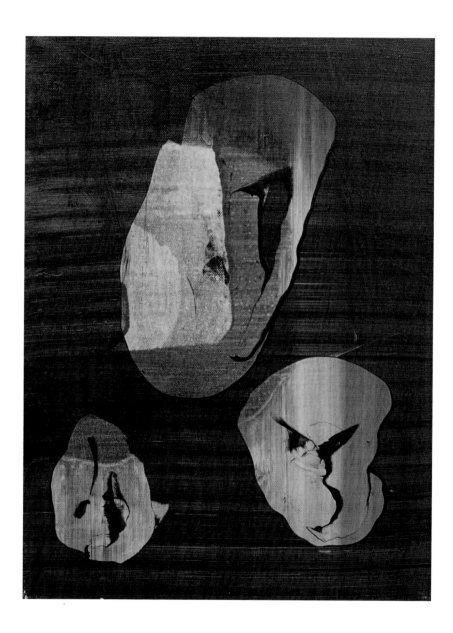

umseitig:
Jan Kolata
ohne Titel
Archivnummer: 040.030.2012.07
Acryl auf Leinwand, 40 x 30 cm, 2012

Marksteine

Carl-Peter Buschkühle

Zur Kunst der Kunstdidaktik

Missachtung der Kunstdidaktik

Die Kunstpädagogik ist per se ein interdisziplinäres Fach. Bereits ihr Name deutet es an: Es geht um Kunst und Pädagogik, mithin um Kunst und Bildung. Ein Element dieses Feldes ist die Kunstdidaktik. Ist sie die Wissenschaft und Praxis von der Vermittlung der Kunst? Oder ist sie die Kunst der Vermittlung, Vermittlungskunst und trägt womöglich in sich die Herausforderung, selbst Kunst zu sein?

Man merkt, wenn man mit dem Fragen beginnt, eröffnet sich eine ganze Reihe von Bezügen, die durchaus Anlass zur Verwirrung geben können. Es ist schon ein Anfang, wenn immerhin der Verdacht keimt, dass die im Wissenschaftsbetrieb nicht ungewöhnliche Behandlung der Didaktik als eine vergleichsweise nicht allzu hoch einzuschätzende Disziplin, derer man sich, wenn es denn sein muss, vielleicht mit einem Lehrauftrag zur Vermittlung der Fachinhalte entledigt, im Falle der Kunstdidaktik allemal zu kurz gegriffen wäre. Gleichwohl findet man eine solche Behandlung der Kunstdidaktik durchaus in der Realität von Universitäten oder Akademien. Die Komplexität der Fragen, die sich mit der Kunstdidaktik verbinden, wenn man sich die Mühe macht, ihr Gebiet genauer zu untersuchen, mag Anlass geben, sich dieser Mühe nicht oder nur halbherzig zu unterziehen. So kommt es zur ebenso paradoxen wie problematischen Situation, dass Kunstdidaktik zwar eine anspruchsvolle Disziplin ist, aber zugleich weitgehend unterschätzt bis missachtet wird. Auf sie trifft gebündelt zu, was Beuys schon vor fast einem halben Jahrhundert über die Kunst als Unterrichtsfach gesagt hat – dass sie eigentlich das schwierigste Fach, aber, von ihren eigenen Vertretern selbst oft nicht verstanden, tatsächlich das am meisten verachtete Fach sei.[1]

Kunstdidaktiker auf der Flucht

Die Kunstpädagogik besteht im Prinzip aus drei Teilgebieten, die sich in allen Studienordnungen des Faches auf die eine oder andere Weise widerspiegeln: die Kunst als gestalterische Praxis, die Kunstwissenschaft und die Kunstdidaktik. Zu den erstgenannten Bereichen unterhält die Kunstdidaktik als Wissenschaft und Kunst der Vermittlung elementare Beziehungen. Im Prinzip. Tatsächlich sind Ausweichbewegungen unterschiedlicher Art zu beobachten. Wo Kunstdidaktik als lästige und minderwertige Disziplin behandelt wird, kann auch schon mal auf explizite Bezüge zur Kunst und zur Wissenschaft verzichtet werden. Es ist keine ungewöhnliche Praxis, die Didaktik ›erfahrenen Praktikern‹ zu überlassen, gestandene Lehrerinnen und Lehrer, die auf der Basis ihrer Berufserfahrung in die Praxis von Unterricht und Vermittlung einführen.[2] Auch da, wo Theorie der Kunstdidaktik betrieben wird, ist die wissenschaftlich redliche Auseinandersetzung mit der Komplexität des Feldes keineswegs selbstverständlich. So ist es z.b. in der jüngeren Debatte nicht nur möglich, sondern wirklich, sachgerechte Argumentation durch kontrafaktische Polemik zu ersetzen und sich gleichzeitig zum Vorreiter einer »verantwortlichen Kunstpädagogik« zu stilisieren.[3] Kein günstiges Licht auf den intellektuellen Selbstanspruch des Faches sowie den Stand seines Geschichtsbewusstseins wirft aktuell die Aufmerksamkeit und das positive Echo, welches ein ausgegrabener und für aktuell brisant verkaufter alter Hut erfährt. In Zeiten der ›Visuellen Kommunikation‹ in den frühen 1970er-Jahren war die Attacke auf die ›elitäre‹ Kunst als Unterrichtsgegenstand und die Etablierung einer auf Emanzipation von massenmedialer Bildmanipulation ausgerichteten Didaktik angesichts der Realität des gängigen Kunstunterrichts durchaus ›revolutionär‹. Inzwischen ist diese Forderung in der Fachgeschichte realisiert und differenziert worden. War dieses Engagement seinerzeit getragen, teilweise auch überlagert von einer intellektuellen Überanstrengung im Hinblick auf sozial- und kulturrevolutionäre Theorie, dann zeigt die augenblicklich Aufwärmung des Themas Merkmale einer intellektuellen Unteranstrengung. Das quantitative Übergewicht der populären Bilder im Konsum der Kinder und Jugendlichen ist für sich noch kein ausreichendes Argument für ihre zentrale Bildungsbedeutung gegenüber der Kunst. Fragen nach der Kunst und ihren Bildungseigenschaften werden in diesem Zusammenhang nonchalant abgebürstet: Was Kunst sei, definiere heute der Kunstmarkt, sagt Franz Billmayer, und entledigt sich damit der lästigen Nachforschung.[4]

Pseudowissenschaftliche Polemik und kokett zur Schau gestellter Antiintellektualismus führen aber letztlich zu nichts. Sie kosten allenfalls Zeit und Mühe, gewiesene Irr- und Umwege zu durchlaufen. Dass sie die kunstdidaktische Diskussion beflügeln, ihre wissenschaftliche Reputation steigern und die Praxis an den Lernorten innerhalb oder außerhalb der Schule beleben, ist nicht ernsthaft anzunehmen.

Die Frage nach der Kunst

Kunstdidaktik müsste sich demgegenüber durchaus die Frage stellen, was denn Kunst sei. Dies ist für sie buchstäblich fundamental. Wie sonst sollte sie die Wissenschaft und Kunst der Vermittlung von Kunst sein, wenn sie der Frage nach ihrem Gegenstand ausweicht? Dieses Paradoxon leistet sich die Kunstdidaktik aber durchaus, ja man erntet gar empörte Reaktionen auf die Zumutung der Frage nach der Kunst. Dies würden noch nicht mal Künstler selbst zu fragen wagen, wurde mir von einem jungen Nachwuchsdidaktiker in einer Arbeitsgruppe auf dem kunstpädagogischen Bundeskongress in Leipzig 2005 entgegengehalten. Dass Künstler diese Frage durchaus zu stellen wagen, ja dass sie sogar weiterfragen nach dem Bildsamen der Kunst, wäre Gegenstand kunstdidaktischer Grundbildung an den Hochschulen. Paul Klees pädagogische Tagebücher aus seiner Zeit als Lehrer am Bauhaus, überhaupt die ›Bauhaus-Pädagogik‹ einer Reihe namhafter Künstler der Moderne, oder die Kunst als Kunstpädagogik bei Joseph Beuys sind Hinweise auf prominente Verbindungen von Kunst und Pädagogik, die bis in didaktische Fragen hineinreichen und Impulse zutage fördern, die bis heute Einfluss auf die Kunstdidaktik ausüben. Die Basis dieser Künstler-Didaktiken ist die Kunst, die eigene künstlerische Erfahrung der Autoren, die diese Erfahrung zu reflektieren und pädagogische Schlüsse daraus zu ziehen vermögen.

Weit reichend und tief greifend sind diese Unternehmungen, wo sie noch einen Schritt weiter gehen und Wissenschaften der Kunst einbeziehen. Diese sind vielfältig und werden nicht nur von der Kunstgeschichte repräsentiert. Es ist insbesondere die Philosophie der Kunst – die Kunsttheorie und die ästhetische Theorie –, die weit ausholt und tief eindringt in die Fragen nach der Kunst, nach ihrem Wesen, nach ihren Eigenschaften, nach ihren Bedingungen, nach ihrem Gelingen oder Misslingen und nach den Fähigkeiten, die sie verlangt und übt, wenn man sich mit ihr abgibt. Spezieller stellen solche Fragen aber auch die Kunstsoziologie und die Psychologie. Nimmt man die Spannweite dieser Bezüge der Kunstdidaktik zu den beiden anderen Elementen der Kunstpädagogik: der Kunst und der Wissenschaft, in den Blick, so erstreckt sie sich von der künstlerischen Erfahrung des Kunstdidaktikers bis zu seiner kunstphilosophischen Bildung. Aber damit ist der Umfang des Anspruchs und das Spannungsfeld der Bezüge immer noch nicht erschöpft: Zu ergänzen ist als wesentlicher Bezug die pädagogische und didaktische Praxis, der Bezug zu den Schülern, zu den Bedingungen und Möglichkeiten des Lernens in Theorie und Praxis.

Pessimistisch betrachtet, sitzt der Kunstdidaktiker so zwischen vielen Stühlen, positiv gesehen, sieht er sich angeregt und herausgefordert, beweglich zu sein in der Begehung, Bestellung und Verbindung verschiedener Felder. Als Protagonist eines interdisziplinären Faches ist für ihn das Bedürfnis zur Spezialisierung auf bestimmte Fragestellungen akzeptabel, wo es zur Vertiefung in spezifische Probleme führt. Das Bedürfnis wird da riskant, wo es zur Missachtung anderer Ansprüche und Bezüge führt, wo die Fokussierung auf ein Teilgebiet Folgerungen und Schlüsse zutage fördert, die mit dem Anspruch versehen werden, das Ganze der Kunstdidaktik zu betreffen. Diese ist ein dynamisches Gebilde, dessen Elemente durchaus nicht homogen zueinander zu fügen sind, sich vielmehr durchaus auch kontrovers zueinander verhalten können. Die Tendenz, einen Teilaspekt zum Ganzen oder zumindest zum Wesentlichen zu erklären, mag auch dieser komplexen Dynamik des Gebietes geschuldet sein.

Bildkompetenz

Es ist längst Allgemeingut der kunstpädagogischen und kunstdidaktischen Debatte, dass der zentrale Gegenstand des Faches das Bild ist. Der erweiterte Bildbegriff umfasst dabei nicht nur Bilder der Kunst oder der Medien, sondern auch Objekte der angewandten Künste wie Architektur und Design. Die Kunstgeschichte hat sich vor dem Hintergrund der Ausweitung des Bildes weiterentwickelt zur Bildwissenschaft.[5] In der Kunstpädagogik ist im deutschsprachigen Raum hier von der »Bildkompetenz« als bildungstheoretischem Leitmotiv die Rede.[6] Ähnliches meint im angelsächsischen Raum die »Visual Culture Art Education«.[7] Bemerkenswert ist hier, dass in der US-amerikanischen und britischen Kunstpädagogik, die weltweit tonangebend ist, derzeit Entwicklungen aktuell sind, die in der deutschsprachigen Kunstpädagogik mit der ›Visuellen Kommunikation‹ im Wesentlichen schon in den 1970er-Jahren verhandelt wurden. Die Probleme der daraus resultierenden didaktischen Praxis sind auch ähnlich. Die kritische Analyse und Diskussion von Bildern, vornehmlich der Massenmedien, steht im Vordergrund der Unterrichtspraxis. Die Gestaltungsarbeit der Schülerinnen und Schüler läuft meist auf die Herstellung von Collagen heraus, die vorgeblich die je eigene, mitunter kritische Sicht auf das Thema oder Problem zur Darstellung bringen sollen. Meist sind diese Collagen, einst wie jetzt, allerdings weniger kritisch oder eigenständig als der berichtende Kunstdidaktiker meint. Vielmehr offenbaren sie oft eine erstaunliche Klischeehaftigkeit und Vordergründigkeit, die der kritischen Diskussion, die aus den Bildbetrachtungen berichtet wird, nicht entsprechen.[8] Ihre formale Qualität lässt auch nicht selten zu wünschen übrig. Zwar hat z.B. der Dadaismus vor gut einem Jahrhundert die Fotomontage als demokratisches Instrument der Bildaussage in die Welt gesetzt, doch ein Selbstläufer in Bezug auf überzeugende Bildgestaltungen ist sie nicht. Auch sie verlangt handwerkliche Fähigkeiten sowie ein Verständnis für die Form, die Komposition, den Bildraum, den Ausdruck. Auch sie verlangt mithin Kompetenzen in der Bildgestaltung. Kompetenzen in der Bildanalyse reichen nicht aus. Wenn von Bildkompetenz als Leitmotiv der Kunstpädagogik und -didaktik die Rede ist, ist die Fähigkeit zum kritisch-emanzipativen Betrachten von Bildern sozusagen nur die halbe Miete. Die Fähigkeit zum differenzierten und differenzierenden Bildausdruck wäre zumindest die Kehrseite der Medaille.[9]

Künstlerische Wende

Seit Ende der 1990er-Jahre entwickelt sich in der deutschen Kunstpädagogik eine Bewegung, die aus der ›ottonischen‹ Tradition einer vornehmlich auf Verstehensprozesse im Umgang mit Bildern angelegten Didaktik herausführt und gegenüber dieser vermittlungsorientierten eine künstlerisch orientierte Kunstpädagogik und -didaktik verfolgt. Klaus-Peter Busse spricht hier von einer »künstlerischen Wende« als einer fachspezifischen Entwicklung in der Kunstpädagogik.[10] Es wäre zu kurz gedacht, wenn diese Wende als eine Preisgabe der pädagogischen und didaktischen Errungenschaften einer wissenschaftlich orientierten Auseinandersetzung mit Bildern gesehen würde. Es geht um eine stärkere Akzentuierung, Erforschung und Etablierung einer künstlerischen Auseinandersetzung mit Kunst und anderen Bildern, aber die Protagonisten einer künstlerischen Bildung bemühen sich dabei ausdrücklich, die Komplexität des Feldes der Kunstpädagogik und -didaktik in den Blick zu nehmen. Busse markiert hier eine relevante Haltung, wenn er sagt, »tatsächlich interessieren mich diese Grenzbereiche zwischen künstlerischem Blick und kunstwissenschaftlicher Methode«.[11]

Inzwischen ist eine Vielfalt an Erforschungen und Entwicklungen einer künstlerisch orientierten Kunstpädagogik erkennbar, wobei die deutschsprachige Kunstpädagogik sich im internationalen Maßstab als führend erweist.[12] Sowohl in der bildungstheoretischen Begründung als auch in der kunstdidaktischen Praxis liegen ausgearbeitete Positionen im deutschsprachigen Fachdiskurs seit einigen Jahren vor. Zu nennen sind hier insbesondere Helga Kämpf-Jansen mit ihrer »Ästhetischen Forschung«, in der sie Kunst, Wissenschaft und Alltagserfahrung der Schülerinnen und Schüler in forschender und gestaltender, themenorientierter Projektpraxis zu verbinden versucht.[13] Ferner Joachim Kettel, der eine Kunstpädagogik der »Selbstfremdheit« propagiert, wobei das Sich-selbst-fremd-werden der Lernenden in recherchierenden und experimentell gestaltenden Prozessen eine Arbeit zugleich an einer Thematik wie am eigenen Selbst darstellt.[14] Durch die Übung reflexiver und imaginativer Denk- und Handlungsweisen in der Auseinandersetzung mit dem Thema und dem zu formenden Werk machen die Schülerinnen und Schüler auch Erfahrungen der Selbstwahrnehmung, der Selbstreflexion und der Selbstveränderung. Klaus-Peter Busse erkundet Weisen des »enacting the arts«.[15] Künstlerische Strategien des »Mapping« oder des »Editing« untersucht er als Weisen eines spielerischen, künstlerischen Bildumgangs. Das Editing bezeichnet hier das Aufgreifen eines bereits existierenden Kunstwerkes oder auch eines anderen Bildes, welches in neuen Kontexten und künstlerischen Transformationen zu einem neuen Bild führt. Das Mapping kann breit gefächert verstanden werden.[16] Es kann die künstlerische Kartografie von Räumen bezeichnen oder auch diejenige von Bildern und ihren Zusammenhängen. Anders als eine wissenschaftliche Untersuchung, die in orthodoxer Methode eine Fragestellung disziplinär bearbeitet und die Ergebnisse diskursiv dokumentiert, charakterisiert das Mapping eine Weise des künstlerischen Forschens, welches offenere, Disziplinen übergreifende Bewegungen ausführen kann und in Formen der Darstellung mündet, der neben der Dokumentation potentiell alle Medien und Ausdrucksformen der Künste zur Verfügung stehen.[17]

Welche Gemeinsamkeiten der verschiedenen genannten Ansätze einer künstlerisch orientierten Kunstpädagogik – zu der eine Reihe anderer zu ergänzen sind[18] – können beobachtet werden?

- Es fällt auf, dass sie den Befund teilen, dass eine künstlerische Bildung eine Bildung des Subjekts sein soll, die es befähigt, in einer globalisierten, disparaten Kultur und Gesellschaft selbständig und selbstverantwortlich Bedeutung zu generieren und eine Beweglichkeit des Handelns zu entwickeln. Die Kunst, die Arbeit an einem Werk, die damit verbundenen Bewegungen des Forschens und des experimentellen Erzeugens bedeutungsvoller Darstellungen, eingeschlossen die Auseinandersetzung mit thematisch relevanten Bildern und Texten, sie bildet den Fokus, das Feld der Übung schöpferischer Denk- und Handlungsweisen.

- Dies zieht als Konsequenz nach sich, dass auch die Formen von Unterricht und Bildungsprozessen andere sein müssen als übliche Weisen operationalisierter Vermittlung, sei es Frontalunterricht oder aufgabengestützte Gruppenarbeit. Den Unterricht, den Bildungsprozess selbst als einen Prozess der Gestaltung zu begreifen, als eine Form der Kunst, ist ebenfalls ein charakteristisches Merkmal künstlerisch orientierter Didaktiken.[19] Dabei wird vor allem das Projekt als eine handlungsorientierte Form des Lehrens und Lernens erforscht und entwickelt, welches als eine dem künstlerischen Prozess des Recherchierens und experimentellen Gestaltens adäquate Weise von Bildung erscheint.

- Diese Verbindung von Forschung und Formung, von Wissenschaft und Gestaltung zielt auf die Ausbildung des künstlerischen Denkens der Lernenden. Diese Zielperspektive bildet ein Kernelement künstlerisch orientierter Kunstpädagogik. Dieses Leitmotiv charakterisiert das Wesen künstlerischer Bildung, unabhängig davon, welche didaktischen Schwerpunkte einzelne Positionen auf diesem Feld setzen. Vor diesem Hintergrund ist die Frage nach der Kunst als bloßer Lerngegenstand eine verkürzte kunstdidaktische Frage. Und das Verständnis künstlerischer Bildung als einer, die künstlerische Vorgehens- und Arbeitsweisen in Bildungsprozessen nachahme, ebenfalls. In den Worten Busses formuliert geht es um folgendes: »Die Frage, mit was oder für was Kunst bilde, ist falsch gestellt. Man muss anders fragen: Wie können künstlerisches Denken und Handeln und das, was es auslöst, zu ästhetischem Bewusstsein und damit zu einem Sinnstiftungsprozess beitragen?«[20]

Anforderungen an den Kunstdidaktiker

Diese Eigenschaften einer künstlerischen Kunstpädagogik und -didaktik formulieren nicht nur Anforderungen an die Disziplin, sondern fokussieren sich in der Person der Lehrenden. Welche Eigenschaften sollen Kunstdidaktiker als Künstler der Bildung aufweisen und in ihrer Ausbildung entwickeln? Die Spannungspole des Feldes sind markiert: die Kunst, die Wissenschaft und die Didaktik. In diesem Feld soll der Kunstpädagoge seine disziplinäre Beweglichkeit, die wesentlich eine interdisziplinäre ist, üben. Und zwar als Selbstbildung permanent, die Herausforderungen sind mit einem bestandenen Examen nicht beendet.

Kunst

Die Kunst ist nicht nur Gegenstand der Betrachtung oder der handwerklich-technischen Übungsseminare, die mit einer Modulbescheinigung enden, welche fortan die im absolvierten Kursus der Malerei, Druckgrafik oder plastischen Gestaltung erworbene Kompetenz nachweisen. Angesichts der Anforderungen des Künstlerischen ist diese ja nicht ungewöhnliche universitäre Praxis der kunstpädagogischen Ausbildung nicht anders denn als Groteske anzusehen. Grotesk als offenkundig dilettantische Überstülpung von Ausbildungs- und Lernverfahren auf die Kunst, die einem ganz anderen Bereich entstammen, der dominanten rationalistisch-pragmatischen Wissensvermittlung. Die künstlerische Arbeit, im Kern die künstlerische Gestaltung, geht aber nicht in dieser Form der Wissensvermittlung auf. Ebenso wenig in der Einübung von handwerklich-technischen Fertigkeiten. Die seminaristische Amputationsform ›künstlerischer‹ Ausbildung zielt darauf ab, den Kunstpädagogen in die Lage zu versetzen, zu wissen und damit zeigen zu können, »wie es geht«. Hier offenbart sich die Beschränktheit des Leitmotivs rationalistisch-pragmatischer Wissensvermittlung. Wesentliche, elementare Eigenschaften des künstlerischen Lernens rücken gar nicht in ihr Blickfeld, da sie buchstäblich in diesen Hinsichten blind ist, ihr die relevanten Kategorien fremd bzw. suspekt sind. Künstlerische Ausbildung braucht Zeit und Raum. Dies widerspricht der ökonomisch bedingten Knappheit beider Faktoren in den Bildungsinstitutionen. Das künstlerische Handeln ist experimentell, d.h. weitgehend unplanbar, ein plastischer Prozess zwischen Chaos und Form,[21] nicht ohne weiteres in starre Zeittakte und auch nicht in programmatische methodisch-didaktische Vermittlungsformen zu packen.[22] Entscheidende Prozesse sind Forschungs- und Formungsprozesse des Individuums. In diesen bildet sich eine künstlerische Erfahrung aus und entwickeln sich Elemente des künstlerischen Denkens wie eine differenzierte Wahrnehmung, ein kritisches Re-Flektieren von relevanten Zusammenhängen, wobei sich der künstlerisch Arbeitende zu diesen Zusammenhängen in Beziehung setzt, und eine eigenständige Imagination, die wesentlich ist für die Ausgestaltung des Werkes als persönlicher bildhafter Positionierung.

Von besonderer Bedeutung im künstlerischen Schaffensprozess, aber auch bei der Betrachtung von Bildern ist die Ausbildung des Gespürs. Dieses ist rationalistisch nicht zu fassen, gleichwohl ist es ein elementarer Bestandteil von Kognition. Ein Gespür für eine Sache zu entwickeln bedarf des Wissens über die Sache. Aber es geht darüber hinaus, das – profunde – Wissen wird Bestandteil eines Gefühls für die Sache.[23] Oft geradezu leibliche Empfindungen spielen hier eine zentrale Rolle. Rationalistisch-analytisch ist den Einsichten und Erfahrungen des Gespürs nicht beizukommen. Wie Henry Cartier-Bresson es ausdrückt:»Man kann Sinnlichkeit nicht erklären«. »Warum«, so fragte ihn ein Maler,»hast Du diesen Moment für das Foto gewählt?« »Warum«, so fragte Cartier-Bresson zurück,»hast Du da oben das Gelb gesetzt?«[24] Das Gespür, hier das Gespür für die Form, ist eine intuitive Fähigkeit. Intuition ist nicht ephemer und zufällig. Sie erscheint vielmehr als fluide Relation (FLUR) zwischen einer Vielzahl simultan aktiver kognitiver Elemente – der Wahrnehmung, der Empfindung, der Kenntnis, der Erfahrung, der Vorstellungskraft. Künstlerische Erfahrung und die Ausbildung des ästhetischen Gespürs bedarf einer Dauer der Entwicklung und einer fortgesetzten spielerischen Übung in der gestalterischen Arbeit am eigenen Werk. Kunstpädagogen müssen Künstler sein, wenn sie auf diesem subtilen und komplexen Gebiet Anreger, Begleiter, Herausforderer sein wollen, die ähnliche Prozesse der Übung künstlerischen Denkens bei ihren Schülerinnen und Schülern anstoßen und pädagogisch-didaktisch gestalten können.

Wissenschaft

Zur persönlichen Erfahrung auf dem Gebiet der Kunst soll der Kunstpädagoge und -didaktiker auch ein Wissen über die Kunst erwerben. Die Auseinandersetzung mit der Geschichte der Kunst und ihrer Gegenwart ist dazu erforderlich. Aber auch die Frage, was denn Kunst sei, um die weitere Frage anzufügen, was an ihr bildend sein könnte. Neben den oben genannten Künstlertheorien ist es hier vor allem die Philosophie der Kunst, die auf diese Fragen Antworten gibt, die kritisch zu bedenken sind. Kunst wird als ein Pendant, eine Schwester der Philosophie begriffen. Kunst ist Philosophie mit anderen Mitteln, ihre Aussageerzeugungen über die Wirklichkeit werden nicht im Begriff, sondern im Bild geleistet. Kunst bildet nicht die Wirklichkeit ab, sondern bringt sie hervor.[25] Diese konstruktive Leistung fußt auf dem künstlerischen Denken, welches die Philosophie in immer neuen Wendungen als ein polares Denken zwischen Gegensätzen beschreibt, die im schöpferischen Akt interagieren. Nietzsche spricht vom Dionysischen und Apollinischen, vom Gott des Rausches und vom Gott des Traums, wenn er diese Antagonismen beschreibt.[26] John Dewey erkennt in der künstlerischen Erfahrung animistische und poetische Elemente.[27] Adorno sieht im künstlerischen Tun das mimetische und das konstruktive Denken am Werk.[28] Joseph Beuys bezeichnet das künstlerische Denken als universales Denken, welches Intuition und Rationalität miteinander in Beziehung setzt.[29] »Universale Geistesgegenwart« verlangt er im Feld der Kunst, sei es in ihrer Betrachtung oder bei ihrer Hervorbringung. Der »uomo universale« des Künstlers ist sich jedoch nicht als in harmonischer Ganzheitlichkeit denkend vorzustellen, sondern als schöpferisches Individuum inmitten des plastischen Prozesses eines Denkens, welches auf all seine Fähigkeiten zurückgreift und diese empfindend und reflektierend, wahrnehmend und vorstellend in oft konflikthafte Bewegungen versetzt. Für die Bildung in der Kunst ist daraus abzuleiten, dass diese universale Geistesgegenwart, diese plastische Beweglichkeit der kognitiven Fähigkeiten herauszufordern und zu üben ist.

Pädagogik und Didaktik

Universale, schöpferische geistige Beweglichkeit zu bilden, ist ein anspruchsvolles Argument für eine künstlerische Bildung, für dessen Akzeptanz im Geltungshorizont erziehungswissenschaftlicher Forschungsaxiome empirische Untersuchungen über- prüfbare Nachweise liefern müssten. Dazu müssen Forschungsdesigns entwickelt werden, die der Kunst gerecht werden. Ein wesentliches Element einer qualitativ- empirischen Untersuchung der Bildsamkeit von Kunst ist das Werk, nicht nur das professionelle als Gegenstand der Betrachtung, sondern vor allem das von den Schüle- rinnen und Schülern selbst geschaffene, seine Eigenschaften, seine Entstehungsproze- duren, die Verhältnisse von Intention, Fertigkeit, Sensibilität, Wissen und Imagination, seine Anteile von Rationalität und Intuition, die es aktiviert und widerspiegelt. Eine richtungweisende Form der Ausbildung von angehenden Kunstpädagoginnen und Kunstpädagogen, die empirische Erfahrung mit kontextueller Reflexion verbindet und so auch Ansätze zur Untersuchung von Bildungsqualitäten von Kunst liefert, praktiziert Sara Hornäk. Sie führt mit ihren Studierenden künstlerische Projekte durch, in denen die recherchierende und experimentierende Ausarbeitung eines eigenen Werkes im Vordergrund steht. Im Rahmen dieser Projektarbeit werden auch Kunstwerke be- trachtet und diskutiert, die mit der Thematik in Beziehung stehen. Der Horizont der Auseinandersetzung wird erweitert durch einen kunstphilosophischen Diskurs, der angestoßen werden kann von der Reflexion der eigenen Werkarbeit, der Diskussion von Kunstwerken und Medienbildern, oder aber der Lektüre von philosophischen Texten. Aus diesem Feld zwischen Kunsterfahrung und Kunstwissenschaft heraus ent- wickelt Sara Hornäk mit ihren Studierenden Fragen nach der Kunstpädagogik und der

Kunstdidaktik. Ein wesentliches Ziel dabei ist, dass die angehenden Kunstpädagoginnen und Kunstpädagogen ihre kunstdidaktischen Konzeptionen auf dem Hintergrund dieser umfänglichen Auseinandersetzung mit der Kunst selbst entwickeln und begründen können. Damit sind nicht Neuerfindungen auf diesem Gebiet gemeint, sondern das, was eine kunstdidaktische und kunstpädagogische Ausbildung im Hinblick auf ihr Kerngebiet leisten sollte: pädagogische und didaktische Urteilsfähigkeit der jungen Kunstlehrerinnen und -lehrer herausarbeiten.

Kunstpädagogische und kunstdidaktische Urteilsfähigkeit meint vor diesem Hintergrund einer künstlerisch handelnden und reflektierenden Ausbildung mehr als die kritische Kenntnis wesentlicher elaborierter Fachpositionen. Diese gehört zum Kerngeschäft einer solchen Ausbildung dazu. Kritische Reflexion kunstdidaktischer Konzepte ist ein erforderlicher Bestandteil theoretischer Urteilsfähigkeit, die begründet eigene Haltungen zu fachlichen Ansprüchen, Inhalten und Methoden entwickelt. Kunstdidaktische Urteilsfähigkeit zielt schließlich auf und beweist sich an bildender Praxis. Prozesse künstlerischer Bildung, so insbesondere das künstlerische Projekt in der Schule, erweisen sich ihrerseits als ein Feld von polaren Bezügen, innerhalb dessen der Lehrende navigieren können muss. Genauer gesagt ist es das Feld, innerhalb dessen er in der Relation der vielfältigen Polaritäten des künstlerischen Bildungsprozesses diesen gestalten können soll. Gemeinsamer Unterricht und die Förderung individueller Gestaltungsarbeit, Bildbetrachtung und philosophierende Reflexion, Offenheit der Aufgabenstellung und Begrenzung des Themas, um Spielraum wie Orientierung der recherchierenden und experimentierenden Arbeit der Schülerinnen und Schüler zu ermöglichen – dies sind Andeutungen didaktischer Pole, auf deren ›Klaviatur‹ der künstlerisch Lehrende spielen können soll.[30] Zur dazu notwendigen Urteilsfähigkeit gehört eine pädagogische und didaktische Einbildungskraft, die Bildungs- und Projektprozesse antizipieren kann, welche nicht im Sinne eines Lehrgangs a priori durchplanbar sind. Sachkenntnis im Themengebiet der künstlerischen Projektarbeit ist selbstverständliche Voraussetzung, um diese anstoßen und fördernd begleiten zu können. Es ist aber auch das pädagogische und didaktische Gespür gefragt: für die Schülerinnen und Schüler, ihre Möglichkeiten und Schwierigkeiten, für den Prozess, seine Potentiale und Problemstellen, die im Verlauf Reaktionen und Impulse des Lehrenden brauchen. Pädagogische und didaktische Intuition im künstlerischen Bildungsprozess fußt ebenso auf Sensibilität, Wissen und letztlich Erfahrung, wie die künstlerische Intuition im Werkprozess.

Vielfalt und Autorschaft

Worauf künstlerische Bildung letztlich abzielt, ist die Befähigung zur Autorschaft.[31] In heterogener, zudem globalisierter Kultur ist jeder aufgefordert, Autor zu werden, das heißt Urheber von »kleinen Erzählungen« von Sinn und Bedeutung, von Werten und Zielen, nachdem die »großen Erzählungen« nicht mehr fraglose Geltung beanspruchen können für die Orientierung und das Maß einer Lebensführung.[32] Der Autor existentieller Erzählung ist Künstler, einer, der in Zusammenhängen denken kann und zu Formulierungen eigener Positionen fähig ist. Ein komplexes und zugleich konzentriertes Übungsfeld einer solchen Künstlerschaft ist die künstlerische Bildung. Die in ihr Tätigen, die Kunstdidaktiker als Gestalter dieser Bildung zumal, sind aufgefordert, ein ›uomo universale‹ zu sein, ein Generalist, der angesichts der vielfältigen Bezüge seines Feldes fortgesetzte Selbstgestaltung übt hinsichtlich seines Wissens, seines Könnens, seines Denkens. Er weiß um die Vielfalt seines Metiers und hütet sich vor Schwächeanfällen, die ihn dazu verleiten, diese Vielfalt zu missachten und durch das Valium der Einfalt zu ersetzen.

---

[1] Joseph Beuys im Interview mit Siegfried Neuenhausen: Das Bildnerische ist unmoralisch, Kunst + Unterricht 4/1969, S. 50–53.

[2] In den 1970er-Jahren war dies z.B. Praxis bei der Einstellung von Professoren an Pädagogischen Hochschulen.

[3] Vgl. Die Debatten um Hubert Sowa in den BDK-Mitteilungen 1, 2 und 3/2008 und nach dem Düsseldorfer Bundeskongress 1/2010.

[4] Franz Billmayer im Gespräch in: Iwan Pasuchin: Intermediale künstlerische Bildung. Kunst-, Musik- und Medienpädagogik im Dialog, München 2007, S. 148.

[5] Vgl. Hans Belting: Bild-Anthropologie. Entwürfe für eine Bildwissenschaft, München 2001; W. J. Thomas Mitchell: What do Pictures want? Chicago 2005.

[6] Vgl. Kunibert Bering/Rolf Niehoff (Hgg.): Bilder. Eine Herausforderung für die Bildung, Oberhausen 2004.

[7] Vgl. Kerry Freedman: Teaching Visual Culture. Curriculum, Aesthetics and the Social Life of Art, New York 2003.

[8] Solche Beobachtungen lassen sich z.B. machen bei Schülerarbeiten aus dem internationalen Forschungsprojekt »Images & Identity«: www.image-identity.eu. Die Publikation erscheint 2013 im Intellect-Verlag (Bristol, UK): Rachel Mason/Carl-Peter Buschkühle (Hgg.): Images & Identity. Ecucating Citizenship through Visual Arts.

[9] Vgl. die Ausdifferenzierung des Kompetenzbegriffs in der Medienpädagogik, wo »Medienkompetenz« beides meint: den kritischen Umgang mit Medienproduktionen

wie die Fähigkeit zu eigener Gestaltung mit modernen Medien. Z.B. Iwan Pasuchin: Künstlerische Medienbildung. Ansätze zu einer Didaktik der Künste und ihrer Medien, Frankfurt/M. 2005.

[10] Klaus-Peter Busse: Vom Bild zum Ort. Mapping lernen, Norderstedt 2007, S. 227.

[11] Ebd., S. 32.

[12] Vgl. Carl-Peter Buschkühle: Künstlerische Kunstpädagogik. Ein Diskurs zur künstlerischen Bildung, Oberhausen 2012.

[13] Helga Kämpf-Jansen: Ästhetische Forschung. Wege durch Alltag, Kunst und Wissenschaft. Zu einem innovativen Konzept ästhetischer Bildung, Köln 2001.

[14] Joachim Kettel: SelbstFREMDheit. Elemente einer anderen Kunstpädagogik, Oberhausen 2001.

[15] Busse 2007, S. 32 (s. Anm. 10). Zum Editing vgl. auch: Klaus-Peter Busse: »Editing«: Über den künstlerischen Umgang mit Bildern in der Kunst und in Vermittlungssituationen, in: Buschkühle 2012 (s. Anm. 12), S. 407–414.

[16] Mapping ist eine »Ästhetik nach dem Muster der Kartografie«, die Fredric Jameson als die notwendige Form der Ästhetik in der Postmoderne bezeichnet: Postmoderne – Zur Logik der Kultur im Spätkapitalismus, in: Andreas Huyssen/Klaus R. Scherpe (Hgg.): Postmoderne. Zeichen eines kulturellen Wandels, Reinbek bei Hamburg 1986, S. 99.

[17] Vgl. z.B. Busse 2007 (s. Anm. 10), S. 256 ff.

[18] Vgl. Buschkühle 2012 (s. Anm. 12).

[19] Vgl. Busse 2007 (s. Anm. 10), S. 32, Busse 2012 (s. Anm. 15), S. 412 ff., Joachim Kettel: Warum künstlerisches Denken lernen? In: Buschkühle 2012 (s. Anm. 12), S. 447–465, Buschkühle: Die Welt als Spiel II (Kunstpädagogik): Theorie und Praxis künstlerischer Bildung, Oberhausen 2007/2011, S. 168 ff.

[20] Busse 2007 (s. Anm. 10), S. 214.

[21] Vgl. Joseph Beuys in: Volker Harlan/Rainer Rappmann/Peter Schata: Soziale Plastik. Materialien zu Joseph Beuys, Achberg 1984, S. 59.

[22] Vgl. Stephan Hölscher: Die künstlerische (Aus-)Bildung von Lehramtsstudierenden, in: Buschkühle 2012 (s. Anm. 12), S. 231 ff.

[23] Vgl. Wilhelm Schmid: Philosophie der Lebenskunst. Eine Grundlegung, Frankfurt/M. 1998, S. 198 ff.

[24] Das Jahrhundert des Henry Cartier-Bresson. Ein Film von Pierre Assouline, arte 7. 1. 2012.

[25] Paul Klee formuliert dies z.B. in seinem berühmten Satz:»Kunst gibt nicht das Sichtbare wieder, sondern macht sichtbar.« Paul Klee:»Über die moderne Kunst«, in: ders.: Kunst-Lehre. Aufsätze, Vorträge, Rezensionen und Beiträge zur bildnerischen Formlehre, Leipzig 1995, S. 84.

[26] Friedrich Nietzsche: Werke in drei Bänden, München 1994, Bd. I, S. 21 ff.

[27] John Dewey: Kunst als Erfahrung, Frankfurt/M. 1980, S. 39.

[28] Theodor W. Adorno: Ästhetische Theorie, Frankfurt/M. 1980, S. 175.

[29] Harlan/Rappmann/Schata 1984 (s. Anm. 21), S. 96.

[30] Buschkühle 2007/2011 (s. Anm. 19), S. 171 ff.

[31] Zum Verhältnis von Kunst und Autorschaft vgl. Bazon Brock: Selbstfesselungskünstler zwischen Gottsucherbanden und Unterhaltungsidioten. Für eine Kultur diesseits des Ernstfalls und jenseits von Macht, Geld und Unsterblichkeit, in: ders.: Die Re-Dekade. Kunst und Kultur der 80er Jahre, München 1990, S. 127 ff.

[32] Jean Francois Lyotard: Das postmoderne Wissen. Ein Bericht, Graz/Wien 1986, S. 184.

Rudolf Preuss

Kunstpädagogik im institutionellen Kontext
Zauberwort Kunstvermittlung?

Kunstvermittlung ist in

»Dem Vorbild Großbritanniens – mit seiner jahrzehntealten Tradition der Publikums-
orientierung – folgend, wollen Museen heute vielen Ansprüchen genügen: Sie sind
Kinderhort, aber genauso Kunstkolleg für Senioren. Sie locken mit dem Catering
ihrer Gastronomie, aber auch als Location (›Tafeln in kunstvollem Ambiente‹).«[1]
Zielgruppenorientiert, mit speziellen Programmen zum »betreuten Sehen« löst die
Kindergartengruppe die Lehrergruppe vor dem Bild ab. Das Publikum der Kunst wird
selbst zur Kunst erklärt:

»Kunstvermittlung kann heute selbst künstlerische Praxis sein: Sie involviert das
Publikum, macht es zu Akteuren, Verbündeten oder auch Opponenten. In diesem
Sinne kann und sollte eine zeitgemäße Kunstvermittlung ebenso Grenzen überschrei-
ten wie die zeitgenössische Kunst.«[2]

In diesem Zitat wird, abgeleitet aus der zeitgenössischen Kunst, der Kunstvermittlung ein avantgardistisches Moment unterstellt. Abgesehen von der äußerst kritisch
zu sehenden Generalisierung des »Widerständigen«[3] für die gesamte zeitgenössische
Kunst stellt sich auch die Frage nach der Funktion von Kunstvermittlung in unterschiedlichen institutionellen Zusammenhängen. Heißt das, bezogen auf die Schule,
die Kunst formuliert systemische Grenzüberschreitungen, also ein neuer »Marsch
durch die Institutionen«? Heißt es für den Galeristen, die »Grenzüberschreitung« als
Verkaufsargument gegenüber dem wohlhabenden Kunstsammler zu verwenden, damit
dieser sich mit seiner Kaufentscheidung in der Rolle als Komplize des widerständigen
Künstlers wiederfindet und wohlfühlt? Damit sind wir fast wieder auf der Ebene der
Kunstvermittlung von Alfred Lichtwark angelangt.[4] Ulrich Schöttker beklagt, Pierangelo Maset zitierend, die »Instrumentalisierung der Kunstvermittlung« ... »Sowohl
die jüngere Geschichte der Kunstpädagogik wie die Entwicklung des Kunstsystems
weisen eine Leerstelle auf, was die kunsthafte Kunstvermittlung betrifft. Beide inst-
rumentalisieren Kunst überaus stark. Die Kunstpädagogik zum Wohl pädagogischer
Ziele, das Kunstsystem für die symbolische oder ökonomische Wertschöpfung.«[5] ...

und plädiert für eine idealistische Sichtweise, bei der der Selbstzweck der Kunst im Mittelpunkt steht und Kunstvermittlung selbst zur Kunst wird.[6]

Sind es nur verschiedene Institutionen[7] und damit verbunden, verschiedene Absichten, die sich hinter den Begriffen und Worten verbergen, oder sind es verschiedenwertige Konzepte? Was trennt Kunstpädagogik von Kunstvermittlung? Warum das manchmal spürbare, krampfhafte Bemühen von Kunstvermittlern sich von Lehrern abzugrenzen? Das führt auch zu eher skurrilen Situationen, in denen Kunstvermittler, selbst Studierende des Faches Kunstpädagogik, stolz berichten, sie hätten »Lehrerfortbildungen in Museen« angeboten. Ganz sicher können auch Studierende, die sich Spezialwissen, etwa zu einer Ausstellung, angeeignet haben, entsprechende Angebote gestalten. Auf den sachlichen Gehalt wird hier jetzt nicht abgehoben. Es ist der Habitus, mit dem eine Wertigkeit von Tätigkeiten suggeriert wird und nicht immer eine Wertschätzung der Kunstpädagogen widerspiegelt.

Differenzierter äußert sich die ehemalige Vorsitzende der Arbeitsgemeinschaft Deutscher Kunstvereine, Leonie Baumann, in dem Modellprojekt für eine zeitgemäße Kunstvermittlung an Kunstvereinen in Nordrhein-Westfalen 2010:

»Das Verhältnis zwischen Kunst, Kunstvermittlung und Pädagogik sollte neu und offensiv im Sinne eines neu zu öffnenden Raumes für Störfaktoren definiert werden. Das sich daraus ergebende Spannungsverhältnis, die Erkenntnisse und Erfahrungen werden sicherlich einerseits zur gegenseitigen Bereicherung beitragen und andererseits eine Herausforderung für die weitere Arbeit sein.«[8]

Pädagogische Situationen

Landauf, landab und vielseitig belächelt sieht man auf Straßen, vor Gebäuden oder in Museen und Ausstellungen immer wieder das Regenschirmbild. Eine Gruppe von Menschen folgt einer irgendwie gekennzeichneten Autorität von Kulturobjekt zu Kulturobjekt. Eine solche Situation ist in sehr vielen Institutionen und situativen Kontexten beobachtbar und so alltäglich, dass sie häufig nicht mehr erwähnenswert erscheint. Jedoch spielt sich in eben diesen Situationen das Kerngeschäft jeglichen Vermittelns, oder Didaktisierens, oder Pädagogisierens ab. Sie sind somit ein wichtiger Gegenstandsbereich unserer Wissenschaft, mithilfe derer diese Situationen konzipiert, beobachtet, analysiert und beschrieben werden.

Auf formaler Ebene lassen sich zwei Situationen unterscheiden:

Die klassische Situation A, Beschäftigung mit einen Kulturobjekt:
Eine Gruppe von Kindern oder Jugendlichen in einer Kirche, vor einem Gebäude, in einem Museum, einem Kunstverein vor einem Kunstwerk oder in der Schule vor einer Projektion sitzend oder stehend redend oder zeichnend oder bauend oder nachbildend usw. Daneben, oder davor oder unsichtbar, ein Museumspädagoge oder ein Lehrer oder ein Kunstvermittler.

Die klassische Situation B, Eigenproduktion:
Wieder eine Gruppe von Kindern oder Jugendlichen in einem Museum, einem Kunstverein oder in der Schule, sitzend an Tischen, zeichnend oder malend oder bauend, filmend, spielend usw., sich mit einer Aufgabenstellung gestalterisch-künstlerisch auseinandersetzend. Anwesend auch wieder ein Museumspädagoge oder ein Lehrer oder ein Kunstvermittler.

Die Situationen werden bewusst formal, mit Blick von außen beschrieben ohne auf Absichten und Konzepte einzugehen. Somit wird deutlich, dass äußere Form ähnlich ist und die unterschiedlichen Akteure unserer Profession auch in den verschiedenen Institutionen überlappend agieren.

Diese klassischen Situationen beschreiben Handlungsfelder, denen »kunstpädagogische«, »kunstdidaktische« oder »kunstvermittelnde« Konzepte zu Grunde liegen. Sie stellen das Kerngeschäft unseres Faches dar und entstehen fast nie spontan, jedoch, je nach institutionellem Kontext mehr oder weniger freiwillig. Mit welchem Begriff aber soll der Inhalt einer Arbeit beschrieben werden, die Modelle zur Artikulation und ästhetischer Erfahrung in kommunikativen Situationen aufstellt, die mit den Künsten in Verbindung gebracht werden? Die Geschichte der Kunstpädagogik ist voll von diesbezüglichen kreativen Vorschlägen. Das reicht von musischer Bildung über visuelle Kommunikation, kunstpädagogische Kunstvermittlung[9], Bildumgangsspiele[10], künstlerische Bildung[11] bis hin zur Vermittlung von Bildkompetenz[12]. Es sei jetzt hier nicht ein neuer Begriff hinzugefügt, weil der Autor der Überzeugung ist, dass das Heil unserer Zunft nicht im Kreieren von neuen Wortkombinationen liegt, deren empirischer Verifizierung nicht immer geleistet wird. Vielmehr wird der Blick auf die Qualität und die Struktur dieser oben beschriebenen Situationen gelenkt in denen kommunikative Aktionen über, mit und um Kunst und Alltagsbilder herum entstehen.

Was ist eine pädagogische Situation?

Der hier zu Grunde gelegte Situationsbegriff orientiert sich an dem Situationsbegriff der Situationisten, für die eine »Situation« gleichbedeutend war mit »wirklichem Leben«[13]. Damit wird auch einen Aussage getroffen über die immanenten Qualitäten der beschriebenen Situationen. Eine Situation ist eine Zeitspanne in einem räumlichen Kontext, in der bestimmte Regeln herrschen und für deren Gestaltung die teilhabenden Menschen kooperieren und aktiv handeln[14]. Konkret handelt es sich hier um eine pädagogische Situation.

Deren Grundsettings werden von Institutionen und von den Konstrukteuren bestimmt. Die Schulstunde oder die Öffnungszeiten des Museums, die Räumlichkeiten und die zur Verfügung stehenden Materialien definieren die Eckpunkte.

Die Regeln der pädagogischen Situation werden allein von den Konstrukteuren derselben festgelegt. Das beginnt mit dem Auswahl der Gegenstände, den Materialien, dem Verhaltenskodex und dem Angebot bestimmter Erkenntnisprozesse und Ziele. Konstituierend für eine pädagogische Situation ist auch die Kompetenzdifferenz zwischen dem Konstrukteur und den teilhabenden Menschen. Die basale Qualität einer pädagogischen Situation besteht dann darin, sie für alle Mitglieder zu einem nicht entfremdeten, also möglichst weitgehenden, selbstbestimmten Erlebnis zu machen, was eine Dynamik zur Veränderung der Konstruktion durch alle Partizipierenden in Gang setzt. Nur dadurch verwandelt sich das Konstrukt von einer Lehrstunde zu einer Situation. Damit dies gelingt, muss jedes Individuum die Möglichkeit haben, sich selbst in die Situation einzubringen, eigene Schlussfolgerungen zu ziehen und eigene Prozesse und Ziele zu definieren. Eine gelingende pädagogische Situation wird also durch ihre offene Struktur, zumindest in Teilbereichen, charakterisiert. Entscheidend für den Erfolg ist auch eine auf die Zielgruppe zugeschnittene Partizipationsstruktur, die motiviert und nicht zu Über- oder Unterforderungen führt.

Seit der Reformpädagogik vor über 100 Jahren wird diskutiert, wie solche pädagogischen Situationen gelingen können. Auf der Grundlage systemischer und konstruktivistischer Lerntheorien wurden nach dem Zweiten Weltkrieg verschiedenste Modelle entwickelt, die in der Schulpädagogik partizipatorischen und kollaborativen Unterricht ermöglichen sollen. Einige Schlagworte dazu: entdeckender Unterricht, Projektarbeit, Lernstationen usw. Die Kunstpädagogik hat diese Diskussion aktiv aufgegriffen und eigene Konzepte entwickelt, bei denen die ästhetische Handlung und Erfahrung von Kindern und Jugendlichen im Mittelpunkt des Kunstunterrichts steht.[15]

Die Parallelen zwischen Schulpädagogik und Kunstvermittlung werden deutlich, liest man die Feststellungen von Carina Herring:

»Seit einigen Jahren lässt sich ein zunehmendes Interesse innerhalb der Kunstvermittlung an kollaborativen Arbeitsformen beobachten. Es geht dabei immer weniger um reine Kunstwerkvermittlung oder die Aneignung überprüfbaren Wissens, sondern darum, durch die Begegnung mit Kunst eigene Handlungs- und Erfahrungsräume zu öffnen und selbst künstlerische Strategien zu erproben.«[16] Das Bestreben bei der Konstruktion von pädagogischen Situationen ist also ganz offensichtlich in der außerschulischen Kunstvermittlung und der Kunstpädagogik in dieselbe Richtung orientiert.

In der aktuellen Diskussion wird auch immer wieder auf den Betrag von Eva Sturm auf dem Bundeskongress der Kunstpädagogik in München Bezug genommen. Sie formuliert 2003:

»Der Überschneidungsbereich zwischen der Tätigkeit von KunstvermittlerInnen und KunstpädagogeInnen heißt ›Kunst‹. Nicht jede Kunstpädagogik ist Kunstvermittlung, sondern nur da wo sie mit Kunst, von Kunst aus, rund um Kunst arbeitet.«[17] Unter Berufung auf Adorno unterstellt sie der Kunstpädagogik gegenüber eine allgemeine Abneigung, da die Mittlerfunktion als solche suspekt sei.[18]

Diese Aussage ist zutreffend unter dem Blickwinkel des breiteren Bildungsauftrages der Schule und deren gesellschaftliche Selektionsfunktion. In außerschulischen Zusammenhängen ist der Bildungsauftrag differenzierter und die Selektionsfunktionen subtiler. In der Schule geht es um eine ganzheitliche Persönlichkeitsbildung von jungen Menschen, bei der Kunst, auch im Fach Kunst, nur einen Teilbereich darstellt.

Unter dem Blickwinkel der Konstruktion einer gelingenden pädagogischen Situation innerhalb und außerhalb der Schule erscheint die Unterscheidung von Eva Sturm aber nicht mehr zeitgemäß. Es ist heute nicht mehr so, dass die Bildungsbereiche komplett voneinander getrennt sind. Künstler und Kunstvermittler arbeiten ebenso in Schulen wie Kunstlehrer in außerschulischen Institutionen. Zudem wird das entscheidende Agens in einer pädagogischen Situation durch die Differenzierung Sturms nicht berührt. Es handelt sich um eine Kommunikationssituation zwischen Menschen. Ohne eine Aussage über die Menschen zu treffen ist eine Charakterisierung und Differenzierung von Kunstvermittlung und Kunstpädagogik schlichtweg nicht möglich. Diese Feststellung bezieht sich sowohl auf die Zielgruppe der Vermittlung als auch auf die Konstrukteure der pädagogischen Situation, deren Motivationen, Absichten und Konzepte den Inhalt und den Prozess der pädagogischen Situation konstituieren.

Wie vermittelt Kunstvermittlung?

Um die Aussagen möglichst konkret treffen zu können werden die Beispiele auf der Wolfenbütteler Tagung »Kunstvermittlung zwischen Konformität und Widerständigkeit« 2009[19] und die Beispiele aus dem Modellprojekt zur zeitgemäßen Kunsterziehung in Kunstvereinen in Nordrhein-Westfalen von 2010 zu Grunde gelegt.

Es wird insgesamt deutlich, dass sich alle Einzelprojekte pädagogische Fragen bezüglich der Konzepte der Kunstvermittlung stellen. Dies wird am Projekt »aushecken« auf der Documenta 12 verifiziert. Der Begriff ›aushecken‹ basiert auf dem Projektraum, eines der beiden historischen Heckenkabinette der Orangerie, der der Gruppe zu Verfügung gestellt worden war. Die Autorinnen stellten genaue Überlegungen an, wie sie des Arial nutzen wollten.

»Was wollen wir der Documenta 12 entgegensetzen? Was wollen wir hinzufügen? Was wollen wir den Kindern und Jugendlichen bieten? Wovor gilt es sie zu schützen?«[20]

Das sind originäre pädagogische Fragestellungen für ein Vorhaben, welches in einem konkreten Gelände über einen bestimmten Zeitraum und unter den Bedingungen der Documenta 12 stattfindet. Im Folgenden setzt sich die Vermittlergruppe auch mit didaktischen Fragen auseinander. So sollten beispielsweise ursprünglich eine Werkstation aus Resten der Ausstellungsarchitektur, ein Space Shuttle oder ein Piratenschiff eingerichtet werden. Letzten Endes entschied man sich aber dann dagegen und für die Reduktion. Das Heckenkabinett sollte leer bleiben.

»Es sollte uns mit den Gruppen von Kindern oder Jugendlichen in seiner kultivierten Natur und Ruhe als Einstimmung Untersuchung Erprobung und Resonanzraum dienen. Es sollte ein Schutzraum sein, ein Kontrapost, kurz um: ein Raum, der nur den Kindern und Jugendlichen gehört.«[21] Vernünftigerweise macht sich die Vorbereitungsgruppe auch Gedanken über die Materialien und entschließt sich ebenfalls zu einer Materialreduktion. »Das Hauptwerkzeug zum Erkunden des Heckenkabinetts und der Ausstellung sollte der eigene Körper sein. Zusätzlich gab es dann noch Papier und Stifte, dokumentarischen Medien wie Fotoapparate sowie eine Videokamera und für FreundInnen der Farbe auch noch ein paar Kästen mit Aquarellfarbe als klassisches Medium der künstlerischen Dokumentation.«[22]

Ähnlich verhält es sich in dem Modellprojekt Nordrhein-Westfalen[23]. Der Bielefelder Kunstverein beispielsweise arbeitet unter dem Titel »Zieht euch warm an! T Shirt als Link zwischen Kunst und Alltag.«[24] Unter dem Blickwinkel, Kindern einen individuellen Zugang zu Kunst zu eröffnen sollte das T-Shirt als universelles Kleidungsstück, als eine mobile Projektionsfläche mit Sendungscharakter eingesetzt werden. Ziel war die Konstruktion von offenen pädagogischen Situationen. Zunächst wurde das T-Shirt als künstlerisches Medium anhand einer Werkauswahl von Künstlern, Designern und Modemachern vorgestellt. Danach absolvierten die Kinder mehrere Workshops, die in einer Ausstellung endeten. Im Kunstverein wurden sechs Situationen kreiert, in denen die Kinder performativ das T-Shirt entdecken.

Zum Beispiel Situation 1: T-Shirt: as usual and unusual

»Alle Teilnehmer standen in einem Kreis und meine Handlungsanweisung dazu lautete: ›Ziehe das T-Shirt an und wieder aus. Reiche es an deinen Nachbarn weiter. Alle schauen zu.‹ Nach der ersten Runde wurde die Anweisung erweitert: ›Ziehe das T-Shirt an und wieder aus. Dein Nachbar beobachte dich dabei und versucht dich zu imitieren.‹ Nachdem das T-Shirt in seiner alltäglichen Funktion benutzt wurde gab es folgende Handlungsanweisung: ›Benutze das T-Shirt nicht als T-Shirt. Keine Idee darf wiederholt werden.‹ Das T-Shirt verwandelte sich daraufhin in eine Kopfbedeckung, einen Schal, einen Umhang, eine Tasche, einen Gürtel, eine Hose, usw.«[25]

Allein aus diesen beiden Beispielen wird deutlich, wie pädagogisch Kunstvermittlung arbeitet. Die Überlegungen könnten auch aus einem Unterrichtsentwurf einer Studienreferendarin stammen. Hinter den verschiedenen Handlungsanweisungen an die Kinder durch die Vermittlerin stehen ganz offensichtlich didaktische Analysen und Vorstellungen. In der Praxis gibt es also keine Negation von pädagogischen Fragestellungen oder didaktischen Konzepten. Die Kunstvermittlung bedient sich hier des gleichen Instrumentariums und Fragestellungen wie die schulische Kunstpädagogik. Zunächst wird, unabhängig vom Kunstwerk, eine achtsame Grundhaltung gegenüber den Schülern anstrebt, um dann eine ausbalanciertes kunstpädagogisches Setting zwischen der Kunst und dem Publikum zu finden.[26]

Viel zitiert – und vielleicht auch falsch verstanden – wird an dieser Stelle Carmen Mörsch.[27] Sie definiert aus vier Ebenen Kreuzungspunkte für die Kunstvermittlung, die Sie mit Affirmation, Reproduktion, Dekonstruktion und Transformation bezeichnet. Gemeint sind damit verschiedene Strategien in der Kunstvermittlung. Diese erstrecken sich von der Außenkommunikation der Kunst über die Sicherung des Publikums und die Kritik der Kunstinstitutionen bis hin zur Transformation, bei der durch das Publikum Umgestaltungen stattfinden. Sie beschreibt hier unter dem Blickwinkel der Institutionen unterschiedliche Bildungsverständnisse derselben und die daraus abgeleiteten Verfahren der Kunstvermittlung, die explizit auch von pädagogischen Fragestellungen ausgeht:

»Kritische Kunstvermittlung verbindet insbesondere Elemente des dekonstruktiven und des transformativen Diskurses. Sie vermittelt das durch die Ausstellungen und Institutionen repräsentierte Wissen und ihre festgelegten Funktionen unter Sichtbarmachung der eigenen Position. Sie stellt dabei explizit Werkzeuge für die Aneignung von

Wissen zur Verfügung und verhält sich reflexiv zu der Bildungssituation, anstatt sich auf die »individuelle Begabung« und »freie Entfaltung« des Publikums zu verlassen. Sie zielt auf eine Erweiterung des Publikums, jedoch vermittelt sie nicht die Illusion, Lernen im Ausstellungsraum wäre ausschließlich mit Spiel und Spaß verbunden. Sie nimmt die an der Vermittlungssituation Beteiligten mit deren spezifischem Wissen ernst. Sie berücksichtigt die konstruktivistische Verfasstheit von Lernprozessen genauso wie die potentielle Produktivität von Sprach- und Verstehenslücken.«[28]

Wovon reden wir?

Reden wir über Schule, so reden wir über einen jahrelangen Bildungsprozess, der in einem relativ stabilen sozialen Rahmen mit klaren Bezugsvorgaben stattfindet, bei dem Kunst nur ein konstitutives Element ist, die Kinder und Jugendlichen in großen Gruppen zwangsverpflichtet sind und bewertet werden müssen. Reden wir über Vermittlungssituationen in Museen, Kunstvereinen oder Projekten der kulturellen Bildung, so reden wir über tendenziell punktuelle Ereignisse in kleinen Gruppen mit kurzer Zeitdauer. Die teilnehmenden Kinder und Jugendlichen kommen überwiegend aus der Mittelschicht[29], nehmen freiwillig an solchen Veranstaltungen teil und werden vor allem nicht bewertet. Die Arbeitsplätze unterscheiden sich ganz grundsätzlich. In der Schule haben die Lehrer bis zu 28 Stunden pro Woche zu unterrichten, hetzen von Gruppe zu Gruppe und haben pro Gruppe relativ wenig Zeit zur Vorbereitung. In außerschulischen Vermittlungszusammenhängen sind die Arbeitsplätze entspannter, kleine Gruppen sind möglich. Häufig arbeitet man im Team, gestaltet für eine Ausstellung ein pädagogisches Konzept, hat die Möglichkeit zur Reflexion und, nicht zuletzt, sehr viel mehr an finanzieller Ausstattung als das Fach Kunst in der Schule.[30]

Wir reden also – nicht bewertend – über grundsätzlich unterschiedliche Kontexte, die geprägt werden durch ganz verschiedene Erwartungshaltungen der Teilnehmer und Bedingungen.

So unterschiedlich die Bedingungen, so unterschiedlich sind auch die gesellschaftlichen Kontexte der schulischen Kunstpädagogik und der Kunstvermittlung.

Während die Schule allgemeine, transformierbare Kompetenzen auf der Grundlage von fachlichem Basiswissen heranbilden soll, stellt sich die Frage für die Kunstvermittlung anders. Im Vorwort zur Wolfenbütteler Tagung wird unter dem Kapitel »Zum Kunstbetrieb und Kunstmarkt« gefragt:

»Soll Kunstvermittlung zukünftige Sammler zu mündigen und erfahrenen Kunden erziehen? Soll Kunstvermittlung dazu beitragen sich bereits frühzeitig zu orientieren über Qualität und zukünftige Anlagerenditen? Soll Kunstvermittlung die möglicherweise verborgene persönliche, individuelle Gestaltungskraft der Besucherinnen und Besucher entfalten helfen?«[31]

All diese Fragen werden bejaht und darauf hingewiesen, dass der Kreativindustrie eine marktbeherrschende Rolle in den wirtschaftlichen Prognosen vorhergesagt wird.

Solch verschiedene gesellschaftliche Kontexte und Funktionen der Kunstvermittlung müssen bei der Konzeption von pädagogischen Situationen reflektiert und bei deren Einschätzung berücksichtigt werden.[32]

Man kann nicht Äpfel mit Birnen vergleichen, aber Synergien nutzen.

Wissenschaftsgeschichte

Mit Wolfgang Klafki wurde nach dem Zweiten Weltkrieg der Gedanke der Lebensweltorientierung von Unterricht in die Pädagogik eingeführt. Unter dem Blickwinkel: *Lebensweltorientierung* stellt Klafki folgende didaktische Grundfragen:

- exemplarisches Lernen (Wie ist das Gelernte auf andere Sachverhalte zu transformieren?)
- Gegenwartsbedeutung (Welche Bedeutung haben die Inhalte für das gegenwärtige Leben der Schüler?)
- Zukunftsbedeutung (Welche antizipierten zukünftigen Probleme können mit Hilfe des Erlernten gelöst werden?)

In den 1960er-Jahren wurden dann Modelle wie das Lernen in Projekten entwickelt, die die klafkischen Elemente aufgegriffen und in Richtung Interdisziplinarität, Eigenaktivität, Partizipation und Kollaboration der Schüler weiter entwickelt haben.[33]

Alle modernen pädagogischen Ansätze begreifen Unterricht nicht mehr als »Nürnberger Trichter«, bei dem der wichtigste Bezugspunkt der zu vermittelnde Inhalt ist und nur noch mehr oder weniger geschickte Methoden zur häppchenweise Verabreichung von Unterrichtsinhalten entwickelt werden müssen. Wenn Carina Herring formuliert: »Denn Kunstvermittlung geht heute nicht mehr allein in der traditionellen Museumspädagogik oder in dem schulischen Kunstunterricht auf. Ihre Chancen liegen vielmehr in ihrem Bezug auf die zeitgenössische Kunst und deren oftmals kontextbezogenen institutionskritischen und partizipatorischen Ansätzen. Zeitgemäße Kunstvermittlung erlaubt die Teilhabe an kreativen Prozessen.«[34], so stellt sie sowohl wesentliche Inhalte des schulischen Kunstunterrichts, wie zeitgenössische Kunst, als auch die Methoden des kontextbezogenen und partizipativen Arbeitens, welche von der Kunstpädagogik entwickelt worden sind, in den Mittelpunkt von kunstvermittelnden Ansätzen.

Die Bildungswissenschaften und die Kunstpädagogik verfügen über ein umfassendes, ausdifferenziertes, wissenschaftliches Instrumentarium zur Analyse, Beschreibung und Konzeption von pädagogischen Situationen, mithilfe dessen auf Grundlage z.b. einer konstruktivistischen Lerntheorie erfolgreich pädagogische Situationen konzipiert werden können. Diese umfassende Theorie könnte der gemeinsame Bezugspunkt und die gemeinsame Handlungsorientierung für die schulische Kunstpädagogik und die Kunstvermittlung sein.

Der anthropogene Faktor

Durch die Eigenaktivität des Lernenden bezüglich Inhalt, Lernweg und Geschwindigkeit werden die größten individuellen Lernerfolge erzielt. Unterstützt wird das durch neuere Hirnforschungsmodelle z.b. von Herrn Gerald Hüter[35], der darauf aufbauend feststellt, dass Aspekte wie Begeisterung und Freude die Lernmöglichkeiten potenzieren. Dieser Prozess ist ganzheitlich, vollzieht sich nicht in Fächern und vollzieht sich nicht in irgendwelchen Teilgebieten, sei es die Kunst oder irgendetwas anderes. Etwas anderes zu behaupten hat keine lerntheoretische Grundlage und verkennt alle Erkenntnisse der Entwicklungspsychologie. Die Kunst, mit all ihren »Störfaktoren« verwandelt sich genau wie ein mathematisches Problem in pädagogischen Situationen zunächst einmal in »Stoff« (Lernanlass), der der Auseinandersetzung bedarf. Dieser »Stoff« wirkt auf die Kinder und Jugendlichen sehr unterschiedlich. Einige sind spontan interessiert, andere gelangweilt und wieder andere so diszipliniert, dass sie sich mit jedem »Stoff« beschäftigen und zuletzt gibt es auch immer die Aussteigergruppe, die nur physisch anwesend ist. Die Gründe für die unterschiedlichen Verhaltensmuster sind vielfältig. Zumeist liegen sie im soziokulturellen Hintergrund der einzelnen Individuen. Eine Motivation, sich mit dem »Stoff« auseinanderzusetzen entsteht nicht nur aus dem Inhalt der Kunst, sondern primär aus dem Lebensweltbezug[36], mit dem im Idealfall an die o.g. Verhaltensmuster angesetzt werden kann. Selbstverständlich sind Entdeckerfreude, Neugierde und die Freude am Experiment der Kinder ganz wichtige Faktoren für pädagogische Situationen, jedoch stehen diese Faktoren nicht immer bereit. Sie müssen geweckt und gefüttert werden. Die Dinge, die einen Menschen aktuell bewegen, spielen bei seinem Lernprozess eine große Rolle. Wenn es im Museum zu kalt ist, lernt man schlechter, ist mit weniger Begeisterung dabei hofft auf das Ende der Veranstaltung und damit ist die Veranstaltung bereits beendet.

Die visuelle Alltagswelt von Kindern und Jugendlichen und deren ästhetisches Verhalten hat mit zeitgenössischer Kunst in großen Teilen wenig zu tun. Das von Kunstvermittlern der Kunst unterstellte kritische Potenzial und die daraus abgeleitete Motivationskraft der Beschäftigung mit Kunst ist eine Projektion der eigenen künstlerischen Bezüge der Pädagogen auf die Kinder. Es ist also eine Kunst, zeitgenössische Kunst in irgendeiner Art und Weise mit der Lebenswelt der Kinder in Verbindung zu bringen. Darin liegt aber auch natürlich eine Aufgabe des kunstpädagogischen Personals. Die Vorstellung, Kinder könnten allein von sich heraus Kunstwerke vollständig und sachgerecht entschlüsseln, davon begeistert sein und Konsequenzen für ihr eigenes Leben zu ziehen verkennt die reale Wirklichkeit, ja sie negiert die Legitimation des Kunstvermittlers oder des Lehrers in seiner eigenen Profession.

Auf der Wolfenbütteler Tagung wurde von Christine Litz ein Beispiel des Kunstvereins Hannover vorgestellt.[37] Sie referiert ein Projekt mit dem Titel »Talking Labels.« Führungskräfte werden vor Kunstwerken zur Diskussion eingeladen. Ziel sei nicht die Darstellung von kunsthistorischem Fachwissen, sondern vielmehr die Erarbeitung und Entwicklung von eigenständigen Fragestellungen. »Im Vordergrund steht der ungezwungene, auch persönliche Austausch aus dem sich kunstbezogene Fragestellungen und Diskussionsinhalt ergeben.«[38] Das Setting mutet an wie ein Führungstraining von Managern. Angeboten werden solche Führungsseminare von verschiedensten Institutionen, von der Volkshochschule, die eine Bergtour von Führungskräften planen lässt oder von Aikidovereinen. Beim Hannoveraner Kunstverein geht es um die Entwicklung von eigenständigen, kreativen Fragestellungen in ungewohnten Situationen. So weit so gut, aber: Dieses pädagogische Setting lässt sich nicht übertragen oder verallgemeinern, insbesondere nicht auf die Arbeit mit Kindern und Jugendlichen. Welche Funktion hat in diesem Zusammenhang der Kunstvermittler? Und: Ist es nicht Aufgabe der Vermittler oder Lehrer in pädagogischen Situationen ihr fundiertes Fachwissen auf eine Art und Weise einzubringen, dass Sie die Suchbewegungen der anderen Teilnehmer unterstützen und zu unbekannten Ufern lenken? Da es ein Bedürfnis von Menschen ist, sich weiterzuentwickeln, ist es unerlässlich, dass Fachleute ihr Wissen einbringen und die »Laien« nicht auf ihrem subjektiven Stand belassen. Kunstvermittler und Lehrer haben die Verpflichtung, ihre Kompetenz in pädagogische Situation einzubringen, indem sie, anknüpfend an den individuell gefundenen Zugängen weitere Kontexte eröffnen. Der pädagogische Grundsatz, »Die Kinder dort anzuholen wo sie stehen«, heißt nicht, sie im Kreis laufen zu lassen.

Die Diskussion um Vermittlungskonzepte unter Kunstvermittlern sollte sich mit den selbstreflektorischen Ansätzen der kritischen Pädagogik auseinandersetzen. In Beate Florenz'[39], auf Imdahls Ikonik basierendem Kunstvermittlungskonzept der »dialogischen Anschauung« zum Beispiel soll die »Macht des Wissens zugunsten der Suchbewegungen«[40] zurücktreten. Nicht kunsthistorische Bildungsinhalte würden transportiert. Das Erkenntnispotential liege in der situativen Arbeit der Beteiligten mit dem Bild.[41]

Jeder ausgebildete Lehrer jedoch weiß: In einer Gruppensituation bringt jeder der Beteiligten sein eigenes Wissen – hier kulturhistorisches Hintergrundwissen – in die Situation ein. Erst durch die unterschiedlichen Hintergründe wird der Dialog interessant und diskursiv. Eine Deutungshoheit entsteht jedoch in einer Gruppe informell mit rasender Geschwindigkeit. Wird diese nicht reflektiert, so entwickelt sich die dialogische Anschauung ganz schnell zu einem klassischen Museumsvortrag.

Vermittlungsmodelle ohne eine klare Analyse von Gruppendynamiken zu gestalten, lässt einen der wichtigsten Faktoren außer Acht. In der Schule ist selbstreflexives Handeln besonders wichtig, da unter dem Diktum der Bewertung in der Schule sich bedauerlicherweise eine Verschiebung der Deutungshoheit zum Lehrer hin ergibt. Professionelles Handeln heißt hier: die Bewertungsbereiche und -kriterien offen zu legen, sich selbst zu relativieren und bewertungsfreie Räume zu schaffen. So haben die Schüler die Chance, angstfreie Situationen zu erleben und eigene Erkenntnisse zu gewinnen.

Jede pädagogische Disziplin, die sich mit Kindern und Jugendlichen beschäftigt, muss diesen ganzheitlichen, reflektorischen Ansatz in den Mittelpunkt ihrer Betrachtungsweise stellen. Der gemeinsame Bezugspunkt von Kunstpädagogik und Kunstvermittlung ist deshalb nicht nur die Kunst, wie Eva Sturm 2003 formulierte. Viel stärker konstituiert sich die Gemeinsamkeit unter dem Stichwort: Pädagogische Situation.

Kunstpädagogik im institutionellen Kontext

Unter den genannten Aspekten begreife ich Kunstvermittlung als ein Teilgebiet der Kunstpädagogik, die ihren eigenen Beitrag für die Persönlichkeitsentwicklung von Kindern und Jugendlichen leistet. Kunstvermittlung arbeitet an anderen Orten als Schule, sie arbeitet kurzzeitiger, noch mehr projektorientierter, in kleinen Gruppen, hat größere Möglichkeiten der Individualisierung und bietet insofern die Chance, aufbauend auf dem schulischen Kunstunterricht, vertiefende Arbeit mit Kindern und Jugendlichen zu leisten. Kunstvermittler sind auch häufig Spezialisten in einem bestimmten Gebiet. Diese Expertise sollte möglichst vielen Kindern und Jugendlichen auch zugänglich gemacht werden.

Die Stärken der schulischen Kunstpädagogik liegen in den langandauernden und interdisziplinären Lernprozessen. In diesen können fachliche Grundlagen gelegt werden. Lebensweltliche Bezüge und damit verbundene Identitätsfindungsprozesse von Kindern und Jugendlichen benötigen Zeit und ein persönliches Vertrauensverhältnis. Beides ist in eher kurzzeitig angelegten Kunstvermittlungsprojekten schwer herzustellen und vor allem nachhaltig zu verfolgen.

Die Gegenüberstellung macht die Differenzen, aber auch die Synergien zwischen den beiden Aktionsfeldern deutlich.

In der Fachdiskussion muss der Kontext von kunstpädagogischen Konzepten viel klarer definiert werden, weil sich hieraus zwangsläufig unterschiedliche pädagogische Situationen ergeben. Viele der antagonistisch geführten Diskussionen beruhen auf dem Missverständnis der Allgemeingültigkeit von pädagogischen Settings oder Vermittlungskonzepten.

---

[1] http://www.welt.de/kultur/kunst-und-architektur/article116254501/Seht-ihr-noch-oder-konsumiert-ihr-schon.html (16.6.2013).

[2] Zitat unter: http://www.kunstvereine.de/web/index.php?id=82 (20.5.2013). Vgl. auch: Sabiene Autsch u.a. (Hg.): Impulse, Texte und Bilder zur Kunstvermittlung, Paderborn 2012.

[3] Der hier verwendete Avantgardebegriff basiert auf Vorstellungen des beginnenden Jahrhunderts. Er ist in dieser Form heute nicht mehr haltbar. Vgl.: Undine Eberlein: Einzigartigkeit. Das romantische Individualitätskonzept der Moderne, Frankfurt 2000 und Rudolf Preuss: Intermedia, Norderstedt 2011. Auch der Begriff des Widerstands muss genauer untersucht und definiert werden. Vgl. Eva Sturm: Kunstvermittlung und Widerstand, in: Schöppinger Forum der Kunstvermittlung. Transfer. Beiträge zur Kunstvermittlung Nr. 2 Schöppingen 2002, S. 92–110.

[4] Er hat die zielgruppenorientierte Museumspädagogik erfunden und wollte dadurch seine Besucherzahlen retten.

[5] Ulrich Schöttker: Zum Verhältnis von Kunst |Erziehung und Kunstvermittlung | Vermittlungskunst. Unter: http://ask23.hfbk-hamburg.de/draft/archiv/misc/mediation_schoettker.html (13.6.2013).

[6] Vgl. Pierangel Maset: Perspektive Kunstvermittlung, 2007, unter: http://ask23.hfbk-hamburg.de/draft/archiv/misc/mediation_maset.html (16.6.2013). Völlig zu Recht kritisiert er hier die Tendenzen zur Instrumentalisierung des Faches Kunstpädagogik für die kulturelle Bildung oder die allgemeine Bildung, die den »Eigensinn des Faches« verschwinden lässt. Das aber ist eine andere bildungspolitische Baustelle als die Kunstvermittlung. Kunst hatte schon immer und hat auch aktuell konkrete gesellschaftliche Funktionen, die über das einzelne Objekt hinausweist.

[7] Also die Zuordnung: Kunstpädagogik zur Schule und Kunstvermittlung zu außerschulischen Lernorten wie Museen.

[8] Arbeitsgemeinschaft deutsche Kunstvereine: Collaboration.Vermittlung.Kunst.Verein, Köln 2010, S. 39.

[9]   Bettina Uhlig/Stefan Wahner: Kunstpädagogische Kunstvermittlung, 2012, unter:
      http://kulturmanagement.net/frontend/media/Magazin/km1205_Langfassung_Beitrag_
      Uhlig_Wahner.pdf (16.6.2013).

[10] Klaus Peter Busse: Bildumgangspiele, Norderstedt 2004.

[11] Vgl. Carl Peter Buschkühle (Hg.): Künstlerische Kunstpädagogik, Oberhausen 2012.

[12] Vgl. Kunibert Behring/Rolf Niehoff (Hgg.):Bildkompetenz(en), Oberhausen 2009.

[13] Vgl. Preuss 2011 (s. Anm. 3), S. 73 ff.

[14] Gemeint ist eine kommunikative Situation, in der die Menschen nicht fremdbestimmt
      handeln müssen. Das steht zunächst in einem Gegensatz zum Begriff von Pädagogik, ist
      aber gleichzeitig eine grundlegende pädagogische Forderung seit der Reformpädagogik und
      schlägt sich heute in partizipativen Konzepten nieder.

[15] Zu nennen wäre hier beispielsweise Werkstattunterricht, das künstlerische Projekt,
      Experiment im Kunstunterricht, Bildumgangsspiele usw.

[16] Arbeitsgemeinschaft deutsche Kunstvereine 2010 (s. Anm. 8), S. 13.

[17] Eva Sturm: Kunst-Vermittlung ist nicht Kunst-Pädagogik und umgekehrt, in: Johannes
      Kirschenmann u.a. (Hgg.): Kunstpädagogisches Generationengespräch, München 2004, S.
      176.

[18] Ebd., S. 176.

[19] Sabine Baumann, Leonie Baumann (Hgg.): Kunstvermittlung zwischen Konformität und
      Widerständigkeit, Wolfenbüttel 2009.

[20] Ebd., S. 39.

[21] Ebd.

[22] Ebd.

[23] Arbeitsgemeinschaft deutsche Kunstvereine 2010 (s. Anm. 8).

[24] Ebd., S. 45–53.

[25] Ebd., S. 48.

[26] Dies war auch ein wichtiges Thema auf dem Bundeskongress der Kunstpädagogik in
      Dortmund 2007. Vgl. Ansgar Schnurr: Vermittlungskontexte zeitgenössischer Kunst,
      in: Klaus-Peter Busse/Karl-Josef Pazzini: (Un)vorhersehbares Lernen: Kunst-Kultur-Bild,
      Norderstedt 2008.

[27] Vgl. Carmen Mörsch: Am Kreuzungspunkt von vier Diskursen. Die documenta 12
      Vermittlung zwischen Affirmation, Reproduktion, Dekonstruktion und Transformation,
      unter: http://www.diaphanes.net/buch/detail/174 (13.6.2013).

[28] Ebd., S. 20.

[29] Vgl. Die Untersuchung von Marcus Grapka, in: Spiegel 39/2010 S.94 -100, unter:
      http://wissen.spiegel.de/wissen/image/show.html?did=73989809&aref=ima
      ge044/2010/09/25/CO-SP-2010-039-0094-0100.PDF&thumb=false (16.10.2012).

[30] Es ist nicht selten, dass eine Fachgruppe Kunst in der Schuljahr gerade mal 500.-€ für das
      ganze Schuljahr zur Verfügung hat.

[31] Baumann/Baumann 2009 (s. Anm. 19), S. 15 f.

[32] Auch Maset benennt diese unterschiedlichen Funktionen. Für Ihn nimmt aber die künstlerische Kunstvermittlung eine Sonderrolle ein, da sie keine Service-Funktion hat, sondern selbst »mittels ästhetischer Verfahren Prozesse und Reflexionen Werke erst (mit) herstellt.« Maset 2007 (s. Anm. 6), S. 3.

[33] Vgl. Herbert Gudjons: Pädagogisches Grundwissen (11. Auflage), Stuttgart 2012.

[34] Baumann/Baumann 2009 (s. Anm. 19), S. 21.

[35] Vgl.: http://www.gerald-huether.de/ (13.6.2013).

[36] Vgl.: Bettina Uhlig/Stefan Wahner: Kunstpädagogische Kunstvermittlung, unter: http://kulturmanagement.net/frontend/media/Magazin/km1205_Langfassung_Beitrag_Uhlig_Wahner.pdf (13.6.2013). Hier werden die Ergebnisse der empirischen Untersuchungen von Uhlig und Kirchner zur Werkauswahl in der Grundschule in den Zusammenhang mit Kunstvermittlung gestellt.

[37] Baumann/Baumann 2009 (s. Anm. 19), S. 27 ff.

[38] Ebd., S. 29.

[39] Beate Florenz: Multiple Verbindungen: Ikonik als Dialogische Anschauung, in: Carl-Peter Buschkühle (Hg.): Künstlerische Kunstpädagogik, Oberhausen 2012, S. 311–323.

[40] Ebd., S. 321.

[41] Ebd.

Johannes Kirschenmann

Das Habitus-Theorem als Movens im Bildumgangsspiel

Mit Erstaunen sehen wir den Bundespräsidenten beim Rundgang durch die erste documenta 1955 – er raucht eine Zigarre, umgeben von den skulpturalen Originalen der Moderne. Er genießt die Zigarre ganz selbstverständlich – das Rauchen inmitten der Kunst komplettiert seinen Habitus als Kunsthistoriker und Repräsentanten des Staates. Im damals bedenkenlosen Zigarrenrauchen inmitten der Kunst sieht der Bild-wissenschaftler Wolfgang Ullrich heute eine Demonstration bürgerlich-gemütlicher Kultiviertheit eines Vertreters einer »Vita contemplativa«[1]. Diese Interpretation verifiziert einen alltagssprachlichen Habitus-Begriff, der in seiner differenzierten Umschreibung erst durch Pierre Bourdieu evident wird. Das Habitus-Theorem von Bourdieu soll mit diesem Beitrag als Movens eines kunstpädagogischen Bildumgangs-spieles erörtert werden.

Klaus-Peter Busse hat im Bezug zum Kommunikationswissenschaftler und Konst-ruktivisten Siegfried J. Schmidt[2] die Bildumgangsspiele[3] als Terminus, als didaktisches Konzept und als Methodenensemble in die Kunstpädagogik eingeführt und inzwischen mehrfach expliziert. Auf Einladung von Klaus-Peter Busse konnte der Autor im Herbst 2010 einen ersten Ansatz vorstellen, das Habitus-Theorem von Pierre Bourdieu als weiteren Aspekt in das plurale Konzept der Bildumgangsspiele aufzunehmen, um das Methodenrepertoire zu ergänzen, vor allem aber, um auf eine in der Kunstpädagogik bislang vernachlässigte kulturwissenschaftliche Perspektive im generativen wie rezi-pierenden Bildumgangsspiel aufmerksam zu machen.

Bourdieu gab mit seiner Übersetzung und Edition von Erwin Panofskys Band »Gothic Architecture and Scholasticism« (1951; dt. 1989), die er 1967 in seiner Reihe »Le sens commun« herausgab, den wesentlichen Hinweis auf eine Verbindung von Ikonografie und Habitus-Theorem. Der Zusammenhang ist komplex: Die Methodik der Scholastik, Disparates vor allem der Bibel und Theologie widerspruchsfrei aus-zulegen, sah Panofsky im Dreischritt von der Zerlegung in viele Teile zur Fügung im rhythmischen Gleichklang und der dann erzwungenen Harmonisierung – ein Vorbild für seine Deutung der gotischen Kathedrale.[4] So konnten verschiedene theologische Exegesen gleichwertig nebeneinander Geltung behaupten und Antagonismen ausge-glichen werden. Diese egalisierende Syntheseleistung unterlegte Panofsky auch den

Baumeistern der Hochgotik, die aus der Architekturgeschichte widersprüchliche Elemente übernahmen, sie durcharbeiteten und letztlich miteinander vereinten.[5] Und in dieser abstrakten, historischen Synthesefigur sah Bourdieu die Antwort auf die Fragen nach kollektiven Strukturen in unterschiedlichen sozialen Bereichen. Bourdieu fasste diese Figur im Begriff der »unbewussten Schemata«[6] – und mit Panofsky weist er die Vorstellung singulär prägender Individuen wie Künstler als geniale Individualisten für stilistische Einheiten (in Epochen) zurück. Das Individuum ist aber nicht mechanisch bestimmt, sondern Akteur, der selbst handelnd agiert, in den Strukturen Neues hervorbringt; der Habitus birgt diese generativen Strukturen, die Denkschemata.

Die noch weiter zu explizierende Verwebung von Individuum und Gruppe schließt auch den nach singulärer Originalität strebenden Künstler ein; Bourdieu verweist auf die Gefahr, um den Preis der Wahrung des Mysteriums des Einzelwerkes sich der Chance zu entledigen, »im Zentrum des Individuellen selber Kollektives zu entdecken«[7]. Das Kollektive weist über Bildung und Habitus – beides verbindet den Künstler mit seinem Zeitalter – der künstlerischen Intention Richtung und Ziel.

Panofsky zentriert die Denkschemata auf die allmähliche Ausbildung von Kunststilen, die sich dann zu Epochen verdichten; Bourdieu weitet die Denkschemata hin zum umfasenderen Begriff des Habitus. Und während Panofsky die Bedeutungsrekonstruktion auf den Sinn der Form konzentriert, geht Bourdieu weiter und sucht nach den gemeinsamen Regeln des sozialen Handelns, die zur Form führten.

Mit einer »didaktischen Ikonografie« greift die Kunstpädagogik seit Axel von Criegern[8] in der Analyse der Analogien in Form und konzeptuellem Verständnis, je gebunden an die Zeit, auf Panofsky zurück. Die bei Panofsky vorgestellte, von ihm von Aby Warburg übernommene und weiter entfaltete strukturalistische Methode geht über die Form dem Sinn einer Reihe nach, um aus dem Ganzen den Sinn des Einzelnen zu rekonstruieren. Bourdieu fügte dieser Strukturanalyse in Adaption ethnografischer Untersuchungen und in Anlehnung an Warburg weitere Substrate materieller Kultur einer Zeit hinzu: die Mythen, die Alltagsobjekte, rituelle Handlungen, Sprachgebrauch usw. – mit Klaus-Peter Busse ist nahezu von kulturellen Skripten zu sprechen.[9]

Die »mental habits«, zentrale Kategorie bei Panofsky, greift Bourdieu auf; er definiert das Konstrukt in seinem Band »Sozialer Sinn« sehr anschaulich: »Als Produkt der Geschichte produziert der Habitus individuelle und kollektive Praktiken, also Geschichte, nach den von der Geschichte erzeugten Schemata; er gewährleistet die aktive Präsenz früherer Erfahrungen, die sich in jedem Organismus in Gestalt von Wahrnehmungs-, Denk-, Handlungsschemata niederschlagen und die Übereinstimmung und Konstantheit der Praktiken im Zeitverlauf viel sicherer als alle formalen Regeln und expliziten Normen zu gewährleisten suchen.«[10]

In seiner Schrift zur gotischen Kathedrale stellt Erwin Panofsky die Kompositions-
strukturen der gotischen Kathedrale in einen Gesamtzusammenhang der kulturellen
Symbole einer bestimmenden gesellschaftlichen Klasse, die in ihrer Zeit die »mental
habits«, die Denkschemata dominiert. Wesentlicher Transmissionsriemen für die
Generalisierung und Durchsetzung der »mental habits« ist, der Titel von Panofsky
indiziert es schon und Bourdieu folgt dem, die Schule als »scholastischer« Repro-
duktions- wie Diskursraum. Für die gotischen Kathedralen waren die Klosterschulen
die Reproduktionsorte des geistigen Umfeldes; dort bildeten die kleinen Eliten ihre
»mental habits« aus. Für Panofsky wie Bourdieu ist (in vordigitalen Zeiten) die Schule
bei allen Einschränkungen Agens dieser habituellen Strukturbildungen. »Selbst wenn
die Institution der Schule hinsichtlich eines spezifischen Kunstunterrichts nur einen
untergeordneten Platz einnimmt [...], selbst wenn sie weder eine spezifische Anregung
zur kulturellen Praxis noch ein Arsenal zusammenhängender und z.B. spezifisch auf
Werke der Bildhauerei zugeschnittener Begriffe liefert, flößt sie doch eine bestimmte
Vertrautheit mit der Welt der Kunst ein (die konstitutiv ist für das Gefühl, zur gebildeten Klasse zu gehören), sodass man sich in ihr zu Hause und unter sich fühlt, als
sei man der prädestinierte Adressat von Werken, die sich nicht dem ersten besten
ausliefern: Diese Vertrautheit führt andererseits [...] dazu, eine Aufnahmebereitschaft
für Bildung als dauerhafte und allgemein verbreitete Einstellung einzuschärfen, die
die Anerkennung des Wertes von Kunstwerken und die Fähigkeit, sich diese Werke
als art- und gattungsspezifische Kategorien anzueignen, einschließt.«[11] Dies ist heute
im Banne neoliberaler Individualisierungspostulate und der normativen Kraft sozialer
Netzwerke und ihrer resultierenden Affirmationskultur kritisch zu befragen. Der
Körper ist aus der Privatheit herausgerückt worden zum inszenierten Schaustück in
der Öffentlichkeit, die Schule verliert an Terrain in der Aushandlung sozialer (Bild-)
Praxen im scholastischen Raum, verhandelt den Körper anders in ihren Offerten zur
kulturellen Bildung.

Habitus – Kondensat des Vielschichtigen

Bourdieu hat seinen Habitus-Begriff über mehrere Ableitungen von Aristoteles bis
Panofsky als Kern seiner Theorie in Varianten mit geringen Nuancen entfaltet. We-
sentliche Ankerpunkte dieser Explikation sind in den deutschsprachigen Publikationen
»Zur Soziologie der symbolischen Formen« (1974), »Sozialer Sinn« (1987) aufzufinden
und mit der von Bourdieu immer wieder postulierten empirischen Referenz »Die
feinen Unterschiede« (1982), die schon im Untertitel »Kritik der gesellschaftlichen
Urteilskraft« den expliziten Bezug zum Kant'schen Geschmacksurteil ausweisen.[12] In
Anlehnung an Kant resultieren bei Bourdieu Erkenntnis und Wertung nicht aus dem

Gegenstand, sondern liegen als »ästhetischer Zustand« im Subjekt, das bei Bourdieu ein manifestes Interesse hat. Das Subjekt agiert – bewusst oder unbewusst – weltvermittelt. Zu diesen deutschsprachigen Publikationen Bourdieus zum Habitus wie seinen Untersuchungen zur Kunst treten zahlreiche, die bislang ausschließlich in französischer Sprache vorliegen.[13]

Arretierungen

2008 feierte der Film »Die Klasse« mit besten Kritiken und der Goldenen Palme von Cannes Erfolge. François Begaudeau als Romanautor der literarischen Vorlage gibt selbst den Lehrer, der auf schwierigem Terrain einer Klasse mit vielen Migranten den Schülern mit viel Empathie begegnet. Der Film wird als gelungenes Beispiel einer schülernahen Pädagogik gepriesen. Ein Begleitheft der Bundeszentrale für politische Bildung sieht die Ambivalenzen und Ambiguitäten: »Nicht nur die Rollen- und Machtverhältnisse zwischen Lehrkräften und Schülern/innen werden in DIE KLASSE zur Diskussion gestellt, sondern auch die Lerninhalte. Vehement fordern die Schüler/innen andere Unterrichtsthemen oder -methoden und bringen dabei ihre eigenen Interessen zum Ausdruck. Mit pointierten Dialogen und Szenen führt Laurent Cantet vor, wie das System Schule als Bildungseinrichtung an seine Grenzen stößt und in seiner Funktion als Vermittler feststehenden Wissens sogar scheitert.«[14] Das feststehende Wissen ist im Habitus der bildungsbürgerlichen Klasse, im Film vertreten durch den Lehrer, geronnen. Dieses feststehende Wissen wird dekretiert, seine Legitimation begründet der Lehrer repetierend mit der Chance auf Teilhabe am gesellschaftlichen Leben. Ein Leben, das seine Normativität aus dem vorwiegend tradierten wie sich neu generierenden Habitus der Bildungsklasse ableitet. Doch die Jugendlichen wissen, dass sie nie diesen Habitus als Zugangsvoraussetzung erwerben können – er ist, mit Bourdieu, historisch und biografisch vorgängig eingeschrieben. So begrenzt wie manifest die Schule als Vermittlerin auch ist, Bourdieu fordert, »dass schulisches Lernen die sprachlichen Instrumente wie die Referenzen bereitstellt, mit deren Hilfe die ästhetische Erfahrung zum Ausdruck gebracht und darin zugleich konstituiert wird«.[15] Diese Erfahrungen sind jenseits schulischer Emanzipationsanstrengungen immer an die vergangenen und aktuellen materiellen Existenzbedingungen gebunden und die Jugendlichen antizipieren sehr wohl, dass die »scholastische Disposition« nicht kongruent ist zu ihrer arretierten ökonomischen und gesellschaftlichen Klassensituiertheit.[16] Der Erziehungswissenschaftler Eckart Liebau sieht im schulischen Habitus als wesentliches Teil eines unterlegten Curriculums solche Kinder als bevorzugt, die in ihrer primären Sozialisation bereits mit den Normen, Praktiken und Verkehrsformen der legitimen Kultur vertraut gemacht wurden.[17]

1925 schon hatte der Pädagoge und Psychoanalytiker Siegfried Bernfeld in seinem »Sisyphos oder die Grenzen der Erziehung« die Machtstrukturen der bürgerlich-kapitalistischen Klasse als Konservierungsauftrag an die Pädagogik und den einzelnen Lehrer analysiert.[18]

Im Aufgriff der Bildumgangsspiele rückt für die Kunstpädagogik der Habitus in kulturgenerierender Perspektive in den Vordergrund – die Bezugsfelder sind wiederum vielschichtig. Bourdieu nimmt eine vermittelnde Position ein, die in der Rezeption nicht bloße Übernahme sieht, sondern Erkenntnis als Konstruktion aus dem Habitus heraus, dieser soziale Determinismus steht aber jedem intellektuell gefeierten Idealismus entgegen. Der Bildwissenschaftler Burkard Michel hat als Erster in der deutschsprachigen Bourdieu-Rezeption die Frage nach »Bild und Habitus« gestellt und hebt den Habitus als »modus recipienti« hervor: »Der Habitus strukturiert demnach u.a. sowohl das *Wie* als auch das *Was* der Lektüre, d.h. nicht nur die Auswahl der Medienangebote (das *Was* der Lektüre) wird durch den Habitus geprägt, sondern auch die Art der Rezeption (das *Wie* der Lektüre), ihre inhaltliche ›Aneignung‹.«[19]

In kunstpädagogischer Perspektive ist diese Fokussierung ein dezidiertes Plädoyer, den Educandus als Rezipienten in seiner vielschichtigen Determiniertheit und doch flexiblen Disposition mit den Prozessen der Bildung und den dort inhärenten Objekten der Kunst pädagogisch zu verbinden. Um die Relevanz des »pädagogischen Körpers« in den auch mimetischen Prozessen weiß eine kritische Pädagogik – und damit auch um die Momente der Übertragung und ihrer Kritik.[20]

Bourdieus Habitus-Begriff geht von einer geronnenen Geschichtlichkeit im individuellen wie sozialen Körper einer gesellschaftlichen Klasse aus. Und doch sind diese eingeschriebenen Dispositionen beschränkt veränderbar. Diese Dispositionen strukturieren individuelle Ordnungsgefüge, sie verknüpfen Vergangenheit mit dem handelnden Entwurf der Zukunft durch den agierenden, präsenten und sich präsentierenden Körper.

Die nur zögernde Vorlage von Übersetzungen der Schriften Bourdieus in den 1970er- bis 1990er-Jahren des 20. Jahrhunderts begünstigte das Ausblenden der immanenten wie expliziten Pädagogik in Bourdieus Theorie in den deutschsprachigen Erziehungswissenschaften. Eckart Liebau hat die misstrauische Distanz der Pädagogik gegenüber Bourdieu in ihrer Genese nachgezeichnet und sieht in der Illusion von der Identität als erziehungswissenschaftlichem Paradigma den manifesten Widerstand gegenüber einer Rezeption von Bourdieu durch die Pädagogik begründet. Dabei gilt bis heute eine Dichotomie zwischen einer Wertepädagogik und einem Identitätsbegriff, der Flexibilität impliziert, weiter. Gerade in der empirischen Fundierung aus der ausdifferenzierenden Ableitung der Habitus-Theorie manifestiert sich für Liebau die (missachtete) Stärke im Konzept von Bourdieu. Liebau hofft mit Bourdieu im Werkzeugkoffer auf tragfähige Antworten auf die Fragen nach der Gleichzeitigkeit von Individualität und Gesellschaftlichkeit, auf die Frage von biografischer und historischer Entwicklung bis hin zu einer Verschränkung der anthropologischen Perspektive mit einer ideellen, sozialen und materiellen Existenzweise. Das ist eine – von Liebau knapp skizzierte – Entwicklung einer pädagogischen Perspektive, die pragmatisch von den tatsächlichen Verhältnissen ausgehen und dabei doch die allgemeine Bildungsperspektive im Blick behalten könnte.[21]

Der Körper

»Gegenstand von Bourdieus Untersuchungen sind die Körper der sozialen Akteure: Körper, die an einem Punkt im sozialen Raum situiert sind und die als solche der konstituierenden und prägenden Kraft des Sozialen unterworfen sind.«[22] Der Körper als Gesamtorgan der Sinne, des Gehirns und der aktionsfähigen Extremitäten ist in der Welt exponiert – von dieser Welt empfängt der Körper Eindrücke, nimmt handelnd Erfahrungen auf und verändert sich in einem fortlaufenden Prozess. Die materiellen wie kulturellen Bedingungen der Welt formen den Körper. Erst die Gesellschaft, das konkrete Feld stiften wesentlich die Persönlichkeit aus dem Körper heraus; nur in den Feldstrukturen existieren die Akteure, ohne soziales Feld sind sie für Bourdieu nicht denkbar. Im sozialen Feld und der Handlung werden die Strukturbedingungen von Feld, Klasse und Gesellschaft als Primärerfahrung des Körpers (und des eingeschlossenen Geistes) erfahrbar. Für Bourdieu resultiert daraus die Inkorporierung der sozialen Strukturen als Dispositionsstrukturen – so wirkt der lernende Körper systemisch auf sein soziales Feld zurück. Es ist eine Transformation, die als »praktische Mimesis«[23] Schemata ohne den Umweg über den – hier nur sprachlichen – Diskurs in die Praxis (des Körpers) überträgt. Das geht hinein bis in die Motorik und doch ist es keine bloße Nachahmung, keine Imitation in entfremdeter Distanz, sondern eine Übereinkunft in völliger Identifikation. Das bildet letztlich jenen komplexen Habitus aus, der im Gesamt von Körper, Sprache, Gestik, Fühlen und Denken bei Bourdieu in die Hexis, die zur Körperform verfestigte Erfahrung mündet.

Der Soziologe Benjamin Moldenhauer hat in seiner beachtenswerten Magisterarbeit die Funktion des Körpers in Bourdieus Theoriebildung prägnant herausgearbeitet. »Die Funktion des Körpers im Zuge der Habitualisierung sozialer Strukturen lässt sich in drei Aspekte unterteilen: Der Körper ist, erstens, Aufbewahrungsort von Geschichte, die im Zuge der Einverleibung zum Selbstverständlichen, zur zweiten Natur umgeformt wird. Die Dispositionen des Habitus werden nicht durch die bewusst-kognitive Erinnerung an das Gelernte wirksam, es sind die Körper, die als Speicher fungieren.

Auf einer zweiten Ebene fungiert der Körper als *agens,* als verursachende Kraft. Körperliche Handlungen sind als die Verwirklichung des Inkorporierten zu verstehen. Das Gelernte wird körperlich ausagiert. Der Körper selbst ist, drittens, das Medium dieser Übertragung. Er ermöglicht es, Schemata ›von Praxis auf Praxis‹ zu übertragen, ›ohne den Weg über Diskurs und Bewusstsein zu nehmen‹.«[24]

In mimetischen Prozessen inkorporiert der Körper soziales Wissen. Dieses Wissen gerade um soziale Mechanismen ist an die soziale Lage des Individuums gebunden, es resultiert aus seiner Klassenlage. Das Wissen ist eher ein vorbewusstes denn reflexiv in situ verfügbar. Damit sperrt sich – in einem ersten Zugriff – der Habitus der institutionellen Pädagogik. Doch der Habitus impliziert ein generierendes Prinzip, das als Spiel den Bestand neu strukturiert. Bourdieu sieht die Feldkräfte, die Familie und den weiteren personalen Kontext dabei als Movens. Das Spiel ist Transformation im Feld der Erzeugung von sozialem Sinn. Gespielt wird zur Sinnerzeugung; diese Sinnerzeugung evoziert u.a. begrenzt soziale Mobilität und die Legitimation sozialer Strukturen, die sich im Versprechen auf die Zukunft behaupten.

Spielregeln

Das Spiel im Sozialen als Verflüssigung der Rollen ist bei Bourdieu angelegt, leitet sich aus seiner systemischen Sicht des Körpers auch als Organismus ab, der reaktiv im Augenblick der Herausforderung den Bestand neu strukturiert. »Der Habitus ist kreativ, er variiert, geht mit neuen Situationen anders um als mit alten. Er kann also auf keinen Fall als ein abgeschlossenes ›Handlungsprogramm‹ im Sinne verinnerlichter, fixierter Regeln oder Werte gedacht werden. Die vom Habitus hervorgebrachte soziale Praxis fasst nicht nur weit mehr als festgelegte Normen, Erwartungen und Handlungsweisen nach dem Modell rationalen Handelns, sondern erlaubt auch Gesellschaft und soziale Interaktion flüssiger, offener und innovativer zu denken.«[25] Bourdieu verbindet das Spiel im (engeren) sozialen Feld mit der »illusio«, dem Glauben an die Sinnhaftigkeit an die Regeln und den Erfolg des sehr ernsten Spieles – eines Spieles um Macht, Durchsetzung, um Behauptung, um Optionen. Der Habitus regelt das Spiel ohne großes, explizites Reglement und zugleich impliziert das habituelle Reglement eben Spiel.

Besonders schöne Spielfiguren bergen Können und Variation, Angemessenheit und mutige Raffinesse – in der WM-Qualifikation England–Schweden im November 2012 traf in der Nachspielzeit der für Schweden spielende Zlatan Ibrahimovic aus 25 Metern Entfernung das Tor – per noch nie gesehenem Fallrückzieher. Seinen sensationellen Torschuss in meisterlicher Akrobatik sah der Schütze in »Können und Glück« begründet, um vor allem in den Interviews nach dem Spiel das trainierte Können seines Körpers dann als Bedingung des nun nicht mehr so zufälligen Glücks zu preisen. Können hat gegenüber Glück nicht nur im Fußball einen höheren Marktwert. Das Spiel nach habituellen Regeln ist anstrengend. Denn im Spiel wird das Reglement neu erkundet, die Spieler wagen sich im Feld vor, gehen zurück, erhalten Anerkennung oder Zurückweisung, sind erfolgreich oder verlieren – meist in einem Konglomerat wechselseitiger Relationen und Funktionen. Gerade das Pendeln erzeugt Sinn, weist einen starren Mechanismus zurück. Die Dynamik des komplexen Feldspieles mündet in einen Lernprozess. Zu den bekannten, habituellen Regeln treten situationsspezifische, zeit- und feldbesondere Konditionen hinzu. Daraus resultiert eine dynamische Adaption, eine variierte Struktur – es ist ein subtiler Lernprozess, subkutan, oftmals vorbewusst, nicht selten schmerzlich, zuweilen positiv sanktioniert. Es ist ein Lernen, das seine Einübung zunächst in der Familie erfährt, ein Lernen des Körpers im Nachahmen von Handlungen, in Gesten und Mimik, final eben im Habitus. Bourdieu verweist besonders im Zusammenhang seiner empirischen Studien darauf, dass dieses Einüben des Habitus sich nicht auf bloße »handwerkliche Berufe« bezieht, sondern auch akademische oder künstlerische Domänen prägt.[26] Das Moment des Zusammenspieles ist im Stadium des Ineinanderfließens von Erfahrung, Disposition, Wissen und neuer situativer Herausforderung gegeben.

Im Kunstfeld der bourgeoisen Soziodizee

Bourdieu hat dem Kunstfeld theoretisch wie empirisch viel Aufmerksamkeit gewidmet; mit Niklas Luhmann ist er zum wesentlichen Impulsgeber für neue Beschreibungsfiguren des Kunstsystems durch eine theoretisch basierte Kunstkritik geworden. Auch hier geht Bourdieu von Feldspielern aus, die nicht im klassischen Antagonismus von Individuum und Gesellschaft agieren, sondern in Spielmomenten das Reglement des Kunstfeldes anwenden, dabei aber auch im Prozess der Erprobung erweitern. Nochmals wird sein methodologisches Anliegen deutlich: die Logik eines Subsystems, hier der Kunst mit ihren besonderen Produktionsweisen, zu begreifen aus den überspannenden historischen wie funktionalen Entwicklungen, Relationen und Determinierungen.

Bourdieus Blick auf das Kunstfeld ist stark von seiner Empirie bestimmt – er gelangt mit Blick auf die unteren Schichten zu einer »anti-kantianischen« Ästhetik.[27] Während Kant im ästhetischen Urteil das Gefallende vom Vergnüglichen unterscheidet, sieht Bourdieu diese Kategorien in einem Funktionsverständnis gegenüber der Kunst vereint. Geschmack ist eine soziale Kategorie, die unmittelbar mit dem Habitus korreliert und deshalb abhängig von Klasse, Gruppe und Feld ist. Und so übt sich die herrschende intellektuelle Klasse auch nicht im interesselosen Wohlgefallen an den Artefakten, sondern übernimmt aus den Habitusdispositionen ihre Zuwendung zur Kunst als besondere Distinktionsfunktion. »Allein durch die Ausklammerung der sozialen Bedingungen, denen sich die Bildung und die ›zu Natur gewordene‹ Bildung, eben die kultivierte Natur, allererst verdankt – jene Bildung, die alle Zeichen der Begnadung und Begabung aufweist und dennoch erworben, also ›verdient‹ ist –, kann die charismatische Ideologie sich durchsetzen, die der Kultur und insbesondere der ›Liebe zur Kunst‹ den zentralen Platz einräumt, den sie in der bourgeoisen ›Soziodizee‹ einnehmen«.[28] Das ist dann die normierende wie legitimierende Kraft der Überbauinstitutionen.

Das bedingt gewaltige Verunsicherungen anderer Klassen, die über ihre Bildungsinstitutionen mit nur geringem anerkannten kulturellen Kapital ausgestattet wurden. Vor allem die Gegenwartskunst eignet sich wenig, von den Zuschauern am Rand des Feldspieles verstanden zu werden – im klar konturierten Feld geht es primär um den symbolischen Tausch verschiedener Kapitalien. Die Unterschiede zwischen den Klassen benennt Bourdieu klar und mit der ihm eigenen Konstruktion sprachlich verketteter Kausalitäten: »Während die Angehörigen der gebildeten Klassen sich an kulturelle Unerlässlichkeiten erinnert fühlen, die ihnen im Namen der Pflichten ihres gesellschaftlichen Seins auferlegt werden, würden Angehörige der unteren Klassen, verstießen sie mit ihrem Verhalten gegen die ästhetischen und kulturellen Normen ihrer Umgebung (etwa ihre Wohnung mit Reproduktionen von Gemälden statt mit kitschigen Farbdrucken zu schmücken oder klassische Musik anstelle von Schlagern zu hören) schnell von Ihresgleichen zur Ordnung gerufen werden, die ihr Bemühen, ›sich zu bilden‹, sofort als einen Versuch wahrnähme, zu ›verbürgerlichen‹. Und tatsächlich ist der gute kulturelle Wille der Mittelklassen ebenso Effekt gesellschaftlichen Aufstiegs wie grundlegende Dimension des Trachtens nach den Rechten (und Pflichten) der Bourgeoisie«.[29]

Doch Bourdieu ruft nicht nach einer populären Kunst, sondern hält gegen alle postmoderne Aufräumarbeiten am tradierten Avantgardebegriff fest. Sein Beitrag zu Ausstellung und Katalog von Daniel Buren »Le Musée qui n'existait pas« demonstriert ein klares Votum gegen eine ästhetisch gefällige Kunst[30] – kurz vor Drucklegung verstarb Bourdieu. Im Kontakt mit Hans Haacke oder Andrea Fraser und deren institutionskritischen Arbeiten sah Bourdieu die herausragende Chance, künstlerisch-wissenschaftliche Methoden zur Untersuchung und Beschreibung des künstlerischen Feldes in seiner vielschichtigen Abhängigkeit vom ökonomischen Feld zu explizieren. Partielle Autonomiebewegungen im Feldspiel, ein Konter aus dem Abseits, sind spielimmanent und gehören zur Logik der Konkurrenz unter den Künstlern. Dabei ist der Avantgardekünstler ein Feldspieler, der weit jenseits der

Mythen vom Genie, das in Einsamkeit der Welt Originales offenbart, die Feldregeln kennt und nachweislich im marktförmigen Erfolgsfalle von diesen bestimmt wurde. Daneben existiert eine Kunst, die als populäre Kulturproduktion den konditionierten Massengeschmack generiert und zugleich bedient. Jüngere Entwicklungen am Kunstmarkt sind mit Bourdieu als ostentative Distinktionen des ökonomischen Kapitals im Feld des kulturellen Kapitals zu interpretieren. Wie im Brennglas konkurriert z.b. in Venedig besonders zu Biennale-Zeiten das Finanzkapital mit den Demonstrationsriten der russisch-ukrainischen Oligarchen und französischen Magnaten der Luxusindustrie um die Aufmerksamkeit über inszeniertes kulturelles Kapital.[31]

Der Habitus als Bild der Kunst und im Kunstfeld – eine rudimentäre Annäherung

Die Abbildung zeigt Besucher der dOCUMENTA (13) im Sommer 2012 in der Neuen Galerie; die Kunstbesucher schauen konzentriert, z.T. deutlich dem Bildobjekt zugebeugt auf die Installation von Geoffrey Farmer. Die Installation misst etwa 20m Länge, von beiden Längsseiten zu betrachten waren etwa 16000, von Helfern aus den 50 Jahrgängen von 1935-1985 des amerikanischen Magazins »LIFE« ausgeschnittene Fotos, auf getrockneten Grashalmen montiert. Eine dichte, sich mehrfach überlappende Collage, die eine schillernde Kulturgeschichte Nordamerikas aus einem halben Jahrhundert repräsentierte. Das Foto hier erinnert mit seinem Thema der beobachteten Kunstrezeption an die Museumsfotografien von Thomas Struth. Auch Struth bannt das Rezipieren, das Verhalten der Rezipienten gegenüber etablierter, historischer Kunst. Und wie bei Struth ist im Bild ein doppelter Habitus fixiert: die Habitusformen der in der Installation abgebildeten Personen als Protagonisten ihrer kulturell hoch differenziert codierten Zeit und der Habitus der Rezipierenden. Der Kunsthistoriker Walter Grasskamp sieht in Struths »Betrachtung des Betrachters« (2005) die ästhetische Rezeption der Kunst in einer kollektiven Verinnerlichung.[32]

Die Installation von Farmer versetzt die Rezipienten in ein Bewegungsspiel. Die Rezipienten standen bald nach den Eröffnungstagen zunächst bis zu zwei Stunden an, um dann in meist sehr bemessener Bewegung, oft ruckhaft, eine chronologische Abfolge von 50 Jahren Kulturgeschichte zu passieren. Thematische Blöcke sind zu identifizieren, das Automobil als Ikone wie als Staffage ragt heraus, übertrumpft von den allgegenwärtigen Stars der Filmindustrie. Und dann, die Zuordnung irritierend, Farbkompositionen, die ohne inhaltliche Semantik den angestrengten Identifikationsprozess unterlaufen.

Das Ensemble auf der Fotografie fängt die unzähligen Blickstrahlen ein, die hin und her gehen zwischen den konzentrierten Betrachtern und den – virtuellen – Blicken

Abb. 1: Habitusaspekte in der Kunst, Habitusmomente im Feld der Kunst. Foto: Jochen Tenter

der repräsentierten Körper. Die Geschichte schaut die Gegenwart, die Gegenwart schaut die Geschichte. Dabei resultieren zugleich mehrere Konstellationen, eine Konstellation der neugierigen Erkundung, der suchenden Erinnerung im Blick der Rezipienten und eine Konstellation der Kontrolle, der Macht durch die Institution Museum mit ihrer künstlerischen Installation, die mit ihrem inhaltlichen und formalen Ensemble ästhetisch hoch attraktiv, anziehend ist und zugleich ob ihrer fragilen Form Schutz, Distanz braucht, um in der Bedrängnis des Besucheransturms keinen Schaden zu nehmen. Aus der Synthese der Blickstrahlen, der nachgelagerten Wahrnehmung, dem sukzessiven Gewahrwerden – auch des Nichtidentifizierbaren – kann die dritte Konstellation, die Reflexion resultieren. In solch einer Reflexion über das eigene habituelle Verhalten lassen sich Identifikationsfindungsprozesse entmystifizieren, besonders in der reflektierten Differenzerfahrung aus kulturellem Verhalten. Kunstpädagogische Vermittlung lässt solche Prozesse erkennen und deuten, sie sind dann Anlass einer weiteren kunstpädagogischen Bearbeitung als Konstruktion in Folge von Dekonstruktion.

Eine mit Bourdieu angeleitete Analyse geht – hier im rudimentären Hinweis – den Konstellationen nach. Die Konstellationen stiften das sichtbare und das abgeleitete Verhalten. Mit inkorporiertem, mehrschichtigem Wissen um Verhalten und bildhaft, primär über Körper präsentierter Geschichte ist die Situation im Foto aufgeladen. Diese Körper sind in einem anderen Verhältnis zur Kunst als viele in den Fotografien von Thomas Struth, der neben den Momenten kontemplativer Konzentration das touristische Durchlaufen der notwendigen Stationen als kulturell markierter Orte abbildet.

Das Habitus-Konzept bietet der Kunstpädagogik zahlreiche Forschungsanschlüsse, in historischer Perspektive können exemplarisch die Symbolbildungstheorien von Konrad Fiedler oder Ernst Cassirer genannt werden, aktuell stiftet die Forschung um die »Embodied Cognition« zahlreiche Impulse – die Kommunikations- und Kooperationstheorie von Michael Tomasello als eine Rückführung interaktionistischer Hinweise auf eine anthropologische Fundierung berührt ebenso das Habitus-Theorem.[33] Larry Clark als Chronist einer amerikanischen Jugendkultur, Rineke Dijkstra als scharfsinnige und subtile Dokumentaristin des Körpers oder Martin Parr als Beobachter einer sich inszenierenden Oberschicht – der Möglichkeiten einer didaktischen Bildarbeit sind viele.

Die Zigarre des Präsidenten, der Fallrückzieher des Fußballspielers, die rekonstruktiv schauenden documenta-Besucher, vor allem die theoretischen Hinweise aus den Schriften von Pierre Bourdieu wie der Bourdieu-Rezeption versuchen, das fachdidaktische Konzept der Bildumgangsspiele, wie es von Klaus-Peter Busse im Aufgriff erster Fundierungen Gunter Ottos und in Ausdifferenzierung einer didaktischen Ikonografie theoretisch und fachmethodisch weiter expliziert und unterfüttert wurde, um den Habitus als Methode und Konstrukt kultureller Produktion wie Rezeption zu komplettieren. Es konnten nur Hinweise sein.[34]

[1] Wolfgang Ullrich: Wasser ist die neue Zigarette, in: art 1/2013, S. 86–87, hier S. 86.

[2] Siegfried J. Schmidt: Texttheorie. Probleme einer Linguistik der sprachlichen Kommunikation, München 1973.

[3] Klaus-Peter Busse: Bildumgangsspiele: Kunst unterrichten, Norderstedt 2004; Klaus-Peter Busse: Vom Bild zum Ort: Mapping lernen. Mit dem Bilderwerk von Holger Schnapp, Norderstedt 2007; Klaus-Peter Busse: Blickfelder: Kunst unterrichten. Die Vermittlung künstlerischer Praxis, Norderstedt 2011.

[4] Erwin Panofsky: Gotische Architektur und Scholastik. Zur Analogie von Kunst, Philosophie und Theologie im Mittelalter, Köln 1989, S. 43.

[5] Florian Schumacher: Bourdieus Kunstsoziologie, Konstanz 2011, S. 72.

[6] Pierre Bourdieu: Zur Soziologie der symbolischen Formen, Frankfurt/M. 1974, S. 239.

[7] Ebd., S. 132.

[8] Axel von Criegern: Didaktik und Ikonologie, in: K+U 27/1974, S. 42–48.

[9] Klaus-Peter Busse: Bildumgangsspiele: der didaktische Umgang mit kulturellen Skripten,

Schroedel Kunstportal Mai 2008.

[10] Pierre Bourdieu: Sozialer Sinn, Frankfurt/M. 1987, S. 101.

[11] Bourdieu 1974, S. 185 f., Kurs. i.O. (s. Anm. 6).

[12] Bourdieu 1974 (s. Anm. 6); Bourdieu 1987 (s. Anm. 10); Pierre Bourdieu: Die feinen Unterschiede. Kritik der gesellschaftlichen Urteilskraft, Frankfurt/M. 1982.

[13] Ulf Wuggenig: Vorwort: Bourdieu und die Liebe zur Kunst, in: Schumacher 2011 (s. Anm. 5), S. 9–22.

[14] Bundeszentrale für politische Bildung (Hg.): Filmheft DIE KLASSE, Bonn 2008, S. 7.

[15] Bourdieu 1982 (s. Anm. 12), S. 100.

[16] Bourdieu 2001, S. 23 f.

[17] Eckart Liebau: Der Störenfried. Warum Pädagogen Bourdieu nicht mögen, in: Barbara Friebertshäuser u.a. (Hgg.): Reflexive Erziehungswissenschaft. Forschungsperspektiven im Anschluss an Pierre Bourdieu, 2. Auflage, Wiesbaden 2009, S. 41–58, hier S. 50 f. (Erstveröffentlichung 1987).

[18] Siegfried Bernfeld: Sisyphos oder die Grenzen der Erziehung, Frankfurt/M. 1973.

[19] Burkard Michel: Bild und Habitus. Sinnbildungsprozesse bei der Rezeption von Fotografien, Wiesbaden 2006, S. 122, Kurs. i.O.

[20] Vgl. z.B. Hinrich Lühmann: Schule der Übertragung, in: Karl-Josef Pazzini/Susanne Gottlob (Hgg.): Einführungen in die Psychoanalyse II. Setting, Traumdeutung, Sublimierung, Angst, Lehren, Norm, Wirksamkeit, Bielefeld 2006, S. 97–118, hier S. 97 ff.

[21] Liebau 2009, S. 43 f. (s. Anm. 17).

[22] Moldenhauer 2010, S. 11.

[23] Bourdieu 1993, S. 136.

[24] Moldenhauer 2010, S. 22 f., Kurs. i.O.

[25] Beate Krais/Gunter Gebauer: Habitus, 3. Auflage, Bielefeld 2010, S. 79.

[26] Wiederholt in Bourdieu 1982 (s. Anm. 12).

[27] Ebd., S. 81 ff.

[28] Bourdieu 1974, S. 195 (s. Anm. 6).

[29] Pierre Bourdieu/ Alain Darbel: Die Liebe zur Kunst, Konstanz 2006 (Erstveröffentlichung 1966).

[30] Pierre Bourdieu: Comprendre, in: Daniel Buren: Mot à Mot. Ausstellungskatalog »Le Musée qui n'existait pas«, Centre Pompidou, Paris 2002, S. 82–91.

[31] Johannes Kirschenmann: Das Geheimnis des Zusammenwirkens. Die Werte der Kunst, in: KUNST+UNTERRICHT 362-363/2011, S. 60–65, hier S. 60 ff.

[32] Walter Grasskamp: »An den langen Tischen der Zeit.« Thomas Struths Betrachtung des Betrachters, in: Thomas Struth. Museums Photographs, München 2005, S. 129.

[33] Michael Tomasello: Warum wir kooperieren, Frankfurt/M. 2009; Michael Tomasello: Die Ursprünge der menschlichen Kommunikation, Frankfurt/M. 2011.

[34] Weitere Literatur: Thomas Alkemeyer: Lernen und seine Körper. Habituserformungen und -umformungen in Bildungspraktiken, in: Friebertshäuser u.a. 2009 (s. Anm. 17), S.

119–140; Malte Brinkmann: Pädagogische Übung: Praxis und Theorie einer elementaren Lernform, Paderborn 2012; Rolf-Dieter Hepp: Das Feld der Bildung in der Soziologie Pierre Bourdieus: Systematische Vorüberlegungen, in: Friebertshäuser u.a. 2009 (s. Anm. 17), S. 19–39; Klaus Mollenhauer: Theorien zum Erziehungsprozeß. Zur Einführung in erziehungswissenschaftliche Fragestellungen, München 1972; Christian Steuerwald: Körper und soziale Ungleichheit. Eine handlungssoziologische Untersuchung im Anschluss an Pierre Bourdieu und George Herbert Mead, Konstanz 2010.

Georg Peez

Beurteilen als kulturelle Sinnpraxis
Ästhetische Urteilsbildung als Aufgabe und Forschungsfeld der Kunstdidaktik

Die grundlegende Bedeutung des Ästhetischen für allgemeine Bildungsprozesse wird von Klaus-Peter Busse in der Hinsicht konkretisiert, dass das Ästhetische eine Vielzahl von sinnlichen Handlungsmöglichkeiten des Menschen bezeichnet. Dies sind unter anderem das Bauen und Konstruieren, das Musizieren, das Kleiden und das Zeichnen. In diesem Kontext umfassen die »Bildumgangsspiele« die performative Ebene des ästhetischen Verhaltens. Zudem sei das Ästhetische keinesfalls auf das Künstlerische einzugrenzen, so Klaus-Peter Busse.[1] Obwohl die Einführung von sogenannten Bildungsstandards, die Karl-Josef Pazzini »nicht operationalisierbare Könnensbehauptungen«[2] nennt, kritisch zu sehen ist, setzt sich die Kunstdidaktik mit dieser Thematik auseinander. Ernsthaft zu fragen ist, »welchen Beitrag das Fach Kunst zu übergreifenden Standards leistet und welche Lernstandards intersubjektiv im Bereich der visuellen oder ästhetischen Literalität formulierbar sind«.[3] Teil der Entwicklung einer »künstlerischen Haltung«[4] ist die ästhetische Urteilsbildung. »Beurteilen Schülerinnen und Schüler Bildhandlungen, dann decken sie nicht nur implizite Kunstbegriffe und Voreinstellungen auf, sondern lernen kulturelle Sinnpraxis.«[5] Hieran anknüpfend möchte ich im Folgenden selektiv und pointiert der Frage nachgehen: Wie lässt sich die Kompetenz der ästhetischen Urteilsbildung bei Schülerinnen und Schülern – wie sie inzwischen in allen Bildungsstandards und Kerncurricula des Faches Kunst genannt ist – näher eingrenzen? Welche fachspezifischen Aspekte hängen mit der Kompetenz der ästhetischen Urteilsbildung zusammen?

Präferenzforschung

Was finden Kinder und Jugendliche schön? Welche Bilder bevorzugen Heranwachsende? Was finden sie interessant? Diese Fragen stellt man sich in der Kunstpädagogik. Eine inzwischen 40 Jahre alte, doch noch häufig zitierte Studie untersuchte die Reaktionen von rund 500 Grund- und Hauptschülerinnen und -schülern der Schuljahre 1 bis 9 (also vom 6. bis 15. Lebensjahr) auf die formale und inhaltliche Gestaltung von

Abb. 1: Ein Bild, wie es den Kindern aus Gießen und Umgebung in der Studie zu Beginn der 1970er-Jahre gut gefiel: Hans Hoffmann (um 1530–1592) Zwei Eichhörnchen ca. 1512, Aquarell und Deckfarben auf Pergament (1972 noch Albrecht Dürer zugeschrieben)

Kunstwerken.[6] Hermann Hinkel – damals Universität Gießen, später Vorgänger von Klaus-Peter Busse in Dortmund – ging es um das »ästhetische Urteil«[7]. Er fragte die jeweilige Versuchsperson »welches Bild ihr am besten gefalle«, nach den unbeliebtesten Bildern sowie nach der »Begründung dieser Wahl«.[8] Eins der damaligen Ergebnisse lautet, dass von den Kindern und Jugendlichen naturalistische Gemälde bevorzugt werden, wohingegen »unrealistische« Darstellungen »mit aller Deutlichkeit zurückgewiesen werden«.[9] Mit zunehmendem Alter sind sie nicht nur am meist subjektiv bedeutsamen Bildmotiv interessiert, sondern auch an formalen Bildmerkmalen. Die rezeptiven Bildpräferenzen korrelieren offenbar zum Teil mit den Vorlieben im Zeichnen: »Der Wunsch nach Natürlichkeit wird im 1. Schuljahr noch nicht geäußert. Er taucht im 2. Schuljahr auf und nimmt bis ins 4. Schuljahr stetig zu.«[10] (Abb. 1). Die Kinder und Jugendlichen würden grundsätzlich »von Bildern angesprochen, die deutlich, klar und gut erkennbar sind, deren Aufbau wirklichkeitsgetreu ist und die auf kräftige und natürliche Farben zurückgreifen«.[11] Auch narrative Bildinhalte würden klar bevorzugt. 1990 zweifelte Johannes Eucker aus kunstdidaktischer Sicht diese Ergebnisse an, allerdings ohne selbst empirisch geforscht zu haben.[12]

Erst in den letzten Jahren kam es dann vorwiegend durch qualitative Fallstudien – teils im Rahmen von Präferenzforschung – zu differenzierten und anderen Ergebnissen.[13] Unter anderem wurde an der Untersuchung Hermann Hinkels die eingeschränkte Bildauswahl kritisiert. Im Gegensatz zur Untersuchung von 1972 nehmen heutige Studien in der Bildauswahl Bezug zu der medialen Lebenswelt von Kindern und bieten den Probanden nicht nur Reproduktionen von Kunstwerken an. Zudem werden in Fallstudien etwa mittels Leitfadeninterviews stärker die soziokulturellen und biografischen Vorerfahrungen des einzelnen Kindes bei der Bildpräferenz fokussiert. Fragte Hermann Hinkel noch, »welches Bild« dem jeweiligen Kind bzw. Jugendlichen »am besten gefalle«,[14] so lautet die heute (kunst-)didaktisch relevantere, am Bildungsprozess orientierte Frage, ob die Kinder an einem Bild Interesse entwickeln.[15] »Das ist insofern ein wesentlicher Unterschied, als das Gefallen sich auf ein momentanes ästhetisches Urteil beschränkt, das Interesse aber einen Prozess einleitet, der den Einsatz und die Beteiligung der Person erfordert. Dahinter steht die Auffassung, dass Kunst sich nicht im Wohlgefallen erschließt, sondern in der Auseinandersetzung.«[16] Auch bei der Beurteilung von Schülerarbeiten im Kunstunterricht sollte es beispielsweise nicht darum gehen, ob sie »schön« sind, sondern ob sie »interessant« sind, d.h. ob sie etwa eine intensive ästhetische Auseinandersetzung vermitteln, was auf ästhetische Bildungsprozesse hinweist.[17]

Die Ergebnisse aktueller Studien sind nicht so einheitlich wie vor 40 Jahren: »Bilder werden von (2 bis 10 Jahre alten; G.P.) Kindern vor allem dann präferiert, wenn diese für sie subjektiv bedeutsam sind und formale und inhaltliche Anknüpfungspunkte an ihre konkrete Alltags- und Lebenswelt bieten, d.h. wenn [...] Erinnerungen, (Vor-) Erfahrungen, Emotionen, Identitätsbilder, Hobbys, Träume und Wünsche in einem Bild wieder zu finden sind. Kindliche Präferenzen und Lebensweltbezüge lassen sich allerdings nicht nur im Bekannten finden, sondern auch im Neuen, Unbekannten, Nichtalltäglichen, Ungewohnten und in der Differenz entdecken.«[18] Weitere wichtige Einflussfaktoren sind die Geschlechtsspezifik, bei jüngeren Kindern die Vorlieben der Freundinnen bzw. Freunde und nicht zuletzt der Humor.[19]

Bild-Präferenzen von Jugendlichen

Studien zur Bild-Präferenz gibt es bis ins späte Grundschulalter; s. alle oben genannten Studien. Die Jugendphase ist hingegen eigentlich nicht erforscht. Anzunehmen ist, dass die medialen Einflüsse (auch kurzlebige Trends) sowie individuelle Faktoren zu einer starken Ausdifferenzierung führen, so dass die Ergebnisse keine einheitliche Richtung vorzugeben vermögen. Deshalb kann es im Folgenden leider lediglich bei Andeutungen bleiben.

- So schreibt Oliver M. Reuter über den Handygebrauch Jugendlicher, es werde darauf geachtet, »ästhetisch ansprechende Fotos oder Filme zu erstellen, um Situationen, Stimmungen oder Motive ansprechend darzustellen«.[20] Was konkret »ästhetisch ansprechend« für Jugendliche ist, wird jedoch nicht erörtert.
- Zu untersuchen wäre nach inhaltlichen und formalen Gesichtspunkten, welche selbst erstellten Videofilme Jugendliche z.B. auf YouTube hochladen, welche Video-Favoriten angelegt werden, auch in privaten Playlists.[21]
- In einem aktuellen Forschungsprojekt der Pädagogischen Hochschule Zürich werden fotografische Bildpraxen von Jugendlichen untersucht. Deren Fotos zeichnen sich u.a. durch »gesteigerte Expressivität« aus, sie öffnen sich »auf das

Abb. 2a u. b: Fotos von Jugendlichen aus dem Forschungsprojekt »Unterwegs« der Pädagogischen Hochschule Zürich.[45]

Imaginative hin« oder zeigen in Schatten und Spiegelungen »ein Nachdenken über die Wirklichkeit des Bildes«.[22]

- Über die in eigens hierfür geschaffenen Internet-Portalen öffentlich zugängliche »visuell-bildnerische Fanprodukte« von Jugendlichen (vor allem Zeichnungen und Malerei) schreibt Jutta Zaremba: »Bei der FanArt geben Jugendliche ihre Bildkompetenzen, Medienpraxen und affektiven Ästhetiken weiter und handeln untereinander immer wieder die Bildpragmatik von Wertschätzen – Verwerfen, [...] Besprechen – Beurteilen – Bewerten aus.«[23] Auf »mangacarta.de« lässt sich die Bedeutung differenzierten ästhetischen Urteilens ablesen, hier heißt es auf der Startseite: »In unserer Galerie erwartet dich die Möglichkeit, deine fertigen Bilder zu präsentieren, ohne dass sie wie in vielen Communities zwischen lustlosen Kritzeleien untergehen werden. Im Forum bekommst du garantiert mindestens zwei konstruktive Kommentare, außerdem kannst du deine Skizzen präsentieren, Rat für Bilder einholen, an denen du gerade arbeitest [...].«
- Über ästhetische Präferenzen Jugendlicher bei der Auswahl von Bildschirmspielen berichtet Lars Zumbansen; z.B. sind dies: »die erhöhte Stofflichkeitsillusion, die übertrieben porentiefe Sichtbarkeit artifiziell erzeugter Materialoberflächen, aber auch ›die Ästhetik der Unordnung‹«[24] (Abb. 3).
- Weitere Ausdifferenzierungen der Jugendkultur können hier nur erwähnt werden, wie etwa Cosplay, Gothic oder Mangas und Anime. – Klar wird: Ästhetische Werturteile sind stark (jugend-) kulturabhängig, aber stets konstitutiv vorhanden und kaum bis gar nicht erforscht.

Geschmacksbildung als kulturelle Kompetenz

Ästhetische Werturteile können auch (selbst-)reflexive Aspekte enthalten. Der Wiener Philosoph Robert Pfaller erläutert dies mit den Beispielsätzen: »Das gefällt mir, und es freut mich, dass es mir gefällt.« »Das gefällt mir zwar nicht, aber das ist eigentlich traurig, und ich würde mir wünschen, dass es mir gefallen könnte.« »Mir gefällt das, aber es missfällt mir, dass es mir gefällt.«[25] Hier zeigt sich das, was u.a. bei Immanuel Kant oder Pierre Bourdieu aufscheint,[26] nämlich dass man sich mit seinen ästhetischen Urteilen nach anderen Menschen und deren Geschmack richtet. Die soziale Interaktion ist entscheidend. Ein Doppelcharakter wird sichtbar: Es geht nicht um die Eigenschaften eines ästhetischen Objekts, sondern primär um den inneren (selbst-) reflexiven Vorgang.

Kunstunterricht findet stets als kommunikative Interaktion in der Klasse oder im Kurs statt. Dem Ganzen wohnt – von der Kunst aus, aber auch von der Gruppe aus – eine gewisse Plastizität, Dynamik und Chance zur Weiterentwicklung inne. Zugleich

Abb. 3: Screenshot aus dem Spiel HALF-LIFE 2 (USA 2004, Sierra/ Valve, PC DVD).[46]

spielt natürlich auch die (soziale) Distinktion eine Rolle: Mein Geschmack kann mir deshalb Lust verschaffen, weil er sich von anderen Geschmäckern unterscheidet oder umgekehrt mit diesen übereinstimmt. In beiden Fällen bietet er aber eins, nämlich den »Genuss des Urteilens« und damit »die Gelegenheit zur Subjektwerdung«.[27] Dieser Gedankengang ist für den Kunstunterricht von hoher Relevanz, denn der »Geschmack funktioniert als Subjektbildner«, so Pfaller.[28] Folgendes wäre dann ein Ziel des Kunstunterrichts in Bezug auf die ästhetische Urteilsbildung: Stets bieten Kunst und Kultur die Chance, nicht zu verharren, sondern ihr bei gewissen ›Ausreißversuchen‹ aus dem traditionellen Geschmack zu folgen; denken wir in diesem Sinne an die vielen Kunststile des späten 19. und des 20. Jahrhunderts (z.B. Dadaismus oder Pop-Art) oder subkulturelle Ausdrucksformen. Aufgabe des Kunstunterrichts wäre es dann, »Kontexte zur Vermittlung von einsehbaren Zusammenhängen«[29] herzustellen, um kommunikativ die Subjektbildung zu unterstützen. Die Kompetenz, ein ästhetisches Urteil in diesem Sinne (selbst-)reflexiv bilden zu können, würde demnach im Mittelpunkt des Kunstunterrichts stehen. Es ginge nicht darum, ein bestimmtes Urteil zu haben oder sich anzueignen, wie noch in der Erziehung zum »guten Geschmack« in den 1960er-Jahren[30] (Abb. 4). Auf der Meta-Ebene geht es nicht um die Inhalte (Welche Merkmale hat guter Geschmack?), sondern um die Kompetenz, ein ästhetisches Urteil (selbst-) reflexiv bilden zu lernen.

Das Fällen, Austesten und Verteidigen von ästhetischen Werturteilen, das permanent und unterschwellig in Kunstunterricht geschieht, ist also legitimativ als zentrales fachspezifisches Kompetenzfeld des Kunstunterrichts bewusst zu machen und kultivieren.

Selbstbewertung im Kunstunterricht zwischen Kompetenzorientierung und Bildungsanspruch

Die übergreifende Bedeutung und Komplexität der Thematik ästhetischer Urteilsbildung ist Ausgangspunkt der hier dargelegten Erörterungen und soll nun abschließend exemplarisch auf kunstdidaktische Methoden der Selbstbewertung im Kunstunterricht bezogen werden. Im Element der Selbstbewertung – als Teil eines Beurteilungsprozesses von Schülerleistungen – zeigt sich ganz offensichtlich die ästhetische Urteilsbildung als eine zu fördernde und zu erwerbende Fähigkeit im Kontext der Selbstbildung.

Zwei konträre Positionen, die sich im gegenwärtigen pädagogischen Diskurs abzeichnen, können rahmend verortet werden:
(1) Wie im gesamten Erziehungssystem, so auch in der Kunstdidaktik, verweist man seit dem »PISA-Schock« im Jahre 2000 Bezug nehmend auf sogenannte Bildungsstandards und die »Output-Orientierung« auf die Bedeutung übertragbarer und nachhaltiger Kompetenzen – im Gegensatz zu den früher anvisierten Lernzielen.[31] So heißt

Abb. 4: Im Jahre 1966 trat der Frankfurter Kunstpädagoge Hans Meyers stellvertretend für die Richtung der Musischen Bildung eine »Didaktik der Formerziehung«[47] ein: »Die Materialwirkungen des Porzellans kommen am reinsten zum Ausdruck, wenn jeder zusätzliche Dekor entfällt.«[48] »Ich habe immer wieder festgestellt, dass es schon zehn- oder elfjährigen Kindern gelingt, eine innerlich wahre von einer verlogenen Form zu unterscheiden, wenn man ihnen die Merkmale zu Anfang klar und drastisch genug herausstellt. [...] Gut können sie formschöne Vasen, Kaffeekannen und Tassen, Stühle und Schränke von formverwilderten unterscheiden. [...] Nur bewusste Lenkung setzt diese Kraft im Menschen in Bewegung.«[49]

es u.a. entsprechend in den Standards des BDK, Fachverband für Kunstpädagogik, für den mittleren Schulabschluss unter dem Stichwort »Werten«:

- »sachbezogene Gespräche über Bilder (auch eigene) führen,
- Deutungen am jeweiligen Bild belegen, die Deutung in der Diskussion vertreten und bewerten,
- eigene Wertungen von Bildern begründet vertreten.«[32]
- Wenn die Kunstpädagogik zukünftig verstärkt von den Kompetenzen her zu denken sein wird[33] – und eine derzeitige Überarbeitung vieler Richtlinien in den Bundesländern legt dies nahe –, dann rückt die »Entwicklung von Beurteilungskompetenz«[34] immer deutlicher als wichtige Fähigkeit in den Mittelpunkt. Doch was ist hiermit genauer gemeint? »Bildkompetenz«, so Fritz Seydel, werde längst zu den Schlüsselkompetenzen gezählt. Bildkompetenz enthält das Merkmal »Bilder im Kontext beurteilen« zu können, d.h.
- »hinsichtlich bildnerischer Qualitäten, ihrer stilistischen Zuordnung, Wirkung«;
- »hinsichtlich ihrer Geschichtlichkeit« und
- »hinsichtlich ihrer Relevanz für den eigenen Bildervorrat Bilder auf ihre Verwendung hin untersuchen«.[35]

In dieser Aufzählung klingt freilich der Funktionalismus der Kompetenzorientierung stark durch.

(2) Kritiker markieren deshalb eine gegensätzliche Position: Das, was mit Kompetenz gemeint ist, wird nämlich nicht vom Individuum, sondern ökonomisch und bildungspolitisch von beruflichen Anforderungen und zukünftigen Tätigkeiten her bestimmt. An dieser Stelle soll hingegen – nicht zuletzt im Anschluss an Friedrich Schiller – der subjektorientierte, allgemein- bzw. selbstbildende Anspruch ästhetischer Urteile durch die Elemente der Selbstbewertung herausgestellt werden. Doch auch wenn der Kompetenzbegriff vielfach deutlich abgelehnt wird[36] und vom »Bluff der Kompetenzorientierung«[37] die Rede ist, da die Kompetenzorientierung zur Unmündigkeit führe, soll die Kompetenzdiskussion nicht ignoriert werden. Angesichts der gegenwärtig vielfach vorgenommenen Überarbeitung u.a. der Kerncurricula und Schulcurricula wird dieser Aspekt zumindest im Folgenden deutlicher problematisiert und die Gefahren einer unkritischen Kompetenzorientierung werden angesprochen.

Der Kompetenz- und Qualifikationsbegriff steht also in einem Spannungsverhältnis zu einem Verständnis von Bildung, wie es seit dem Neuhumanismus des 19. Jahrhunderts (Humboldt) die Diskussionen um das Lehren und Lernen in Deutschland bestimmt. Immer wieder aktualisiert, ist der Bildungsauftrag der Schule im heutigen Verständnis dadurch geprägt, dass er die Dimensionen Selbstbestimmung, Mitbestimmung und Solidarität als wesentliche Grundfähigkeiten benennt, die mittels Bildungsprozessen zu fördern sind[38] (Abb. 5). Dieses Merkmal unterstreicht den Bildungsaspekt in Form einer Allgemeinbildung und auch das Element der Solidarität.

Die Herausforderung für Schule – und damit für den Kunstunterricht – heute lautet, wie sie sich zwischen Bildung und Qualifikation verorten kann. Zweifellos geht von Methoden der Selbstbewertung im Rahmen der ästhetischen Urteilsbildung eine Stärkung des Bildungsaspekts aus, da hier insbesondere Selbstbestimmung und Mitbestimmung bei der Aneignung von Welt ein größeres Gewicht erhalten. Denn eng festgeschriebene Ziele und Lernwege sind in diesen Erfahrungszusammenhängen nicht determinierbar. Die Gefahr des Qualifikationsgedankens, dass nur gelehrt und gelernt wird, was extern überprüft werden kann,[39] widerspricht dem Bildungsgedanken. Doch auf der anderen Seite werden von den Verfechtern einer an Bildungsstandards orientierten Kunstpädagogik ebenso die Kompetenz zur Selbstbewertung und

Abb. 5: »Wenn wir über einen Gegenstand ein ästhetisches Urteil fällen, starren wir ihn nicht einfach an und sagen: ›Oh, wie wunderbar!‹« Ludwig Wittgenstein (2000, VÄ I, § 17) ... sondern wir machen uns Gedanken, reflektieren, wägen ab und beratschlagen. – Situation aus dem Kunstunterricht zwischen Wandtafel, Mona Lisa, Google-Bildersuche und Paul Klee (aus dem Unterricht von Stefan Bergmann, Oberhausen).

das ästhetische Urteilsvermögen als zentral proklamiert: »Gerade für gestalterische Arbeit, bei der dauernd Entscheidungen getroffen werden müssen, ist die Fähigkeit zur Einschätzung der eigenen Arbeit unerlässlich.«»Die Schülerinnen und Schüler sollen deshalb lernen, ihre eigenen Fähigkeiten und ihr eigenes Lernen zunehmend selbst einzuschätzen.«[40]

Nachvollziehbar wird, warum der Gießener Erziehungswissenschaftler Ludwig Duncker mit pragmatisch orientiertem Blick auf die Schule für beides plädiert, dass nämlich das Spannungsverhältnis von Bildung und Qualifikation nicht im Sinne von einer der beiden Seiten aufgelöst werden kann,[41] sondern dass es Schule heute elementar prägt. Der Gedanke, das ästhetische Urteilsvermögen zu stärken, ist für beide Konzepte grundlegend.

Vorläufiges Fazit

Das Element der Selbstbewertung hat zweifellos eine methodische Tradition im Kunstunterricht.[42] Zur Förderung des ästhetischen Urteilsvermögens braucht es fachspezifische Unterrichtsmethoden.[43] Mittels dieser Methoden und deren Anteil an Selbstbewertungsaspekten lässt sich das Vermögen einer differenzierten ästhetischen Urteilsbildung begünstigen und entwickeln. Planen, so Klaus-Peter Busse, heißt »für Schülerinnen und Schüler zugleich Mitplanen, Inhalte des Kunstunterrichts werden begründet und in den Lebenswelten der Kinder und Jugendlichen verortet, ›Vorhersehbares‹ (sicheres Wissen und Standards) wird vermittelt und ›Unvorhersehbares‹ ermöglicht, Wahrnehmungen öffnen und verändern sich«.[44] Innerhalb der Bildumgangsspiele nimmt die Leistungsbewertung, und hierin eingeschlossen die Anteile der ästhetischen Urteilsbildung, einen wichtigen Platz ein. Für die Kunstdidaktik stellt sie ein bedeutsames und – wie gezeigt wurde – weites Forschungsfeld dar.

Dieser Text ist eine veränderte Fassung des folgenden Beitrags: »Kompetenz: Ästhetische Urteilsbildung«, in: BDK INFO Fachverband für Kunstpädagogik Hessen, 1/2012, S. 10–14.

---

[1] Klaus-Peter Busse: Vom Bild zum Ort: Mapping lernen, Norderstedt 2007, S. 212.

[2] Nach Carina Herring: »Überforderung als Antidepressivum«. Bundeskongress der Kunstpädagogik 2012, Part01 – Wie viel Kunst braucht die Kunstpädagogik?, in: BDK-Mitteilungen 1/2011, S. 32–33, hier S. 32 f.

[3] Klaus-Peter Busse: Bildumgangsspiele: Kunst unterrichten, Norderstedt 2004, S. 227.

[4] Ebd.

[5] Ebd., S. 230.

[6] Hermann Hinkel: Wie betrachten Kinder Bilder. Untersuchungen und Vorschläge zur Bildbetrachtung, Gießen 1972; zusammenfassend und kritisch hierzu Constanze Kirchner: Kinder und Kunst der Gegenwart. Zur Erfahrung mit zeitgenössischer Kunst in der Grundschule, Seelze 1999, S. 37 ff., Bettina Uhlig: Kunstrezeption in der Grundschule. Zu einer grundschulspezifischen Rezeptionsmethodik, München 2005, S. 135 ff.

[7] Hinkel 1972 (s. Anm. 6), S. 138.

[8] Ebd., S. 143.

[9] Ebd., S. 148.

[10] Ebd., S. 151.

[11] Ebd., S. 157.

[12] Johannes Eucker: Kunst des 20. Jahrhunderts im Unterricht, in: Kunst+Unterricht 145/1990, S. 2–4.

[13] Klaus Mollenhauer u.a.: Grundfragen ästhetischer Bildung. Theoretische und empirische Befunde zur ästhetischen Erfahrung von Kindern, Weinheim 1996; Norbert Neuß (Hg.): Ästhetik der Kinder. Interdisziplinäre Beiträge zur ästhetischen Erfahrung von Kindern, Frankfurt/M. 1999; Kirchner 1999 (s. Anm. 6); Uhlig 2005 (s. Anm. 6), Bettina Uhlig: Kindliche Zugänge zu Bildern. Fallstudie eines siebenjährigen Kindes zur Auswahl von Bildern, deren Wahrnehmung und zu deren zeichnerischen Repräsentation, in: Georg Peez (Hg.): Handbuch Fallforschung in der Ästhetischen Bildung / Kunstpädagogik. Qualitative Empirie für Studium, Praktikum, Referendariat und Unterricht, Baltmannsweiler 2007, S. 118–130; Lusi Savas: Kindliche Bildpräferenzen. Wenn Kinder ihre eigenen Bilder wählen können, in: Gabriele Lieber/Ina Friederike Jahn/Antje Danner (Hgg.): Durch Bilder bilden. Empirische Studien zur didaktischen Verwendung von Bildern im Vor- und Grundschulalter, Baltmannsweiler 2009, S. 39–51.

[14] Hinkel 1972 (s. Anm. 6), S. 143.

[15] Mollenhauer 1996 (s. Anm. 13); Kirchner 1999 (s. Anm. 6); Uhlig 2005 (s. Anm. 6); Uhlig 2007 (s. Anm. 13); Savas 2009 (s. Anm. 13).

[16] Uhlig 2005 (s. Anm. 6), S. 137.

[17] Mollenhauer 1996 (s. Anm. 13), S. 235 ff.

[18] Savas 2009 (s. Anm. 6), S. 50.

[19] Ebd., S. 48 f.

[20] Oliver M. Reuter: Bilder unterwegs. Die Bilder auf den Handys Jugendlicher, in: Kunst+Unterricht Exkurs, Beilageheft 339/340 2010 »Jugendkulturelle Bildwelten«, S. 4–5, hier S. 5.

[21] Jutta Zaremba: Web 2.0 für die Straße. YouTube Mobile, in: Kunst+Unterricht Exkurs, Beilageheft 339/340 2010 »Jugendkulturelle Bildwelten«, S. 6–7.

[22] Ruth Kunz: »Unterwegs« – Urbane Lebenswirklichkeit in der Fotografie von Jugendlichen, in: BDK-Mitteilungen 3/2010, S. 30–33, hier S. 32 f. (Abb. 2)

23 Jutta Zaremba: FanArt. Zur Vielfalt selbstkreierter Jugendkunst im Internet, in:
   Kunst+Unterricht Exkurs, Beilageheft 339/340 2010 »Jugendkulturelle Bildwelten«, S.
   8–9, hier S. 9.

24 Lars Zumbansen: Von »(Hard-)Core« bis »Casual«. Die Ästhetik digitaler Spielwelten, in:
   Kunst+Unterricht Exkurs, Beilageheft 339/340 2010 »Jugendkulturelle Bildwelten«, S.
   14–15, hier S. 14.

25 Christine Gaigg/Thomas Hübel/Robert Pfaller: Was uns gefällt. Worin wir uns gefallen. Die
   Geschmacksbildung und ihre Dynamik, in: Institut für Wissenschaft und Kunst (Hg.): kunst
   fragen, Wien 2010, S. 107, S. 103.

26 Immanuel Kant: Kritik der Urteilskraft (1790). Hamburg 1993; Pierre Bourdieu: Die feinen
   Unterschiede. Kritik der gesellschaftlichen Urteilskraft, Frankfurt/M. 1987.

27 Gaigg/Hübel/Pfaller 2010 (s. Anm. 25), S. 107.

28 Ebd.

29 Kunibert Bering: Kunstdidaktik und Kulturkompetenz, in: Schroedel Kunstportal (2008),
   http://www.schroedel.de/kunstportal/didaktik_archiv/2008-03-bering.pdf (Zugriff am
   05.04.2012), S. 2.

30 Hans Meyers: Erziehung zur Formkultur, Frankfurt/M. 1966.

31 Vgl. die kunstpädagogische Diskussion in Johannes Kirschenmann/Frank Schulz/Hubert
   Sowa (Hgg.): Kunstpädagogik im Projekt der allgemeinen Bildung, München 2006, S. 278;
   Lars Lindström: Produkt- und Prozessbewertung schöpferischer Tätigkeit, in: Georg Peez
   (Hg.): Beurteilen und Bewerten im Kunstunterricht. Modelle und Unterrichtsbeispiele
   zur Leistungsmessung und Selbstbewertung, Seelze 2008, S. 144–159; Franz Billmayer:
   Benotung und Standards in Schweden als Anregungen für den Kunstunterricht, in:
   ebd., S. 160–167; Kunibert Bering/Clemens Höxter/Rolf Niehoff (Hgg.): Orientierung:
   Kunstpädagogik. Bundeskongress der Kunstpädagogik 2009, Oberhausen 2010.

32 BDK-Mitteilungen 3/2008, S. 4; s. auch Kunst+Unterricht 341/2010, S. 11.

33 Andreas Schoppe: Kompetenzorientierter Kunstunterricht, in: BDK-Mitteilungen 2/2008,
   S. 4–7.

34 Fritz Seydel: Kompetenzfach Kunst: in: BDK-Mitteilungen 2/2007, S. 6–10, hier S. 8.

35 Fritz Seydel: Schulentwicklung und Kunstunterricht. Kunst im Kanon der Schule, in: Klaus-
   Peter Busse/Karl-Josef Pazzini (Hgg.): (Un)Vorhersehbares lernen: Kunst – Kultur – Bild,
   Dortmund 2008, S. 419–429, hier S. 425.

36 Jochen Krautz: Kompetenz als Fähigkeit zur Anpassung. Zum Problem unkritischer
   Begriffsimporte in die Fachdidaktik, in: BDK-Mitteilungen 2/2010, S. 13–14.

37 Tagung «Bildungsstandards auf dem Prüfstand», Universität zu Köln im Juni 2010.

38 In Berufung auf Wolfgang Klafki: Ludwig Duncker: Die Grundschule. Schultheoretische
   Zugänge und didaktische Horizonte, Weinheim 2007, S. 14.

39 Vgl. Kunst+Unterricht 341/2010 „Bildkompetenz – Aufgaben stellen“.

40 Billmayer 2008 (s. Anm. 31), S. 165.

41 Duncker 2007 (s. Anm. 38), S. 17.

[42] Ivonne Kansy: Selbstbewertung im Kunstunterricht. Praktizierte Ansätze und Methoden im Überblick, in: BDK-Mitteilungen 1/2010, S. 24–27, hier S. 24.

[43] Georg Peez (Hg.): Beurteilen und Bewerten im Kunstunterricht. Modelle und Unterrichtsbeispiele zur Leistungsmessung und Selbstbewertung, Seelze 2008.

[44] Klaus-Peter Busse: Bildumgangsspiele: der didaktische Umgang mit kulturellen Skripten, in: Schroedel-Kunstportal (2008), http://www.schroedel.de/kunstportal/didaktik_archiv/2008-05-busse.pdf (Zugriff am 05.04.2012), S. 3.

[45] Kunz 2010 (s. Anm. 22).

[46] Aus Lars Zumbansen: Reflexive Bildpraxis in Computerspielen – Eine Herausforderung für die Kunsterziehung, in: Schroedel Kunstportal (2010), http://www.schroedel.de/kunstportal/didaktik_archiv/2010-04-zumbansen.pdf. (Zugriff am 22.05.2013).

[47] Meyers 1966 (s. Anm. 30), S. 89.

[48] Ebd., S. 64.

[49] Ebd., S. 112.

Andreas Brenne

»Herz der Finsternis«
Forschendes Lernen im Kontext kunstpädagogischer Suchbewegungen

»Also, als ich noch ein Knirps war, hatte ich eine Schwäche für Landkarten. Stundenlang betrachtete ich Südamerika oder Afrika oder Australien und verlor mich in Träumen von ruhmreichen Entdeckungsreisen. Damals gab's noch viele weiße Flecken auf dem Globus, und wenn ich einen fand, der besonders einladend aussah (aber eigentlich sehen sie alle so aus), legte ich meinen Finger drauf und sagte: Wenn ich groß bin, gehe ich dorthin.«[1]

Forschendes Lernen ist riskant; es geht um das Ungewisse, das Offene, das Unentdeckte und das Ziel ist ungewiss. Keiner weiß, und ob man genauso zurückkehrt wie man aufgebrochen ist, erscheint fraglich. Forschendes Lernen ändert alles und nicht zuletzt den Forschenden. Es geht um Abenteuer und den Vorstoß ins unentdeckte Land, aber auch um Risiken, Ängste, Verwirrungen auf dem Weg zum Herz der Finsternis. Nur wer das etwas wagt, erzeugt ein Licht, mit dem er auch andere zu entzünden vermag. Forschendes Lernen ist hoch im Kurs und wird als zentraler Bezugsrahmen einer zeitgemäßen Lern- und Unterrichtskultur angesehen. In der Fachdidaktik, in der allgemeinen Didaktik, in der Hochschuldidaktik, in der Lehrerbildung – überall wird die Forschungsorientierung von Lernprozessen ins Feld geführt.[2]

Ausgangspunkt für derartige Überlegungen ist die Vorstellung, dass Weltverhältnisse derart dynamisch sind, dass eine repetitive Aneignung didaktisch reduzierter Fakten in hohem Maße unzulänglich ist und nachhaltiges Lernen ausschließt. Die Phänomene sind fluide und haben die Tendenz sich zu entziehen, je dringlicher man auf Fest-Stellung drängt. Forschendes Lernen wird dieser Tatsche insofern gerecht, als dass sie jedem die Möglichkeit gibt in einen beständigen und dynamischen Dialog mit den Dingen zu treten und dadurch temporärere Sinnschöpfungen evoziert. Welten entstehen und vergehen; wer dies ignoriert, propagiert eine Form der Bildung, die sich auf »tote Dinge« ausrichtet und diese für das Leben hält.[3]

Forschendes Lernen im Kontext der Institution Schule kann gelingen, wenn Schüler/-innen dazu befähigt werden, sich auf der Basis problemhaltiger Situationen eigenständig Wissen anzueignen. Schüler/-innen sind Selbstlerner und die Aufgabe des Pädagogen besteht vor allem darin, einen Rahmen zu schaffen, in dem Schüler/-innen einer individuellen und dichten Auseinandersetzung mit interessantem Material nachgehen können.

Folgende Aspekte kennzeichnen das forschende Lernen im Kontext von Schule und Unterricht aus der Perspektive der Schüler/-innen.[4]

- Schüler/-innen entwickeln Aufgabenformate auf der Grundlage eigener Fragen.
- Schüler/-innen entwickeln Hypothesen.
- Schüler/-innen suchen individuelle Lösungsstrategien.
- Schüler/-innen führen Experimente durch.
- Schüler/-innen präsentieren und kommunizieren Lösungen.
- Schüler/-innen begründen und diskutieren ihre Herangehensweise.

Derartige Verfahren sind mittlerweile gängiger Mainstream und werden von allen Fachdidaktiken propagiert; meist in Verbindung mit dem Prinzip des Entdeckenden Lernens. Auch die curricularen Festlegungen erwähnen an prominenter Stelle das Prinzip des forschenden Lernens. Dieses Prinzip wurde vordringlich in den natur-wissenschaftlichen Fächern entwickelt. Angefangen von der wagenscheinschen phänomenologischen Didaktik des Staunens[5], über die produktive und operative Mathematikdidaktik von Müller/Wittmann[6] bis hin zur wissenschaftspropädeutischen Popkultur, die ein fester Bestandteil der Kinderunterhaltungskultur geworden ist. Vieles ist dabei kritisch zu sehen und manches erschöpft sich im Oberflächlichen.

Im Folgenden soll untersucht werden, inwieweit derartige Prinzipien auch die gegenwärtige Kunstdidaktik in all ihren Spielarten zwischen Bild, Kunst und Biographie erfasst haben. Denn auch wenn das Bezugssystem Kunst als Synonym für Freiheit, Offenheit und eine forschenden Haltung verstanden wird, hat die schulische Kunst-didaktik auch etwas Beharrendes und erschöpft sich in der forcierten Fokussierung des vornehmlich Elementaren (vgl. Hubert Sowa)[7].

Künstlerische Codierungen

Prominente Positionen der Kunstpädagogik verstehen die Entwicklung der Kunst als eine Geschichte der sukzessiven Erweiterung und Verbesserung der bildnerischen Mittel im Kontext einer existentialen Befragung von Weltverhältnissen und kulturellen Konstruktionen. Gunter Ottos Buch »Kunst als Prozeß im Unterricht«[8] beschreibt eine Erfolgsgeschichte der Kunst, die er durch die Begriffe Material – Experiment – Montage kennzeichnet. Auf der Grundlage einer dezidierten Materialerkundung entstehen innovative Bildformen, in denen das Vertraute in komplexe Montagen überführt wird. Ottos Sichtweise reduziert die künstlerische Forschung auf das Formal-Gestalterische; Lebenswelt spielt keine Rolle.

Andere kunstpädagogische Kunstgeschichtsschreibungen erzählen die Geschichte anders; Kunst wird als ein Synonym für existentiale Spiele und experimentelle Untersuchungen verstanden. Hauptgegenstand ist die Selbsterforschung. Die Position des Einzelnen in seinen Lebens- und Weltbezügen wird ausgelotet und Utopisch-Imaginäres wird sichtbar gemacht. Welt erscheint hier als prinzipiell gestaltbar und die formale Seite der Kunstproduktion wird auf die sinnhafte Transformation von Erfahrung bezogen. Kunst gilt als eine gesellschaftlich produktive Kraft; sie ist eine Form der Lebenskunst. Man findet diese Lesart zuerst in den Schriften von Gert Selle, der nicht nur Beuys großformatig ausarbeitete,[9] sondern auch im ästhetischen Projekt – unter Bezugnahme auf den Erziehungswissenschaftler Rudolf zur Lippe[10] – die Verbindung formaler Experimente und gestalterischer Selbstbefragung kondensierte.[11] Diese beiden Traditionslinien der Beschreibung von Kunst als Forschung wurden weiter fortgesetzt und ausgebaut. Pierangelo Maset[12] identifiziert spezifische künstlerische Haltungen als ästhetische Operationen, Carl-Peter Buschkühle betrachtet die kulturschaffenden Spiele der Gegenwartskunst[13] und Helga Kämpf-Jansen gründet ihr Konzept der ästhetischen Forschung[14] auf Analysen einer Kunstausübung zwischen ethnographischer Forschung (z.B. Nikolaus Lang) und Wunderkammern (z.B. Anna Oppermann).

Es gilt allerdings zu fragen, ob es auch andere Lesarten der Geschichte der Kunst gibt. Zu erwähnen sind jene Richtungen, die die subjektive Artikulation des Autors zu minimieren suchen und auf zeitlose Formulierungen des Ewigen und Beständigen aus sind (z.B. Ikonenmalerei). Zu nennen sind aber auch zeitgenössische Positionen wie Minimalismus, Neo-Konstruktivismus oder konkrete Kunst, die in klaren formalen Setzungen jegliche Referenz der Zeichen negieren und personale Positionen auflösen. Auch eine Kunst, die die gesamte Produktion auslagert und an »Subunternehmer« vergibt (z.B. Damian Hirst) lässt fragen, ob man hier von künstlerischer Forschung sprechen kann. Auch die kollektive Bildproduktion im neuen Medium lässt den bildungstheoretischen Mythos vom engagierten Entdecker und Forscher verschwimmen.

Kunstpädagogik und forschendes Lernen

Die zuvor beschriebenen Hagiographien der Kunst lassen es ahnen; Forschung in Verbindung mit künstlerischen Gestaltungsprozessen ist hoch im Kurs. Die neuere kunstpädagogische Praxis – unabhängig davon, ob sie schulisch oder außerschulisch ausgerichtet ist – orientiert sich auf ihrer produktiven Seite am forschenden Lernen. Dabei lassen sich zwei Bereiche unterscheiden: die experimentelle Auseinandersetzung mit den bildnerischen Mitteln und die Irritation geläufiger Denk- und Handlungsmuster. Dazu später mehr. Auch auf der rezeptiven Seite favorisiert die Kunstpädagogik eine forschungsorientierte Aneignung bildpragmatischer Kompetenzen. Hier werden Kunstwerke und Bilder der Alltags- und Popkultur analysiert, stilistisch bewertet und Transformation und Konnotationen ideologiekritisch beleuchtet. Diese Tradition wurde durch jene Strömungen der Kunsterzieherbewegung begründet, die sich mit bürgerlicher Alltagskultur (Kinderzimmer, Wohnungseinrichtungen, Bilderbüchern) auseinandersetzte, um geschmacksbildend zu wirken.[15] Es stand allerdings fest, was guter und schlechter Geschmack war; insofern kann nur bedingt von forschendem Lernen sprechen. Auch die »Visuelle Kommunikation« der 1970er-Jahre (z.B. Hermann K. Ehmer, Heino Möller, Helmut Hartwig)[16] war ähnlich normativ ausgerichtet. Dies galt auch für die Auslegung von Bildern auf der Basis eigener gestalterischer Untersuchungen (z.B. Reinhard Pfennig, Gunter Otto). Gunter Otto organisierte gestalterische Forschungsprozesse durch festgelegte Versuchsanordnungen mit dem Ziel künstlerische Konzepte der Moderne handlungsorientiert zu vermitteln.[17] Pierangelo Masets ästhetische Operationen aus dem Jahr 2001 erweitern diesen engen Zusammenhang durch performative Transformationen und offene Lernszenarios.[18]

Aber wie verhält es sich nun mit den explizit künstlerisch argumentierenden Positionen der Kunstpädagogik: das ästhetische Projekt (z.B. Gert Selle, Adelheid Staudte), künstlerische Bildung (z.B. Carl-Peter Buschkühle, Joachim Kettel) und die künstlerisch-ästhetische Forschung (z.B. Helga Kämpf-Jansen, Andreas Brenne). Gert Selle forcierte in den 1980er-Jahren die persönliche Auseinandersetzung mit Weltzusammenhängen – und erweiterte implizit die Materialexperimente Ottos ins Existenzielle.[19] Dabei spielte die bildende Kunst insofern eine Rolle, dass spezifische Verfahren und Strategien der damaligen Gegenwartskunst explizit thematisiert wurden, ohne auf die spezifischen Werke zu verweisen. Im Zentrum stand das herausfordernde Material (z.B. vegetative Wuchsformen, Wald, Telefonbücher ...). In dichten und konzentrierten Prozessen erforschte das Individuum ungewöhnliche Umgangsformen und man spürte sinnlich-emotionalen Qualitäten nach. Diese Expeditionen waren Prozesse mit offenem Ausgang; sie führten ins Ungewisse und waren nur bedingt kontrollierbar. Eine Relektüre der damaligen Texte und Aufzeichnungen zeugen von heuristischen Glücksgefühlen, aber auch von aufgespürten Ängsten und Nöten. Hier wurden Grenzen zwischen traditioneller Kunstpädagogik, psychomotorischem Erfahrungsparcours und Kunsttherapie aufgelöst, und es stellt sich bis heute die Frage, ob dies überhaupt noch Kunstpädagogik ist; Selle verneinte dies damals mit Nachdruck ...[20]

In Weiterführung Selles tritt seit den 2000er-Jahren die Künstlerische Bildung auf den Plan. Vieles erinnert an Selle, doch wird hier in stärkerem Maße auf die Kunst und ihre Werke Bezug genommen. Die Ergebnisse dieser Recherche werden sinnhaft reflektiert, persönliche Motive aufgespürt und in eigene gestalterische Vorhaben überführt.[21] Dabei spielt die Arbeit an der Form eine wichtige Rolle; durchaus im übertragenen Sinne. Denn in der künstlerischen Bildung geht es auch um Lebenskunst.[22] Damit ist nicht nur die holistische Entwicklung der eigenen Persönlichkeit gemeint, sondern auch die produktive Beteiligung an gesellschaftlichen Prozessen. Oder mit Beuys ausgedrückt; jeder Mensch ist ein Künstler und kann sein kreatives Potential nutzend sich an der Weiterentwicklung der sozialen Plastik beteiligen.[23]

Neben diesen explizit kunstbezogenen Strömungen wurden in letzten 15 Jahren zahlreiche Positionen entwickelt, die ästhetisch-künstlerisch forschende Strategien nicht nur ins Zentrum der Kunstpädagogik rückten, sondern auch dezidiert reflektierten; die »Ästhetisch-Künstlerische Forschung«. Auch hier geht man zunächst von Tendenzen der Gegenwartskunst aus. Gemeint sind die künstlerischen Zugriffe auf Methoden der Ethnografie und Sozialwissenschaft seit den 1970er-Jahren (z.b. die Gruppe Spurensicherung, Anna Oppermann, Lili Fischer)[24], aber auch heutige Formen einer semidokumentarischen Kunst (z.b. Theresa Margolles)[25]. Kunstpädagogik als ästhetisch-künstlerische Forschung fokussiert die biographische Bezugnahme auf lebensweltliche Konstruktionen und Formationen und experimentiert mit intermedialen Methoden der Darstellung. Insofern gibt es nicht nur Nähen zur Kunst, sondern auch Bezüge zur Ethnografie und zur qualitativen Sozialforschung.[26]

Im Rahmen der ästhetisch-künstlerischen Forschung werden naturgemäß höchst unterschiedliche Themenkomplexe fokussiert; also auch die Auseinandersetzung mit künstlerischen Formationen oder mit dem Betriebssystem Kunst. Dadurch wird die konventionelle Nachahmungsdidaktik ebenso unterlaufen, wie die bezugslose und affirmative Vermittlung kanonisierter Bilderwelten. Geradezu idealtypisch ist hier Manfred Blohms »Ästhetische Forschung« zur documenta X hervorzuheben. Blohm nutzte Methoden der Ethnografie und der Aktionsforschung im Rahmen einer intersubjektiven Kunstvermittlung.[27]

Die prominenteste und avancierteste Vertreterin der »Ästhetischen Forschung« ist sicher die im Jahre 2011 verstorbene Kunstpädagogin Helga Kämpf-Jansen. In ihrer einflussreichen Publikation aus dem Jahre 2001[28] propagierte sie die Initiierung einer forschenden Haltung durch eine spannungsreiche biographische Reflexion in Auseinandersetzung mit Lebenswelt und Alltagsästhetik. Dabei schloss sie stimmig und ideologiefrei an das Konzept der Visuellen Kommunikation an und ergänzte dieses durch künstlerisch-ästhetische Zugriffe. Kämpf-Jansen verstand unter ästhetischer Forschung die Einbeziehung von ästhetischen Strategien in den Prozess der Selbst-Bildung. Wissenschaftliche Strategien wurden dabei ebenfalls genutzt und in ästhetische Prozesse übersetzt.

Die neuere Kunstpädagogik erweitert die Verfahren der ästhetischen Forschung um eine explizit räumliche Dimension, wobei die in den Kulturwissenschaften geführte Diskussion über »spatial turns« Berücksichtigung findet. Im Zentrum steht die Annahme von der räumlichen Strukturiertheit ästhetischer Erfahrungsbildung, die insbesondere in den Darstellungsformen ästhetischer Recherchen zum Ausdruck kommt. So auch in den Schriften von Klaus-Peter Busse – dem dieser Beitrag gewidmet ist. Durch das von ihm favorisierte Verfahren des »Mapping« entstehen imaginäre und konkrete Bildkompendien, die in Anlehnung an Aby Warburgs Atlas »Mnemosyne« ein übergreifendes Netzwerk individueller und kollektiver Erinnerungskoordinaten rhizomatisch erzeugen.[29] Busse rekurriert hier nicht nur auf die Kunstgeschichte sondern auch auf Verfahren der Gegenwartskunst, wobei Cy Twomblys Notationen den idealen Bezugsrahmen darstellen.[30]

Maria Peters untersucht Formen forschend-ästhetischen Handelns im Unterricht.[31] Dabei nimmt sie vor allem die experimentelle Erkundung von Material in den Blick und unterscheidet die ästhetische Forschung vom systematisch-analytischen Bemühen um Erkenntnis. Von zentraler Bedeutung ist auch hier die Symbolisierung von Erfahrungen. Christine Heils »kartierende Auseinandersetzung mit aktueller Kunst« erprobt innovative Formen der Vermittlung von Kunst im Spannungsfeld von zeitgenössischen künstlerischen Verfahren, Ethnographie und qualitativer Forschung.[32] Auch Andrea Sabisch versucht dem Kern kunstpädagogischer Ambitionen, der Initiierung »Ästhetischer Erfahrung«, mittels Aufzeichnungen (»Grafien«) nahezukommen. Die Methode nutzt die kontinuierlichen Fortschreibungen ästhetisch-künstlerischer Unternehmungen in »Feldtagebüchern«, um die Suchbewegungen ästhetischer Erfahrungsbildung aufzuspüren und nutzbar zu machen.[33]

All diese Konzepte zeichnen sich dadurch aus, dass sie den Begriff der Forschung ernst nehmen und eine forschende Lernkultur in Unterrichtszusammenhängen zu etablieren suchen. Die Befürchtung, dass solch ein Unterricht die Kunst aufgibt und dem »anything goes«[34] eines diffusen Forschungsbegriffs opfert, ist unbegründet. Denn Bildende Kunst ist ein Feld, das nicht nur »an der guten Form« interessiert ist, sondern das noch Unentdeckte und Bedeutsame in anschauliche Formen überführt und dadurch kommunikabel macht. Kunst ist demnach kein Selbstzweck, sondern führt zu »den Sachen selbst«, ohne ihr Geheimnis zum Verschwinden zu bringen. Im Unterschied zur naturwissenschaftlichen Forschung geht es dabei nicht um »Aufklärung«, sondern um die Darstellung der Phänomene als ein Beziehungsgefüge.[35]

Von der Reise

Kehren wir zum Ausgangspunkt der Darstellung zurück. Forschendes Lernen ist bei
Licht betrachtet ein durchaus riskantes Unterfangen. Denn es entzieht sich der unterrichtlichen Planbarkeit und schickt die Schüler/-innen auf eine Reise ins Ungewisse.
Und dies ist nicht die Sache des staatlichen Schulwesens; denn hier geht es um Sicherheit und Planbarkeit – und vieles spricht dafür. Das Ziel von Schule ist die umfassende
und optimierte Förderung aller Kinder und Jugendlichen. Jeder soll unabhängig vom
Milieu die gleichen Möglichkeiten haben, seine Potentiale umfangreich zu nutzen
bzw. zu entfalten. Nichts soll im Ungewissen verbleiben, sondern verantwortungsvoll
geregelt und kontrolliert werden. Auch die ungeschützte Konfrontation mit dem
Fremden und den damit verbundenen Ängsten widersprechen dem pädagogischen
Ethos (vgl. Jochen Krautz)[36]. Also doch keine Reise, kein Abenteuer?

Das Leben in der Kotrollgesellschaft (vgl. Gilles Deleuze)[37] zeichnet sich durch
eine Tendenz zur Komplett-Absicherung aus. Nichts wird dem Zufall überlassen und
jegliche Gefährdung sucht man zu überwachen bzw. zu minimieren. Massenimpfun-
gen und Quarantänevorschriften sind pointierte Beispiele. Dass diese Tendenzen auch
vor dem Bildungswesen nicht haltmachen, weiß man seit den großen Bildungsstudien.
Durch ein Bündel von Maßnahmen (z.B. Lernstandserhebungen, Bildungsstandards,
Lernentwicklungsberichte und Zentralabitur) sucht man die Bildungskrise in den Griff
zu kriegen. Mittlerweile werden in der westlichen Welt von jedem Menschen Portfolios angelegt, die seinen Werdegang möglichst lückenlos dokumentieren. Doch diese
Bemühungen sind im Hinblick auf die Optimierung von Bildungsprozessen nur sehr
bedingt erfolgreich. Bildungsprozesse – glaubt man Wilhelm von Humboldt[38] – vollzie-
hen sich an einem Ort der Freiheit und Selbstbestimmtheit. Das freie selbstbestimmte
Individuum ist nicht faktisch gegeben, sondern entwickelt sich in einem spezifischen
Rahmen. Dazu gehört auch die Möglichkeit Erfahrungen zu machen – und die sind
niemals frei von Risiken. Will man das, so braucht es ein forschendes Lernprinzip und
Pädagogen, die akzeptieren, dass jede Generation aufs Neue das Kanonisierte in Frage
stellt und neu bewertet. Tabuzonen darf es hier nicht geben. Die offene Gesellschaft
(vgl. Karl L. Popper)[39] benötigt die Freiheit alles zu bedenken, alles zu erproben und
das Vertraute und Etablierte auf die Probe zu stellen. Es bedarf einer Reise ins Herz der
Finsternis und wieder zurück. Die Feinde der offenen Gesellschaft sind ideologische
Festlegungen und ein auf operationalisierbare Zielsetzungen ausgerichteter Unterricht,
der auch vor der Planung von Erfahrung nicht zurückschreckt.

Auch die Kunstpädagogik ist trotz der Nähe zur Kunst nicht frei von solchen
Entwicklungen. Standardisierungen und Beispielaufgaben gelten als wohlfeile Maß-

stäbe kunstpädagogischer Unterweisung und werden auch durch den Fachverband BDK propagiert.

Das Projekt einer allgemeinen und freien Bildung braucht aber Konzepte, die das Individuum in all seinen Spielarten und Differenzen ins Zentrum kunstpädagogischer Bemühungen stellen. Dabei ist es egal, ob es sich um Bildorientierung oder Kunstorientierung handelt. Forschendes Lernen sollte auch in der Kunstpädagogik nicht nur den Bessergestellten und »Hochbegabten« zu Verfügung gestellt werden. Denn es gilt eine bzw. diese Welt zu entdecken.

» Tatsachen als solche haben keinen Sinn; sie können einen Sinn nur durch unsere Entscheidungen erhalten.«[40]

---

1   Joseph Conrad: Herz der Finsternis, Stuttgart 1991, S. 13.

2   Johannes Wildt (Hg.): Forschendes Lernen im Lehramtsstudium, Bad Heilbrunn 2009.

3   Vgl. Leonardo Scarfò: Philosophie als Wissenschaft reiner Idealitäten. Zur Spätphilosophie Husserls in besonderer Berücksichtigung der Beilage III zur Krisis-Schrift, München 2006.

4   Vgl. Astrid Kaiser/Detlef Pech (Hgg.): Neuere Konzeptionen und Zielsetzungen im Sachunterricht. Basiswissen Sachunterricht Band 2, Baltmannsweiler 2008.

5   Vgl. Johannes Flügge (Hg.): Rettet die Phänomene!, Basel 1975.

6   Vgl. Erich Christian Wittmann/Gerhard N. Müller: Handbuch produktiver Rechenübungen, Stuttgart 1990.

7   Hubert Sowa (Hg.): Bildung der Imagination. Band 1: Kunstpädagogische Theorie, Praxis und Forschung im Bereich einbildender Wahrnehmung und Darstellung, Oberhausen 2012, S. 16.

8   Gunter Otto: Kunst als Prozeß im Unterricht, Braunschweig 1964.

9   Vgl. Gert Selle: Betrifft Beuys: Annäherung an Gegenwartskunst, Unna 1995.

10 Vgl. Rudolf zur Lippe: Sinnenbewußtsein. Grundlegung einer anthropologischen Ästhetik, Reinbek bei Hamburg 1987.

11 Vgl. Gert Selle: Das ästhetische Projekt. Plädoyer für eine kunstnahe Praxis in Weiterbildung und Schule, Reinbek bei Hamburg 1992.

12 Vgl. Pierangelo Maset: Ästhetische Operationen und kunstpädagogische Mentalitäten, Hamburg 2005.

13 Vgl. Carl-Peter Buschkühle: Die Welt als Spiel. 2 Bde., Oberhausen 2007.

14 Vgl. Helga Kämpf-Jansen: Ästhetische Forschung, Köln 2004.

15 Vgl. Wolfgang Legler: Einführung in die Geschichte des Zeichen- und Kunstunterrichts von der Renaissance bis zum Ende des 20. Jahrhunderts, Oberhausen 2011.

16 Vgl. Hermann K. Ehmer (Hg.): Visuelle Kommunikation. Beiträge zur Kritik der

Bewußtseinsindustrie, Köln 1974.

[17] Vgl. Otto 1964 (s. Anm. 8), S. 31 ff.

[18] Vgl. Pierangelo Maset: Praxis Kunst Pädagogik. Ästhetische Operationen in der Kunstvermittlung. Lüneburg 2001.

[19] Vgl. Selle 1992 (s. Anm. 11).

[20] Vgl. Gert Selle: Kunstpädagogik und ihr Subjekt, Oldenburg 1998.

[21] Buschkühle 2007, Bd. 2. (s. Anm. 13), S. 116 ff.

[22] Ebd., S. 47 ff.

[23] Vgl. Volker Harlan/Rainer Rappmann/Peter Schata (Hgg.): Soziale Plastik – Materialien zu Joseph Beuys, Achberg 1976.

[24] Vgl. Günter Metken: Spurensicherung Eine Revision. Texte 1977-1995 Amsterdam 1996.

[25] Vgl. Teresa Margolles: Frontera, Köln 2011.

[26] Vgl. Andreas Brenne: Ressource Kunst – »Künstlerische Feldforschung« in der Primarstufe – Qualitative Erforschung eines kunstpädagogischen Modells, Münster 2004.

[27] Vgl. Manfred Blohm: Die documenta X als Feld für ästhetische Forschungsprojekte von Schülerinnen und Schülern, in: Johannes Kirschenmann/Werner Stehr (Hgg.): Materialien zur documenta X. Ein Reader für Unterricht und Studium, Ostfildern-Ruit 1997, S. 84–89.

[28] Vgl. Kämpf-Jansen 2004 (s. Anm. 14).

[29] Vgl. Klaus-Peter Busse: Vom Bild zum Ort: Mapping lernen, Dortmund 2007.

[30] Vgl. Klaus-Peter Busse: O.T. Über Cy Twombly, Oberhausen 2012.

[31] Vgl. Maria Peters: Künstlerische Strategien und kunstpädagogische Perspektiven, in: Angela Ziesche/Stefanie Marr (Hgg.): Rahmen aufs Spiel setzen. FrauenKunstPädagogik, Königstein/Ts. 2000, S. 131–141.

[32] Vgl. Christine Heil: Kartierende Auseinandersetzung mit aktueller Kunst. Erfinden und Erforschen von Vermittlungssituationen, München 2007.

[33] Vgl. Andrea Sabisch: Inszenierung der Suche, Bielefeld 2007.

[34] Vgl. Paul Feyerabend: Wider den Methodenzwang, Frankfurt/M. 1986.

[35] Vgl. Siegfried J.Schmidt: Heinz von Foerster – Wissen und Gewissen. Versuch einer Brücke, Frankfurt/M. 1993.

[36] Jochen Krautz (Hg.): Kunst, Pädagogik, Verantwortung. Zu den Grundfragen der Kunstpädagogik, Oberhausen 2010.

[37] Gilles Deleuze: Postskriptum über die Kontrollgesellschaften, in: Unterhandlungen 1972–1990, Frankfurt/M. 1993.

[38] Vgl. Dietrich Benner: Wilhelm von Humboldts Bildungstheorie, Weinheim 2003.

[39] Karl R. Popper: Die offene Gesellschaft und ihre Feinde. 2 Bde., München 1980.

[40] Popper 1980 (s. Anm. 39), Bd. 2, S. 345.

Maria Peters/Christina Inthoff

Perspektiven einer neuen Lernkultur
im kompetenzorientierten Kunstunterricht
Fachdidaktische Entwicklungsforschung im Hamburger Schulversuch
›alles»könner‹

Welche Kompetenzen brauchen Lehrerinnen und Lehrer, die kompetenzorientierten Kunstunterricht gestalten wollen? Zu dieser und weiteren Fragen des individualisierten und kooperativen Lernens im Kunstunterricht arbeiteten fünfzehn Kunstlehrerinnen und -lehrer aus Grund-, Stadtteilschulen und Gymnasien fünf Jahre lang im Rahmen des Hamburger Schulversuchs ›alles»könner‹. Das Projekt steht im engen Zusammenhang mit dem interdisziplinären Forschungsprogramm »komdif« am IPN Leibnitz Institut Kiel, in dem Wissenschaftlerinnen und Wissenschaftler der Schulfächer den Schulversuch durch fachdidaktische Forschung unterstützen.[1] Wir haben die Fachgruppe Kunst in regelmäßigen monatlichen Sitzungen wissenschaftlich begleitet, mit einzelnen Lehrerinnen im Unterricht kooperiert und den jeweiligen Stand der gemeinsamen Arbeit mit allen auf Workshops und Ausstellungen im Projektverbund präsentiert und diskutiert.

Im Folgenden wird zunächst die forschungsbasierte Entwicklungsarbeit der Lehrerinnen und Lehrer mit dem wissenschaftlichen Team näher beschrieben. Als Beispiele für Arbeitsergebnisse stellen wir anschließend eine in der Gruppe stattgefundene kritische Reflexion der Aufgaben- und Rückmeldekultur dar. In einem letzten Teil wird auf die Produktivität des Rückmeldeformats »künstlerisch-experimentelles Prozessportfolio (KEPP)«[2] näher eingegangen.

Entwicklung einer neuen Lernkultur in Prozessen
des Design Based Research

In der Fachgruppe Kunst wurden theoriebasiert Themen, Unterrichtsformen und Modelle für einen kompetenzorientierten Kunstunterricht diskutiert und erarbeitet. Sie bildeten die Basis für die Entwicklung verschiedener Lernarrangements in der Grundschule, Sekundarstufe I und in der gymnasialen Oberstufe. Die Unterrichtseinheiten enthalten Aufgabenstellungen und Rückmeldeformen zur Differenzierung und Individualisierung in kooperierenden Lernhandlungen. Die Bereiche künstlerisches

Experimentieren, ästhetische Forschung, Werkstattunterricht und Arbeiten mit dem künstlerisch-experimentellen Prozessportfolio (KEPP) standen dabei im Zentrum einer gemeinsamen Arbeit.

Über die fünf Jahre war die Zusammenarbeit zwischen den Lehrenden und uns Wissenschaftlerinnen besonders produktiv. Es fand eine Verankerung der aktuellen kunstdidaktischen Positionen in der Schulwirklichkeit statt. Ihre theoretische Diskussion, praktische Erprobung und reflektierte Weiterentwicklung mündete in gemeinsam erarbeiteten Praxistheorien. Reizvoll und informativ war ein fachlicher und Schulform übergreifender Austausch über zeitgemäßen Kunstunterricht, in seinem – zum Teil noch recht unklaren – Anspruch an Kompetenzorientierung. Die Impulse dienten darüber hinaus der (Weiter-) Entwicklung des schulinternen Curriculums und trugen letztendlich zur Bedeutungsstärkung des Faches Kunst in der eigenen Schule und der Bildungspolitik von Hamburg bei. Von Seiten der wissenschaftlichen Begleitung eröffneten sich uns umfangreiche Einblicke in die Schulrealität. In den gemeinsamen Praxisforschungen erhielten wir »didaktischen Upgrades« zu den Themenfeldern: kompetenzorientierte Rückmeldeformen, diagnostische Verfahren im Kunstunterricht und Möglichkeiten prozessorientierter Dokumentation. Die Schulen unterstützten unser Forschungsinteresse und die Forschungsaktivitäten aller durch vielfältige Möglichkeiten, gezielte Fragestellungen in den Klassen empirisch zu untersuchen.

Die Verschränkung von Forschung und Unterrichtsentwicklung entspricht einem originär didaktischen Forschungsansatz, der international unter dem Label »Design Based Research (DBR)« zusammengefasst wird.[3] Beim DBR werden Erkenntnisse in Praxissituationen generiert, die einen Beitrag zur Theoriebildung leisten sollen. Dahinter steht die Vorstellung einer wissenschaftlich fundierten Initiierung, Gestaltung und Bewertung von Prozessen des Lehrens und Lernens, im Sinne einer fachdidaktischen Entwicklungsforschung. Es geht um eine qualitative Erkundung von Lernprozessen in ihrer Dynamik, ihrem Verlauf, ihren Schwierigkeiten, Bedingungen und Wirkungen. Eine ausschließlich quantitative Messung von Lernausgangslagen und Lernergebnissen wird abgelehnt. Bezüge zwischen der Untersuchung von Unterricht (»Analysieren und Verstehen«) und der theoriebasierten Entwicklung von Lernarrangements (»Gestalten und Verändern«) sind sichtbar zu machen und mitzudenken: »[...] die Entwicklung von Lernarrangements [ist] schon als potentielles Forschungsfeld zur Generierung neuen Wissens [zu] denken. Hinter jedem Lernarrangement steckt implizit eine lokale Theorie des gegenstandsspezifischen Lernens, die es zu konkretisieren und empirisch zu dokumentieren und zu überprüfen gilt.«[4]

Im Hamburger Schulversuch sind fachdidaktische Konzepte und Lernarrangements mit konkreten Lernmaterialien für den Kunstunterricht entstanden, deren Wirksamkeit zur Initiierung von Lernprozessen exemplarisch erprobt und erforscht wurde. Unser erkenntnisleitendes Interesse als Wissenschaftlerinnen wurde dabei durch einen auf den Nutzen für den Unterricht orientierten Blick der Lehrkraft erweitert und teilweise auch kritisch in Frage gestellt.[5]

Initiativen zur Veränderung einer Lernkultur gehen von der Vorstellung aus, dass »Kultur« ein von Menschen erzeugter Gesamtkomplex von Denkformen, Empfindungsweisen, Selbstbildern, Werten und Bedeutungen ist, die sich in Produkten und Handlungsprozessen visualisieren. Die Bildung von Kultur wird durch ein Zusammenwirken materialer, mentaler und sozialer Aspekte beschrieben.[6] Übertragen auf unser Vorgehen des Design Based Research im Kunstunterricht bedeutete dies, dass zur Beobachtung der Lernkultur die Wechselwirkungen zwischen materialen Artefakten, mentalen Dispositionen und sozialen Interaktionen genauer in den Blick genommen wurden. Auf diese Weise konnte die Entwicklung einer kompetenzorientierten Lernkultur untersucht werden, deren Dynamik vor allem von den Lerninitiativen der Schülerinnen und Schüler ausging. Unser Ziel war es, die Lernenden zur Selbstbestimmung und Entscheidungsmacht über die Frage zu befähigen, welches Wissen und welche Fähigkeiten für die Bearbeitung einer eigenen Problemstellung für sie adäquat und notwendig seien.[7] Insbesondere die überfachlichen Kompetenzen der Selbst- und Fremdbeobachtung und Reflexion, wie sie sich in kreativen Prozessen ausbilden, konnten im Schulversuch in ihrer lebensweltlichen Relevanz, auch für andere Fächer, herausgearbeitet werden. Dreh- und Angelpunkt waren dafür eine Bearbeitung und Veränderung der bestehenden Aufgaben- und Rückmeldekultur im Kunstunterricht.

Die eigene Aufgaben- und Rückmeldekultur kritisch hinterfragen und weiter entwickeln

Die Rolle von Aufgabenstellungen im Kunstunterricht wurde in der Fachgruppe der Lehrerinnen und Lehrern kontrovers diskutiert. Ähnlich wie Klaus-Peter Busse es in seinem Artikel »Leerstellen individuell füllen. Offene Aufgaben im Fach Kunst« feststellte, befürchteten einige Kolleginnen und Kollegen die Einengung der künstlerischen Freiheit durch eine zu starke didaktische Steuerung.[8] Ausgehend von Beispielen reflektierten wir die eigene Aufgabenkultur und verglichen sie mit fachdidaktischen Konzepten zu weiten Aufgaben. Die Überlegungen von Klaus-Peter Busse zum »Lernplateau« als Ausgangspunkt für Aufgabenstellungen war hier ein produktiver Impuls: »Das Lernplateau bezeichnet den Raum von Lernvoraussetzungen und Handlungsinteressen von Schülern und Lehrern, aus dem sich Aufgaben entwickeln. Solche Plateaus werden durch thematische Leitbegriffe, durch Wahrnehmungen von

Grenzbereichen, Örtlichkeiten, Biografien und Geschichten ausgelöst und markieren Situationen, die künstlerisch erkundet werden können.«[9]

Aus den individuellen Erfahrungen und der theoretischen Lektüre entwickelte die Gruppe eine Strukturierungshilfe (in Form einer »Checkliste«) für weite Aufgaben, die ein selbstständiges Arbeiten und die Umsetzung eigener Ideen aus den lebensweltlichen Erfahrungshorizonten und Perspektiven der Lernenden in den Mittelpunkt stellt. Maßgabe war, dass eine solche »Checkliste« für jeden Gegenstandsbereich im Kunstunterricht anwendbar ist. Die Aufgabenmerkmale können den Lehrenden zur Planung von Aufgabenstellungen als auch zur nachträglichen Orientierung über eigene Vorlieben und Routinen hilfreich sein.

Ein zentrales Merkmal weiter Aufgabenstellungen ist eine Ergebnisoffenheit, die auch unterschiedliche und widersprüchliche Sichtweisen auf eine Sache zulässt. Weite Aufgabenstellungen eröffnen individuelle Handlungsoptionen und geben den Schülerinnen und Schülern Reflexions- und Evaluationshilfen, sich und andere im Lernprozess selbst zu beobachten sowie (Zwischen-)Ergebnisse kriteriengeleitet zu beurteilen. Sie erfordern eine geeignete Form der Prozessdokumentation zum »Aufzeichnen« der individuellen Lern- und Erfahrungsprozesse.

Neben der Thematisierung von vielfältigen Rückmeldeformaten im Kunstunterricht wurden im Schulversuch insbesondere individuelle und kooperative Prozessaufzeichnungen und -reflexionen entwickelt und erprobt.

In einer dialogischen und reflexiven Lernkultur ist der achtsame Umgang mit Schülerleistungen durch informative und motivationsförderliche Rückmeldungen produktiv und wichtig. Nicht nur die Bewertung des Lernergebnisses wird kommuniziert, sondern auch Lernprozesse und Produkte mit ihren positiven wie verbesserungswürdigen Anteilen thematisiert.[10] Rückmeldungen sollten nicht nur auf die Inhalte des Curriculums zielen, sondern sich insbesondere an den Interessen, Vorerfahrungen und der Motivation von Schülern und Lerngruppen orientieren. In diesem Sinne müssen sich Rückmeldungen gleichermaßen auf sach- und inhaltsbezogene Kompetenzen, Selbstkompetenz, prozessbezogene Methodenkompetenz und Sozialkompetenz beziehen.[11]

Indem Rückmeldungen auf das Herausarbeiten von Stärken und Begabungen der einzelnen Schülerinnen und Schüler gerichtet sind, haben sie eine diagnostische und fördernde Funktion.[12] In einer Lernkultur der gegenseitigen Wertschätzung dienen die Selbst- und Fremdbeobachtung und Beurteilungen zwischen Lehrenden und Lernenden der Aktivierung von Potentialen und der Feststellung von Qualitäten, nicht der Bewertung von Defiziten. An »Nicht-Können« kann man nicht anknüpfen.[13]

Rückmeldungen folgen dem Diktum »Kommunikation, Partizipation und Transparenz«[14] und finden bei Lernenden und Lehrenden aus unterschiedlichen Perspektiven statt. In der individuellen Auseinandersetzung mit dem eigenen Handeln entwickeln die Schülerinnen und Schüler Fähigkeiten zur (Selbst-)Reflexion, (Selbst-)Beurteilung und zum eigenverantwortlichen Agieren. In gegenseitigen Feedbacks geben sich die Schülerinnen und Schüler Rückmeldungen und entwickeln dabei Fähigkeiten zur Schärfung des »situativen Blicks«[15].

Kompetenzorientierte Rückmeldungen zwischen den Lehrenden und Lernenden fordern von der Lehrkraft eine veränderte Haltung. Es gilt, der Schülerinitiative den Vorrang zu geben und in differenzierten Wahrnehmungen und Beurteilungen das vielfältige Arbeiten der Kinder und Jugendlichen selbst in den Blick zu nehmen. Die Rückmeldungen von Lehrenden folgen dem Anspruch nach Chancengerechtigkeit. Sie unterliegen dabei aber einem paradoxen Zwang: Einerseits die Individualität des Einzelnen fördern zu wollen und andererseits innerhalb der Lerngruppe vergleichbar sein zu müssen. Schülerrückmeldungen sind für die Lehrenden eine kritische Aussage über die Wirkung der eigenen Lehr-Lern-Arrangements. Sie geben Auskunft über die Unterstützung oder Behinderung von individuellen Lernprozessen. Hier sollte auch der institutionelle Kontext in seinen förderlichen oder hinderlichen Strukturen und Organisationsprozessen einbezogen werden.[16] Alle Beteiligten werden zu einer kritischen Reflexion der schulbezogenen Rückmeldekultur angeregt.

Reflexive Aufzeichnungspraxis im künstlerisch-experimentellen Prozessportfolio (KEPP)

Lerntagebücher, Portfolios und andere Formen der Dokumentation von Lernleistungen stehen seit Beginn der 1990er-Jahre für eine schüleraktive Lernkultur im Rahmen selbstreflexiver und selbstorganisierter Lernformen. Sie gelten als Dreh- und Angelpunkt einer neuen »Feedback-Kultur«[17].

In den letzten Jahren wird die Diskussion um Portfolioarbeit allerdings kontrovers geführt. Speziell ihre Verknüpfung mit Ansprüchen der Kompetenzorientierung stellt eine kritisch zu beleuchtende Entwicklung dar. Inmitten der Pole Autonomie und Heteronomie, Selbst- und Fremdbestimmung besteht die Gefahr, dass das Portfolio auch im Kunstunterricht als weiteres Kontrollinstrument eingesetzt wird.[18] Umso dringlicher bedarf es einer Konkretisierung und Erweiterung von Möglichkeiten und Einflüssen des Portfoliogedankens aus der Perspektive der Kunstpädagogik.

Eine produktive Portfolioarbeit braucht ein Bewusstsein für das »Kraftfeld«, in dem sie sich befindet.[19] Stephan Münte-Goussar regt an, das Portfolio anders zu denken. Ausgehend von der Annahme eines sich ständig im Werden befindenden

Subjekts, sollte es in der Portfolioarbeit nicht um Prozesse einer »an fremden Zielen orientierte[n] Selbstoptimierung« gehen.[20] Er verweist stattdessen auf Michel Foucaults Erinnerungen an die in der Antike genutzten, privaten Notizhefte »hypomnêmata«, die aufzeigen, dass ein »Schreiben-über-sich« auch immer ein »Sich-von-sich-selber-lösen« ermöglicht.[21] Nach Häcker ist der selbstreflexive Prozess des Denkenlernens als elementarer Bildungsauftrag das wichtigste Element des Portfoliogedankens und der Portfolioarbeit.[22]

Diese Vorstellung schließt an Überlegungen zu spezifischen Aufzeichnungsprakti-ken im Kunstunterricht an, wie beispielsweise dem ästhetischen oder visuellen Tage-buch.[23] Zum Tagebuch im Kunstunterricht schreibt Klaus-Peter Busse: »Das Tagebuch dient als Protokoll möglicher ästhetischer Erfahrungsräume in Teilaufgaben. Es gibt viele Möglichkeiten, Stadien des Lernprozesses festzuhalten (Fotodokumentationen, Skizzenbücher, Wandbilder, Archive).«[24] In diesem Zusammenhang steht auch die von Klaus-Peter Busse vielfach thematisierte künstlerische Aufzeichnungsform des Mapping und der Kartierung. »Mapping ist eine Methode zur Navigation in liminalen Feldern.«[25] In der Kunst wird Mapping als ein forschender und intervenierender Zugang zu Räumen verstanden, der sich in Zeichnungen, Fotografien, Videos, Performances und anderen Ausdrucksformen äußern kann. Busse bezeichnet diese Form der künstleri-schen Kartografie als ein grundlegendes Modell für kunstpädagogische Situationen. In Prozessen des Mapping können Kinder und Jugendliche ihre Lebenswelten erkunden und gestalten und darüber hinaus den Umgang mit offenen Strukturen üben. »Ein wichtiges Lernziel dieses pädagogisch gewendeten Mappings ist (neben anderen) die Entdeckung von Möglichkeitsorten, die sich über Wirklichkeitsräume legen können.«[26] In der Auseinandersetzung mit prozessorientierten Aufzeichnungs- und Rückmeldeformen stellte sich die Frage, wie Kinder und Jugendliche angeregt werden können, für sie wichtige, aber auch unwichtig erscheinende Gedanken, Begeben-heiten, Fundstücke, Bilder, zu sammeln, zu arrangieren und in ihrer Bedeutsamkeit zu reflektieren? Kann sich in ästhetischen Aufzeichnungspraktiken, wie sie z.B. im künstlerisch-experimentellen Prozessportfolio stattfinden, tatsächlich eine Achtsamkeit und Reflexivität auf den Prozess, möglicherweise als eine forschende Haltung, sich selbst, den Dingen und den anderen gegenüber ausbilden?

Aus diesen Fragen entwickelte sich unter der Leitung von Christina Inthoff die Konzeption des künstlerisch-experimentellen Prozessportfolios (KEPP) mit seiner vielschichtigen Einbindung als Unterrichtsgegenstand in den Lernprozess. Im KEPP verbindet sich der Portfoliogedanke, wie er in der Erziehungswissenschaft und Deutschdidaktik schon seit Jahren entwickelt und bekannt ist, mit den besonderen Möglichkeiten des Kunstunterrichts. Die vier Sinneinheiten künstlerisch, experimentell, Prozess und Portfolio bilden den Orientierungsrahmen des KEPPs. Zugleich ist jeder Begriff individuell und für die unterschiedlichen Klassenstufen und Anforderungsniveaus mit Sinn zu füllen.

Im Wort »künstlerisch« sind beispielsweise Sammlungs-, Forschungs- und Gestaltungsmöglichkeiten reflexiver Aufzeichnungspraxen in Verbindung mit der Erscheinungsvielfalt des Künstlerbuches kombiniert. Auch im Zusammenhang mit dem Wort »experimentell« regt das KEPP, gekoppelt an spezifische fachliche Inhalte und Handlungen, zum Ausprobieren von Materialien und Techniken an und eröffnet auf diese Weise neue Handlungs- und Interessensgebiete. Mit dem »Prozess« wird der Fokus vom reinen Produktdenken zu einer Achtsamkeit auf den Handlungsverlauf verlagert. Ereignisreiche Momente, Zeit für Entwicklungen und auch die Vergänglichkeit von Produkten (Beispielsweise einer Performance) können in ihrer Dokumentation zum Thema werden. Der Begriff »Portfolio« knüpft an die bekannte Vorstellung von Sammelmappe an, geht aber weit drüber hinaus, da in diesem Fall die Reflexion und Kommunikation über entstandene Produkte, Entwicklungen und Beurteilungen zentral und transparent werden.

Sensitivität für die Lücke: Drei Ebenen der Reflexion im KEPP

Wir gehen davon aus, dass sich im künstlerisch-experimentellen Prozessportfolio eine Achtsamkeit und Reflexivität auf den Prozess, möglicherweise als eine forschende Haltung, sich selbst, den Dingen und den anderen gegenüber ausbilden kann. Das KEPP ist gleichermaßen Rückmeldeinstrument und Unterrichtsgegenstand, dies wirkt sich auf die Unterrichtsplanung und -gestaltung aus. So ist das KEPP als integraler Bestandteil des Unterrichtsverlaufes immer mitzudenken: In den Aufgabenstellungen müssen vielfältige Dokumentationsanlässe enthalten sein und die Kriterien für die Beurteilung des KEPPs sollten im Unterricht erarbeitet werden.

In der Arbeit mit dem KEPP können individualisierte und kooperative Prozesse des Denkenlernens angeregt werden. Dabei geht es nicht um das Lösen von Problemen, sondern um die Ausbildung der Fähigkeit des Problematisierens. In einer Sensitivität für die Lücke gilt es, mögliche Problemstellungen überhaupt erst zu finden und damit neue Blicke auf die Welt zu entwickelt. Auf diese Weise kann »Problemsensitivität«[27] im Kunstunterricht ausgebildet werden. Problemsensitivität ist eine bedeutsame, überfachliche Kompetenz, deren Aufbau mit den besonderen Erfahrungsdimensionen der Kunstpädagogik verknüpft wird.

Das KEPP eröffnet den Schülerinnen und Schülern, ebenso wie der Lehrkraft, Einblicke in die individuellen Lern- und Gestaltungsprozesse und macht diese nachvollziehbar und kommunizierbar.

»Das Herzstück der Portfolioarbeit ist die Reflexion, d.h. die Rückbiegung des Denkens auf das eigene Lernen, die eigene Leistung, die eigene Entwicklung, die eigene Person.«[28] Speziell die Portfolioarbeit im künstlerisch-experimentellen Sinn erfordert die Reflexion auf verschiedenen Ebenen und zu unterschiedlichen Zeitpunkten (vor, nach und während der Arbeitsprozesse).

Die erste Ebene der *Prozessaufzeichnungen* ist geprägt durch besondere, ästhetisch künstlerische Visualisierungen. Aus der Aktion heraus entstehen Spuren, die als gestisch materielle Sammlung im Portfolio sichtbar werden. Diese Annäherung beinhaltet analytische, intuitive und ästhetische (Denk-)Handlungen in Form von Skizzen, Collagen, eigenen und gesammelten Fotos, Geschichten, Erinnerungen, assoziative Bild/Text-Kombinationen, dokumentierte Übungen, Materialsammlungen mit eingeklebten Fundstücken, Texturen, usw. Die Prozessaufzeichnungen werden angeregt durch eine Vielzahl von weiten Aufgabenstellungen.

Eine zweite Ebene bildet die begleitende *Reflexion vor und nach der Prozessaufzeichnung.* In der Arbeit mit dem KEPP werden vielfältige Reflexionsformen aktiviert: Betrachten, Kommentieren, Analysieren, Hinterfragen, Entscheidungen treffen, Reduzieren, Strukturieren, kriteriengestützte Bewertung und Auswahl von Ideen, usw. Über Hinweise zum genauen Hinschauen, zum Austausch mit anderen, z.B. durch das Führen eines fiktiven Interviews, dem produktiven »Klauen« von Ideen, bis hin zum Diskutieren über Ergebnisse mit Personen außerhalb des Unterrichts, sollten die Schülerinnen und Schüler vielfältige Anregungen erhalten, ihre Aufzeichnungen und Ergebnisse neu zu betrachten und die Erfahrungen als Grundlage für weitere Auseinandersetzungen wertzuschätzen.

In der Arbeit mit dem KEPP kann sich z.B. das gegenseitige Kommentieren der KEPP-Seiten über eine analoge Feedback-SMS etablieren. In abgedruckten, schematisch dargestellten Smartphones können sich die Schülerinnen und Schüler untereinander knapp formulierte Rückmeldungen zur Gestaltung, zur Idee und zum Weiterarbeiten geben. Den Orientierungsrahmen bilden die vereinbarten Inhalte der Kernbegriffe des KEPPs (»künstlerisch«, »experimentell«, »Prozess«, »Portfolio«). Geeignet sind auch Rundgänge zur Ideenfindung, bei denen Schülerinnen und Schüler sich auf Post-it's Beobachtungen und Eindrücke notieren, die sie in den KEPPs der anderen gefunden haben. Eine weitere Möglichkeit der kooperativen Reflexion stellt das Überarbeiten einer fremden KEPP-Seite dar. Hierzu wird ein Transparentpapier in einem fremden KEPP befestigt und auf das Darunterliegende mit eigenen Gesten, Gedanken und Fragen reagiert oder weiter gedacht.

Die dritte Ebene der reflexiven Aufzeichnungspraxen im KEPP besteht aus einer kriteriengeleiteten *Beurteilung der im Prozess gemachten Erfahrungen* sowie den individuellen und kollektiven Entwicklungen. Zudem können äußere Faktoren und eigene und fremde Handlungsmuster reflektiert werden. Auf diese Weise wird am Ende der Unterrichtseinheit das KEPP in seiner Gesamtheit betrachtet und zum Gegenstand der Auseinandersetzung gemacht. Die Schülerinnen und Schüler können z.b. unter dem Titel »Dein KEPP spricht«, aufgefordert werden, ihr KEPP so genau wie möglich auf kleinste Spuren und Hinweise zu untersuchen. »Was sagt das Heft über mich, meine Arbeit, das letzte Projekt aus und woran mache ich dies fest?«, »Wie hat sich mein KEPP eigentlich verändert?«. Aus der Perspektive des KEPPs formulieren die Schülerinnen und Schüler Texte, die entweder den Urheber (also sie selbst) aufgrund der hinterlassenen Spuren vorstellen oder auch seinen eigenen Werdegang (aus der Sicht des KEPPs) der letzten Wochen resümieren. Wichtig für diese Übung: Das KEPP hat eine eigene Meinung, sie muss nicht mit der seiner Besitzerin oder seines Besitzers übereinstimmen. Über dieses Spiel lassen sich Metareflexionen anstoßen, die humorvolle, (selbst-)kritische und unerwartete Intentionen und Erfahrungen zur Sprache bringen.

Indem das KEPP über die vielfältigen Aufzeichnungspraxen zum Gegenstand des Unterrichts wird, stellt es ein Produkt dar, das seinen eigenen Prozess und auch seine Beurteilung zum Thema hat.

Zurzeit untersucht Christina Inthoff im Forschungsprojekt siebzig KEPPs von drei siebten Klassen nach qualitativen Merkmalen für die Ausbildung von Problemsensitivität. Zentral ist dabei die Fragestellung, welche Erfahrungen reflexive Aufzeichnungspraxen im Rahmen der Arbeit mit dem künstlerisch-experimentellen Prozessportfolio (KEPP) hervorbringen, die eine Ausbildung von Problemsensitivität und daraus sich entwickelnde, vielfältige Reflexionsprozesse bei Schülerinnen und Schülern anregen. Über diese Forschung wird in nächster Zeit an anderer Stelle zu berichten sein.

Erste Ergebnisse aus der Portfolioarbeit im Kunstunterricht des Schulversuchs machen deutlich, dass im künstlerisch-experimentellen Prozessportfolio ein Möglichkeitsraum entsteht, innerhalb dessen »die Möglichkeit des Scheiterns, der Erfahrung und der Veränderung« geschaffen werden.[29] Damit ist ein künstlerisches Portfoliodenken angestoßen, das Chancen auf eine Verbreitung in anderen Fächern hat und möglicherweise auch eine spezifische Dynamik zu entwickeln vermag, um die Lernkultur im System Schule produktiv zu verändern.[30]

[1] An dem Projekt ›alles»können‹ sind 48 Hamburger Schulen beteiligt. Es ist vernetzt
     mit dem interdisziplinären Forschungsprogramm »Kompetenzmodelle als Basis für
     eine diagnosegestützte individuelle Förderung von Schülerinnen und Schülern in der
     Primarstufe und Sekundarstufe I« (komdif) (Laufzeit: 06/2008-07/2013).

[2] Die Entwicklung und Untersuchung des künstlerisch-experimentellen Prozessportfolios in
     seiner Struktur und seinem Erkenntnisgewinn für eine veränderte Lernkultur bildet das
     Zentrum des Dissertationsprojektes von Christina Inthoff.

[3] Vgl. Jan van den Akker/K. Gravemeijer/S. McKenney/S. Nieveen (Hgg.): Educational
     Design Research, London u.a. 2006.

[4] Susanne Prediger/Michael Link: Fachdidaktische Entwicklungsforschung – ein
     lernprozessfokussierendes Forschungsprogramm mit Verschränkung fachdidaktischer
     Arbeitsbereiche, in: Horst Bayrhuber/Ute Harms/Bernhard Muszynski/Bernd Ralle/
     Martin Rothgangel/Lutz-Helmut Schön/Helmut J. Vollmer/Hans-Georg Weigand (Hgg.):
     2. Fachdidaktische Forschungen, Münster u.a. 2012, S. 29–45, hier S. 42. Susanne
     Prediger ist Leiterin des Dortmunder Kollegs der Lehrerbildung »funken«. Hier geht es
     zentral um die fachdidaktische Entwicklungsforschung zu diagnosegeleiteten Lehr- und
     Lernprozessen. Laut der Homepage des Projektes ist Klaus-Peter Busse wissenschaftlicher
     Berater in diesem Kolleg.

[5] Vgl. ebd., S. 37.

[6] Vgl. Ansgar Nünning/Roy Sommer/Stella Butter (Hgg.): Kulturwissenschaftliche
     Literaturwissenschaft. Disziplinäre Ansätze – Theoretische Positionen – Transdisziplinäre
     Perspektiven, Tübingen 2004, S. 18.

[7] Vgl. Christina Inthoff/Maria Peters: Sensitivität für die Lücke – Arbeiten mit dem
     künstlerisch- experimentellen Prozessportfolio (KEPP). Kunstpädagogische Perspektiven
     einer kompetenzorientierten Lernkultur, in: Kunst + Unterricht 2013 (im Druck).

[8] Vgl. Klaus-Peter Busse: Leerstellen individuell füllen. Offene Aufgaben im Fach Kunst, in:
     Friedrich Jahresheft 2003, S. 46–49, hier S. 49.

[9] Ebd., S. 47.

[10] Meike Landmann/Franziska Perels/Barbara Otto/Bernhard Schmitz: Selbstregulation, in:
     Elke Wild/Jens Möller (Hgg.): Pädagogische Psychologie, Heidelberg 2009, S. 50–70, hier
     S. 64.

[11] Vgl. Christine Roggatz: Auf das Können kommt es an … Unterricht an Kompetenzen
     orientieren, in: Hamburg macht Schule 2/2009, S. 12–15, hier S. 13.

[12] Vgl. Barbara Wichelhaus: Diagnostizieren, in: Kunst + Unterricht (Beiheft: Exkurs),
     307/308 2006, S. 2–11.

[13] Vgl. Rolf Werning: Lern- und Entwicklungsprozesse fördern. Pädagogische Beobachtung
     im Alltag, in: Friedrich Jahresheft: Diagnostizieren und Fördern, 2006, S. 11–15, hier S.
     13.

[14] Thomas Häcker: Portfolio: ein Entwicklungsinstrument für selbstbestimmtes Lernen. Eine
     explorative Studie zur Arbeit mit Portfolios in der Sekundarstufe I, Baltmannsweiler 2007, S. 3.

[15] Thomas Häcker: Mit Portfolios in Projekten expansiv lernen. Forum Schulstiftung Nr. 41 (2004). Quelle: http://www.schulstiftung-freiburg.de/de/forum/pdf/pdf13.pdf [Zugriff 03.02.2013], S. 3.

[16] Vgl. ebd., S. 19.

[17] Felix Winter: Fragen der Leistungsbewertung beim Lerntagebuch und Portfolio, in: Michaela Gläser-Zikuda/Tina Hascher (Hgg.): Lernprozesse dokumentieren, reflektieren und beurteilen. Lerntagebuch und Portfolio in Bildungsforschung und Bildungspraxis, Bad Heilbrunn 2007, S. 109–129, hier S. 110.

[18] Vgl. Stephan Münte-Goussar: Ambivalente Selbst-Techniken: Portfolio, Ökonomisierung, Selbstbestimmung, in: Thorsten Meyer/Kerstin Mayberger/Stephan Münte-Goussar/ Christina Schwalbe (Hgg.): Kontrolle und Selbstkontrolle. Zur Ambivalenz von E-Portfolios in Bildungsprozessen, Wiesbaden 2011, S. 225–249.

[19] Thomas Häcker: Portfolio revisited. Über Grenzen und Möglichkeiten eines viel versprechenden Konzepts, in: Meyer/Mayrberger/Münte-Goussar/Schwalbe 2011 (s. Anm. 18), S. 161–183, hier S. 176.

[20] Münte-Goussar 2011 (s. Anm. 18), S. 245.

[21] Ebd., S. 244 f.

[22] Häcker 2011 (s. Anm. 19).

[23] Andrea Sabisch: Inszenierung der Suche. Vom Sichtbarwerden ästhetischer Erfahrung im Tagebuch. Entwurf einer wissenschaftskritischen Grafieforschung, Bielefeld 2007.

[24] Busse 2003 (s. Anm. 8), S. 48.

[25] Klaus-Peter Busse: Kunstpädagogische Situationen kartieren (in der Reihe »Kunstpädagogische Positionen«, hg. von Karl-Josef Pazzini, Eva Sturm, Wolfgang Legler und Torsten Meyer), Hamburg 2007, S. 32.

[26] Ebd., S. 25.

[27] Peters/Inthoff 2013 (s. Anm. 7).

[28] Häcker 2011 (s. Anm. 19), S. 177.

[29] Nora Sternfeld: Das pädagogische Unverhältnis. Lehren und Lernen bei Rancière, Gramsci und Foucault, Wien 2009, S. 128.

[30] Vgl. Gerd Bräuer/Martin Keller/Felix Winter (Hgg.): Portfolio macht Schule. Unterrichts- und Schulentwicklung mit Portfolio, Seelze-Velber 2012, S. 7. Weitere Literatur: Maike Aden/Maria Peters: Chancen und Risiken einer kompetenzorientierten Kunstpädagogik, in: Zeitschrift Kunst Medien Bildung (zkmb) 2012, Quelle: http://zkmb.de/index. php?id=78 [Zugriff 13.03.2013]; Thomas Rihm: Portfolio: Baustein einer neuen Lernkultur? Anmerkungen zur Portfolioarbeit aus subjektbezogener Sicht, in: Pädagogische Hochschule Heidelberg (Hg.): Informationsschrift 67 zur Lehrerbildung, Lehrerfortbildung und pädagogischen Weiterbildung, Wintersemester 2004/2005, Heidelberg 2004, S. 13–31.

umseitig:
Bettina van Haaren
links: Schwarzes Paradies (Palermo)
2011, Graphit auf Papier, 59,5 x 84 cm

rechts: Wasserversorgung (Palermo)
2011, Graphit auf Papier, 59,5 x 84 cm

Kartierung

Franz Billmayer

Da schau her! Das beobachtet die Kunstpädagogik!

Gebiet oder Bereich nennen wir nicht nur Räume sondern auch Strukturen, die etwas gemeinsam haben, die zusammengehören. In Fachgebiete oder -bereiche teilen wir Märkte ebenso ein wie Wissenschaften. Der Wortgebrauch ist so eingeschliffen, dass wir den metaphorischen Ursprung dieser Begriffe übersehen. Wenn wir ihn – wie im Mapping-Konzept – aus der Routine wieder hervorholen und die Bedeutung der Metapher ernst nehmen, dann kann das neue Sichtweisen bieten. Es kann altvertrautes Terrain neu verstanden werden. Es können neue oder andere Kategorien zur Ordnung der Erscheinungen ge- oder erfunden werden.

Landkarten funktionieren, indem sie ein Gebiet auf ein überschaubares Format verkleinern und nur bestimmte Informationen aufnehmen. Seekarten vermerken Leuchttürme, deren Farben und Frequenzen, Ufer und Wassertiefen, Autokarten Straßenkategorien und Entfernungen, Wanderkarten Terraineigenarten und Höhenverhältnisse. Karten können so gesehen Rückschlüsse auf Zwecke, Interessen und Ziele ihre Nutzer ermöglichen. »Zeig mir deine Karte und ich weiß, was du willst.« In diesem Artikel wird mit Hilfe einer quantitativen Diskursanalyse untersucht, was die Kunstpädagogik beobachtet, was ihr Bereich ist und was sie darin für erwähnenswert hält.

Das Setting

Anhand von vier kunstpädagogischen Sammelbänden wird untersucht, was die deutsche Kunstpädagogik am Anfang des 21. Jahrhunderts beobachtet. Dazu wurden die Literaturlisten der Aufsätze in den Tagungsbänden1 der Bundeskongresse der Kunstpädagogik – München 2003, Leipzig 2005, Dortmund 2007, Düsseldorf 2009 – erfasst.[2] Dabei wurden leider all jene Autoren und die von ihnen zitierte Literatur vernachlässigt, die ihre Literatur in Fuß- oder Endnoten deponiert haben.[3] Insgesamt hat das 2725 Datensätze ergeben. Erfasst wurden Verfasser, Titel, Erscheinungsort und -jahr des im Literaturverzeichnis aufgeführten Textes und Angaben zu den Texten, zu denen das jeweilige Literaturverzeichnis gehört.

In einem weiteren Schritt wurden die zitierten Texte bestimmten Fachgebieten zugeordnet:

- Kunst- und Kulturpädagogik
- Kunst- /Literaturwissenschaft und Kunst
- allgemeine Pädagogik, Fachdidaktiken
- Philosophie
- Medien-/Kommunikationswissenschaft (auch angrenzende Gebiete wie Semiotik)
- Soziologie
- Psychologie (auch Kognitionswissenschaft / Hirnforschung)
- Kulturwissenschaft (geisteswissenschaftlicher Prägung)
- sonstiges
- Außerdem wurden Sprache und Originalsprache der Texte vermerkt.
- Auch die zitierenden Autoren[4] wurden bestimmten Fachgebieten zugeordnet:
- Kunst- /Kulturpädagogik
- Pädagogik
- Kunst- /Literaturwissenschaft
- Philosophie
- Medien-/Kommunikationswissenschaft (auch angrenzende Gebiete wie Semiotik)
- Kunst

Der Beobachter der Beobachterin

Wer schon einmal derartige Zuordnungen versucht hat, weiß, dass viele der Zuordnungen auch anders ausfallen können, dass die Einschätzungen subjektiv sind.[5] Das beginnt schon, wenn man die Kategorien erstellt: Gehört die Hirnforschung zur Psychologie oder doch eher zur Pädagogik? Soll man zwischen Kunst- und Literaturwissenschaft unterscheiden? Dann geht es weiter bei der Zuteilung – ist Danto ein Kunstwissenschaftler oder doch ein Philosoph? Dürfen Künstler und Kunstwissenschaftler in einen Topf (was ich getan habe) geworfen werden? Hier habe ich mich wo möglich auf wikipedia und die institutionelle Einteilung etwa bei Universitäten verlassen, in denen die Autoren tätig sind. Wenn mehrere Angaben zu finden waren, z.B. Pädagoge und Philosoph, habe ich nach Gespür und bestem Wissen und Gewissen entschieden. Meine Untersuchung war von einem Anfangsverdacht beeinflusst: Es wird viel Kunst und Philosophie und relativ wenig Medien-, Kommunikations- und Gesellschaftswissenschaft zu finden sein. Ich will zeigen, dass sich die deutschsprachige Kunstpädagogik vor allem um Persönlichkeitsbildung kümmert. Dazu arbeitet sie mit einem Bildungskonstrukt, das das Individuum in Auseinandersetzung mit der Welt sieht, das diese wahrnimmt und aus dieser Wahrnehmung sich zu einer einzigartigen Persönlichkeit – eben dem Individuum – bildet. Ich will für eine Erweiterung des Fachverständnisses in Richtung Kommunikation und Pragmatik werben. Nicht nur persönliche Bildung, sondern auch Fragen der Macht und des gesellschaftlichen Einflusses wären damit ein Thema.

Der Tellerrand
Deutsche KunstpädagogInnen lesen ihre Texte auf Deutsch.

Sprache des zitierten Textes	Häufigkeit	Anteil in %
Deutsch	2301	95,8
Englisch	90	3,7
Französisch/ Italienisch	3	0,1
andere	7	0,3
gesamt	2401	100,0

95% der Texte wurden in der deutschen Version angeführt, knapp 4% in Englisch, andere Sprachen machen gerade mal ein halbes Prozent aus.

Originalsprache des zitierten Textes	Häufigkeit	Anteil in %
Deutsch	2079	87,6
Englisch	195	8,2
Französisch/ Italienisch	67	2,8
Andere	32	1,3
Gesamt	2373	100,0

Die Originalsprache ist mit 87% Deutsch, 8% der Texte stammen im Original aus dem Englischen, knapp 3% aus dem Französischen oder Italienisch und gut 1% aus anderen Sprachen. Der Horizont der deutschen Kunstpädagogik sind vor allem deutsche Diskurse und jenseits der englischen Sprache wird es ziemlich schnell dunkel. Ein selbstgenügsamer Tunnelblick.

Die Gebiete
Die in den Literaturlisten aufgeführten Texte zeigen deutlich, dass die Kunst- und Kulturpädagogik eine ziemlich eigenständige (wissenschaftliche) Disziplin ist. Immerhin stammen gut 40% der Texte aus dem eigenen Feld. Damit wäre die Forderung von Klaus-Peter Busse, die Kunstpädagogik als »Wissenschaft zuzulassen«, in gewis-

ser Weise erfüllt und nachgewiesen. Allerdings vielleicht ist diese Eigenständigkeit auch ein Anzeichen blinden Selbstbezugs – das ist aber Spekulation und lässt sich mit der hier gewählten Methode nicht beweisen. Mit 15 und 14% folgen Texte aus den Bereichen allgemeine Pädagogik und Kunst- und Literaturwissenschaft. Platz 4 macht dann mit immerhin 10% schon die Philosophie aus. Soziologie, Psychologie, Medienwissenschaft und Kulturwissenschaft bleiben mehr oder weniger deutlich unter der 5%-Marke. Die Tabelle zeigt, dass es hier bei den einzelnen Kongressen leichte Abweichungen gegeben hat.

Gebiet	gesamt	München	Leipzig	Dortmund	Düsseldorf
Kunstpädagogik / kulturelle Bildung	41,6	47,3	41,7	39,1	39,4
Kunstwissenschaft / Literaturwissenschaft / Kunst	13,9	8,5	14,2	19,0	13,1
Pädagogik / andere Fachdidaktik	15,4	13,7	18,0	10,0	14,9
Philosophie	10,2	8,3	10,1	12,3	10,2
Bild-/Medien-/Kommunikationswissenschaft	4,3	4,3	5,5	1,3	3,9
Soziologie	3,1	5,4	1,3	4,5	4,5
Psychologie	4,7	5,7	3,6	4,8	6,5
Kulturwissenschaft	1,5	2,0	0,8	2,8	1,8
Sonstige (z.B. Journalismus, andere Gebiete)	4,5	4,0	4,1	5,0	5,5
Fehlende Werte stammen von Texten, die sich nicht mehr zuordnen ließen (mittlerweile nicht mehr erreichbare Internetquellen u.ä.)					

Hier bestätigt sich mein Anfangsverdacht: Die deutsche Kunstpädagogik orientiert sich eher an der Kunst(wissenschaft) und an der Philosophie, weniger an den Bild-, Medien- und Kommunikationswissenschaften. Qualitative Untersuchungen machen Aussagen darüber, was der Fall ist. Sie können nur bedingt erklären, warum etwas so ist, wie es ist.

Was kann das bedeuten?

Die Orientierung an Kunst und Philosophie kann in meinen Augen als ein selbstbildendes Fachverständnis interpretiert werden. Das Folgende ist sehr verkürzt und müsste sicherlich ausführlicher diskutiert werden. Kunst und Philosophie sind auf ihre Art und Weise grundlegenden »Wahrheiten« verpflichtet. Bei der Kunst geht es in aller Regel um die Beziehung zwischen Subjekt und Welt: Künstler – Werk oder Betrachter – Werk (Welt). Ähnlich lässt sich meines Erachtens auch die Philosophie beschreiben: Hier steht der Mensch als Sucher der Wahrheit der Welt gegenüber. Kommunikation, wie wir sie aus dem Alltag kennen, spielt eine untergeordnete Rolle. Bei einer üblichen Kommunikation versuchen die beteiligten Parteien zu einem Verständnis zu kommen. Wenn wir etwas nicht verstehen, dann fragen wir nach und unser Gegenüber wird versuchen, durch geänderte Wortwahl oder andere Beispiele oder eine einfachere Sprache mitzuteilen, was er will, dass wir verstehen. Das führt normalerweise immer auch zu einer gewissen Änderung der Botschaft. Diese Änderung nehmen wir in Kauf. Ja, im üblichen Umgang miteinander wird anderes Verhalten mindestens als arrogant und möglicherweise als feindselig gesehen. Künstler sind ebenso wenig wie Philosophen bereit, ihre Werke zu ändern, wenn sie vom Publikum nicht verstanden werden.[6] Das Publikum muss schauen, wie es zurechtkommt. Philosophie und Kunst sind so gesehen keine pragmatischen Disziplinen, ihre Verpflichtung auf ihre Mission verbietet es ihnen – nach eigenem Verständnis – dem Publikum »nach dem Mund zu reden«. Vielen gilt gar die Schwerzugänglichkeit als Qualitätskriterium.

Lichtblicke

Die Fachgebiete der zitierten Literatur zeigen Interessen, Argumentationsvorlieben und -regeln in der deutschen Kunstpädagogik, sie sagen nichts darüber, ob der Diskurs auf gemeinsamen Theoriekonstrukten aufbaut oder in viele Nischen zerfällt. Die Gemeinsamkeit kann sich daran zeigen, wie häufig einzelne Autoren aufgeführt werden. Wer sind die zentralen Figuren in den einzelnen Bereichen?

Die Kunstpädagogen[7]

Die Tabelle zeigt die KunstpädagogInnen, deren Texte am häufigsten in den Literaturverzeichnissen aufgeführt werden.

Platz	Name	Häufigkeit	Anteil
1	Hubert Sowa	51	5,1%
2	Kunibert Bering	49	4,9%
3	Johannes Kirschenmann	33	3,3%
4	Joachim Kettel	32	3,2%
5	Klaus-Peter Busse	29	2,9%
5	Georg Peez	29	2,9%
5	Wolfgang Zacharias	29	2,9%
8	Rolf Niehoff	27	2,7%

9	Gunter Otto	26	2,6%
10	Constanze Kirchner	25	2,5%
10	Fritz Seidel	25	2,5%
12	Karl-Josef Pazzini	24	2,4%
	gesamt		**37,9%**

Diese zwölf AutorInnen machen in den vier Tagungsbänden also gut ein Drittel der zitierten AutorInnen aus. Allerdings habe ich nicht berücksichtigt, wie häufig sich die AutorInnen selbst zitieren. Beachte: Das ist eine ziemliche Männerpartie, wie wir in Österreich sagen würden!

Die Pädagogen

Hier habe ich nur solche ausgewählt, die mehr als fünfmal aufgeführt werden und damit deutlich über 1% liegen. Hartmut von Hentig ist offensichtlich mit 26 Nennungen und damit 7% der PädagogInnen ein zentraler Orientierungspunkt für die deutsche Kunstpädagogik. Dahinter folgen weit abgeschlagen Wolfgang Klafki (7 / 1,9%), Dieter Baacke und Eckhard Klieme (je 6 / 1,3%). Die meisten PädagogInnen werden nur einmal genannt. Die Kunstpädagogik bezieht sich also auf die allgemeine Pädagogik, aber die schreibenden KunstpädagogInnen haben offensichtlich jeweils ihre eigenen Haus- und HofpädagogInnen als Bezüge. Hier wäre es interessant zu untersuchen, wie der Anteil der eher geisteswissenschaftlich orientierten und eher empirisch arbeitenden PädagogInnen ist.

Die Kunstwissenschaftler und Künstler

Auf den ersten drei Plätzen liegen die Kunsthistoriker Hans Belting (9 Nennungen), Hans-Dieter Huber (9) und Barbara Welzel (8). Auf Platz vier Peter Weibel (6). Platz 5 teilen sich Bertold Brecht und Martin Kemp mit jeweils 5 Nennungen. Wie bei der Pädagogik lassen sich auch hier keine wirklichen Gemeinsamkeiten erkennen. Daraus lässt sich die Vermutung ableiten: Die Kunstpädagogik orientiert sich zwar an Kunst und Kunstwissenschaft, aber es gibt keine Übereinkunft an welcher Kunst und an welchen Kunstbegriffen.

Die Philosophen

Wolfgang Welsch	19
Theodor W. Adorno	12
Immanuel Kant	11
Martin Heidegger	10

Gottfried Boehm	9
Martin Seel	8
Ernst Cassirer	7
Jacques Derrida	6
Wilhelm Schmid	6

Wolfgang Welsch liegt hier deutlich vorne, Adorno und Heidegger können sich ganz gut halten. Wobei Heidegger seine Platzierung vor allem Hubert Sowa verdankt. Hier sind die Zahlen deutlicher als bei den Kunstwissenschaftlern; dennoch gibt offensichtlich keine »verbindlichen« Philosophen, die als unbedingte Bezüge gelten können.

Die Medien- und Kommunikationswissenschaftler
Dieser Kategorie habe ich 104 Texte zugeordnet. Mehr als 5 Nennungen erreicht keiner; 5 Nennungen erhalten:
Erfinder des iconic turn William J. T. Mitchell
der Semiotiker Umberto Eco
der Medientheoretiker Florian Rötzer
der Bildwissenschaftler Klaus Sachs-Hombach.

Die Soziologen
Pierre Bourdieu erreicht 10 Nennungen, Niklas Luhmann 7 und Arjun Appadurai 6 (dieser kommt nur bei Joachim Kettel vor). Ansonsten erreicht kein Autor mehr als 4 Nennungen, die meisten werden jeweils nur einmal aufgeführt.

Die Psychologen
Hier schaffen nur vier den Sprung zur/über die 5erMarke: Der Hirnforscher Wolf Singer mit 7 Nennungen sowie Mihaly Csikszentmihalyi, Jaques Lacan und Manfred Spitzer mit je 5 Nennungen.

Die Kulturwissenschaftler sind für die Kunstpädagogen Aleida und Jan Assmann. Sie werden 6-mal genannt.

Augenblick
Zum Schluss habe ich noch geschaut, wie alt die Texte sind, die es auf die Literaturlisten schaffen. Dazu habe ich mir die jeweiligen Kongresse getrennt angeschaut. München: 50% sind in den letzten 5 Jahren erschienen (1999 – 2004), 66% in den letzten 10 Jahren (1994 – 2004)

Leipzig: 46 % sind in den letzten 5 Jahren erschienen (2001 – 2006), 61% in den letzten 10 Jahren (1996 – 2006)

Dortmund: 40% sind in den letzten 5 Jahren erschienen (2003 – 2008), 58% in den letzten 10 Jahren (1998 – 2008)

Düsseldorf: 47% sind in den letzten 5 Jahren erschienen (2005 – 2010), 65% in den letzten 10 Jahren (2000 – 2010).

Die deutsche Kunstpädagogik verfolgt aktuelle Diskurse und baut sie in ihre jeweilige Argumentation ein.

Zusammenblick

Deutsche Kunstpädagogen lesen fast ausschließlich deutsche Texte. Den Horizont der deutschen Kunstpädagogik bilden vor allem deutsche und in geringem Maße englischsprachige Diskurse. Neben der Selbstbeobachtung werden vor allem allgemeine Pädagogik, Kunst und Kunstwissenschaft sowie Philosophie beachtet.

Ausblick

Zur Kontrolle der obigen Ergebnisse könnten die Literaturlisten der Artikel in den BDK-Mitteilungen – hier schreiben häufiger LehrerInnen aus der Praxis – und jene der Beiträge der Online-Zeitschrift »www.zkmb.de« in eine solche diskursanalytische Untersuchung einbezogen werden. In Kombination mit qualitativen Verfahren könnten die »Qualitäten« der jeweiligen zitierten Texte untersucht werden.

Texte sind eine Sache, Bilder eine andere. Die Bilder werden oft intuitiver ausgewählt, sie werden schneller gesehen und besser gemerkt. Analog zur sprachlichen Diskursanalyse könnte man eine quantitative Bildanalyse machen. Hierzu ließen sich die Bilder in den verschiedenen Zeitschriften (BDK-Mitteilungen, Fachblatt des BÖKWE, das Heft, Kunst+Unterricht) untersuchen:

Arbeiten von SchülerInnen: Thema, Größe, Format (hoch oder quer?), Technik, Inhalt, Klassenstufe und Geschlecht der SchülerInnen, Bildunterschriften, Kontext …

Situationsbilder: Was machen die SchülerInnen, die hier im Unterricht oder sonstwo gezeigt werden? Alter und Geschlecht? Techniken ….

Kunst: Welche Künstler, Gattungen werden abgebildet? Wie alt sind die abgebildeten Werke? …?

untersuchte Sammelbände

München 2003

Johannes Kirschenmann/Rainer Wenrich/Wolfgang Zacharias (Hgg.): Kunstpädagogisches Generationengespräch – Zukunft braucht Herkunft, München 2004.

Leipzig 2005

Johannes Kirschenmann/Frank Schul/ Hubert Sowa (Hgg.): Kunstpädagogik im Projekt der allgemeinen Bildung, München 2006.

Dortmund 2007

Klaus-Peter Busse/Karl-Josef Pazzini (Hgg.): (Un)vorhersehbares lernen: Kunst – Kultur – Bild, Norderstedt 2008.

Düsseldorf 2009

Kunibert Bering/Clemens Höxter/Rolf Niehoff (Hgg.): Orientierung: Kunstpädagogik – Bundeskongress der Kunstpädagogik 22.–25. Oktober 2009, Oberhausen 2010.

---

[1] Diese sind jeweils im Jahr nach den Kongressen erschienen. Siehe Literaturverzeichnis. An diesen Bundeskongressen haben VertreterInnen verschiedener kunstpädagogischer Richtungen teilgenommen – so eignen sie sich als Quellen ziemlich gut.

[2] Dank an Sarah Oswald und Patrick Brandstätter, die das mit Unterstützung der Universität Mozarteum Salzburg gemacht haben.

[3] Dafür waren leider keine Mittel mehr vorhanden.

[4] Die Datensätze enthalten also jeweils Angaben zum zitierten Text und zu zitierenden Text.

[5] Wer will, kann die Einordnungen im Einzelfall prüfen und ändern und seine eigenen Schlüsse ziehen. Die Datensätze kann man als sav-, xls- und ods-Dateien unter www.bilderlernen.at/forsch/buko03-09.html finden.

[6] Ich habe noch nie erlebt oder gehört, dass KünstlerInnen ihre Arbeiten abgeändert hätten, wenn die Leute verständnislos den Kopf geschüttelt haben.

[7] Insgesamt habe ich 1007 Texte der Kunstpädagogik zugeordnet – so lassen sich die Prozentanteile relativ leicht errechnen. Allerdings stammen viele der zitierten Texte als Gemeinschaftsproduktionen von mehreren AutorInnen!

Kunibert Bering

Raum-Konzeptionen

Der Raum, in dem wir leben, durch den wir aus uns herausgezogen werden,
in dem sich die Erosion unseres Lebens, unserer Zeit
und unserer Geschichte abspielt, dieser Raum,
der uns zernagt und auswäscht, ist selber auch ein heterogener Raum.
Anders gesagt: wir leben nicht in einer Leere,
innerhalb derer man Individuen und Dinge einfach situieren kann.
Foucault: Andere Räume[1]

Mit dem weitreichenden Konzept des »Mapping«, das Klaus-Peter Busse entfaltete und in das Repertoire kunstpädagogischer Verfahrensweisen einbrachte, aus denen es nicht mehr wegzudenken ist,[2] stellen sich grundlegende Fragen nach dem »Raum« als jener Dimension, die wie kaum eine andere unser tägliches Leben grundiert. Klaus-Peter Busse beschreibt dabei Möglichkeiten des Kunstunterrichts, »jungen Menschen zu helfen, sich in ihrer Welt mit künstlerischen Blickfeldern einzurichten«, und problematisiert »Fragen und Inhalte, die [...] aus dem Wirklichkeitsraum stammen, in dem Kinder und Jugendliche leben und leben werden [...].«[3]

»Raum« tritt durch optisch wahrnehmbare Zeichen in Erscheinung – »Raum« ist nicht einfach da, er muss konstruiert werden und formt zugleich Lebensformen. Diese Probleme erlebten in den letzten beiden Jahrzehnten eine enorme Verschärfung vor allem mit dem Phänomen der Globalisierung, so dass man bereits von einem »spatial turn« sprach.

Ein exemplarischer Fall mag dies beleuchten: Räume realisieren sich in Zeichen und Zeichensystemen. Ein derartiges monumentales Zeichengefüge stellen die Skylines der gegenwärtig entstehenden Megastädte dar, die in einer mit der Globalisierung einhergehenden Urbanisierung der Welt in bisher unbekannter Weise Raum greifen. In einer kaum bewohnten Gegend gegenüber der City von Shanghai wurde im Stadtteil Pudong in den letzten beiden Jahrzehnten eine Skyline aus dem Boden gestampft, die die von Manhattan zu übertreffen scheint. Architektur wird zum Zeichen, und präsentiert sich durch eine gewaltige Raumaneignung, die durch

das Zeichensystem »Skyline« in Erscheinung tritt. Dieses Zeichengefüge setzt sich
in Shanghai aus Zitaten weltbekannter Architekturen zusammen, so finden sich hier
z.b. Bauten, die Assoziationen an das Guggenheim-Museum oder das monumentale
Gebäude aus dem Komplex des faschistischen EUR-Geländes in Rom aufkommen
lassen. Architektur erzeugt damit Bilder, die – im Fall der Skyline von Shanghai –
Weltgeltung, Fortschritt und Wachstum einer aufstrebenden Großmacht im Zuge der
Globalisierung propagieren. Mit Recht spricht Klaus-Peter Busse davon, »dass sich
Mapping an Bilder knüpft: Bilder über Räume, die es schon gibt, die gerade entstehen
und die man sich nur vorstellt.«[4]

Derartige Konstruktionen wie die Skylines stellen einerseits Zeichen der Raumaneignung dar und signalisieren Machtansprüche, andererseits strukturieren sie auch
Lebensformen der Menschen. Daher ist das Phänomen des Raumes oft auch mit
Machtkonstellationen verbunden: Man eignet sich Räume an, um sie zu beherrschen.
»Raum« wird so zu einem Ordnungsgefüge, für das man erst eine Form finden muss,
die dann wieder auf Lebensformen zurückwirkt, ja, sie oft einer zwingenden Prägung
unterwirft.

Damit stellen sich grundlegende Fragen einer Orientierung, denn mit dem Verständnis von Raum können wir uns in der Welt zurechtfinden, sie um- und neuge-
stalten und uns darin einrichten.[5] Die Klärung der Position im »Raum« beantwortet
die Fragen »wo«, »wohin«, »woher«, »in welchem Verhältnis zu«.

»Mapping« darf als eine der Möglichkeiten angesehen werden, derartige Positionen zu bestimmen. »Mapping« zeigt aber auch, dass man sich den »Raum« nicht
als Behälter vorstellen kann, als Container, der einfach »da« ist, in den man etwas
hineinstellt oder in dem etwas passiert.[6] Raum muss vielmehr strukturiert werden,
damit sich die »Welt« erschließt – das Phänomen des Raumes ist eine fundamentale Basis für die Wahrnehmung und die Gestaltung unserer Welt.[7] Martina Löw
resümiert:»Indem durch Bewegung, Konstruktionsarbeit oder Computernetzwerke
Räume vielfältig verknüpfbar erlebt werden, verliert der eine, für alle gleichermaßen
gültige Raum seinen Erklärungswert. Raum muss auch als bewegter denkbar sein.
Während sich die Alltagsvorstellungen von Raum vervielfältigen, ist es jedoch in der
wissenschaftlichen Kommunikation notwendig, *einen* [Hervorhebung im Original,
K.B.] Raumbegriff zu entwickeln, der so prozessual formuliert ist, dass er die Vielfäl-
tigkeit sowohl möglicher Alltagsvorstellungen als auch der Konstitution von primär
materiellen oder primär symbolischen Räumen und die Gleichzeitigkeit verschiedener
Räume an einem Ort erfasst. Dies kann dadurch gewährleistet sein, dass man Räume
als zu konstituierende begreift.«[8]

Die »Non-lieux« der Gegenwart

Klaus-Peter Busse entfaltete das »Mapping-Konzept« in einer Epoche, in der kulturwissenschaftliche Studien im Zuge der Globalisierung das Phänomen des Raumes zunehmend ins Zentrum der Überlegungen rückten, nachdem zuvor die Analyse der Zeit im Focus gestanden hatte und man nun gern von einem »spatial turn« sprach.[9] Gerade in den vergangenen Jahren setzten sich Architektur und Kunst, die Philosophie und die Informations- und Kommunikationswissenschaften ebenso wie die Soziologie erneut intensiv mit diesem Phänomen auseinander. Die entstehenden virtuellen Welten, die zunehmend das tägliche Leben – vor allem der Heranwachsenden – beeinflussen, und die fortschreitenden Globalisierungsprozesse lenkten den Blick immer wieder auf die Problematik des Raumes.

Wie überaus komplex sich der Umgang mit dem Phänomen des Raumes darbietet, vermögen einige Positionen der Gegenwart zu zeigen. Für Marc Augé z.B. stellt sich Raum nicht mehr als feste Größe dar, wie es dem umgangssprachlichen Verständnis noch häufig entspricht. Augé entwirft vielmehr einer Philosophie der »non-lieux«, an denen sich in einem globalen Nomadentum flüchtige soziale Beziehungen oder sonstige ephemere Zusammentreffen ereignen, auf Flughäfen, im Stau, in der Métro: »Der Raum des Nicht-Ortes schafft keine besondere Identität und keine besondere Relation, sondern Einsamkeit und Ähnlichkeit.«[10] Diese Orte werden nicht dauerhaft besetzt oder gehalten, sondern erhalten durch Bewegung eine ephemere Bedeutung. Die sich für Marc Augé darin manifestierende tiefgreifende Sinnkrise einer globalen Gegenwart kulminiert in den prekären Zuständen in Favelas, Slums und Flüchtlingslagern.

Die mit der globalen Mobilität verbundenen weltumspannenden Informationsströme bringen, so diagnostiziert Marc Augé, außerdem unendliche Bilderfluten hervor, die ihrerseits Räume eröffnen: »Bilder konsumieren heißt also Raum konsumieren, und zwar viel Raum.«[11]

Bewegungen im Raum

Demgegenüber steht für Michel de Certeau (1925-86) der Mensch im Mittelpunkt jeder Debatte über den »Raum«. Anhand einer Betrachtung des Stadt-Raumes mit seinen Alltagspraktiken einer populären Kultur verifiziert de Certeau den von ihm entwickelten Raumbegriff: »Ein Raum entsteht, wenn man Richtungsvektoren, Geschwindigkeitsgrößen und die Variabilität der Zeit in Verbindung bringt. Der Raum ist ein Geflecht von beweglichen Elementen. Er ist gewissermaßen von der Gesamtheit der Bewegungen erfüllt, die sich in ihm entfalten. Es ist also ein Resultat von Aktivitäten, die ihm eine Richtung geben, ihn verzeitlichen und ihn dahin bringen, als eine mehrdeutige Einheit von Konfliktprogrammen und vertraglichen Übereinkünften zu funktionieren. [...] Insgesamt ist der Raum ein Ort, mit dem man etwas macht. So wird zum Beispiel die Straße, die der Urbanismus geometrisch festlegt, durch die Gehenden in einen Raum verwandelt.«[12]

Durch die Bewegungen der Menschen werden die Räume der Stadt, so meint de Certeau, einerseits erlebt, andererseits aber auch fragmentiert. Aufgrund dieser Zerstückelung sind diese Räume nicht mehr überschaubar und damit letztlich nicht kontrollierbar.

Diesem körperlich zu erlebenden Raum stellt de Certeau den aus der Vogelperspektive gesehenen Stadtraum gegenüber, der zwar nicht haptisch erfasst werden kann, der sich aber in einem Gesamtbild präsentiert und damit lesbar und optisch beherrschbar wird.[13] Durch kartographische Zeichnungen und Aufnahmen mit dem raumaneignenden Blick aus der Vogelperspektive nähert sich de Certeau dem Blick und der Raumvorstellung des Panoramas ebenso wie der Struktur des Gefängnisses im 19. Jahrhundert mit der von Foucault analysierten zentralen Überwachung oder der militärischen Luftaufklärung.[14] Die Kombination dieser divergierenden Raumbegriffe projiziert de Certeau auch auf das urbane Gefüge und dessen Wahrnehmung durch den sich bewegenden Passanten. Aus einer Raumaneignung durch Bewegung in Raum und Zeit ergibt sich leicht das Gefühl des Transitorischen, das darüber hinaus zur Metapher für radikale Pluralität und Flüchtigkeit des Lebens werden kann.

Dabei mutiert bei de Certeau der Passant zum Partisanen im Dschungel der Stadt, der der Allmacht des allsehenden Auges immer zu entgehen weiß: »Gehen bedeutet, den Ort zu verfehlen.«[15] Der »Raum« erweist sich durch die notwendige Konstitution durch den Gehenden nicht nur als dynamisch, sondern letztlich als ephemer – konsequent entwickelt de Certeau den Begriff des »non-lieux«, des »Nicht-Ortes«, den insbesondere Marc Augé aufgriff.

Für de Certeau wurde die Philosophie Maurice Merleau-Pontys (1908-1961) wegweisend: Durch seinen Körper nimmt der Mensch die Dimensionen des Raumes wahr und kann nur so die Welt erfahren. Dies ist für Merleau-Ponty der »existenzielle Raum«. Mit diesem Ansatz überwindet er den Antagonismus zwischen der Theorie des »objektiven Raumes« und dem Raum als »Form der Anschauung« im Sinne Kants.[16]

Wie später für de Certeau bildete auch für Maurice Merleau-Ponty (1908-1961) ein anthropologischer Ansatz das Zentrum seiner Raum-Philosophie, die wesentlich auf Heidegger und Husserl basiert.[17] Vor allem bearbeitete Merleau-Ponty die von Heidegger intensiv analysierte Spannung von Ort und Raum unter dem Aspekt der Relationen des menschlichen Körpers zum umgebenden Raum. Mit Kant verbindet Merleau-Ponty die Überzeugung, dass die Dimensionen des Raumes erst durch den menschlichen Körper und dessen Ausgreifen erkennbar werden: »Endlich ist mein

Leib für mich so wenig nur ein Fragment des Raumes, daß überhaupt kein Raum für mich wäre, hätte ich keinen Leib.«[18]

Das menschliche Individuum erlebt die Welt nach Merleau-Ponty durch den Körper, wie auch die Wahrnehmung ausschließlich in einer räumlich strukturierten Welt erfolgen kann: Der Leib ist »unser Mittel überhaupt, eine Welt zu haben«.[19] Der Leib ist das »Vehikel des Zur-Welt-Seins«[20]. Merleau-Ponty verknüpfte mit dieser Überlegung das individuelle Raumbewusstsein mit dem unmittelbaren Dasein in der Welt. Es ist stets der *Mensch*, der handelnd diesen Raum erschließt, so dass die Welt für Merleau-Ponty zum »existenziellen Raum« wird.

Merleau-Ponty resümiert: »Insofern ich einen Leib habe und durch ihn hindurch in der Welt handle, sind Raum und Zeit für mich nicht Summen aneinandergereihter Punkte, noch auch übrigens eine Unendlichkeit von Beziehungen, deren Synthese mein Bewußtsein vollzöge, meinen Leib in sie einbeziehend; ich bin nicht in Raum und Zeit, mein Leib heftet sich ihnen an und umfängt sie.«[21]

Diese Vorstellung vom »existenziellen Raum« führte Michel de Certeau konsequent zur Dimension des Handelns. Die Bewegungen im Raum sind für de Certeau jene gestaltenden Elemente, die den Raum in Besitz nehmen, aber auch kontinuierlich an Grenzen stoßen, die aber oft überschritten werden. In der Tradition der »Passagen« Benjamins nimmt bei de Certeau der »Gehende« den Raum der Stadt in Besitz. Da vor allem auch das Mapping nicht ohne die Bewegung des Menschen in seinem Raum auskommt, sei ein Seitenblick auf Benjamins wegweisenden Überlegungen zum Raumbegriff geworfen.

Ein Seitenblick auf Benjamins Passagen

Benjamins Raumbegriff wird wesentlich von den Erfahrungen der Stadt, vornehmlich Paris, geprägt, in deren Straßen sich der »Flaneur« bewegt, jene Gestalt, mit der Benjamin das Ideal des Müßiggangs charakterisiert, das er einer bürgerlichen Wertehierarchie entgegenstellt.[22] Der »Raum«, insbesondere der Raum der Architektur, erhält damit bei Benjamin eine sozial und kulturell gefasste Bestimmung und wird zum Schauplatz von Macht und Repräsentation.

Der Raum der Straße mutiert für Benjamins Flaneur schließlich zu einem Innenraum, in dem sich das Leben abspielt.[23] Dieses »flanierende« Leben erlebt seinen Höhepunkt in den »Passagen«, an Orten des Transitorischen zwischen Straße und Innenraum, wie sie sich in den Schaufenster darbieten. Damit werden die Passagen zu Bildräumen, zu betretbaren »Visionsräumen«[24].

Das Erlebnis des urbanen Lebens in Neapel, von Benjamin als Kontrapunkt zu west- und mitteleuropäischen Metropolen empfunden, führte ihm eine Dynamik vor

Augen, die den gewohnten, fest gefügten Raumhierarchien diametral entgegenstand:
»Bau und Aktion gehen in Höfen, Arkaden und Treppen ineinander über. In allem
wahrt man den Spielraum, der es befähigt, Spielplatz neuer unvorgesehener Konstellationen zu werden. Man vermeidet das Definitive, Geprägte.«[25] Benjamin reflektierte
insbesondere in räumlichen Kategorien, so dass ihm eine Propagandistenrolle in
der Raumphilosophie des 20. Jahrhunderts zufällt, nicht zuletzt im Hinblick auf die
Philosophie Bourdieus.[26]

Newtons Container, Kants Anschauung und Sloterdijks Schäume

Bereits diese wenigen Hinweise verdeutlichen, wie schillernd und entsprechend
problematisch der Begriff des Raumes ist, der sich daher stets generellen Definitionen
entzog. Zahlreiche Denkmodelle entstanden, die das »Raum«-Problem immer wieder
im Zusammenhang mit dem Dasein des Menschen in der Welt in Verbindung brachten.
Diese Modelle griffen aber auch auf vorangehende Vorstellungen zurück, so dass sich
durchaus auch Kontinuitäten in der Entwicklung der Raum-Modelle abzeichnen.

Eine überaus wegweisende Raumtheorie entfaltete Kant in seiner epochalen
Auseinandersetzung mit der *Behälter*theorie vom Raum bei Newton. Dagegen entwickelte Kant eine subjektbezogene Vorstellung vom Raum, denn – so meinte Kant – die
räumliche Erfahrung erfolge zunächst durch den Körper des Menschen und seine
Orientierung anhand seiner Körperhälften und sein Empfinden von oben und unten,
links und rechts. Marcel Merleau-Pontys Raumbegriff ist ohne diese Überlegungen
Kants kaum vorstellbar. Zur Wahrnehmung des Raumes müsse aber der Mensch, so
meinte Kant, auch einen *Begriff* vom Raum, eine a priori vorhandene »Anschauung«,
haben, um Raum überhaupt wahrnehmen zu können – dieser Raumbegriff sei erlernt.

Leibniz entwickelte gegen Kant eine Vorstellung vom Raum als Ordnungs*system*,
in dem die Lage einzelner Punkte im örtlichen Verhältnis zu anderen Punkten an-
gebbar ist. Daher sind es die *Relationen* von Körpern, die den Raum konstituieren,
weder ihre Existenz in Newtons »Container«, noch ihre Wahrnehmung aufgrund
einer kategorialen Raumvorstellung bei Kant. Unter diesem relativistischen Raum-
verständnis ergibt sich das bedeutende Phänomen der Perspektivenvielfalt, denn ein
und derselbe Gegenstand »von verschiedenen Seiten betrachtet, (erscheint) immer
wieder anders und gleichsam perspektivisch vielfältig«, schrieb Leibniz 1714 in seiner
»Monadologie«. Kant hatte bereits die Raumvorstellung mit der Wahrnehmung des
Raumes in Verbindung gebracht – dieses Problem beschäftigte die Debatten um den
Raumbegriff im vorigen Jahrhundert immer wieder.[27]

Peter Sloterdijk sieht sich als Protagonist einer Auflösung des traditionellen Raum-
begriffs, wenn er den Raum des Menschen nicht mehr durch seine Körperlichkeit im

Raum oder das damit zusammen hängende Ausgreifen definiert sehen will, sondern vielmehr eine Raumaneignung durch den Blick analysiert. Dadurch ergeben sich nach Sloterdijk unendlich viele Räume, die nur noch durch die Metaphorik des »Schaumes« annähernd zu erfassen sind: »Schäume heißen die nach den medialen und psychologischen Spielregeln des Individualismus entworfenen, eng benachbarten, aufeinander hin halbdurchsichtigen Raumvielheiten auch deswegen, weil ihre Unwahrscheinlichkeit hervorzuheben ist, ohne daß ihre Fragilität als mangelnde Lebensleistung der Schaumeinwohner gewertet werden dürfte. [...] Die Schaum-Metapher bietet den Vorzug, die topologische Anordnung von kreativ-selbstsichernden Lebensraumschöpfungen im Bild zu erfassen.«[28] Mit dieser Vorstellung will Sloterdijk die heute gängige Metapher des Netzes aushebeln, denn für ihn bildet das »Leben« die Räume selbst erst in vielfältiger Weise und präsentiert sich auf »ineinander verschachtelten Bühnen« und »vernetzten Werkstätten«[29].

Vor diesem Spektrum gegenwärtiger Raumtheorien angesichts des »spatial turn« entfaltet sich das Projekt »Mapping«, von dem Klaus-Peter Busse resümierend sagt: »Mapping ist vor allem ein wichtiges Bildungsprojekt geworden, weil es in vielen Fällen nicht nur Raumerfahrungen vermittelt, sondern beteiligte und betroffene Menschen anleitet, selbst in die Gestaltung und Erkundung von Räumen einzugreifen.«[30]

---

[1] Michel Foucault: Andere Räume, in: Karlheinz Barck (Hg.): Aisthesis. Wahrnehmung heute oder Perspektiven einer anderen Ästhetik, Leipzig 1992, S. 34.

[2] Klaus-Peter Busse: Mapping – ein Bildungsprojekt, in: IMPULSE.KUNSTDIDAKTIK 7/2012, S. 3–16 und das umfangreiche Dortmunder Konzept http://www.u-westend.de/ (15.4.2013) im Rahmen des Projektes *Mapping the region* 2010.

[3] Busse 2012 (s. Anm. 2), S. 15.

[4] Ebd., S. 9. Zur Erzeugung von Bildern durch Architektur s. Kunibert Bering/Rolf Niehoff: Bildkompetenz. Eine kunstdidaktische Perspektive, Oberhausen 2013 (im Druck).

[5] Zu einer Kunstpädagogik der Orientierung s. Kunibert Bering: Kunstpädagogik und Bildkultur, in: Kunibert Bering/Clemens Höxter/Rolf Niehoff (Hgg.): Orientierung: Kunstpädagogik. Ergebnisse des Bundeskongresses der Kunstpädagogik – Düsseldorf 2009, Oberhausen 2012, S. 283–294.

[6] In einer fundierten, umfassenden Studie konnte Annette Haßelbeck neben dem Mapping auf die Anlage visueller Tagebücher verweisen, mit denen Stadträume erfahren wurden – hier zeichnen sich hervorragende Möglichkeiten der Methodenkombination ab: Annette Haßelbeck: Ästhetische Erfahrungen im Stadtraum, in: Kunibert Bering/Stefan Hölscher/Rolf Niehoff/Karina Pauls (Hgg.): Nach der Bilderflut. Ästhetisches Handeln von Jugendlichen, Oberhausen 2012, S. 257–286.

[7] Kunibert Bering/Alarich Rooch: Raum. Gestaltung – Wahrnehmung – Wirklichkeits-
     konstruktion, 2 Bde., Oberhausen 2008 (zu den hier angesprochenen Fragen s. Bd. 2,
     S. 357 ff., 385 ff., 435 ff.) und Kunibert Bering: Raum. Annäherung und Konzeptionen,
     in: Elisabeth Gaus-Hegner/Andreas Hellmüller/Ernst Wagner/Jan Weber-Ebnet
     (Hgg.): Raum erfahren – Raum gestalten. Architektur mit Kindern und Jugendlichen,
     Zürich – Oberhausen 2009, S. 20 ff. Zu aktuellen Diskussion s. Christian Reder (Hg.):
     Kartographisches Denken, Wien–New York 2012.
[8] Martina Löw: Raumsoziologie, Frankfurt/M. 2001.
[9] Doris Bachmann-Medick: Spatial Turn, in: dies.: Cultural Turns. Neuorientierungen in den
     Kulturwissenschaften, 3. Aufl., Reinbek 2009, S. 284–328.
[10] Marc Augé: Orte und Nicht-Orte. Vorüberlegungen zu einer Ethnologie der Einsamkeit,
     Frankfurt/M. 1994, S. 121, vgl. S. 40.
[11] Marc Augé: Die Sinnkrise der Gegenwart, in: Andreas Kuhlmann (Hg.): Philosophische
     Ansichten der Kultur der Moderne, Frankfurt/M. 1994, S. 38.
[12] Michel de Certeau: Praktiken im Raum, in: ders.: Kunst des Handelns, Berlin 1988, S.
     217–219.
[13] Ebd., S. 220 ff.
[14] Bering, Rooch 2008 (s. Anm. 7), S. 122 ff., 233 ff.
[15] De Certeau 1988 (s. Anm. 12), S. 197.
[16] Paul Good: Maurice Merleau-Ponty, Düsseldorf 1998, S. 103.
[17] Zu dem komplexen, zwiespältigen Verhältnis Merleau-Pontys zu Heidegger s. ebd., S.
     257–262.
[18] Maurice Merleau-Ponty: Phänomenologie der Wahrnehmung, Berlin 1966, S. 127. Paul
     Good weist mit Recht darauf hin, dass Merleau-Ponty die Vorstellung Kants, Raum sei eine
     »Form der Anschauung« überwindet: Good 1998 (s. Anm. 16), S. 103.
[19] Merleau-Ponty 1966 (s. Anm. 18), S. 176. Vgl. Good 1998 (s. Anm. 16), S. 50 ff., 80 ff.
     und bereits Bernhard Waldenfels: Das Problem der Leiblichkeit bei Merleau-Ponty,
     Philosophisches Jahrbuch 75, 1967/68, S. 347–365, hier S. 347 ff.; zu kunsthistorischen
     Aspekten Gerhard Graulich: Die leibliche Selbsterfahrung des Rezipienten – ein Thema
     transmodernen Kunstwollens (Kunst – Geschichte und Theorie, hrsg. von Kunibert Bering,
     Bd. 13), Essen 1989, S. 31 ff.
[20] Merleau-Ponty 1966, S. 168, Anm. 94 (s. Anm. 18).
[21] Ebd., S. 170.
[22] Lorenz Jäger: Kosmos und sozialer Raum. Varianten eines Benjaminschen Motivs, in:
     Michael Opitz/Erdmut Wizisla: Aber ein Sturm weht vom Paradiese her. Texte zu Walter
     Benjamin, Leipzig 1992, S. 219.
[23] Walter Benjamin: Gesammelte Schriften, hrsg. von Rolf Tiedemann und Hermann
     Schweppenhäuser, Frankfurt/M. 1972, Bd. 5.2, S. 969.
[24] Ebd., S. 672, 1025; vgl. Andrea von Hülsen-Esch: Das Panorama und der theatrale Raum
     bei Walter Benjamin, in: Bernd Witte (Hg.): Topographien der Erinnerung. Zu Walter

Benjamins Passagen, Würzburg 2008, S. 123–137.

[25] Benjamin 1972 (s. Anm. 23), Bd. 4.1, S. 309.

[26] Johan Frederik Hartle: Der geöffnete Raum, München 2006, S. 78 und Bering, Rooch 2008 (s. Anm. 7), S. 390 ff.

[27] Nachweise bei ebd., S. 103 ff.

[28] Peter Sloterdijk: Sphären, 3 Bde., Frankfurt/M. 1998–2004, hier: Bd. 3, S. 253–255.; vgl. Sloterdijk: Sphären, Bd. 1, S. 62.

[29] Peter Sloterdijk: Sphären, Bd. 3, Frankfurt/M. 2004, S. 24.

[30] Busse 2012 (s. Anm. 2), S. 4.

Constanze Kirchner

Kunstdidaktische Methoden ästhetischer Bildung
Überlegungen zu einem autonomen Gegenstandsfeld

Seine Schriften hat Klaus-Peter Busse in vielfältiger Weise den kunstdidaktischen Methoden gewidmet – und zwar in solch frappierend fachspezifischer Weise, dass sich daraus die Frage ergibt, ob nicht der Kunstdidaktik genuin eigene, fachlich autonome Methoden inhärent sind. Freilich besitzt jedes Fach eigene Lern- und Arbeitsmethoden, und immer müssen die Vermittlungsmethoden dem Lerngegenstand angemessen sein – ausgehend von einem bestimmten Methodenrepertoire, das in Unterrichtskontexten angewendet wird. Doch wodurch sollte sich ausgerechnet das Fach Kunst von den generellen Lehr- und Lernmethoden im Unterricht unterscheiden – und eigene Methoden generieren? Oder anders gefragt: Lassen sich mit kunstdidaktischer Methodenkompetenz andere, eigene Weltzugänge schaffen? Wenn ja, welche?

Der Erwerb von Methodenkompetenz im Fach Kunst dient dem systematischen Erkenntnisgewinn in Bezug auf produktiv-künstlerische Verfahren, dem Erkenntnisgewinn im Feld kreativen Gestaltens sowie hinsichtlich der Rezeption von Alltagsbildern, Kunstwerken und Architektur. Methodenkompetenz beschreibt, wie die Zugänge zu den Fachinhalten eigenständig angeeignet werden können. Die im Fach Kunst zu erwerbenden Methodenkompetenzen sind nur ein kleiner Teil eines Kompetenzspektrums, das sich auch auf personale Kompetenzen bezieht (z.B. die Fähigkeit zur Selbstreflexion, Beharrlichkeit, Ausdauer, Motivation, Vertrauen in die eigene Gestaltungskraft, Neugier, Interesse …), auf soziale Kompetenzen (z.B. Kooperationsfähigkeit bei der Schulhausgestaltung, Kommunikationsfähigkeit, Verantwortung übernehmen, sich abstimmen oder kompromissfähig zu sein) sowie auf Wissenskompetenzen (z.B. Sachkenntnisse über Gestaltungsmittel und Verfahren, Fachbegriffe und Kunstwerke). Die Methodenkompetenzen, oder auch Handlungskompetenzen genannt, zielen oftmals auf das Wahrnehmen und Erproben von Materialien und Verfahren, auf das bewusste Gestalten und Präsentieren sowie auf das Erschließen von Merkmalen, Deutungen und Kontexten zu Bildern, Gemälden, Skulpturen und gebauter Umwelt. Soweit zeigen sich keine Differenzen zu anderen Disziplinen. Doch im Unterschied zu einigen anderen Fächern beinhaltet das Fach Kunst deutliche Anteile subjektiver Ausdrucksmöglichkeiten. Ausgehend von dem genuin vorhandenen ästhetischen Verhalten von Kindern und Jugendlichen, das die Tätigkeiten sammeln, ordnen, basteln, formen, bauen, konstruieren, Materialien untersuchen, Umwelt gestalten, Medien nutzen, Rollen erproben, sich kleiden usw. einschließt, kann der Kunstunterricht u.a. vielerlei ästhetische Erfahrungen initiieren und subjektive Ausdrucksmöglichkeiten fördern. Das individuelle Lernen wird in das Zentrum gerückt, um eine kontinuierliche Entwicklung der gestalterischen Ausdruckskompetenzen zu gewährleisten. Der individuelle Ausdruck wird dann möglich, wenn ästhetische Bildungsprozesse (wie zum Teil auch im Deutsch-, Musik- und Sportunterricht) angelegt sind und altersangemessene Darstellungsbedürfnisse Berücksichtigung finden.

Subjektive Beteiligung und Leidenschaft

Um der Frage nachzugehen, inwiefern die Kunstdidaktik als einzigartiges Gegenstandsfeld eigener Methoden bedarf, rücken die Charakteristika ästhetischer Bildungsprozesse in den Blick: Ästhetische Bildung entsteht im Wechselspiel von Rezeption und Produktion in den Bereichen Musik, Tanz, Bildende Kunst, Literatur, Poesie, aber auch Internet, Film, Werbung usw. Der Rezeptionsprozess – z.b. beim Lesen von Gedichten oder beim Betrachten von Gemälden – ist keine passive Angelegenheit, sondern der Rezipient wird gezwungen, aktiv und eigenständig Sinn zu erschließen. Das heißt, er muss sich auseinandersetzen – sowohl mit dem Anderen, Fremden – präsentiert im Gedicht oder im Kunstwerk – wie auch mit sich selbst – um das Erfahrene einzuordnen, zu strukturieren usw. Er gestaltet das Werk aktiv mit. Denn diese Eigenschaft haben ästhetische Phänomene; sie lassen dem Rezipienten die Möglichkeit, sich selbst in das Werk mit allen Empfindungen und Gedanken einzubringen, eigene Vorstellungen dazu zu entwickeln und eigene Interpretationen mit Mut vorzutragen. Im Produktionsprozess zeigt sich die aktive Gestaltung von Wirklichkeit ganz offensichtlich: Das Zeichnen, Malen, Bauen oder Fotografieren erfordert das Aktivieren innerer Vorstellungen, innerer Klänge, innerer Dialoge, innerer Bilder, Fantasien und Träume. Es wird etwas hervorgebracht – und zwar etwas, das auf ästhetische Weise gestaltet ist. Mit dieser Hervorbringung verbinden sich mehrere Aspekte: Einerseits entstehen Kompetenzgefühle, wenn ich etwas hervorbringe, wenn ich etwas erschaffe, wenn das Werk – in welcher Form auch immer – vollbracht ist und mir gegenüber steht. Mit den Kompetenzgefühlen wächst das Selbstwertgefühl, also die Ich-Stärke. Andererseits bringe ich dabei etwas von mir persönlich hervor – ein Motiv, das mich beschäftigt, ein Gefühl, eine Leidenschaft, ein Interesse – gleich, ob ich ein Bild gestalte oder einen Text schreibe.

Ästhetische Bildungsprozesse erfordern ein hohes Maß an subjektiver Beteiligung, das bedeutet, dass die Person aktiv und emotional in die Prozesse des bildnerischen

Gestaltens und des Sinnerschließens beim Verstehen von Kunstwerken oder All-
tagsbildern eingebunden ist. Subjektive Beteiligung entsteht, weil ein ästhetisches
Interesse genuin anthropologisch verankert ist[1], weil ein Drang existiert, gestalterisch
in die Welt einzugreifen und Spuren zu hinterlassen[2], weil eigene Vorstellungen wie
Ideen eingebracht werden müssen (produktiv und rezeptiv) – und damit die ganze
Person einbezogen ist. Und weil der ganze Mensch vereinnahmt und die volle
Aufmerksamkeit im ästhetischen Tun gebunden ist, schafft die ästhetische Bildung
über Materialerfahrung, Körpererfahrung und den gestalterischen Ausdruck Boden-
haftung und Realitätsbezüge. Es wird ein Sinnbezug zur sichtbaren Welt hergestellt
und das Selbst dort positiv verankert. Auch im Rezeptionsprozess ist die subjektive
Beteiligung entscheidend, denn Bildende Kunst, Literatur, Theater präsentieren
ebenso wie Werbung, Medienbilder, Musikvideos usw. immer auch Lebensmuster
und Rollenbilder, das heißt, es werden Identifikationsfiguren oder Lebensentwürfe
dargestellt, mit denen Jugendliche sich auseinandersetzen können (und natürlich auch
ohne Kunstunterricht tun). Aber wir können im Kunstunterricht neue und andere
Leidenschaften anregen – durch die Wahrnehmung von Glück und Leid, Liebe und
Hass usw. in den jeweiligen Artefakten.

Eigeninitiative und Kreativität
Die ästhetische Bildung als sinnlich fundierte Art und Weise der Welterkenntnis besitzt
eine besondere Nähe zur innerpsychischen Verfasstheit und Entwicklung der Person,
weil der Sinneswahrnehmung und dem Denken in Bildern ein entscheidender Anteil
an der Konstitution des Selbst zukommt. Denn bei allen bildnerischen Tätigkeiten
werden letztlich Wirklichkeitsszenarien entworfen, es eröffnen sich bildnerische Möglichkeiten zum Anderssein, zum Probehandeln und zur Antizipation von Wirklichkeit.
Und nicht nur um bedeutsame Kulturleistungen hervorzubringen, sind eigenständige
Ideen, flexibles Denken und individuelle Entfaltungsmöglichkeiten erforderlich,
generell benötigt die Persönlichkeitsentwicklung kreative Kräfte. Gerade um den
Übergang in die Erwachsenenwelt zu meistern, sind Eigeninitiative, Ideenreichtum
und Selbstbestimmtheit erforderlich. Denn es gibt viele offene Optionen, das Leben
selbst zu gestalten, und es bedarf des Mutes, neue Wege zu gehen. So ist es eine
enorme Chance, dass wir im Fach Kunst die kreativen Kräfte unserer Schülerinnen
und Schülern fördern können.

Kreativität ist nicht nur der Motor, ein Produkt hervorzubringen, sondern auch
die Kraft, sich aktiv ein Bild von der Welt zu machen, eine eigene Welt zu entwerfen
und das Leben selbst zu gestalten – zunächst vielleicht nur probeweise: Optionen
für das eigene Leben können ausgelotet werden. So kann Kreativität helfen, sich

in heterogenen Welten zu positionieren. In der Kreativitätsforschung[3] werden als Merkmale für Kreativität sieben Kriterien genannt: 1.) die *Sensitivität* (Empathie für das Problem oder die Situation), 2.) die *Fluktualität* (viele Einfälle, Denkflüssigkeit), 3.) die *Flexibilität* (Qualität und Unterschiedlichkeit der Ideen), 4.) die *Originalität* (unkonventionelle Ideen oder ungewöhnliche Werkzeugnutzung, innovative Lösungen), 5.) die *Komplexitätspräferenz* (Vielschichtigkeit, Durchdringung des Sachverhalts), 6.) die *Elaboration* (Unterscheidung guter, schlechter Ideen, Einbinden von Kenntnissen, klassifizieren, einordnen, ausarbeiten) und 7.) die *Ambiguitätstoleranz* (Frustrationstoleranz, unterschiedliche Perspektiven, Humor).

Um Kinder und Jugendliche in ihren kreativen Fähigkeiten zu fördern, ist es notwendig festzustellen, in welchen dieser Bereiche ihre Stärken und Schwächen liegen.[4] Mögliche Beobachtungskriterien, um ein besonderes Vermögen diagnostizieren zu können, sind u.a.:

- Zeichnet sich die Problemlösung durch hohe Ideenflüssigkeit aus oder durch die Unterschiedlichkeit der Ideen, durch Ausdauer und Konzentration oder durch Durchhaltevermögen, Mut, anderes darzustellen (Ambiguitätstoleranz), Einfühlungsvermögen ...?
- Welche Ausdruckspräferenzen (zeichnen, malen, bauen, formen, konstruieren, szenisches Spiel ...) liegen vor? Welche Materialvorlieben oder Farbpräferenzen gibt es?
- Existieren Darstellungsvorlieben (bei welchem Stand der bildnerischen Entwicklung)?
- Gibt es Präferenzen für Kunst- und Umweltbetrachtung (historische Geschichten, Lebenswelt, Architektur usw.)
- Welche Vorgehensweise wird bei den Gestaltungsprozessen bevorzugt (z.B. äußere Wirklichkeit beobachten und diese exakt darstellen oder innere Bilder, Fantasien, Visionen wahrnehmen und gestalterisch ausdrücken)?
- Wird gerne experimentiert? Ist der Strich suchend oder klar, zurückhaltend oder expressiv?

Dass die Kreativitätsförderung ein Aspekt kunstdidaktischen Handelns ist, ist in zahlreichen kunstdidaktischen Publikationen seit Beginn der Kreativitätsforschung Mitte des 20. Jh. verankert,[5] obgleich die Merkmale einer kreativen Person vorrangig außerfachliche Fähigkeiten beschreiben. Dennoch ist es für die Frage nach dem potenziell autonomen Gegenstandsfeld der Kunstdidaktik bzw. nach dem Charakteristika ästhetischer Bildung außerordentlich interessant, dass Kunstlehrkräfte zweifellos für sich in Anspruch nehmen, mit dem praktischen Gestalten kreative Kräfte zu schulen.

Außerdem heißt es, dass Kinder und Künstler in besonderem Maße kreativ sind, wobei gemeint ist, dass sie spezifische Merkmale einer kreativen Person aufweisen – wie z.b. Neugierde und Experimentierfreude, Einfallsreichtum Intuition, überbordende Fantasie, Selbstvergessenheit im Tun, Unkonventionalität und Flexibilität im Denken. Sie suchen Widerstände und Grenzen, und sie denken mit bildnerisch-ästhetischen Mitteln über Wirklichkeit nach. Der Kunstunterricht lässt mit seinen spezifischen Gegenstandsfeldern zu, dass diese kreativen Verhaltensweisen zum Vorschein kommen, so dass sie aktiv unterstützt und gefördert werden können. So bleibt festzuhalten, dass das prozessuale, kreative Vorgehen in Produktion und Rezeption – gestützt vom ästhetisch geprägten Inhaltsfeld – eine Handlungskompetenz meint, die als »Kreativität« tief im Subjekt verankert ist. Diese Kreativität zu entwickeln – darin liegt das Potenzial des Kunstunterrichts, woraus sich ein gravierender Unterschied zu anderen Fächern ergibt, die eine Kreativitätsförderung nicht beanspruchen.

Ästhetische Erfahrung und Sinnkonstruktion

Um der Besonderheit des kunstdidaktischen Gegenstandsfeldes noch ein Stück weiter nachzugehen, lohnt auch ein Schlaglicht auf die Spezifik jener ästhetischen Erfahrung, die nur im Dialog mit den Ausdrucksformen Bildender Kunst gewonnen werden kann. Diese ästhetische Erfahrung basiert auf der singulären Struktur eines künstlerischen Objekts: »Ästhetische Erfahrung im engeren Sinn unseres Verhaltens zur Kunst wurzelt in der ästhetischen Qualität von Erscheinungen der Dingwelt, in denen ein Vorgang zum Gipfel, eine Erfahrung zur Erfüllung gelangt ...«[6]. Als Gegenstände ästhetischer Erfahrung sind die materielle Substanz, der am Werk sichtbare Produktionsprozess, die Gestaltung und deren Sinnenhaftigkeit sowie die künstlerischen Bezugssysteme zu bezeichnen. Das Spezifische der ästhetischen Erfahrung im Umgang mit Kunstwerken wird aus kunstwissenschaftlicher Perspektive mit dem Begriff der Anschauung charakterisiert, die sich nicht nur auf den visuellen Sinn beschränkt, sondern vielmehr einen nichtbegrifflichen, holistischen Zugriff meint. Die Identität eines Bildes liegt in seiner Anschaulichkeit, im »sinnlich organisierten Sinn«[7]. Rezeptionsästhetisch gewendet formuliert Bätschmann: »Anschauung ist die produktive Tätigkeit des Subjekts am Bild.«[8] Diese aktive Leistung des Betrachters im Prozess ästhetischer Erfahrung verortet Rüdiger Bubner zwischen den Polen Anschauung und Begriff.[9] Gemeint ist ein »zwangloses Spiel der Reflexion«[10], das sich zwischen den begrifflich nicht fassbaren ästhetischen Phänomenen und den Versuchen, diese Wesenszüge verbal zu erläutern, bewegt: »Flüchtete sich die Reflexion in den Begriff, so gäbe sie die Basis der ästhetischen Erfahrung auf und tauschte das Reich der Kunst gegen die Selbstgewissheit des Denkens. [...] Die begriffliche Aussage verfremdet die Lebendigkeit der Begegnung mit Kunst, so dass die Reflexion von der Leere des abstrakten Begriffs wieder zur Unmittelbarkeit der Anschauung zurückstrebt. Dort vermeinte sie doch zu haben, was der Begriff nicht zu fassen imstande ist.«[11]

Ausgangspunkt der ästhetischen Erfahrung am Werk ist der subjektive Zugang, der nicht nur durch Motiv oder Material, Komposition oder Farben, Produktionsverfahren, Handlungsvollzüge, kunstgeschichtliche Bezüge ausgelöst wird, sondern auch Offenheit und Aktivität beim Betrachter erfordert. Die subjektiv bedeutungsvollen Empfindungen, Erfahrungen und Assoziationen bilden Anknüpfungspunkte für die weitere Begegnung mit dem Werk: Sinnstiftende Deutungsbewegungen tragen in Korrespondenz mit der Werkstruktur zum Erschließen des Sinns bei. Dabei sind die Deutungen keineswegs beliebig, sondern an die materiellen, kompositorischen und motivischen Vorgaben des künstlerischen Objekts gebunden. Die einfallsreiche Konstruktion von Sinn erfordert geistige Tätigkeit, das Erfassen anschaulicher Strukturen, das Zuordnen, Kontexte bilden, Sinn stiften, Begriffe finden, wieder fallen lassen, staunen, Neugierde, Widerstand, Versenkung – sowohl im Rezeptions- als auch im Produktionsprozess. Dies verlangt die Aktivität des Subjekts.

Die Kommunikation über ein Werk geschieht vorwiegend sprachlich. Doch auch wenn der ästhetisch produzierte Sinn nicht direkt in Sprache übersetzbar ist, trägt der Austausch durch die weitergehende Beschäftigung zum tieferen Verständnis des Kunstwerks bei. Insbesondere die prozessuale Konstitution des Sinns durch den Rezipienten, in die auch die eigenen Produktionserfahrungen eingehen, ist Bestandteil der ästhetischen Erfahrung. Das heißt: Ohne subjektive Beteiligung kann sich kein Sinn erschließen. Die beim Betrachter erforderliche Aktivität und die subjektive wie emotionale Beteiligung sind entscheidende Elemente der Sinngenese.

Künstlerische Praxis und ästhetisches Denken

Wesentlicher Anteil an der ästhetischen Erfahrung kommt dem Lustgewinn und den Kompetenzgefühlen, die durch kreatives Tun entstehen, zu. Um diese fundamentale Bedeutung der bildnerisch-ästhetischen Erfahrung in Lehr-/Lernprozesse überführen zu können, ist die eigene bildnerische Produktionserfahrung der Lehrenden unverzichtbar. Die praktische Basis der Lehrkräfte – als Voraussetzung, um bildnerische Gestaltungsprozesse anstoßen und reflektieren zu können, – mag ein weiterer Aspekt sein, der die Spezifik kunstdidaktischer Methoden charakterisiert. Damit verbunden ist, dass leibgebundenes ästhetisches Denken als ein Erkenntnismodus zu vermitteln ist, der auf Fantasie und Einbildungskraft, Symbolisierungsfähigkeiten und Anschauung rekurriert.

Die Verknüpfung der ästhetischen Erkenntnis mit dem subjektiven Ausdrucksbe-
dürfnis im Gestaltungsprozess hebt das Erfahrene auf ästhetischem Weg nochmals
in das Bewusstsein. Tritt zur Erfahrung die Reflexion, das Einordnen, Strukturieren,
Kategorisieren von Erfahrenem in subjektiv bedeutsame Kontexte, werden Prozesse
ästhetischer Bildung angebahnt. Als Äquivalent zum rational orientierten Weltzugang
wird der anschauliche, emotional geprägte Zugriff auf die Wirklichkeit ausgebildet,
der zum Erschließen und Verstehen, Genießen und Sich-vergnüglich-Aneignen von
künstlerischen, musikalischen und literarischen Werken befähigt. Eine besondere
Eignung für Unterricht kommt deshalb Kunstwerken zu, die einen subjektiven Zugang
möglich machen und bei denen sich Schülerinteressen und Vermittlungsintention
verbinden. Der Aufforderungscharakter von Materialien und künstlerischen Verfahren, Bildergeschichten, Bezüge zur Lebenswelt der Kinder und Jugendlichen, neue
Wahrnehmungserlebnisse und Differenzerfahrungen, der Reiz des Fantastischen o.a.
Kriterien können sinnvolle Anknüpfungspunkte zur Auseinandersetzung bieten und
somit erkenntnisleitend in Rezeption, Produktion und Reflexion wirken.[12]

Um zu ermöglichen, dass der Umgang mit Bilden der Kunst subjektiv bereichernd
ist, bedarf es der unterrichtlichen Hinführung. Ebenso wie das Anknüpfen an Bekann-
tes die ästhetische Erfahrung am Werk motiviert, bietet das Fremde, die Differenz zum
Anderen Anlass und Reiz zur Auseinandersetzung. Kinder wie Jugendliche versuchen,
ausgehend von ihrem Erfahrungsfundus und ihren Wissenskontexten dem Ungewöhn-
lichen nachzugehen, um sich persönlich das künstlerische Objekt zu erschließen.
Das Ungleiche, Nicht-Identische[13] befähigt zu Wahrnehmungserweiterungen und
sinnstiftenden Überlegungen. Mit den unkonventionellen oder historisch wenig
bekannten Kunstobjekten tritt scheinbar Vertrautes in neuen Kontexten entgegen.
Darüber hinaus erfordern die künstlerische Verdichtung und die Vielschichtigkeit des
Werks die intensive Beschäftigung mit dem fremden Anderen. Rumpf[14] erklärt das
»Unvertrautmachen« von Erfahrung durch das Verrücken der Perspektive zu einem
wichtigen pädagogischen Mittel, um Wahrnehmungserlebnisse zu erzeugen, die zur
Aus- und Umbildung von Erkenntnisstrukturen und der Möglichkeit und Fähigkeit
des Anderssein-Könnens beitragen.

Indikator: Subjektorientierung

Konsequenz dieser Überlegungen ist, dass die Subjektorientierung als maßgeblicher
Indikator für kunstdidaktische Methoden ästhetischer Bildung bezeichnet werden
kann – die subjektiv bedeutsame Erfahrung künstlerischer Praxis und ästhetischen
Denkens der Lehrperson eingeschlossen. Daraus wiederum folgt die einfache Frage:

Wie könnte ein Kunstunterricht aussehen, der sich zum Ziel gesetzt hat, subjektive Bedeutsamkeit herzustellen?

Um bildungswirksame Lernprozesse anzustoßen, bedarf es nicht nur der Subjektorientierung, sondern zahlreicher weiterer Faktoren. Beispielsweise muss bekannt sein, welches Vorwissen die Schülerinnen und Schüler haben – das bezieht sich sowohl auf die bildnerische Entwicklung, wie auch auf das Verstehen von Bildern und auf die Kenntnisse um Kunst. Die Schülerinnen und Schüler dürfen weder unter- noch überfordert werden. Die Lerninhalte sollten altersangemessen sein, was bedeutet, dass der Lernstoff das Potenzial beinhalten sollte, einerseits einen kognitiven Konflikt auszulösen und andererseits eine emotionale Einbindung zu ermöglichen. Das Auslösen eines kognitiven Konflikts und die emotionale Einbindung sind maßgebliche Kriterien aus der Unterrichtsqualitätsforschung.[15] Ein kognitiver Konflikt wird etwa durch eine Aufgabenstellung ausgelöst, z.b. einen Regenschutz für das Fahrradfahren zu entwickeln, der Beweglichkeit und Sichtfreiheit erlaubt, aber keine Kosten erzeugt. Gerade die emotionale Einbindung der Person kann im Kunstunterricht besonders gut geleistet werden – durch Lebensweltbezüge, durch die Thematisierung innerer Welten, durch die Befriedigung des Ausdrucksbedürfnisses etc. Mit der eigenen Zufriedenheit darüber, dass etwas geleistet wird – einerseits am eigenen Darstellungsanspruch gemessen, andererseits an der Wertschätzung, die durch andere Personen gewährt wird, erfahren die Lernenden die Wirksamkeit und das Besondere ästhetischer Bildungsprozesse – nicht nur in Bezug auf das gestalterische Tun, sondern auch hinsichtlich des Verstehens anderer Kunst und Kulturen. Denn die Identifikation mit der eigenen kulturellen Herkunft und die Auseinandersetzung bzw. das Spiegeln des Selbst im Anderen wie etwa dem künstlerisch und kulturell Ausgedrückten erlauben die emotional getragene Reflexion.

Neben dem emotionalen Lernen und der kognitiven Aktivierung existieren in der Forschung zur Unterrichtsqualität[16] einige weitere Kriterien – Strukturiertheit und Klassenmanagement etwa, was heißt, die vorhandene Unterrichtszeit auch optimal als Lernzeit zu nutzen. Klarheit und Nachvollziehbarkeit, was Ziele und Inhalte des Unterrichts betrifft, wären weitere Aspekte ebenso wie die Allgegenwärtigkeit, was heißt, die Lehrkraft sollte allgegenwärtig auf die Schüler eingehen, um diese optimal zu fördern, also alle Bedürfnisse gleichzeitig im Blick haben, Störungen vermeiden, Material und Werkzeuge parat haben – um nur einige Beispiele zu nennen.

Solche Qualitätsmerkmale für guten Unterricht werden in kunstpädagogischen Diskursen weitgehend ignoriert, suggerieren sie doch, dass hierdurch Freiräume zur künstlerischen Entfaltung eingeschränkt werden, dass die Ideenentwicklung durch klare Strukturen leidet, oder dass damit eine enge methodische Anleitung zum praktischen Tun einhergeht. Dies ist aber keineswegs zwangsläufig der Fall: Oftmals ergeben sich gerade Freiräume durch klare Organisationsstrukturen wie Materialangebote, Präsentationsformen, Besprechungsrituale oder Regeln, die z.b. einen gefährlichen Werkzeuggebrauch erst ermöglichen. Wenn es gelingt, die Schülerinnen und Schüler mit didaktischem Geschick emotional und kognitiv zu fassen zu kriegen, dann können sie Neues in bestehende Wissensstrukturen einbetten, eigenständige Ideen entwickeln und diese gestalterisch umsetzen. Und wenn Gelerntes dann auch angewendet wird, zeigt sich, dass kunstdidaktische Methodenkompetenz angebahnt werden konnte.

Kunstdidaktisches Methodenlernen zeichnet sich dadurch aus, dass die Fachgegenstände zu unkonventionellem, experimentellem, provokativem und flexiblem Denken auffordern. Mit einer Subjektorientierung, die sich in der Intensität kreativen Gestaltens ebenso zeigt wie in dem emotional getragenen Umgang mit Kunstwerken, können Umstrukturierungsprozesse initiiert werden, die das Spezifische ästhetischer Bildungsprozesse im kunstdidaktischen Gegenstandsfeld beschreiben.[17]

---

[1] Vgl. Bernd Kleimann: Das ästhetische Weltverhältnis. Eine Untersuchung zu den grundlegenden Dimensionen des Ästhetischen. München 2002; Martin Seel: Die Kunst der Entzweiung. Zum Begriff ästhetischer Rationalität (Originalausgabe 1985), Frankfurt/M. 1997.

[2] Vgl. Constanze Kirchner/Johannes Kirschenmann/Monika Miller (Hgg.): Kinderzeichnung und jugendkultureller Ausdruck. Forschungsstand – Forschungsperspektiven, München 2010.

[3] U.a. Siegfried Preiser/Nicola Buchholz: Kreativität. Ein Trainingsprogramm für Alltag und Beruf (2. Auflage), Heidelberg 2004; Manfred Wagner: Kreativität und Kunst, in: Walter Berka/Emil Brix/Christian Smekal: Woher kommt das Neue? Kreativität in Wissenschaft und Kunst, Wien u.a. 2003, S. 51–84.

[4] Vgl. Constanze Kirchner/Georg Peez: Praxis Pädagogik: Kreativität in der Grundschule erfolgreich fördern, Braunschweig 2009.

[5] U.a. Wilhelm Ebert: Kreativität und Kunstpädagogik, Düsseldorf 1973; Rudolf Seitz: Phantasie und Kreativität. Ein Spiel-, Nachdenk- und Anregungsbuch, München 1998.

[6] Hans Robert Jauß: Ästhetische Erfahrung und literarische Hermeneutik, Frankfurt/M. 1991, S. 192.

[7] Gottfried Boehm: Bildsinn und Sinnesorgane (Erstveröffentlichung 1980), in: Jürgen Stöhr (Hg.): Ästhetische Erfahrung heute, Köln 1996, S. 149.

[8] Oskar Bätschmann: Einführung in die kunstgeschichtliche Hermeneutik (1. Aufl. 1984), Darmstadt 1988, S. 126.

[9] Rüdiger Bubner: Ästhetische Erfahrung, Frankfurt/M. 1989, S. 36.

[10] Ebd., S. 91.

[11] Ebd., S. 65.

[12] Constanze Kirchner: Kinder und Kunst der Gegenwart: Zur Erfahrung mit zeitgenössischer Kunst in der Grundschule, Seelze 1999.

[13] Jauß 1991 mit Bezug auf Adorno (s. Anm. 6).

[14] Horst Rumpf: Erfahrungswiderstand, in: Wolfgang Zacharias (Hg.): Schöne Aussichten? Ästhetische Bildung in einer technisch-medialen Welt, Essen 1991.

[15] Andreas Helmke: Unterrichtsqualität und Lehrerprofessionalität: Diagnose, Evaluation und Verbesserung des Unterrichts, Seelze 2009.

[16] Ebd.

[17] Weitere Literatur: Constanze Kirchner: Kinder & Kunst. Was Erwachsene wissen sollten, Seelze-Velber 2008; Gundel Mattenklott/Constanze Rora (Hgg.): Ästhetische Erfahrung in der Kindheit. Theoretische Grundlagen und empirische Forschung, Weinheim/ München 2004; Christian Rittelmeyer: Warum und wozu ästhetische Bildung? Über Transferwirkungen künstlerischer Tätigkeiten. Ein Forschungsüberblick, Oberhausen 2010; Horst Rumpf: Bewegung und Phantasie als anthropologische Wurzeln ästhetischer Erfahrung und ästhetischen Lernens, in: Gerhard Schneider (Hg.): Ästhetische Erziehung in der Grundschule. Argumente für ein fächerübergreifendes Prinzip, Weinheim/Basel 1988.

Manfred Blohm

Vermessung des kunstpädagogischen Feldes unter Zuhilfenahme eines iPad

Vorüberlegung: Kunstpädagogik & Vermessen

Kunstpädagogik meint hier nicht allein das Schulfach Kunst, sondern umfasst ebenso das Fach als Studienfach, als Perspektive der didaktischen Forschung und Theoriebildung, als Forschungsgegenstand sowie als außerschulisches Lern- und Berufsfeld (Stichwort »Kunstvermittlung«). Um dieses komplexe Feld der Kunstpädagogik zu vermessen, benötigt man so etwas wie eine Maßeinheit oder zumindest eine Referenzgröße.

Der Begriff des »Vermessens« beinhaltet die Vorstellung einer Begrenzung, denn etwas zu vermessen, dessen Grenzen nicht auszumachen sind, würde von vornherein diese Tätigkeit unmöglich machen.

Man kann konstatieren, dass die Kunstpädagogik an ihren Rändern ausfranst und sich in andere Felder erstreckt. Und auch umgekehrt besetzen andere Bereiche Felder der Kunstpädagogik. Am deutlichsten wird dies am Streit um die Bildmedien wie Fotografie, Film, digitale Bildkontexte, in denen die Kunstpädagogik mit der Germanistik ebenso streitet wie beispielsweise mit dem Fach Geschichte. Insofern ist es relativ schwierig, Vermessungspunkte an den jeweiligen Grenzen festzulegen. Aus dem gleichen Grund ist es fast ebenso schwierig, den Kern dessen, was Kunstpädagogik ist, zu definieren. Schaut man sich beispielsweise die Lehrpläne für die Schulen an, so finden sich weite Felder, die um die Begriffe »Bild«, »ästhetisch«, »bildnerisch«, »kreativ« und »Kunst« angelegt und, um im Bild zu bleiben, von Kunstpädagog_innen beackert werden. Auch diese Kernfelder und Kernbegriffe werden immer wieder und zunehmend dagegen verteidigt, dass sie auch von anderen Fachkulturen beansprucht werden.[1]

Aktuelle Tendenzen könnten darauf hindeuten, dass sich die Kunstpädagogik auf das engere Feld der künstlerischen Bildmedien und deren Vermittlung zurückzieht und die anderen Bereiche allenfalls mitberücksichtigt. Es geht dabei einerseits um die Frage von Fachidentität und andererseits um eine Einschätzung der Möglichkeiten des Faches Kunst an den Schulen.

Eine exakt definierbare Grenze gibt es im Fach seit fast 60 Jahren nicht, als die Konzeption der Visuellen Kommunikation das gesamte Feld der Informationsmedien, also Text und Bild, als Lehr-/Lerngegenstand für sich reklamierte und damit eigentlich die traditionellen Fächergrenzen ebenso auflöste wie die fächerübergreifende Konzeption der Ästhetischen Erziehung kurze Zeit später. Immerhin, es gibt das Schulfach, in der Regel mit dem Namen Kunst, auf das sich die Kunstpädagogik bezieht und in das sie ihre Inhalte einzuspeisen versucht. Kunstpädagogik ist unter verschiedenen Labeln (in Österreich heißt es beispielsweise »Bildnerische Erziehung«) gewissermaßen ein Global Player, eine Tatsache, der sich die deutschsprachige Fachdiskussion insbesondere im Rahmen der Auseinandersetzung mit dem Kompetenzbegriff erst allmählich öffnet. Und auch umgekehrt, unsere europäischen Nachbarn aus den nicht deutschsprachigen Ländern beginnen sich allmählich für deutschsprachige Fachdiskussionszusammenhänge und den Vergleich der Fachkulturen zu interessieren.[2] Einen interessanten Ansatz des Vermessens von Kunstpädagogik in der Schule unternahm Ellen Winner in den USA 2004.[3] Ihr, gewissermaßen, Vermessungsergebnis fasst sie in »The Eight Studio Habits of Mind« zusammen. Diese umfassen beispielsweise die Beobachtungs-, Reflektions- oder die Ausdrucksfähigkeit, die, wenn auch mit unterschiedlichen Inhalten, in allen »Visual Arts Classes« als bedeutsam angesehen und vermittelt werden.

Referenz iPad – Versuch mithilfe eines Bezugssystems, außerhalb der Kunstpädagogik Messeinheiten zum Vermessen des Feldes zu entwickeln

Ich wähle probeweise einen aktuellen Gegenstand als Bezugssystem, der sich außerhalb der Kunstpädagogik befindet und der nur in Ausnahmefällen in der Kultur der Kunstpädagogik rezipiert oder im Fach eingesetzt wird – nämlich das iPad. Ich wähle das iPad aus dem einfachen Grunde, weil es mich derzeit ebenso tagtäglich beschäftigt wie die Kunstpädagogik, wenn auch in unterschiedlichen Ausprägungen. Beide sind Teil meiner Alltagskultur, wobei ich Alltagskultur hier als all die Handlungen betrachte, die meinem (beruflichen und/oder privaten) Alltag und Tagesablauf wesentlich, wenn auch selbstverständlich nicht ausschließlich, mitbestimmen. Ich beschäftige mich mit beiden Phänomenen, weil sie da sind und frage nicht, ob man nicht auch gut ohne sie auskäme.

Das iPad soll in diesem Text auch nicht zum alleinigen Maßstab für Kunstpädagogik werden und Kunstpädagogik muss ihre eigenen Maßstäbe entwickeln. Jedes Messinstrument führt zu unterschiedlichen Wahrnehmungsweisen und Erkenntnissen. Die Einführung der Energie-Bilanz von Produkten führte zum Beispiel dazu, dass man nicht mehr ohne weiteres pauschal sagen kann, dass Produkte aus der Region in jedem Fall in ihrer Produktion weniger Energie verbrauchen. Je nachdem welche Messreferenz man wählt, kommt man also zu unterschiedlichen Betrachtungsweisen und Erkenntnissen. Das iPad eignet sich zunächst in der Hinsicht, als es ein Gegenstand ist, der sich wie die Kunstpädagogik historisch verändert und der ähnlich der Kunstpädagogik multifunktional ist. Interessant sein könnten dabei die Differenzen ebenso wie die Ähnlichkeiten beider Felder, also iPad und Kunstpädagogik. Dabei muss im Bewusstsein bleiben, dass man mit jedem Referenzmaß nur das misst, was sich auf das gewählte Maß oder Bezugssystem bezieht und anderes unsichtbar bleiben lässt. Das ist ein Phänomen jeder Form des Messens und Vermessens (vgl. beispielsweise die »Heisenbergsche Unschärferelation«).

Das iPad ist jüngeren Datums als die Kunstpädagogik. Genau genommen gibt es bei Erscheinen dieser Publikation das iPad erst seit etwa drei Jahren auf dem Markt. Die Halbwertzeit einer Version des iPads dürfte etwa bei einem Jahr liegen, die der Kunstpädagogik, schaut man sich zum Beispiel die didaktischen Konzepte an, liegt etwa bei 10 Jahren mit zeitlichen Varianten. Das iPad kam aber nicht aus dem Nichts auf den Markt, sondern es hatte Vorläufer und es passt sich den Bedürfnissen der User erfolgreich an, sonst wäre es längst verschwunden, zumindest aber kein Erfolgsschlager. Mittlerweile hat es auch diverse Konkurrenten, die zunehmend Marktanteile gewinnen.

Interessant wäre die Beantwortung der Frage, ob die kunstpädagogische Theorie und Praxis auch für sich reklamieren kann, so etwas wie ein Erfolgsschlager zu sein. Dazu müsste man die Frage von Erfolg definieren. Ein iPad ist dann erfolgreich, wenn es sich gut verkauft. Erfolg bemisst sich hier also in Umsatzzahlen. Nun könnte man argumentieren, dass alle Schüler_innen Kunstunterricht mal öfter, mal weniger oft in der Schule hatten. Allerdings sagt dies bezogen auf Erfolge nur insofern etwas aus, als es das Fach in den Fächerkanon von Schulen und als Fach an Universitäten und Kunsthochschulen geschafft hat. Und das so ziemlich weltweit. Das ist zunächst einmal nicht nichts, wenn man bedenkt, dass dies andere mögliche Fächer nicht geschafft haben, wie beispielsweise »Designpädagogik« oder ein denkbares Fach »Spielen«, die ja als Fächer auch bedeutende Aspekte unserer Kultur und rezeptiven wie produktiven kulturellen Praxis repräsentieren würden. Diesen Erfolg darf man nicht unterschätzen, auch nicht in Zeiten, in denen das Fach zunehmend mehr reduziert wird, was die Unterrichtszeit betrifft (und zwar wie es scheint tendenziell weltweit). Als alleinige Maßeinheit für den Erfolg des Faches kann also nicht angesehen werden, dass es sich gut »verkauft«. Aber immerhin gibt es genügend Fachverlage wie Kopaed oder auch online-Ableger von Verlagen wie »Schroedel Kunstportal«[4], die vom Produkt Kunstpädagogik profitieren. Es ist aber nicht so, dass Kunstunterricht bei den »Usern«, es sei mir erlaubt diesen Begriff zu verwenden, unbedingt ein Erfolgsmodell ist. Ich werde im Folgenden einige Vermessungseinheiten aus dem Bezugssystem iPad entnehmen und sie probeweise auf das Feld der Kunstpädagogik anwenden. Diese Vermessungseinheiten oder Vermessungspunkte sind die User, die Innovationen, die Performances und die Producer. Damit werden konkrete Forschungen, Bildungsinhalte, Bildungsaufgaben und Kompetenzen des Kunstunterrichts eher am Rande beachtet. Allerdings gehe ich davon aus, dass sie in dieser Publikation ohnehin ausreichend reflektiert sind.

Die User

Die User des iPads werden durch das Gerät natürlich einerseits gegängelt, denn sie werden in das Apple-System gepresst und die aktuellen Versionen des iPads lassen die Daten außerhalb des Apple-Systems nur unter erschwerten Bedingungen hinein oder heraus. Allerdings sind die Oberfläche und deren Inhalte innerhalb dieser Rahmenvorgaben relativ frei gestaltbar. Die Idee ist, dass die User bestimmen, welche Apps sie laden und verwenden. Und das Gerät selbst ist, wie die der Konkurrenz auch, unter Aspekten der Benutzerfreundlichkeit gestaltet worden. Das, was die Hersteller aller Tablet Computer vorrangig beschäftigt, ist, Sensationen – durchaus auch im Sinne von Sinnlichkeit – zu schaffen, die von den Usern als attraktiv wahrgenommen werden. Das heißt, die Gerätehersteller orientieren sich an Gewohnheiten, Interessen und Praxen der potentiellen User. Selbstverständlich versuchen sie auch umgekehrt Gewohnheiten, Interessen und Praxen zu erzeugen. Aber das geht nur sehr bedingt, wenn die User dabei nicht vorrangig wahrgenommen wurden. Ziel der Apps ist es, eine Vielzahl von Angeboten zu schaffen, die die User gewissermaßen bei der Stange halten.

User sind nicht von vornherein vorhanden, sondern der Markt beforscht (z.B. durch Marktforschung) und produziert sie. Kühn formuliert gilt das auch für die Kunstpädagogik. Schülerinnen und Schüler beschäftigen sich mit den Fachinhalten, weil sie in der Schule verpflichtend oder manchmal fakultativ angeboten werden und weil sie zuweilen zeugnisrelevant sind. Das heißt, auf dieser Ebene produziert Kunstunterricht User und schafft Bedürfnisse. Kunstpädagogik als Studiengangsfach schafft eine andere Form der User, nämlich Studierende des Faches und Lehrende des Faches. Interessanterweise ist das Studienfach Kunstpädagogik bei der User-Gruppe der Lehramtsstudierenden durchaus ein Erfolgsprodukt, wenn man die Zahl der Studienbewerber_innen zugrunde legt. Immerhin könnte es hier mit den sogenannten Kernfächern durchaus konkurrieren, was die Zahl der Studieninteressent_innen betrifft. Allerdings gibt es nicht selten eine größere Differenz zwischen den Erwartungen von Studienbeginner_innen und den Angeboten an den jeweiligen Hochschulen. Ich vermute, dass die Studienpläne an den Hochschulen tendenziell eher nicht so sehr an den potentiellen Interessen und Bedürfnissen der User-Gruppe der Studierenden orientiert sind.

Die Zahl der Bildungspolitiker_innen, die sich für die Kunstpädagogik als mögliche User im Sinne ihrer bildungspolitischen Interessen interessieren, ist allerdings eher gering. Entweder das Produkt taugt für diese User-Gruppe wenig oder das Marketing in diesem Bereich ist einfach unprofessionell.

Innovationen

Was ein Tablet Computer eigentlich so richtig ist, kann man nicht genau sagen. Vermutlich handelt es sich um ein Übergangsobjekt hin auf dem Weg zu etwas ganz anderem, in dessen Rahmen zukünftig Kommunikationsformen, Spiele, Informationsbeschaffungen etc. vonstattengehen. Es ist etwas Temporäres, das von den Potentialen und den Verheißungen auf Neues lebt. Es vereint viele bekannte technische Entwicklungen mit neuen Aspekten und komprimiert sie in einem Gerät. Das Prinzip ist meines Erachtens die ständige Erweiterung der Erfahrungswelten der Menschen mit virtuellen Realitäten. Die Sinnlichkeit und der Körper erhalten neue Beziehungen zum Gerät. Früher (also vor einigen Jahren genau genommen) waren beim Gebrauch des PCs Blick und Handbewegung zwar koordiniert, aber beide waren in getrennten Handlungen verstrickt. Die Augen sahen auf dem Bildschirm das, was die Hand mit der Mouse anderswo machte. Heute berühren die Fingerspitzen die virtuellen Dinge auf dem Bildschirm direkt und hantieren mit ihnen.

Zumindest der erste Satz des letzten Abschnittes lässt sich problemlos auf die Kunstpädagogik übertragen: Was Kunstpädagogik so richtig ist, kann man nicht genau sagen. Ob Kunstpädagogik aber Übergangsobjekt oder ein Übergangsphänomen ist, lässt sich nicht so ohne weiteres konstatieren. Auffällig ist, dass Innovationen sich nicht (mehr) so sehr auf den Kunstunterricht an den Schulen beziehen. In den späten 1960er-Jahren zogen gesellschaftliche Diskussionen Innovationen im Kunstunterricht nach sich. Der Ausgangspunkt Kunst wurde erweitert hin zu einem kritischen Umgang mit allen visuellen Erscheinungsformen der sozialen Realität (Stichwort »Visuelle Kommunikation«). Mit der Rückbesinnung auf reformpädagogische Ansätze (»Mit allen Sinnen lernen«) führte dies zu ästhetisch praktischen Aneignungsformen im Kunstunterricht in den 1970er-Jahren, in denen es vornehmlich um Aspekte wie Subjektbezug und Alltagskultur ging. Die Innovationen durch die Visuelle Kommunikation mussten modifiziert werden, weil die User, also die Schülerinnen_innen, diese Innovationen tendenziell eher ablehnten.

Schaut man die gegenwärtigen Lehrpläne und die Unterrichtspraxis an, so ist von Innovation nicht viel zu sehen. Allenfalls durch die Bezugnahme auf den in der pädagogischen und bildungspolitischen Situation aktuellen Begriff der Kompetenz wird versucht, Innovationspartikel einzuführen. Die Lehrpläne des Faches heute sehen nicht allzu viel anders aus als vor 20 Jahren, bloß dass nun ein eher diffuser und wenig konsequent gedachter Kompetenzbegriff darüber gelegt wurde.

Interessanterweise findet aber Innovation auf diversen Feldern fachdidaktischer Forschung und Theoriebildung statt. Vor 20 oder 30 Jahren waren Promotionen in dem Feld der Kunstpädagogik eher selten. Mittlerweile sind sie Standard im Bereich der Kunstpädagogik als Wissenschaft. Allerdings lehnt sich diese Innovation des Faches eher an die Standards in anderen Fächern an. Eigenständige oder gar eigensinnige Innovationen in den Formen der kunstpädagogischen Theorieproduktion hat es derzeit eher schwer. Etwas wirklich Neues, Bahnbrechendes in dem Feld kunstpädagogischer Theoriebildung, das sich auch von anderen Formen von Wissenschaft unterscheidet, sich womöglich davon abgrenzt, müsste man vielleicht in dem heraus destillieren, was in den letzten Jahren an Theorieproduktion entstanden ist. Der Zwang zu Ähnlichkeit, zu gleichen Standards wie in anderen Fächern ist verständlich und trägt zugleich dazu bei, dass vermutlich nicht allzu viel Mutiges gedacht oder quer gedacht werden kann. Man kann deshalb der Forderung von Christine Heil nur zustimmen, »den forschenden Blick nicht nur innerhalb des sichtbaren Feldes einzusetzen, sondern umgekehrt Bezüge sowohl zu anderen Lebenszusammenhängen und Diskursen zu suchen – auch unter Zuhilfenahme des Wissens von anderen und von Experten – wie auch subjektive Erfahrungsräume einzubeziehen.«[5]

Die Frage dabei ist, ob Mutiges und Quergedachtes so überzeugen könnte, dass es eine Nachfrage bei den diversen potenziellen User-Gruppen provoziert. Könnte sich eine kunstpädagogische Denkkultur entwickeln, die potentielle User überrascht, neugierig macht, eine Nachfrage erzeugt, ohne dem Mainstream von Entertainment und leicht faszinierender Sensation zu erliegen? Könnten gar neue User-Gruppen gefunden werden? Ist es das Maß der Dinge der Kunstpädagogik, Kompetenzrahmen zu entwickeln und sich der Forschungsmethoden anderer Wissenschaftsbereich stromlinienförmig anzupassen?

Die Performance

Es gibt im Bereich der Kunstpädagogik große Differenzen zwischen Theoriebildung und Forschung, Lehrplänen und den diversen Unterrichtspraxen. Die Performance des iPads und der Tablet PCs besteht in der Botschaft: Kauft Euch die Geräte, wir machen sie so, dass ihr sie intuitiv benutzen könnt, und ihr wählt aus den Millionen von Apps aus, was Euch gefällt. Wie ihr die Tablets verwendet, ist Eure Sache.

Ich vermute, dass es nicht ganz falsch ist zu behaupten, dass auch Kunstpädagogik eine Vielzahl von Apps oder etwas, das mit Apps verwandt ist, produziert. Man mag sich nur die ganzen Unterrichtshilfen, kunstpädagogischen Online-Angebote, Bildbetrachtungsideen etc. anschauen. Auch die diversen Lehrpläne mit ihren Themenfeldern und Anwendungsvorschlägen könnten an Apps erinnern.

Die Grundidee der Apps besteht darin, dass ganz unterschiedliche Produzent_innen ihre Ideen auf den Markt geben und hoffen, dass die User sie auf ihre Endgeräte laden und damit hantieren. Es gibt Spiel-Apps, Apps für Wissensvermittlung, Apps für den Alltag (z.b. Wecker oder Karten), Apps für Kleinkinder etc. Eine App ist eine Idee, die technisch so umgesetzt wird, dass sie auf dem Endgerät benutzt werden kann. Ob sie dem Nutzer oder der Nutzerin gefällt, weiß er oder sie erst, indem er oder sie sie geladen hat und benutzt. Er bzw. sie kann diese Apps sammeln, austauschen oder löschen. Die meisten Apps sind Verbrauchsangebote, d.h. sie werden eine Zeitlang genutzt und verschwinden dann wieder. Das gilt aber nicht für alle Apps. Manche erweisen sich als dauerhaft, zum Beispiel Karten-Apps oder auch Apps für soziale Kontakte.

Natürlich wäre es eher fragwürdig, der Kunstpädagogik die Form, die für die Tablets erfunden wurden und die unter dem Label »Apps« laufen, als Referenzsystem zu empfehlen. Ableger dieser Idee gibt es jedoch auch in diesem Feld. Der Kollege Georg Peez entwickelte im Schroedel Online Portal eine verwandte Idee (kostenfrei, wie viele Apps übrigens auch). Er bedient dort sozusagen die Didaktik-Apps, angeboten werden zudem vom Verlag diverse Praxisangebote. Vielleicht fehlt noch das kunstpädagogische »Gratis-App des Tages«.

Aber vermutlich ist diese Maßeinheit dann zur Vermessung des kunstpädagogischen Feldes ungeeignet, wenn das Messsystem allzu starr über das kunstpädagogische Feld gelegt wird und sich starr am iPad (und seinen Konkurrenten) orientieren würde. Interessant wäre allerdings herauszuarbeiten, was in Anlehnung an die Grundidee der Apps an ganz anderen attraktiven Formen und Inhalten für alle möglichen potentiellen User-Gruppen entwickelt werden könnte und welche Performances es geben könnte, um diese sichtbar und attraktiv zu machen. Nachmachen und Nachahmen ist selbstverständlich wenig innovativ. Aber interessant ist die Art der Performance der Apps-Entwickler schon, denn es ist etwas, was sich zumindest derzeit durchzusetzen scheint. Und die Performance besteht darin, den Usern etwas auf einer sinnlich konkreten Ebene anzubieten, auf der sie selbst wählen können. Dahinter steht ein Expert_innentum mit einer Vielfalt von hoch spezialisierten Menschen, die diese Apps entwickeln und programmieren und vermarkten.

Interessant wäre meines Erachtens die Diskussion der Frage, ob die Kunstpädagogik nicht auch eine differenziertere Expert_innenvielfalt benötigt, die zu einer flexiblen und innovativen Performance führt, in der die User neugierig gemacht werden und in der sie zunehmend selbstverantwortlich wählen können. Dass die Tablets und der Markt der Apps die User weitestgehend allein lassen, wäre dabei kein Maßstab, an dem sich die Kunstpädagogik orientieren sollte. Aber die Performance der Kunstpädagogik ist mit Sicherheit ausbaufähig.

Die Producer

Die Producer des iPads und seiner Konkurrenten gehören mit Sicherheit zu den kreativsten Köpfen unserer Zeit, zumindest was ihren Bereich betrifft. Allerdings reicht Kreativität nicht aus, um einen Erfolgsschlager zu produzieren. Neben dem technischen Knowhow bedarf es eines Wissens um die Bedürfnisse, Interessen und Lüste der Anwender_innen, also die User. Und es bedarf des Bewusstseins, dass die Dinge, die produziert werden, sich ständig verändern müssen, um attraktiv zu bleiben und um nicht von der Konkurrenz überholt zu werden.

In der Geschichte der Pädagogik hat, soweit ich das einschätzen kann, vor allem die Reformpädagogik die Anwender in den Blick genommen. In der Kunstpädagogik haben nach dem Zweiten Weltkrieg die musisch orientierten Kunstpädagog_innen zwar den Blick auf das Wohl des Kindes gerichtet, dieses Wohl aber selbst definiert und zum Beispiel die »echte« von der »unechten« Kinderzeichnung unterschieden.[6] Die Vertreter des sog. formalen Kunstunterrichts in den 1960er-Jahren (z.B. Reinhard Pfennig) orientierten sich an Prinzipien, die sie aus der Kunst entwickelten, die der Visuellen Kommunikation (z.B. Heino R. Möller) an gesellschaftskritischen Ansätzen. Die Vertreter_innen der Ästhetischen Erziehung (z.B. Helga Kämpf-Jansen) versuchten hingegen, die Kinder und Jugendlichen und deren Bedürfnisse und Interessen unter Bezugnahme auf die Reformpädagogik aber auch in der Auseinandersetzung mit Strategien und Verfahren zeitgenössischer Kunst in den Vordergrund zu rücken. Auch wenn diese fachgeschichtliche Zusammenstellung sehr holzschnittartig in diesem Rahmen erfolgte, so kann man vermuten, dass diese letztgenannte inhaltliche Orientierung vom Konzept her am ehesten die Zielgruppen in den Blick nahmen.

Auch die kunstpädagogische Forschung etwa in den Bereichen Kinderforschung oder Jugend/Medienkultur befassen sich mit den Bezugsgruppen des Faches.

Vielleicht müsste das Verhältnis der »Produzent_innen« zu den »Benutzer_innen« oder »Usern« im Feld der Kunstpädagogik auf allen Ebenen neu bedacht werden. Wenn die Akteur_innen oder »Produzent_innen« immer wieder behaupten, dass Kunstpädagogik ein wichtiges Fach mit bedeutsamen Inhalten ist, ohne auf Seiten der User, und dazu gehören neben den Schüler_innen auch die Bildungspolitiker_innen und die Bildungsforscher_innen, wirklich Bedarfe zu erzeugen, wird das »Produkt« Kunstunterricht zunehmend vom Markt verschwinden. Auch sollte man die Angebote im Studienfach Kunstpädagogik einmal unter dem Aspekt untersuchen, inwieweit sie nicht eher den Interessen und Vorlieben der jeweils Lehrenden entsprechen. Interessant wäre zu fragen, inwieweit an Hochschulen die Bedürfnisse, Interessen und ästhetischen Neigungen und Anliegen der Studierenden und derjenigen, die ein solches Studium beginnen oder beginnen wollen, in die Gestaltung von Lehrplänen bzw. Studienmodulen an den Hochschulen eine Rolle spielen.

Resümee

Diese Überlegungen und Fragen entstehen, wenn man als Vermessungsreferenzsystem das iPad zugrunde legt.

Interessant wird bei einer solchen Betrachtung, dass der Begriff »Erfolg« in Bezug auf das Feld Kunstpädagogik in den Blickpunkt gerät. Ich glaube, dass sich die Kunstpädagogik produktiv mit diesem Messfaktor auseinandersetzen sollte. Die alte Forderung »Zwei Stunden Kunst pro Woche für alle!« wäre bei gelungener Umsetzung nur unter Zugrundelegung eines numerischen Messsystems ein Erfolg geworden.

Die Bezugnahme auf das iPad zeigt, dass ein Produkt auch dann sehr erfolgreich sein kann, wenn man gar nicht ganz genau sagen kann, was es eigentlich ist und auch dann, wenn es Elemente aus anderen (in diesem Fall digitalen) Feldern adaptiert und für seine User neu gestaltet. Das iPad und seine Konkurrenten reklamieren bezogen auf das, was sie inhaltlich können, gar kein Alleinstellungsmerkmal. Musik kann man womöglich mit anderen Geräten genauso gut oder gar besser hören, ebenso genauso gut oder gar besser Filme sehen, Spiele spielen und sich Wissensbestände aneignen. Nichts von dem, was man damit für sich genommen machen kann, macht den Erfolg des iPads und seiner Konkurrenzprodukte aus. Aber es verhindert den Erfolg auch nicht, dass man unter Umständen manche speziellen Dinge mit anderen Geräten genauso gut oder besser machen kann. Vielleicht bringt es aber manche User dazu, sich überhaupt erst einmal mit manchen Dingen zu beschäftigen, sie zu entdecken und damit zu experimentieren. Es könnte Kinder zum Beispiel dazu animieren, Bücher zu lesen, Englisch zu lernen, etwas zu gestalten oder ein Musikstück zu komponieren. Also, unter diesem Aspekt betrachtet, braucht auch Kunstpädagogik gar nicht den Alleinvertretungsanspruch für bestimmte Inhalte des Feldes zu stellen. Und der Erfolg eines Faches hängt nicht von seiner Größe ab. Die viel kleineren Tablet-PCs haben für viele User längst die großen und unhandlichen volumenstarken PC-Endgeräte abgelöst. Mobilität ist bezogen auf digitale Welten ein Erfolgsfaktor, Multifunktionalität ist ein weiterer. Hinzu treten Kriterien wie Innovationen und die Orientierung an Bedürfnissen und Habits der Adressatengruppe.

Womöglich könnte ein Erfolgsfaktor der Kunstpädagogik darin liegen, alle möglichen pädagogischen Felder mit zu besetzen, ohne zwanghaft Alleinstellungsmerkmale für das Fach zu reklamieren oder sich aus diesen Feldern herausdrängen zu lassen. Aber Kunstpädagogik müsste zeigen können, dass sie so wendig und flexibel ist, dass sie auf das zeitgemäß reagieren kann, wofür es Bedarfe gibt. Und Kunstpädagogik müsste innovative Formen entwickeln und anbieten, in denen die »User« Interessen, Bedürfnisse, Lüste, Neugierden entdecken und andocken können. Die Kunst wird dabei ein Feld von vielen sein. Der Erfolg von Kunstpädagogik wird mit der Lust der Akteure am flexiblen Experimentieren, Erproben, Umwerfen und Neuausprobieren eher zu tun haben als dadurch, dass man versucht, didaktischen, pädagogischen oder wissenschaftlichen Mainstream zu produzieren.
Vermute ich zumindest!

---

[1] Vgl. z.B.: Lehrplan für die Sekundarstufe I der weiterführenden allgemeinbildenden Schulen. Hauptschule, Realschule, Gymnasium, Gesamtschule. Fach Kunst. Quelle: Download unter http://lehrplan.lernnetz.de/index.php?wahl=136 (03.01.2013).

[2] Vgl. exemplarisch: Vera Uhl Skrivanová: Kompetenzorientierung im tschechischen und deutschen Kunstunterricht, Komparation der Bildungsinhalte, BDK-Mitteilungen 1/2012, S. 27–30.

[3] Ellen Winner: Studio Thinking: How Visual Arts Teaching Can Promote Disciplined Habits of Mind, in: P. Locher/C. Martindale/L. Dorfman/D. Leontiev (Hgg.): New Directions in Aesthetics, Creativity and the Arts, Amityville, New York 2006, S. 189–205.

[4] Vgl. http://www.schroedel.de/kunstportal/.

[5] Christine Heil: Beobachten, verschieben, provozieren. Feldzugänge in Ethnografie, Kunst und Schule (Kunstpädagogische Positionen, Bd. 25), Hamburg 2012, S. 29.

[6] Vgl. Emil Betzler: Neue Kunsterziehung, 2. Auflage, Frankfurt/M. 1956, S. 160 f.

Barbara Welzel

Stadtwandern und Spazierengucken

2007 kam Oskar Francke (Abb. 1) zu uns nach Dortmund.[1] 2010 ergänzte dann auch
Philipp Valentin (Abb. 2) unser Team.[2] Beide sind Professoren für Kunstgeschichte
an der Technischen Universität Dortmund; beide sind am Seminar für Kunst und
Kunstwissenschaft in der Lehrerbildung tätig. Oskar Francke ist ein engagierter
Mittelalter-Forscher; sein Gebiet ist die reiche Kulturgeschichte Dortmunds im Mittelalter. Philipp Valentin ist ein Spezialist für den Hagener Impuls, für das weithin
unterschätzte Laboratorium der Moderne in Hagen in den Jahren
um 1900. Sie sind Kollegen von Klaus-Peter Busse (Abb. 6)
und stehen in engem Austausch mit ihm. 2008 berichtet
Oskar Francke (Abb. 3):

»Meine Freunde nennen mich einen ›Stadtwanderer‹. Ich laufe durch die Stadt, beobachte Menschen,
erkunde die Straßen, schaue mir Gebäude an, gehe in
Kirchen hinein oder ins Museum. Sie sagen, dass ich
unter meinen Sohlen die Geschichte der Stadt spüre.
Und irgendwie stimmt das. Ich erkunde, welche Teile
der Stadt Schätze und Geschichten aus der Vergangenheit
aufbewahren, und versuche meine Ohren für diese Erzählungen zu spitzen. Ich habe Freude daran, den Reichtum und die
Schönheit der alten Kunstwerke zu entdecken. Ich versuche,
meine Augen zu schärfen. Oft habe ich ein kleines Heft bei
mir und mache mir Notizen oder fertige eine Zeichnung
an. Immer wieder mache ich Fotos. Ich gehe in die
Bibliothek und lese zu früheren Zeiten etwas nach,
gehe ins Museum und schaue Kunstwerke an.

Mein Freund Klaus-Peter Busse ist Professor für
Kunst. Er bildet an der Universität Lehrerinnen und
Lehrer aus. Ich telefoniere mindestens einmal in der
Woche mit ihm. Dann erzählen wir uns gegenseitig,

Abb. 1: Oskar Francke, Professor
für Kunstgeschichte an der TU
Dortmund (Frank Georgy, Köln)

woran wir gerade arbeiten, worüber wir nachdenken, was wir angesehen und gelesen haben.«[3]

Der »Stadtwanderer«,[4] der »auf den Sohlen der Erinnerung« durch die Stadt streift und der die Geschichte der Stadt unter den Sohlen spürt, bewegt sich im Resonanzraum umfangreicher Lektüren, die immer wieder Gegenstand der Telefonate zwischen Oskar Francke und Klaus-Peter Busse sind. Es sind der »Flaneur« bei Franz Hessel und Walter Benjamin, der »passant«/die »passante« bei Marcel Proust, die hier aufscheinen.[5] Oskar Francke und Klaus-Peter Busse teilen auch die Liebe zu den Texten von Cees Nooteboom. 1995 hatte dieser in der ZEIT einen Text mit dem Titel »Die Sohlen der Erinnerung« veröffentlicht: »Flaneure« – Nooteboom nennt sie auch »Straßenschlenderer« – »sind Künstler, auch wenn sie nicht schreiben. Sie sind zuständig für die Instandhaltung der Erinnerung, sie sind Registrierer des Verschwindens, sie sehen als erste das Unheil, ihnen entgeht nicht die kleinste Kleinigkeit, sie gehören zur Stadt, die ohne sie undenkbar ist, sie sind das Auge, das Protokoll, die Erinnerung, das Urteil und das Archiv, im Flaneur wird sich die Stadt ihrer selbst bewußt.«[6] Weiter schreibt Nooteboom, sich in die Tradition Walter Benjamins stellend: Der Flaneur »kennt ihre Geheimnisse, ihre unterirdischen Wasserwege, ihre Launen und Schwächen, ihre nächtliche Stille und ihre euphorischen Momente, in seinen Sohlen, so Walter Benjamin, stecken ihre Erinnerungen, die Dinge, die jeder bereits vergessen hat, weil sie und zugleich ein einem nichts nützen. Er ist ganz und gar unnütze ganz und gar unentbehrlicher Passant, seine Arbeit besteht aus dem, was andere versäumen: Während sie in der Stadt oder vor der Stadt sind, ist er die Stadt, so wie die Bürgersteige, die Schaufenster, die Parks, die Verkehrsadern die Stadt sind, selbst wenn niemand ihn entbehrt, ist er unentbehrlich.«[7]

Flanieren kann man nach Cees Nooteboom nicht lehren und lernen: »Wenn ich sage, dass ich diesem [...] Flaneur [gemeint ist der niederländische Schriftsteller Eduard Elias (1900–1967), der unter dem Pseudonym »Flaneur« journalistisch tätig war – B.W.] viel zu verdanken habe, so meine ich damit nicht, daß er mich das Flanieren gelehrt hätte. Das hat man, oder man hat es nicht. Nein, er hat mich gelehrt, deswegen keine

Abb. 2: Philipp Valentin, Professor für Kunstgeschichte an der TU Dortmund (Frank Georgy, Köln)

Meine Freunde nennen mich einen »Stadtwanderer«. Ich laufe durch die Stadt, beobachte Menschen, erkunde die Straßen, schaue mir Gebäude an, gehe in die Kirchen hinein oder ins Museum. Sie sagen, dass ich unter meinen Sohlen die Geschichte der Stadt spüre. Und irgendwie stimmt das. Ich erkunde, welche Teile der Stadt Schätze und Geschichten aus der Vergangenheit aufbewahren, und versuche, meine Ohren für diese Erzählungen zu spitzen. Ich habe Freude daran, den Reichtum und die Schönheit der alten Kunstwerke zu entdecken. Ich versuche, meine Augen zu schärfen. Oft habe ich ein kleines Heft bei mir und mache mir Notizen oder fertige eine Zeichnung an. Immer wieder mache ich Fotos. Ich gehe in die Bibliothek und lese zu früheren Zeiten etwas nach, gehe ins Museum und schaue Kunstwerke an.

Mein Freund Klaus-Peter Busse ist Professor für Kunst. Er bildet an der Universität Lehrerinnen und Lehrer aus. Ich telefoniere mindestens einmal in der Woche mit ihm. Dann erzählen wir uns gegenseitig, woran wir gerade arbeiten, worüber wir nachdenken, was wir angesehen und gelesen haben. Er ist ein Spezialist für »Mapping«.

»Mapping« ist ein englisches Wort. Eigentlich bedeutet es, eine Landschaft oder eine Stadt zu vermessen und Landkarten und Stadtpläne zu machen. Künstler und inzwischen auch andere Menschen benutzen die Methode des Mapping, um Landschaften, Städte, Plätze und alle möglichen Räume zu erkunden. Sie machen Bilder oder andere Kunstwerke von diesen Räumen und zeigen dabei oft auch, wie verschiedene Menschen in diesen Räumen wohnen. Mapping ist also eine Methode, um Räume zu erwandern und das Leben in ihnen darzustellen. Die Bilder oder Karten, die dabei

entstehen, können ganz unterschiedlich aussehen: je nachdem, was dir wichtig ist, welche Dinge du zeigen willst, welche Materialien du wählst.

Ich habe zusammen mit meinem Freund überlegt, was man in Dortmund alles mit der Methode des Mapping erkunden kann, wenn man etwas über die Schätze des Mittelalters erfahren will. Es gibt unendlich viele Möglichkeiten. Man kann zum Beispiel einen bunten Plan vom Hellweg machen und alle Orte und Dinge eintragen, die Geschichten aus dem Mittelalter erzählen. Man kann in eine Kirchen gehen, den Raum erkunden und auf einem Plan zeigen, welche Dinge aus dem Mittelalter dort zu finden sind oder was die Menschen heute mit den Dingen aus dem Mittelalter tun. Oder man malt, zeichnet oder klebt eine Karte, wo noch heute Spuren von den reichen Fernkaufleuten zu finden sind – und trägt ein, welche verschiedenen Spuren das sind. Vielleicht mag auch jemand eine Karte machen, woher all die Farben kommen, die der Maler Conrad von Soest benutzt hat, oder mit welchen Städten und Ländern die Stadt Dortmund Handel trieb: Diese Karten würden bis weit in den Orient reichen ...

Mapping kann noch etwas anderes bedeuten: Man überlegt sich Wege durch die Stadt oder durch einen Raum. Auf welchen Wegen kann man am meisten vom Hellweg verstehen? Kann man überall gleich schnell gehen? Kann man überall laut reden? Du kannst also auch eine Stadtwanderung durch Dortmund zu einem bestimmten Thema entwerfen. Vielleicht magst du deine Eltern und Großeltern, Geschwister oder Freunde auf deine Stadtwanderung mitnehmen. Auch von diesen Wanderwegen kannst du wieder Karten anfertigen ... Vielleicht machst du mit deinen Freunden sogar eine kleine Ausstellung mit euren Karten.

14 15

Abb. 3: Dortmund entdecken. Schätze und Geschichten aus dem Mittelalter, S. 14–15 (Verlag für Regionalgeschichte Bielefeld, 2008)

Schuldgefühle zu empfinden.«[8] Das aber sieht Klaus-Peter Busse anders. Zentraler Antrieb seines kunstdidaktischen Engagements ist die Frage, wie sich solche Prozesse ästhetischer Wahrnehmung anstiften lassen. Er sieht hierin eine wichtige Aufgabe des Kunstunterrichts und entsprechend eine bedeutende Herausforderung an das kunstdidaktische Handeln. Hierüber hat er zahlreiche Gespräche mit Philipp Valentin geführt. Dieser fährt – ebenso wie Klaus-Peter Busse – regelmäßig von Dortmund nach Hagen. Der Bahnhof in Hagen gehört zu den wichtigsten Zeugnissen aus dem Zeitalter der Industrialisierung in der Stadt. Folgerichtig hatte Karl Ernst Osthaus – einer der wichtigsten Protagonisten kultureller Bildung der Jahre um 1900, auf den zuletzt auch das Motto der Kulturhauptstadt Europas RUHR.2010 »Wandel durch Kultur – Kultur durch Wandel« zurückgeht – auf eine repräsentative Ausgestaltung der Empfangshalle gedrängt. Bis heute präsentiert sie die erste monumentale Glasmalerei der Moderne von Johan Thorn Prikker mit einem ehrgeizigen Bildprogramm.[9] Doch läuft der heutige Bahnfahrer Gefahr, dieses Werk zu übersehen (Abb. 4). Die Bahnhofshalle ist zugestellt mit Binnenarchitekturen wie Kiosk und Service-Point, die die Wege durch die Halle bestimmen. Leuchtreklame und große, beleuchtete Schaufenster heischen Aufmerksamkeit und verändern Blickführungen. Das monumentale Fenster wird zu seiner Entstehungszeit Licht- und Farbzentrum der Empfangshalle gewesen sein. Heute ist es blasser als seine Umgebung. Lange hat Philipp Valentin mit Kollegen um einen Begriff gerungen, mit dem sich eine Wahrnehmungsweise charakterisieren, mehr noch: anstiften lässt, der das Bahnhofsfenster in den Blick gerät. Er erklärt seinen Lesern und Zuhörern schließlich: »Eine meiner Lieblingsbeschäftigungen ist Spazierengucken. Kannst du dir vorstellen, wie das geht? Wenn ich irgendwo entlang gehe und es nicht eilig habe, lasse ich meinen Blick spazieren gehen. Dafür hebe ich die Augen, schaue mir Fenster und ihre Rahmen an. Oder eine besondere Form eines Daches. Oder eine Türklinke. Manchmal stehen Haustüren offen. Vielleicht erspähe ich dann ein schönes Treppengeländer oder einen sorgfältig gestalteten Fußboden. Natürlich sehe ich nicht nur schöne und interessante Dinge. Aber über die schönen Entdeckungen freue ich mich besonders: zum Beispiel über das kunstvoll gestaltete Fenster im Bahnhof. [...] Ich habe schon viele Bücher von meinen Wanderungen gemacht; mit meinen Notizen, Zeichnungen und mit Fotos.«[10]

Als Stadtwanderer und Spazierengucker den Eigen-Sinn von Räumen zu erfassen, ist dabei ein wichtiges Ziel – in den Worten von Karl Schlögel:»Landschaften sind keine Texte, sowenig wie Städte. Texte kann man lesen, in Städte muß man hineingehen. Man muß sich umsehen. Orte kann man nicht lesen, sondern man muß sie aufsuchen, um sie herumgehen. Gebäude und Plätze sind etwas anderes als Reproduktionen von Gebäuden, Interieurs etwas anderes als der Roman, in dem sie vorkommen. Es geht um Raumverhältnisse, Entfernungen, Nähe und Ferne, Maße, Proportionen, Volumina, Gestalt. Räume und Orte stellen gewisse Anforderungen, unter denen sie nicht zu haben sind. Sie wollen erschlossen sein. Und man soll über sie nichts sagen, was nicht an Ort und Stelle und vor Ort beglaubigt ist. Das geht nicht ohne Schulung des Auges, nicht ohne Feldstudien, nicht ohne Arbeit vor Ort.«[11] (Abb. 6) Solche »Augenarbeit«, wie Karl Schlögel es nennt,[12] ist auch für Klaus-Peter Busse nicht ausschließlich eine phänomenologische, sondern gerade auch eine hermeneutische Arbeit.

Abb. 4: Eingangshalle des Hauptbahnhofs in Hagen mit dem Fenster von Johan Thorn Prikker (Foto Roland Pieper, Münster)

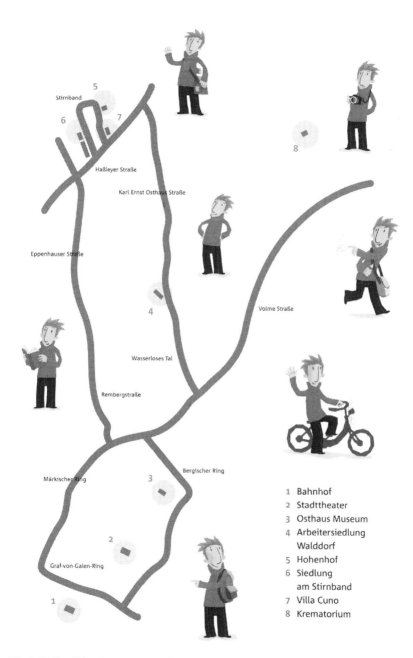

Abb. 5: Philipp Valentin unterwegs in Hagen (Frank Georgy, Köln)

Sie zielt auf Erkenntnis – und das heißt in Vermittlungskontexten: Sie hat immer auch inhaltliche Anliegen. Seinem Grundlagenwerk »Vom Bild zum Ort: Mapping lernen« stellt Busse denn auch als erstes Motto in einer Reihe weiterer Leitthemen ein Zitat von Cees Nooteboom voran: »Die Augen aufzumachen ist für den, der es richtig machen will, ein moralisches Prinzip, auf diese Weise kann man sehen, wie ein Land sich mit sich selbst auseinandersetzt, wie es seine Vergangenheit verarbeitet, seinen Umgang mit der Umwelt bestimmt, seine Zukunft absteckt.«[13] Eindringlich beschreibt Karl Schlögel Anstrengung wie Notwendigkeit solcher »Augenarbeit« für die Erkundung der Städte mit ihrer Komplexität, die immer auch eine Komplexität historischer Schichtungen ist. Schlögels treibendes historiographisches Anliegen ist es, die Städte als Orte menschlichen Handels, als »Schauplätze« und »Tatorte«, wieder ins Recht zu setzen: »Augenarbeit: Wir leiden nicht an einem Mangel an Bildern, sondern eher an einer Flut der Bilder. Das Auge muß sich gleichsam rüsten, sich in Stellung bringen, um noch unterscheiden und lesen zu können. Es geht also nicht nur um ein Plädoyer für den Gebrauch der Sinne, sondern um die Frage, wie sie geschärft werden können für die geschichtliche Wahrnehmung. Man könnte ein Geschichtsstudium streckenweise als Schulung der Sinne und als Augentraining absolvieren – mit Städten und Landschaften als Dokumenten. Etwas zur Anschauung bringen können ist nicht die Sache von ein paar literarischen und rhetorischen Tricks, sondern hat zunächst einmal die Anstrengung, sich eine Sache anzusehen, zur Voraussetzung. Alles bekommt dann ein anderes Aussehen und beginnt zu sprechen: Trottoire, Landschaften, Reliefs, Stadtpläne, die Grundrisse von Häusern.«[14]

»Stadtwandern« kommt nicht aus ohne Recherche. Es geht um die Geschichten und deren Schauplätze: »Was sonst nur als Hilfsmittel in Gebrauch ist – Kursbücher, Adreß- und Telephonbücher –, gewinnt eine ganz neue Aussagekraft, sobald sie als Dokumente sui generis behandelt und befragt werden. Sie eröffnen uns die Räume von Städten, die untergegangen sind, und führen uns die großen und komplexen Bewegungen vor, die längst angehalten oder stillgestellt sind: Choreographien des Menschenverkehrs, Drehbücher menschlicher Vergesellschaftung.«[15] Wie für Aby Warburg, dessen Mnemosyne-Atlas als Denkwerkzeug und Erkenntnismethode Klaus-Peter Busse als eine der Grundlagen des eigenen methodischen Denkens bestimmt,[16] bildet die Bibliothek auch für Walter Benjamin den zweiten Pol der Welterkundung, des Flanierens und Stadtwanderns. Während Aby Warburg als Heimstatt seiner Forschungen eine eigene Bibliothek aufbaute, die Kulturwissenschaftliche Bibliothek Warburg (KBW),[17] wird für Walter Benjamin die Bibliothèque Nationale in Paris zum »Beobachtungsstandpunkt«: »Der eigentliche Beobachtungsstandpunkt, die wahre Grabungsstätte und die Werkstatt, wo die Funde zusammengestellt, geordnet, gereinigt, präpariert und zusammenmontiert werden, ist selbstverständlich die Bibliothèque Nationale. Man kann gar nicht genug die Bedeutung dieser Fund- und Werkstätte betonen. Es geht nicht nur um seltene Texte, die es nur dort zu lesen gibt, es geht um die Bibliothèque als Fundus, als physischer Ort, von dem aus die Brücke in eine andere Epoche geschlagen wird.«[18]

Obwohl Walter Benjamin – anders als Aby Warburg – nicht als Bildwissenschaftler arbeitet, nutzt er doch Bilder für seine topographische Hermeneutik. Karl Schlögel verweist darauf, dass Benjamin sich 1935 als Arbeitsfeld das Cabinet des estampes in Paris eröffnet: »in dem ich die Anschauungen von Gegenständen und Verhältnissen, die ich mir aus Büchern gebildet habe, an Bildern zu kontrollieren suche [...].«[19] Bilder sind hier nicht als Projektionsfläche ihrer Betrachter verstanden, sondern als Korrektiv der inneren Bilder, die sich ein Forscher bei der Lektüre von Texten macht – oder auch als Korrektiv zahlreicher das kollektive Bildgedächtnis prägender Imaginationen vergangener Epochen.[20]

Es sind also drei Felder, die die »Stadtwanderer« und »Spazierengucker« am Ende zusammenbringen: Orte, Texte und Bilder. Das ist eine komplexe Aufgabe: Wie sind Verknüpfungen zu begründen, wie Reflexionsräume zu öffnen? Für Bildungsprozesse hat Klaus-Peter Busse das »Mapping« vorgeschlagen. Oskar Francke berichtet: Klaus-Peter Busse »ist ein Spezialist für ›Mapping‹. [...] Ich habe zusammen mit meinem Freund überlegt, was man in Dortmund alles mit der Methode des Mapping erkunden kann, wenn man etwas über die Schätze des Mittelalters erfahren will. Es gibt unendlich viele Möglichkeiten. Man kann zum Beispiel einen bunten Plan vom Hellweg machen und alle Orte und Dinge eintragen, die Geschichten aus dem Mittelalter erzählen. Man kann in eine der Kirchen gehen, den Raum erkunden und auf einem Plan zeigen, welche Dinge aus dem Mittelalter dort zu finden sind oder was Menschen heute mit den Dingen aus dem Mittelalter tun. Oder man malt, zeichnet oder klebt eine Karte, wo noch heute Spuren von den reichen Fernkaufleuten zu finden sind – und trägt ein, welche verschiedenen Spuren das sind. Vielleicht mag auch jemand eine Karte machen, woher all die Farben kommen, die der Maler Conrad von Soest benutzt hat, oder mit welchen Städten und

Abb. 6: Klaus-Peter Busse, Professor für Kunstdidaktik an der TU Dortmund (Frank Georgy, Köln)

Ländern die Stadt Dortmund Handel trieb: Die Karten würden bis weit in den Orient reichen ...«[21] Auch der Spazierengucker Philipp Valentin berichtet seinen Lesern und Zuhörern vom Mapping:»Manchmal fertige ich auch einen Plan von einem meiner Wege an. Mit einem englischen Wort kann man dieses Erkunden von Räumen und das Anfertigen von Karten auch Mapping nennen. Ich trage dann zum Beispiel Häuser, die mir unterwegs auffallen, in den Plan ein. Oder nur meine Fundstücke: die besonderen Fenster, Türklinken, Bodenfliesen – oder was ich sonst noch beim Spazierengucken gesammelt habe. Hast Du einmal versucht, einen Weg anhand von solchen Fundstücken zu beschreiben?«[22] Und Philipp Valentin ergänzt:»Ich habe schon viele Bücher von meinen Wanderungen gemacht: mit meinen Notizen, mit Zeichnungen und mit Fotos.«[23] Ein solcherart verstandenes Mapping, das Orte, Texte und Bilder verwebt, ist – mindestens aus der Sicht der Kunstgeschichte[24] – mehr als eine kunstdidaktische Methode unter anderen. Hier finden ästhetische Wahrnehmung und wissenschaftliche Analyse zusammen, ebenso subjektive Erkundung und objektivierbare Beobachtung. Hier wird Teilhabe an den Orten und an dem Wissen über die Orte eröffnet. Recherche und Präsentation der Ergebnisse werden eingeübt. Sprachkompetenz und»Augenarbeit« werden gleichermaßen gefördert und gefordert. »Mapping« führt Inhalte, Kompetenzen, Methoden und Bildungslegitimationen zusammen und bietet ein für die Bezugswissenschaft Kunstgeschichte anschlussfähiges und zukunftsweisendes Konzept. Zu wünschen sind möglichst zahlreiche Projekte, die diese Zusammenarbeit weiter ausbauen – eine Orientierungskarte liegt jedenfalls vor. Mit den Worten von Cees Nooteboom, die Klaus-Peter Busse dem Buch»Vom Bild zum Ort: Mapping lernen« als eines der Mottos vorangestellt hat:»Wenn du bleiben, etwas sehen möchtest, kommst du ohne Karte nicht aus.«[25]

---

[1]   Birgit Franke und Barbara Welzel mit Illustrationen von Frank Georgy: Dortmund
       entdecken. Schätze und Geschichten aus dem Mittelalter (Dortmunder Mittelalter-
       Forschungen 11), Bielefeld 2008, 2. Auflage 2009, 3. Auflage 2012. Die Figur Oskar
       Francke wurde zeichnerisch von Frank Georgy (Büro: kopfsprung) entwickelt; vgl. Barbara
       Welzel (Hg.): Weltwissen Kunstgeschichte. Kinder entdecken das Mittelalter in Dortmund
       (Dortmunder Schriften zur Kunst/Studien zur Kunstdidaktik 10), Norderstedt 2009, hier
       auch auf S. 47–56 ein Interview mit Frank Georgy über die Entwicklung der Figur. Frank
       Georgy hat seine Figuren und Entwürfe gerne für diese Festschrift zur Verfügung gestellt:
       auch dies ein Beitrag zu Ehren des Jubilars! Das Buch»Dortmund entdecken. Schätze und
       Geschichten aus dem Mittelalter« ist Teil einer breit angelegten Bildungsoffensive, die die
       Reinoldigilde zu Dortmund großzügig fördert: Seit 2008 erhalten jedes Jahr alle Kinder,

die in Dortmund das dritte Schuljahr besuchen, ein Exemplar des Buches als Geschenk. Studierende bringen die Bücher als »Bücherboten« in die Schulen. Inzwischen haben knapp 25.000 Schülerinnen und Schüler das Buch erhalten. Vgl. auch Barbara Welzel: »Warum hat uns das bisher noch niemand gezeigt?« – Einige Anmerkungen zu kulturellem Erbe und Teilhabe, in: Zukunft braucht Herkunft, hg. von Eva Dietrich/Magdalena Leyser-Droste/Walter Ollenik/Christa Reicher/Yasemin Utku (Beiträge zur städtebaulichen Denkmalpflege 3), Essen 2011, S. 142–154, sowie dies.: Kunstgeschichte, Bildung und kulturelle Menschenrechte, in: Claudia Hattendorff/Ludwig Tavernier/Barbara Welzel (Hg.): Kunstgeschichte und Bildung (Dortmunder Schriften zur Kunst/Studien zur Kunstgeschichte 5), Norderstedt 2013, S. 63–84.

[2] Barbara Welzel (Hg.): Hagen erforschen. Eine Stadt als Laboratorium. Mit Texten von Birgitt Borkopp-Restle, Birgit Franke, Rouven Lotz, Barbara Welzel und Illustrationen von Frank Georgy, Essen 2010. Nach dem Dortmunder Vorbild (s. Anm. 1) haben die Hagener Service-Clubs das Buch großzügig gefördert, um es im Kontext einer Bildungsinitiative an Schülerinnen und Schüler der Orientierungsstufe (fünftes und sechstes Schuljahr) zu verschenken. Der Hagener Impuls war thematisches Zentrum des ersten Projektjahres der »Stadtspäher« 2011/12, eines Projektes zur Implementierung baukultureller Bildung, das die Wüstenrot Stiftung zusammen mit dem Seminar für Kunst und Kunstwissenschaft der Technischen Universität Dortmund in Kooperation mit vier Hagener Schulen durchgeführt hat; Klaus-Peter Busse und Barbara Welzel mit weiteren Autoren: Stadtspäher in Hagen. Baukulturelle Bildung in Schule und Universität, hg. von der Wüstenrot Stiftung, Ludwigsburg 2013.

[3] Franke/Welzel, Dortmund entdecken (s. Anm. 1), S. 14.

[4] Zu diesem Begriff auch Benedikt Loderer: Stadtwanderers Merkbuch. Begriffsbestimmung »Stadtraum« am Beispiel Fabrianos. München 1987. Für den Hinweis auf dieses Buch danke ich noch immer Wolfgang Kemp, der es als hermeneutischen Basistext für eine gemeinsame Exkursion mit Studierenden des Kunsthistorischen Instituts der Philipps-Universität Marburg nach Prag im Frühjahr 1995 setzte.

[5] Franz Hessel: Spazieren in Berlin. Ein Lehrbuch der Kunst in Berlin spazieren zu gehn ganz nah an dem Zauber der Stadt von dem sie selbst kaum weiß. Ein Bilderbuch in Worten. Mit einem Geleitwort von Stéphane Hessel, (1929) Berlin 2012; Walter Benjamin: Berliner Kindheit um neunzehnhundert. Fassung letzter Hand, Frankfurt/M. 1987 (die 1938 entstandenen Texte wurden erstmals 1950 von Theodor W. Adorno ediert); ders.: Das Passagen-Werk. Band 5 (2 Teilbände) der Gesammelten Schriften, hg. von Rolf Tiedemann, Frankfurt/M. 1982. Benjamin konnte dieses zentrale, in den Pariser Exiljahren geschriebene, Werk bekanntlich nicht mehr vollenden, auf der Flucht aus Paris musste er seine Manuskripte zurücklassen; die Manuskriptteile und Aufzeichnungen zum Passagen-Werk versteckte Georges Bataille in der Bibliothèque National; Rolf Tiedemann: Editorischer Bericht, in: ebd., S. 1067–1080, hier S. 1071f.; als zeitgenössischer »Kommentar« zu den nachgerade verzweifelten Bemühungen, die Werke Walter Benjamins

überhaupt zu retten bzw. wiederaufzufinden vgl. die Korrespondenzen der Freunde, etwa den »Briefwechsel Hannah Arendt – Gershom Scholem« (hg. von Marie Luise Knott unter Mitarbeit von David Heredia, Berlin 2010), den dieses Thema beinah wie ein roter Faden durchzieht. Marcel Proust: Auf der Suche nach der verlorenen Zeit (A la recherche du temps perdu, geschrieben zwischen 1908/09 und 1922, Erstveröffentlichung zwischen 1913 und 1927), verschiedene deutsche Ausgaben, etwa Frankfurt/M. 1979. Auf sehr unterschiedliche Weise berichten von dieser Welt der Flaneure und deren Begegnungen: Stéphane Hessel: Tanz mit dem Jahrhundert. Erinnerungen (1997), Berlin 2011 und Edmund de Waal: Der Hase mit den Bernsteinaugen. Das verborgene Erbe der Familie Ephrussi (2010), Wien 2011.

[6] Cees Nooteboom: Die Sohlen der Erinnerung, in: Die ZEIT 49/1995, 1.12.1995; http://www.zeit.de/1995/49/Die_Sohlen_der_Erinnerung (letzter Zugriff 15.2.2013).

[7] Ebd.

[8] Ebd.

[9] Zuletzt Barbara Welzel, Karl Ernst Osthaus. Zur Archäologie einer Utopie, in: Joseph Imorde und Andreas Zeising (Hg.): Teilhabe am Schönen. Kunstgeschichte und Volksbildung zwischen Kaiserreich und Diktatur, Weimar 2013, S. 225-244. Zu dem Fenster »mit der Sonne selbst malen« – Johan Thorn Prikker und der Aufbruch in der Moderne in der Glasmalerei, hg. von Myriam Wierschowski, Ausstellungskatalog Linnich 2007, hier v.a. Rouven Lotz: »Der Künstler als Lehrer in Handel und Gewerbe«, S. 31-37; Johan Thorn Prikker, Mit allen Regeln der Kunst. Vom Jugendstil zur Abstraktion, hg. von Christiane Heiser/Mienke Simon Thomas/Barbara Til, Ausstellungskatalog Rotterdam und Düsseldorf 2010/2011, hier v.a. Reinhold Happel: »Von erstaunlicher Kraft und Abstraktion«. Das Bahnhofsfenster und die Arbeiten für Karl Ernst Osthaus in Hagen, S. 128-143. Zu der weitgehenden »Unsichtbarkeit« von Kunstwerken und Bauten im öffentlichen Raum vgl. stellvertretend Birgit Franke und Barbara Welzel (Hg.): Warum ist hier kein Einkaufszentrum? Die Reinoldikirche in Dortmund (Dortmunder Schriften zur Kunst/Studien zur Kunstgeschichte 3), Norderstedt 2011, hier bes. auch S. 50f.

[10] Welzel 2010 (s. Anm. 2), S. 14. An dieser Stelle sei Annemarie Jaeggi, Berlin, sehr herzlich gedankt für ihr Mitdenken.

[11] Karl Schlögel: Im Raume lesen wir die Zeit. Über Zivilisation und Geopolitik, München 2003, S. 23.

[12] Schlögel 2003 (s. Anm. 11), S. 13.

[13] Klaus-Peter Busse: Vom Bild zum Ort: Mapping lernen. Mit dem Bilderwerk von Holger Schnapp (Dortmunder Schriften zur Kunst/Studien zur Kunstdidaktik 3), Norderstedt 2007, hier S. 7; das Zitat von Cees Nooteboom aus: In der Stille singt die Schöpfung: Reisen durch Australien und die Südsee, in: ders. Gesammelte Werke 6: Auf Reisen 3, Frankfurt/M. 2004, S. 805-901, Im Zeichen des Orion S. 807-822, hier S. 821.

[14] Schlögel 2003 (s. Anm. 11), S. 13.

[15] Ebd.

[16] Zu nennen ist hier zuerst die Habilitationsschrift über Atlas als kunstdidaktischen Handlungsapparat, deren Ergebnisse seither in zahlreiche Publikationen eingeflossen sind, ebenso waren sie leitend für zahlreiche Lehrveranstaltungen in Dortmund. „ATLAS. Ein kunstdidaktischer Handlungsapparat. Modelle zum Umgang mit Atlanten in Schule, Hochschule und Museum" (Universität Dortmund 1999).

[17] Die Forschung zu Aby Warburg, der Kulturwissenschaftlichen Bibliothek und dem Mnemosyne-Altlas ist in den letzten Jahren sehr in Bewegung gekommen, hier nur als stellvertretende Referenz: Aby Warburg: Der Bilderatlas »Mnemosyne«. Gesammelte Schriften Bd. II, 1, hg. von Martin Warnke unter Mitarbeit von Claudia Denk, Berlin 2000. Tilmann von Stockhausen: Die Kulturwissenschaftliche Bibliothek Warburg. Architektur, Einrichtung und Organisation, Hamburg 1992. Für das Wechselspiel zwischen Bildern, Texten und Bibliothek ist stellvertretend die Ausstellung im Hamburger Planetarium zu nennen: Uwe Fleckner/Robert Galitz/Claudia Naber/Herwart Nöldecke (Hg.): Aby M. Warburg. Bildersammlung zur Geschichte von Sternglaube und Sternkunde im Hamburger Planetarium, Hamburg 1993. Längst haben auch die Kulturwissenschaften Aby Warburg zu einer Referenz erhoben. Das äußert sich beispielsweise in der maßgeblich von Sigrid Weigel verantworteten Ausgabe: Aby Warburg: Werke in einem Band. Auf der Grundlage der Manuskripte und Handexemplare hg. und kommentiert von Martin Treml, Sigrid Weigel und Perdita Ladwig unter Mitarbeit von Susanne Hetzer, Herbert Kopp-Oberstebrink und Christina Oberstebrink, Berlin 2010. Dieser wichtige Band weist allerdings eine Bebilderung auf, die dem Atlas, seinen Bildstrategien und seinem methodisches Erkenntnispotential nicht gerecht wird und dieses visuell auch nicht mehr nachvollziehen lässt. Damit aber wird Aby Warburg an entscheidender Stelle hermeneutisch verfehlt.

[18] Schlögel 2003 (s. Anm. 11), S. 113.

[19] Schlögel 2003 (s. Anm. 11), S. 132 zitiert hier aus einem Brief Benjamins vom 18.7.1935 an Alfred Cohn; vgl. Rolf Tiedemann, Zeugnisse zur Entstehungsgeschichte, in: Das Passagen-Werk (s. Anm. 9), S. 1081–1205, hier S. 1126.

[20] In diesem Feld ist gerade an den Schnittstellen verschiedener Fächerkulturen noch großer Klärungsbedarf, etwa zwischen Kunstgeschichte und Geschichtswissenschaft, zugleich auch zwischen Kunstdidaktik und Geschichtsdidaktik, auch die politische Bildung ist hier betroffen; vgl. stellvertretend für eine erste Orientierung im Problemfeld Gabriele Bickendorf: Die Geschichte und ihre Bilder vom Mittelalter. Zur »longue durée« visueller Überlieferung, in: Bernd Carqué/Daniele Mondini/Matthias Noll (Hg.): Visualisierung und Imagination. Materielle Relikte des Mittelalters in bildlichen Darstellungen der Neuzeit und Moderne, 2 Bde. (Göttinger Gespräche zur Geschichtswissenschaft 25), Göttingen 2006, S. 103–152.

[21] Franke/Welzel 2008 (s. Anm. 1), S. 14–15.

[22] Welzel 2010 (s. Anm. 2), S. 15.

[23] Welzel 2010 (s. Anm. 2), S. 14; als didaktisches Skript gehören hierher die Arbeitsbücher; dieses Medium spielte daher eine entscheidende Rolle für die »Stadtspäher«, vgl. die

Angaben in Anm. 2, in der genannten Publikation auch ein knapper Text von Klaus-Peter Busse »Die Arbeitsbücher zum Spähen von Baukultur«; ders.: Blickfelder – Kunst unterrichten. Die Vermittlung künstlerischer Praxis (Dortmunder Schriften zur Kunst/ Studien zur Kunstdidaktik 11), Norderstedt 2011, Kulturelle Skripte S. 103–244.

[24] Zum Verhältnis der Kunstpädagogik zu ihrer Bezugswissenschaft jetzt Claudia Hattendorff: Konvergenzen und Divergenzen zwischen Kunstgeschichte und Kunstpädagogik heute, in: Hattendorff/Tavernier/Welzel 2013 (s. Anm. 1), S. 37–47.

[25] Busse 2007 (s. Anm. 13), S. 7; das Zitat von Cees Nooteboom aus: Alles ist so einfach. Die Welt ist eine Verweis: Reisen durch die USA, in: Gesammelte Werke 6 (s. Anm. 13), S. 507–804, Die Sprache der Bilder, S. 762–800, hier S. 762.

umseitig:
Felix Dobbert
EDGES 2
C-Print auf Aludibond, 150x125cm, 2013

Artefakte

Helene Skladny

»Peilung haben«
Johannes Ramsauers »Zeichnungslehre« (1821)

Wer »echt keine Peilung« hat, hat salopp gesprochen keine Ahnung, keine Vorstellung und nichts verstanden. Im Zeitalter der Navigationssysteme ist die Rede von der Peilung längst zu einer Redensart im übertragenen Sinne geworden. Man kann alles Mögliche peilen oder verpeilen, ohne dass es dabei um räumliche Orientierung gehen muss. Doch genau das versteht man ursprünglich unter Peilung: die Bestimmung einer Richtung zwecks Standortbestimmung. Bei der optischen Peilung wird das Ziel visuell, also im Wesentlichen durch den Blick anvisiert. Was man neben Messgeräten und Hilfsmitteln auf jeden Fall benötigt, ist ein Bezugssystem.

Richtungsbestimmung

Johannes Ramsauer gelangte im Februar 1800 als Neunjähriger mit einem Kindertransport in Pestalozzis Institut nach Burgdorf. Die napoleonischen Kriege hatten in den Schweizer Gebieten eine unübersehbare Zahl verwaister und vollkommen verwahrloster Kinder zurückgelassen, die versorgt und im Land verteilt werden mussten. Anders als die meisten seiner Mitgenossen hätte er als Halbwaise die Familie nicht verlassen müssen. Dies geschah auf seinen ausdrücklichen Wunsch.

Pestalozzi setzte den ehrgeizigen und außergewöhnlich begabten Jungen mit gerade einmal zwölf Jahren als Hilfslehrer ein. Da die Anstalt eine gewisse Berühmtheit erlangt hatte und zahlreiche Besucher sich mit Pestalozzis Lehr- und Erziehungsmethode vertraut machen wollten, verkaufte der noch jugendliche Ramsauer beeindruckende selbstgefertigte Zeichnungen an die Hospitanten. Er nahm als Pestalozzis Sekretär nächtelang Diktate für die Schriften seines genialen, aber auch chaotischen Lehrers entgegen und wurde bald leitender Institutslehrer. Ramsauer verfasste pädagogische Schriften und Lehrwerke und arbeitete später als Prinzenerzieher und Schulleiter in Oldenburg.

Seine zweibändige »Zeichnungslehre« erschien 1821. Ein methodisch und didaktisch ausgearbeitetes Lehrwerk, das – neben dem des zweiten prominenten Pestalozzischülers Joseph Schmid – den schulischen Zeichenunterricht des 19. Jahrhunderts nachhaltig prägte.

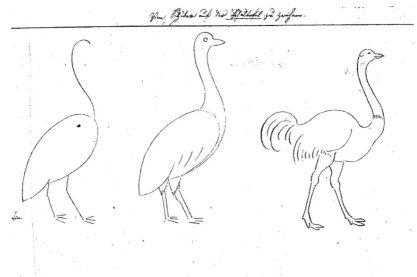

Die Zeichnungen entstammen einem bisher unveröffentlichten und undatierten Skizzenbuch von Johannes Ramsauer aus dem Oldenburger Familienarchiv, mit freundlicher Genehmigung von Peter Ramsauer.

Verortung

Dass Ramsauer eine systematische Zeichenlehre entwickelte, ist einigermaßen verwunderlich, wenn man sich die Umstände vor Augen führt, unter denen sie entstand. Bisher, d.h. bis zum Ende des 18. Jahrhunderts, war der Zeichenunterricht als »Bestandteil allgemeiner Bildung [...] für Laien auf den Adel und das wohlhabende Bürgertum«[1] beschränkt. Die Kinder in Pestalozzis Institut standen deutlich jenseits dieser Privilegien und mussten mit dem Wichtigsten versorgt werden, das sie für ihr späteres Leben benötigten. Warum also Zeichnen?

Pestalozzis Lehranstalt hatte sich die große Aufgabe gesetzt, junge Menschen so zu bilden, dass sie selbstverantwortlich für sich sorgen konnten und gleichzeitig den komplexen Anforderungen der Zeit gewachsen waren. Eduard Spranger formuliert dies folgendermaßen: »dass die heraufziehende Epoche ganz andere Menschen brauchen werde, als man sie bis dahin hatte: Menschen nämlich mit innerer Selbsttätigkeit und speziell mit einer wirtschaftlich besser gerüsteten ›Selbstkraft‹.«[2] Pestalozzi drohte allerdings immer wieder an diesem Anspruch zu scheitern, da seine verschiedenen Lehranstalten permanent vor dem finanziellen Ruin standen.

Als Ramsauer nach Burgdorf kam, wurde das Zeichnen als Lehrmethode erstmalig ausgebaut. Zum einen gab es geometrisch ausgerichtetes Zeichnen. Pestalozzi ging es dabei vor allem um die Elementarisierung der Anschauung. Die Schüler sollten Sehen lernen. Ziel war nicht, damit dekorative Landschaftszeichnungen, Stillleben o.Ä. anzufertigen, sondern die Grundlage für begriffliches Denken zu liefern. Er war der Überzeugung, dass sich das Kind, indem es die geometrischen Grundformen zeichnet, ein (göttlich gegebenes) Ordnungssystem, die Verhältnisbestimmungen der Urformen, aneignen würde. Pestalozzi setzte auf die Trias: Zahl, Wort, Form als Grundlage von Bildung. Form war für ihn genauso wichtig wie Zahl und Wort. Sein berühmtes »ABC der Anschauung«[3] wurde besonders von Johann Friedrich Herbart rezipiert und weiterentwickelt.

Neben der Funktion des Zeichenunterrichts, Basis intellektueller Entwicklung zu sein und Denken anschaulich zu schulen, ging es für Pestalozzi um Verortung. Indem sich das Kind zeichnend in die göttliche Ordnung der Urformen einarbeitet, fände es die Welt als eine geordnete vor. Wäre die Welt keine geordnete, so gäbe es keine Veranlassung, den sittlichen Zustand anzustreben. Für Pestalozzi hing beides untrennbar miteinander zusammen.

Der Zeichenunterricht befasste sich nach Pestalozzi also nicht mit trockener Geometrie, die am Erfahrungshorizont der Kinder vorbeiginge. Er war davon überzeugt, dass das Gegenteil der Fall sei. Die gezeichneten Formen haben demnach sehr wohl etwas mit kindlicher Wahrnehmung zu tun, sind sie doch bereits in den Kindern schöpfungsmäßig angelegt. Der Schlüssel zur Welterschließung liegt in der Formerschließung. Hier setzt für Pestalozzi elementare Bildung an, die dann Grundlage für weitere Bildungs- und Entwicklungsprozesse sein sollte. Obwohl er seine Zeichenunterrichtskonzeption nicht systematisierte oder in einem Lehrwerk zusammenfasste, hatte er den Grundstein für schulischen Zeichenunterricht gelegt, der das 19. Jahrhundert bestimmen sollte. Das Zeichnen kam in die Volksschule.

Pestalozzi ließ seine Zöglinge zunächst nur frei zeichnen. Ramsauer beschrieb nicht ohne Befremden, wie sein verehrter Lehrer Kinder frei mit Rötelkreiden herumlaborieren ließ, während er unabhängig davon über naturwissenschaftliche Phänomene oder ähnliches dozierte. So Ramsauer: »Zum Zeichnen bekamen wir weder Vorschriften, noch Bedingungen, nur Rötel und Tafeln – und während uns Pestalozzi Sätze aus der Naturgeschichte vorsagte, so sollten wir zu gleicher Zeit zeichnen; daher kam es, dass die Einen Männchen und Weibchen, andere Häuser, noch andere Striche, Schnörkel und Arabesken, und was ihnen in den Sinn kam zeichneten. Auch sah Pestalozzi nie nach, was wir gezeichnet oder vielmehr geschmiert hatten.«[4]

Ramsauers Zeichenlehrer war Joseph Schmid. Nur fünf Jahre älter als er selbst, sollte
dieser später Ramsauers größter Konkurrent im Ringen um den Titel des wahren und
einzigen Pestalozzischülers sein.

Die Gegensätze dieser beiden herausragenden Schüler, die in der Rezeptionsgeschichte in der Regel recht differenzlos als bloße Erben und Weiterentwickler der
Zeichenmethode Pestalozzis eingingen, hätten nicht größer sein können. Schmid war
ein hitziger und unbequemer Charakter, der, wo er auch auftrat, polarisierte und für
mehrere handfeste Skandale sorgte. So lieferte er sich – auch mit Pestalozzi - Rechts-
streitigkeiten und verließ 1810 mit einem Teil der Lehrerschaft das Institut. Vier Jahre
später wurde er allerdings zur Rettung des Instituts zurückgerufen. Er verhinderte
geschickt das wirtschaftliche Aus der Lehranstalt und wurde 1824 aufgrund weiterer
Eskapaden endgültig aus dem Kanton ausgewiesen.

Zum großen Ärgernis von Ramsauer (der eine fulminante Endabrechnung
mit seinem Konkurrenten in einer publizierten Festrede zur Ehre des 1827 verstorbenen Pestalozzi machte[5]) genoss Schmid bei Pestalozzi trotz allem nahezu
uneingeschränktes Vertrauen. Vor allem Schmids methodisches Lehrwerk zur elementaren Mathematik wurde von ihm hoch geschätzt. Schmid systematisierte und
didaktisierte Pestalozzis geometrische Zeichenmethode und entwickelte zusätzlich
eine eigenständige ästhetisch ausgerichtete Zeichenlehre[6]. Diese ist aus mehreren
Gründen interessant. Abgesehen von sehr speziellen (und für heutiges Empfinden
skurril wirkenden) Zeichenübungen, sind bei ihm Positionen vorformuliert, die erst
wieder in der Kunsterziehungsbewegung auftauchen, in mancherlei Hinsicht sogar
über diese hinausgehen. So findet man unter anderem eine vehemente Gegnerschaft
bezüglich gebräuchlicher Praktiken mechanischen Kopierens von Vorlagen und ein
Plädoyer für die Förderung kindlicher Eigenentwicklung. Letzteres ist nicht auf die
freie Kinderzeichnung bezogen, wobei Schmid erste Kritzelversuche des kindlichen
Ausdrucksvermögens anerkannte. Analog des Lallens als Vorbereitung auf das
Sprechen, bedürfe das Kind auch hier für seine Entwicklung im übertragenen Sinne
Buchstaben und einer Grammatik, d.h. eines elementaren Formenalphabets. Hier noch
ganz Pestalozzi verpflichtet, ging Schmid in seiner Zeichenlehre einen entscheidenden
Schritt weiter. Nicht nur das mathematische Denken ließe sich, aufbauend auf die
Abfolge der Naturformen ausbilden, sondern auch das ästhetische Verstehen müsse
systematisch gefördert werden. Ganz einem romantischen Ideal verpflichtet, setzte
Schmid voraus, dass die Schönheitsformen der Natur im Menschen von vornherein
angelegt sind. Dies gelte es durch Zeichenübungen aus dem Kind herauszulocken.
So schreibt er: »Der Schönheitssinn ist ein, der Menschennatur eigener selbständiger
Sinn; er soll aus ihr herausgelockt oder vielmehr, in ihr, in ihrem Wesen selber entfaltet

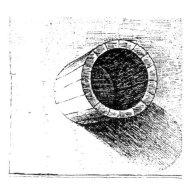

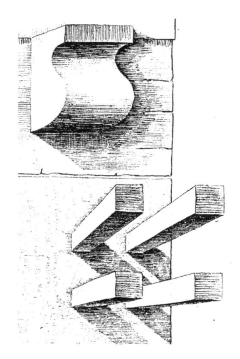

Die Zeichnungen entstammen einem bisher unveröffentlichten und undatierten Skizzenbuch von Johannes Ramsauer aus dem Oldenburger Familienarchiv, mit freundlicher Genehmigung von Peter Ramsauer.

werden. Das Kind soll durch seine ästhetische Bildung dahin gebracht werden, das Schöne zu finden, zu schaffen; es soll nicht dahin geführt, es soll ihm nicht einmal zugelassen werden, das Schöne nachzubilden, eh es dasselbe erfinden, eh es dasselbe schaffen kann.«[7] Schmid setzte auf die »Selbstkraft« des Kindes, ließ es eigenständig verschlungene Formen erfinden, um Gestaltungsgesetze wie Proportion und Symmetrie selbst zu entdecken. Weiterhin dachte er über die Einbeziehung von Farben und des plastischen Formens nach, konnte diese Ideen jedoch nicht mehr ausformulieren und umsetzen. Nicht nur die »Schönheitsformen«, die er als Variationen eines freien Formenalphabets verstand, sollten vom Kind entdeckt werden. Auch Schattenwürfe oder perspektivische Darstellungen mussten zuvor sehend verstanden und dann erst gezeichnet werden.

Zwei Aspekte dieser Konzeption sind bemerkenswert: Zum einen ist es ein konsequenter Ansatz der Eigentätigkeit des Kindes. Mit heutigem Vokabular würde man von »entdeckendem Lernen« sprechen. Zum anderen ist es die Umsetzung der

Schulung einer genuin künstlerischen Formsprache, die auch hier der kindlichen Entwicklung angepasst und auf die »Selbstkraft« des Kindes hin konzipiert wurde.

Der Ausgangspunkt war, wie erwähnt, nicht die freie Kinderzeichung, sondern eine systematische künstlerische Schulung, orientiert am Ideal einer romantischen Kunstauffassung. Schmid hatte sie in seiner Konzeption didaktisiert und methodisiert. Ohne überprüfen zu können, inwieweit dieser frühe Kunst-Unterricht in der Praxis funktioniert haben mag und ob die hochgesteckten Ziele annähend erreicht werden konnten, drängt sich die Frage auf, warum er überhaupt für dieses Klientel entwickelt worden ist. Denn nun ging es nicht mehr um das »ABC der Anschauung« als elementare Grundbildung und Vorbereitung des begrifflichen Denkens, sondern um die Ausbildung einer künstlerischen Formsprache. Wozu, könnte man mit Recht fragen, brauchten diese Kinder das überhaupt?

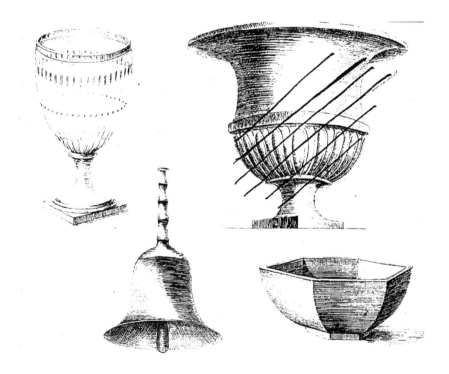

Die Zeichnungen entstammen einem bisher unveröffentlichten und undatierten Skizzenbuch von Johannes Ramsauer aus dem Oldenburger Familienarchiv, mit freundlicher Genehmigung von Peter Ramsauer.

Schmid geht in Anlehnung an Schelling, den er seitenweise zitiert (ohne dies jedoch als solches kenntlich zu machen), von einem christlich-neuplatonischen Denken aus, wonach das Schöne untrennbar mit dem Wahren und Guten verbunden ist. Dem ästhetisch ausgerichteten Zeichnen komme damit eine fundamentale Rolle zu, da die Schüler, so folgert Schmid, »ohne Entfaltung des menschlichen Kunstsinns und der menschlichen Kunstkraft nicht einmal im Stande sind, weder ihren Sinn für Wahrheit und Tugend und Religion, noch ihre Kraft zum Schreiben, Lesen, Auswendiglernen und selbst zum Katechismiren wahrhaft und der Menschennatur genugthuend allgemein (zu) entfalten.«[8]

Ästhetische Grundbildung hatte für ihn also nicht den Status einer elitären Beschäftigung für höhere Töchter oder Adelssöhne, sondern musste fester Bestandteil schulischer Bildung sein.

Das Gelände abstecken

Auf den ersten Blick schien das Gelände vermessen und besetzt, als Ramsauer sich über die Entwicklung einer eigenen Zeichenlehre Gedanken machte. Er fand in Burgdorf detaillierte Übungen zum geometrischen Zeichnen, freies, sporadisches und unangeleitetes Zeichnen sowie Schmids methodischen Zeichenunterricht vor, der neben Grundübungen zur Perspektive und zur Darstellung von Schattenwürfen vor allem das Entwickeln von so genannten »Schönheitsformen« beinhaltete.

Ramsauer selbst entwickelte eine große Leidenschaft für perspektivische Darstellungen und die exakte, im Sinne von »richtiger« Wiedergabe von Gegenständen, Gebäuden und Landschaften. Und genau hier schien eine Lücke zu sein. Pestalozzis Überlegungen zum Zeichnen endeten dort, wo es um »Zeichnenkönnen« im eigentlichen Sinne ging. Er konzentrierte sich auf das Elementare. Was nicht bedeutet, dass Pestalozzi dem keinen Wert zugemessen hätte. Schmids Konzeption der Ausbildung der Kunstkraft durch die Entwicklung der Schönheitsformen »übersprang« diesen Aspekt gewissermaßen. (Auch an dieser Stelle ist die frappierende Aktualität der Schmidschen Konzeption bemerkenswert!) Seine Zeichenlehre bedurfte genau genommen gar nicht der Fähigkeit des Sach- und Landschaftszeichnens. Er hatte zwar einen Lehrgang entwickelt, der die Kinder zur zeichnerischen Darstellung befähigen sollte, doch lag hier nicht sein Schwerpunkt.

Ramsauer drehte die Grundmaxime seines Zeichenlehrers Joseph Schmid um. Nicht: »schön ist richtig« sondern »richtig ist schön«.[9] Die Ausbildung einer ästhetischen Grundbildung sollte nicht von der Erfindung künstlerischer Formen, sondern allein über die Ausbildung richtigen Sehens erfolgen. Folgende Fragen sollten Ramsauer über mehr als 15 Jahre beschäftigen: Was heißt richtiges Sehen? Mit Hilfe welcher

wesentlicher Merkmale kann es kategorisiert werden? Welche didaktischen und methodischen Schritte sind hinsichtlich der verschiedenen Entwicklungs- und Altersstufen
des Kindes notwendig? Und welche Anforderungen werden an den Lehrer gestellt?
Also: Wie muss ein Zeichenlehrgang Schritt für Schritt aufgebaut werden, damit er
verstehendes Sehen, klares erfassendes Zeichnen und ästhetisches Verständnis schult?
Diese Herangehensweise war neu!

Dank der aufwändigen und gut recherchierten Biografie Johannes Ramsauers,[10]
verfasst vom noch lebenden Nachfahren Peter Ramsauer, die sich u.a. auf bisher unver-
öffentlichte Tagebucheintragungen und Briefen aus dem Oldenburger Familienarchiv
stützt, erfährt man etwas über die Entstehung der »Zeichnungslehre«.

Ramsauer hatte, u.a. während einer Italienreise, über Jahre hunderte von Zeichnungen angefertigt. Weiterhin arbeitete er an Kommentaren und Formulierungen von
Übungen. Bereits 1811, also zehn Jahre vor der Veröffentlichung drängte Pestalozzi,
der den Wert dieser Zeichnungen und Übungen erkannte, zum Druck. Doch Ramsauer zögerte. In einem Brief aus dem Jahr 1814 an einen Kollegen schrieb er:»Im
Zeichnen geht es gut, die Perspektive ist jetzt mehr wissenschaftlich ausgearbeitet. Ich
sage: Gottlob, daß ich früher nichts drucken ließ, ich mußte, um etwas befriedigendes
aufzustellen, mich vorher mehr bilden, vielseitiger und vertrauter mit der Theorie
der Methode werden.« Schon ein Jahr später kam es allerdings zu ersten »Raubkopi-
en«. Zwei Pestalozzischüler veröffentlichten in einer pädagogischen Zeitschrift Teile
der Zeichnungslehre, ohne Ramsauer davon in Kenntnis zu setzen. Im Jahre 1819
entstand ein noch folgenreicheres Plagiat durch den Franzosen Alexandre Boniface.
Der ehemalige Kollege und Kontrahent – im durch Schmid angezettelten Lehrer-
streit – entnahm Zeichnungen und Unterlagen aus Ramsauers Arbeiten und gab sie als
verkürzten Lehrgang auf Französisch heraus. Zwar wurde Ramsauer in beiden Fällen
als Urheber erwähnt, doch drohte sein über Jahre ausgearbeitetes Werk zu zerfasern,
bevor es überhaupt fertig gestellt war. Ramsauer lebte schon in Oldenburg, als 1821
die zweibändige Zeichnungslehre endlich erschien.

Was genau machte diesen Lehrgang aus, und hatte Ramsauer damit tatsächlich
ein eigenes Gebiet besetzt? Er hatte sich das Ziel gesteckt, die Schritte von den
grundlegendsten Anfangsübungen der ersten Linien bis hin zur Darstellung komplexer
Gegenstände und räumlicher Gegebenheiten genau und lückenlos zu beschreiben
und dafür differenzierte Übungen zu entwickeln. Sein oberstes Gebot dabei war, dass
das Kind in keiner der Phasen etwas mechanisch kopieren, sondern seiner Entwicklung gemäß nur das zeichnen sollte, was es sehend verstehen und auch motorisch
beherrschen kann. Hierbei war Ramsauer ganz seinen Lehrern Pestalozzi und Schmid
verpflichtet. Im Unterschied zu ihnen ging es ihm allerdings tatsächlich um die Fä-

Die Zeichnungen entstammen einem bisher unveröffentlichten und undatierten Skizzenbuch von Johannes Ramsauer aus dem Oldenburger Familienarchiv, mit freundlicher Genehmigung von Peter Ramsauer.

higkeit des Zeichnens, die systematisch methodisiert werden sollte. Ramsauer nahm weder wie Pestalozzi den philosophischen Überbau Kantscher Provenienz für sich in Anspruch, noch bezog er sich wie Joseph Schmid auf Schelling, wenn er begründete, warum Zeichnen ein unverzichtbarer Bestandteil schulischer Bildung zu sein hatte.

Es bleibt zu vermuten, dass seitdem keine zweite kunstpädagogische Konzeption mit einer derart einfachen, klaren und unspektakulären Fundierung ausgekommen ist.

»Peilung haben«

Warum sollte man überhaupt Zeichnen können? Ramsauer schrieb dazu: »Jeder sollte die Fähigkeit zu erlangen suchen, seine nächste Umgebung richtig aufzufassen und zu beurtheilen, und jedem soll wenigstens der Sinn für Ebenmaß, Ordnung und Schönheit soweit entwickelt werden, dass er in seiner nächsten Umgebung selbst etwas Eigenes schaffen und verschönern kann.«[11]

Das Ziel war dann erreicht, wenn der Schüler »... dieß und jenes im Haus und im Garten e.c. selber verschönern kann, wenn er als Professionist nicht nur da stehen bleiben muß, wohin ihn sein Meister gebracht, sondern als Tischler, Töpfer, Zimmermann, Drechsler, Gärtner e.c. schöne Formen richtig auffassen, nachzeichnen und am Ende aus eigener Kraft erzeugen kann! Welche Freude macht es dem Reisenden, dem Kaufmann, dem Soldaten e.c. eine schöne Gegend, ein schönes, oder ihm interessant gewordenes Gebäude e.c. mit einigen charakteristischen Strichen darzustellen und zum Andenken aufzubewahren.«[12]

Folgende Argumente für die Einführung des Zeichnens als Schulfach (Pestalozzis Ansatz der Anschauung und des begrifflichen Denkens eingeschlossen) können aus Ramsauers Konzeption entnommen werden:

Zeichnen als Orientierungssystem. Wer zeichnen kann, findet sich in seiner Umgebung zurecht und hat damit »Peilung«. Er kann sich orientieren, gegebenenfalls eine Landschaft, einen Gegenstand, ein Gebäude, etwas aus der Natur usw. skizzieren. Er hat einen geschulten Blick und ist in der Lage, »die Dinge richtig zu sehen«.

Zeichnen als Berufsvorbereitung: Schüler sollten auf verschiedene Handwerksberufe vorbereitet werden, in denen Konstruktionsskizzen, Entwürfe o.Ä. gebraucht werden.

Zeichnen als Bildungsmittel für angehende Mütter: Mütter (Väter werden in diesem Zusammenhang nicht erwähnt) können ihren Kindern so spielerisch, zeichnend Dinge erklären.

Zeichnen als Vorbereitung auf die fortschreitende Industrialisierung: Diese würde Menschen mit technischem Grundverständnis erfordern. (Ramsauer erwähnt diesen Aspekt, der besonders ab der zweiten Hälfte des 19. Jahrhunderts, etwa durch den Gewerbeschullehrer Adolf Stuhlmann, den Zeichenunterricht bestimmte, nur nebenbei. Er wurde von ihm jedoch selbstverständlich mitgedacht. Ramsauer selbst besichtigte 1816 auf einer Studienreise die aufstrebenden Industrieorte des Thüringer Waldes.)

Zeichnen als Geschmacksbildung. Die Schüler sollten in die Lage versetzt werden, ihre Umgebung zu gestalten und vor allem ein sicheres Urteilsvermögen zu entwickeln. Dabei galt für Ramsauer, dass das Einfache dem Gezierten und Auffälligen stets vorzuziehen sei.

Wie setzt Ramsauer seine Zeichnungslehre in die Praxis um? Auf den ersten Blick fällt die enorme Kleinschrittigkeit der Übungen auf. Ramsauer beginnt mit gymnastischen Vorübungen und über mehrere Seiten seines Buches geht es tatsächlich nur darum, Linien zu zeichnen und erst langsam daraus Winkel und dann erst Figuren zu entwickeln. Da er auf das Zeichnen sicherer und klarer Formen hinaus wollte, musste er die Kinder zuvor motorisch schulen. Weiterhin entwickelte er das so genannte

»Takt«- oder »Diktatzeichnen«, in dem die Schüler auf Anleitung des Lehrers gemeinsam Linien ziehen mussten. Entscheidend für ihn war, dass die Schüler keinen der Schritte ausließen - denn nicht das Resultat einer gefälligen Zeichnung wurde von ihm angestrebt, sondern erkennendes Sehen und seine einfache, d.h. perspektivisch und proportional richtige Wiedergabe durch die Zeichnung. Über seine Oldenburger Zeit, in der er u.a. an einer Mädchenschule gelehrt hat, schreibt er: »Und eben so kommt es im Zeichnen weniger darauf an, dass die jungen Damen große Kopf-, Blumen-, und Landschaftsstücke machen, als vielmehr, dass sie einen offenen Sinn für alles Schöne und Richtige bekommen.«[13] In einer Fußnote bemerkt Ramsauer dazu, dass ihm ein richtig gezeichnetes Quadrat lieber sei als eine oberflächliche Landschaftszeichnung.

Doch wie kommt man von der Genauigkeit der Übungen hin zum verstehenden Zeichnen? Denn bis dahin unterscheidet sich seine Konzeption noch nicht erheblich vom geometrischen Zeichenunterricht. Ramsauer schrieb, auch wohl in bewusster Abgrenzung gegenüber seinem einstigen Zeichenlehrer Schmid: »Das Kind soll aber nicht nur bewußtlos fühlen, ob etwas schön oder häßlich ist, sondern warum es schön oder häßlich ist. Und dieses Warum kann nur bei diesen Übungen, bei denen das Charakteristische der Form deutlich aufgestellt ist, angegeben werden.«[14]

Neben der Genauigkeit der Übungen und dem Prinzip der eigenen entdeckenden Beobachtung der Schüler, ist in Ramsauers Zeichnungslehre eine interessante Gestaltlehre zu finden, über die Wolfgang Kemp treffend bemerkte: »Ohne Zweifel erlauben die zitierten Übungen, Ramsauer den Begründer einer Gestaltlehre zu nennen, die in vielen Beziehungen die Lehre seines Landsmannes Klee und die des Bauhauses vorwegnimmt.«[15] Ramsauer kategorisierte die visuellen Eigenschaften der Gegenstände hinsichtlich ihrer wesentlichen Merkmale.

So unterschied er z.B. zwischen Körpern in Ruhe oder Bewegung, stehend und liegend, schwebend und hängenden Körpern.[16] Die Schüler sollten sehend erfassen, was das Charakteristische eines Gegenstandes, eines spezifischen Tieres, eines Blattes etc. ist. So Ramsauer: »Bei der Übung entgeht es dann dem Schüler nicht, wie die geringste, verschiedenste Krümmung dem Gegenstand einen verschiedenen Charakter gibt. In der Zusammenstellung des leichten Storchs, neben der plumpen Ente, des leichten Hirsches neben dem plumpen Ochsen e.c. kann er gar leicht den Charakter der Linien erkennen, und sehen, wie durch die geringste Abweichung mehr oder weniger Leichtigkeit und Schwung oder Plumpheit und Steifheit ausgedrückt wird. Dieses Freihalten und innere Vollenden der Grundfiguren aller Gegenstände führt das Kind zur begründeten Anschauung der Natur.«[17]

Um diese Wesensmerkmale für die Schüler herauszuarbeiten, war es entscheidend zu vereinfachen. Ramsauer selbst spricht, vom »Abstrahiren«[18]. Tatsächlich fühlt man sich an Sätze wie »form follows function« oder »less is more« der Bauhausprinzipien erinnert.

Ramsauers »Zeichnungslehre« hat die Geschichte des Kunst- und Zeichenunterrichts des 19. Jahrhunderts entscheidend geprägt. Auch wenn ihm seine Detailversessenheit und die Einführung des »Taktzeichnens« in der Rezeptionsgeschichte früh Kritik einbrachte[19], hat er damit ein wichtiges Grundlagenwerk geschaffen, das über eine bloße Zeichenlehre weit hinausgeht.

Wirklich verstanden und in ihrer Komplexität angewandt wurde sie in der schulischen Umsetzung allerdings kaum, wie aus einem Artikel aus einer pädagogischen Fachzeitschrift des Jahres 1877 hervorgeht: »Die Anstrengungen, welche in den ersten drei Jahrzehnten unseres Jahrhunderts zur Hebung des Zeichenunterrichts gemacht worden waren, haben im allgemeinen doch nicht den Erfolg gehabt, den man hätte erwarten können. In den Gymnasien und Realschulen, in den Volks- und Privatschulen blieb der Zeichenunterricht kaum mehr als eine blosse Tändelei, ein zweckloser Zeitvertreib mit sklavischem Kopieren von willkürlich und planlos gewählten Vorlegeblättern, weil eine teils grosse Zahl der Lehrer den Schöpfungen eines Ramsauer, Peter Schmid kein Verständnis entgegen brachte, teils aber eine nicht geringere Zahl von liebgewordenen Gepflogenheiten nicht ablassen wollte, um für die sich gleichbleibende geringe pekuniäre Entschädigung eine ernste, angestrengte Thätigkeit einzutauschen.«[20]

Wie aktuell Ramsauer mit seiner Konzeption ist, wird u.a. an der jüngsten Ausgabe von »Kunst + Unterricht« deutlich. Unter der Überschrift: »Wozu ist das im ›Zeichnen nach der Anschauung‹ erlernte Wissen und Können brauchbar?« ist zu lesen: »Wenn ein Mensch durch lange Übung gelernt hat, komplexe Wahrnehmungen und Vorstellungen in ein geordnetes, strukturiertes und kontrolliert wiederholbares Vorstellungsbild zu bringen, dann verfügt er nicht nur über dieses eine beispielbezogene Vorstellungsbild, sondern er hat ein prozedurales Wissen gelernt, das ihm beim Verstehen anderer Gegenstände dienlich ist.«[21]

Man könnte auch sagen: »... dann hat er Peilung!«

[1] Wolfgang Legler: Einführung in die Geschichte des Zeichen- und Kunstunterrichts von der Renaissance bis zum Ende des 20. Jahrhunderts, Oberhausen 2011, S. 65. Vgl. ebd., S. 43–63.

[2] Eduard Spranger: Pestalozzis Denkformen (2. Auflage), Heidelberg 1959, S. 35.

[3] Johann Heinrich Pestalozzi: ABC der Anschauung oder Anschauungslehre der Maßverhältnisse, in: Artur Buchenau/Eduard Spranger/Hans Stettbacher: Pestalozzi, Sämtliche Werke, Bd. 15, Zürich 1958.

[4] Zitiert nach: Theodor Wunderlich: Illustrierter Grundriß der geschichtlichen Entwicklung des Unterrichts im freien Zeichnen, Stuttgart/Leipzig 1892, S. 38 f.

[5] Johannes Ramsauer/Zahn (Hgg.): Pestalozzi'sche Blätter. Memorabilien J. Ramsauer's, o.O. 1846, S. 70 ff.

[6] Joseph Schmid: Die Elemente des Zeichnens nach Pestalozzischen Grundsätzen bearbeitet von J. Schmid, einem Zögling und Lehrer am Institut zu Ifferten, Bern 1809.

[7] Ebd., S. 8.

[8] Ebd., S. XI.

[9] Peter Ramsauer: Zieh aus deines Vaters Hause. Die Lebenswanderung des Pädagogen Johannes Ramsauer im Bannkreis Pestalozzis, Oldenburg 2005, S. 182.

[10] Ebd.

[11] Johannes Ramsauer: Zeichnungslehre, erster Teil, Stuttgart/Tübingen 1821, S.VI.

[12] Ebd., S. III.

[13] Johannes Ramsauer: Kurze Skizze meines pädagogischen Lebens. Mit besonderer Berücksichtigung auf Pestalozzi und seine Anstalten, Oldenburg 1838, S. 76.

[14] Ramsauer 1821 (s. Anm. 11), S. 70.

[15] Wolfgang Kemp: »... einen wahrhaft bildenden Zeichenunterricht überall einzuführen«. Zeichnen und Zeichenunterricht der Laien 1500-1870. Ein Handbuch, Frankfurt/M. 1979, S. 298.

[16] Vgl.: Johannes Ramsauer: Zeichnungslehre, erster Teil, Stuttgart, Tübingen 1821, S. 64 ff.

[17] Ebd., S. 53.

[18] Ebd., S. 66.

[19] Karl Glinzer: Elementarzeichenunterricht nach Diktaten, Kassel 1868.

[20] Die Methode der Gebrüder Dupuis. Monatsbücher für wissenschaftliche Pädagogik. Jahrgang 1885, Heft 1 u. 4; Naske: Der Zeichenunterricht, Brünn 1877, S. 88.

[21] Hubert Sowa/Jochen Krautz: Konventionell zeichnen können. Lehrmethodik, diagnostischer Nachweis, Anwendungspotenziale, Kunst+Unterricht, 368-370/2013, S. 14. Weitere Literatur: Helene Skladny: Ästhetische Bildung und Erziehung in der Schule. Eine ideengeschichtliche Untersuchung von Pestalozzi bis zur Kunsterziehungsbewegung (2. Auflage), München 2012.

Jutta Ströter-Bender

In Räumen denken
Zur Bildungstradition von Modellen

Die bildenden Potenziale von Modellen sind in dem gegenwärtigen Diskurs zu kunstpädagogischen und kunstdidaktischen Fragen aus dem Blickfeld geraten, doch erscheint ein aktualisierter Blick auf die vielfältigen Einsatzmöglichkeiten lohnenswert.

Eine neue Perspektive auf die bisher als selbstverständlich hingenommenen Qualitäten von Baukörpermodellen öffnete die seit ca. 20 Jahren stattfindende Umstellung auf immer perfektere digitale Entwurfsprogramme in den Architekturdebatten.[1] Denn dreidimensionale materielle Modelle erzeugen durch ihre Präsenz – andere – konkretere Raumvorstellungen wie auch klar formulierte Begrenzungen für eine visuelle wie haptische Erkundung.[2] Dabei stehen sie als materialisierte Ideen- und Gedankengebäude an der Schnittstelle einer mehr oder weniger maßstabsgetreuen Übersetzung, Festsetzung und Interpretation von kulturell definierten Räumen.[3] Durch ihre Konzentration auf das Wesentliche setzen dreidimensionale Modelle Markierungen für Blickführungen. Mit ihrer spezifischen Materialität und Positionierung entwerfen und bilden sie Maßstäbe für visuelle Vorstellungen von Gebäuden, Räumen und Funktionsebenen. Durch ihre ästhetische Gestaltung lassen sie in konzentrierter Verdichtung teilhaben an Weltbildern, Normen und Hierarchien (von dem, was durch das Modell darstellungswürdig erscheint oder auch nicht). Sie verweisen zugleich direkt auch auf wertende Maßstäbe darüber, mit welchem Selbstverständnis und mit welchen Zielvorstellungen die jeweiligen Auftrag gebenden Persönlichkeiten und Institutionen in der Öffentlichkeit vertreten sein möchten, und welche Materialien, Stilformen und Größen dafür als vorbildhaft wie repräsentativ angesehen werden.

Die Wiederentdeckung der materiellen Kultur und ihrer Objekte in den Kulturwissenschaften führte zu Fragestellungen nach dem »Potenzial von Modellen« in der Vermittlung und Übersetzung von Räumen durch ihre spezifische Materialität und ihre künstlerischen Praktiken[4], im Kontext einer Produktion von Bedeutungen und kulturellen Identitäten, Wertvorstellungen und Erinnerungen.[5]

Begleitend führt die Wahrnehmung der für die Modelle gewählten Materialien und den damit verbundenen handwerklichen wie künstlerischen Praktiken wie

Abb. 1: Tastmodell (Zinn-Bronze) der Altstadt von Wismar. 2012. Künstler Egbert Broerken, Standort: Ostseite des Rathauses (Marktplatz). Enthüllt am 31. März 2012. Foto August 2012.

ihrer spezifischen ästhetischen Darstellungstraditionen und Präsentationstechniken zu bisher nur partiell erforschten Ebenen. Sie enthält grundlegende Reflexionen in Bezug auf traditionelle Gestaltungs- und Bildungsverfahren, welche mit Modellen eng verflochten sind und die bis in die Gegenwart hineinwirken. Diese betreffen ebenso die Qualitäten der unterschiedlichen Modellnutzungen in Bildungs- und Ausbildungs- kontexten wie die des Modellbaus und seiner Materialien.

Die komplexe begriffliche Fassung von dreidimensionalen Modellen orientiert sich in der Architekturtheorie im Wesentlichen dabei immer noch an den Definitionen von Heydenreich aus dem Jahre 1937.[6] Mit überschneidenden Funktionen werden dreidimensionale Modelle weitgehend wie folgt in gekürzter Fassung klassifiziert:

- Reliefmodelle, modellierte Kartographien,
- Architekturmodelle (9 Modelltypen)[7],
- Industriemodelle, Maschinen, mechanische Modelle,
- Lehr- und Tastmodelle,
- Krippen und Bühnenmodelle mit Figuren und inszenierter Dramaturgie.

Modell-Renaissance

Konkret lässt sich das wiedererwachte Interesse an Modellen in den Zentren zahlreicher deutscher Städte wie auch in Museen, Denkmälern und Gartenanlagen beobachten. Hier zeigt sich eine neue Wertschätzung von topografischen Modellen und Baukörpermodellen in unterschiedlichster materieller Gestaltung und Dimensionierung. Als Erinnerungsmodelle und als Rekonstruktionsmodelle verweisen solche Modelle auch immer wieder auf die historischen Stadtstrukturen vor den Zerstörungen des Zweiten Weltkrieges.

Die neu etablierten Baukörpermodelle sind zugleich Ausdruck eines lokalen bürgerlichen Engagements, werden sie doch häufig von gemeinnützigen Vereinen oder Gruppen nach aufwändigen Sammlungen gespendet. Oft aus Bronze gegossen, in kinderfreundlicher Tasthöhe installiert, mit Erklärungen in der Brailleschrift für Blinde versehen, stellen diese Modelle ein populäres Vorstellungsvehikel und Bildungsmedium dar. Sie laden im Kontext einer öffentlichen Didaktik informell wie geleitet dazu ein, von jedem angefasst, betastet und erkundet zu werden. Sie dienen bei Stadtführungen für breite Zielgruppen als Treffpunkt, ermöglichen Ortsunkundigen eine erste Orientierung und werden zum »erklärenden Einstieg« für die Wahrnehmung des kulturellen Erbes genutzt, das zugleich durch das schwere, würdevolle und Beständigkeit signalisierende Material Bronze (oder auch Eisen) eine semantische Adelung erfährt.[8]

Die noch andauernde Etablierung von repräsentativen Stadtmodellen findet nicht nur im deutschsprachigen Raum statt, sondern beispielsweise auch in Frankreich. Dort werden seit den späten 90er Jahren des vergangenen Jahrhunderts historische Stadtmodelle aufwändig rekonstruiert und vor allem in Rathäusern und Stadtmuseen präsentiert.[9] Als materielle Quellen für die Kunst- und Kulturgeschichte der Raumwahrnehmung und Topografie erhalten diese Modelle von Architekturen und Landschaften in ihren wissenschafts-, kulturhistorischen und ästhetischen Ebenen höchste Wertschätzung.[10] Zugleich ist in populären Kontexten ein erwachtes breites Interesse an verschiedenen Formen des Modellbaus in Verbindung mit digitalen und konkreten handwerklichen Techniken zu beobachten.

Das Architekturmuseum in Frankfurt (DAM) folgte dem Trend und dem wachsenden Forschungsinteresse an Baukörpermodellen und zeigte im Sommer 2012 die Ausstellung »Das Architekturmodell – Werkzeug, Fetisch, kleine Utopie«. 300 Modelle aus dem 20. und 21. Jahrhundert stellten dichtgedrängt die intensiven Wechselbeziehungen zwischen Architektur und Kunst vor.[11] Ihre Präsentation öffnete, wenn auch weniger direkt intendiert, eine Fülle von Bezugsthemen zur materiellen Präsenz und Didaktik von Modellen.

Faszination und Präsenz

Die Untersuchung der anschaulichen und bildenden Wirkung von Modellen wird in der vorliegenden Literatur von dem Begriff »Modellrealität« begleitet. Knoll und Hechinger sprechen mit Blick auf das Architekturmodell von einer »eigenen Modellrealität«[12], die in ihrem Aufbau und ihrer Darstellung kaum noch etwas mit der konkreten Realität der gebauten Architektur zu tun habe:

»Vielmehr ist dann das Modell [...] Ausdruck des geistigen Gehaltes eines Entwurfes, der beim fertigen Bau immer mehr zurücktritt, gleichsam verschüttet wird [...].«[13]

Modelle bieten durch ihre ästhetische Präsenz, Materialität, Gestaltungsweisen und Inszenierung im kulturellen Kontext den Betrachtenden ein breites Feld von Assoziationen an, welche sich in ersten subjektiven Erfahrungen jenseits von Ansprüchen nach wissenschaftlicher Objektivität eröffnen können – ein Erfahrungswissen, das in Bildungs- und Erziehungsprozessen zur inhaltlichen Vermittlung immer wieder genutzt wurde. Das Phänomen des Staunens und Verwunderns, welches durch Modelle, ihre Ästhetik, handwerkliche Ausarbeitung, Materialität und Raumwirkung ausgelöst werden kann, wird in der Literatur zum Modellbau immer wieder auch mit dem Begriff

Abb. 2: Modellfaszination: Modell (bemaltes Holz, Spiegel) des mittelalterlichen Paris. Spätes 19. Jh. Musée du Carnevalet (Stadtmuseum Paris). Foto Mai 2009.

Abb. 3: Modellfaszination: Diorama Messeler See. Rekonstruktionsmodell. Um 1990. Heimat-museum der Stadt Messel (Weltnaturerbe Grube Messel). Foto Oktober 2010.

»Modellfaszination« bezeichnet.[14] Daston und Park haben wissenschaftshistorisch die Traditionslinien und die Bedeutung des Staunens als kognitive Leidenschaft und nach Aristoteles als »Anfang des Philosophierens« ausführlich diskutiert. Für den Kontext der Diskurse zur »Modellfaszination« ist diese historische Rehabilitation von Qualitäten des Staunens und Verwunderns, auch als initiatorische Anregung für Lern- und Bildungsprozesse von großer Bedeutung.[15]

Modell-Pädagogik

Modelle aller Art waren im 17./18. Jahrhundert zentrale Bestandteile der Wunder-kammern, Kuriositätenkabinette und Lehrsammlungen. Als konkrete wie sinnliche Anschauungs- und Orientierungsmedien wurden sie in den Konzeptionen der profes-sionellen wie kulturellen Bildung erfolgreich wie nachhaltig erprobt. Zur Vermittlung einer Wahrnehmung von Gebäuden, Räumen und Landschaften sind sie seit der Re-naissance aber nicht nur eng mit der europäischen Architekturausbildung verbunden, sondern auch mit der Militärerziehung sowie mit der Entwicklung im Industrie- und Manufakturwesen und des Realienunterrichtes.[16]

Das breite Spektrum in der Vermittlung von Erkenntnissen und in der Schulung von professionellen Kompetenzen durch aufmerksame Modellbetrachtung wurde daher seit dem 18. Jahrhundert systematisch für Lehr- und Anschauungszwecke in den verschiedensten Ausbildungsgängen eingesetzt, so neben den Architekten auch für Ingenieure, Bildende Künstler, aber auch für Handwerksberufe im Rahmen der Innenraumgestaltung.

In den europäischen Kunst- und Wunderkammern der Frühen Neuzeit waren die Modelle von berühmten Gebäuden (Standmodelle), technischen Geräten (Funktionsmodelle), Schiffen, anderen Fahrzeugen, Erd- und Himmelgloben elementare und beliebte Ausstattungsobjekte, hinzukamen Modellpuppen, die zum Studium und zur Anschauung einluden.[17] An Architekturmodellen wurden wesentliche Verhältnisse von Proportionen studiert. Modelle von Gebäuden ferner Stätten (beispielsweise Rom) dienten zur Vertiefung der Bildung – und als Inspirationsquelle für lokale Bauherren. Prinzipien der Mechanik wurden an technischen Geräten nachvollzogen. Balthasar Neumann (1687-1753), Architekt der Wallfahrtskirche Vierzehn Heiligen (Bad Staffelstein, Oberfranken) betonte 1731 in einem Schreiben an Friedrich Karl von Schönborn den Wert plastischer Modelle für das Erkennen und das Studium von Architektur gegenüber Zeichnungen.[18]

In der militärischen Ausbildung des Adels, vor allem auch in der Prinzenerziehung, nahmen seit dem frühen 17. Jahrhundert großformatige Reliefmodelle, Landschaftsmodelle mit Festungsanlagen und Stadtansichten eine bedeutende Rolle ein. Im strategischen Kontext hatte sich in der Frühen Neuzeit die Konstruktion von großformatigen Festungsmodellen als besonders effektiv für die Kriegs- und Schlachtenplanung erwiesen. Damit konnte der Einsatz der neuen Technologien für die Artillerie kalkuliert werden. Die Reliefmodelle dienten zum Einprägen von Landschaftsformationen und Herrschaftsräumen. Militärische Auseinandersetzungen wurden mit Zinnsoldaten sorgfältig geplant und vorab »erprobt«, die Zinnsoldaten an langen Stöcken hin- und hergeschoben. Damit wurde eingängig und nachhaltig die gouvernementale Praxis eingeübt, Soldaten in Kriegshandlungen als Manövriermaterial wahrzunehmen und zu behandeln.

Die Wertschätzung der militärischen Reliefmodelle führte in Paris unter Ludwig XIV (1638-1715) in Zusammenarbeit mit dem Ingenieur und Festungsbaumeister Marquis de Vauban (1633-1707) zur Zusammenstellung einer bedeutenden Sammlung von 140 Modellen, die vorerst in einer eigenen Galerie im Louvre, im Zentrum der Macht, aufbewahrt wurde und heute auf einem ausgebauten Dachboden im Militärmuseum von Paris in erhaltenen Restbeständen von 40 Modellen besichtigt werden kann (Musée des Plan Reliefs).

Abb. 4: Modell Melun-Sénart, Frankreich. Entwurfsmodell. 1987. Rem Koolhaas / OMA (Office for Metropolitan Architecture). Architekturmuseum, Frankfurt (DAM). „Das Architekturmodell – Werkzeug, Fetisch, kleine Utopie". Sommer 2012.

Abb. 5: Traditionelle Gestaltung: Modell eines Stadthauses, Rue Portefin, Quartier du Temple, Paris (Holz, Karton, Papier, Leder, Spiegelscherben). Ende des 18. Jh. Musée du Carnevalet (Stadtmuseum Paris). Foto Mai 2009.

Auch von Vauban wird berichtet, dass er bei seinen architektonischen Planungen nur im topographischen Kontext der dreidimensionalen Festungsmodelle entwerfen und konstruieren konnte und Entwurfszeichnungen für ihn ungenügend waren.[19] Bereits aber auch in dieser Epoche erfuhren die Reliefmodelle am französischen Königshof eine Wertschätzung als Kunstwerke. ZeitgenossInnen schilderten diese Nachbildungen von Landschaftsformationen und Städten als wahre Wunderwerke.

Architekturmodelle von antiken Ruinen wurden als Vergegenwärtigung des Vergangenen und zugleich als ästhetisches Ereignis seit der Mitte des 18. Jahrhunderts wahrgenommen, studiert und abgezeichnet.[20] Nach den Ausgrabungen in Pompeji kam es im Rahmen der Antikenrezeption und des Klassizismus zu einer »Modell-Mode« an europäischen Fürstenhöfen und Akademien. Im Mittelpunkt des Interesses standen äußerst kostspielige Modelle aus Korkrinde, so genannte Phello-Plastiken, die weitgehend das ganze Spektrum der sehenswerten antiken Bauruinen Roms lehrreich und eindrucksvoll wiedergaben. Sie wurden in römischen Werkstätten von bekannten

Abb. 6: Architekturmodell. Entwurfsmodell der Kindertagestätte Heddernheim-Nord, Frankfurt. 1986-95. Friedensreich Hundertwasser in Zusammenarbeit mit dem Modellbauer Alfred Schmid. Architekturmuseum, Frankfurt (DAM). „Das Architekturmodell – Werkzeug, Fetisch, kleine Utopie". Sommer 2012.

Modellbauern produziert (Agostino Rosa 1738-1784; Antonio Chichi 1743-1816), und dann um 1800 auch in Deutschland nachgebaut, so durch den Hofkonditormeister Carl May (1747-1822), der damit zu Ruhm und Ansehen gelangte.[21] Johann Wolfgang von Goethe beschreibt in seinem Tagebuch zur »Italienischen Reise« am 1. November 1786 die Bedeutung dreidimensionaler Architekturmodelle zur römischen Antike für die Entstehung seiner »Begierde« nach Rom zu reisen. Zugleich weist er ihnen eine wesentliche Orientierungs- und Bildungsfunktion zu, die ihn bereits vorher mit der neuen Welt »Bekanntschaft« finden ließ.[22]

Im frühen 19. Jahrhundert wurden Modelle in bildungstheoretischen Schriften als eine zentrale und unverzichtbare Lehrart im Kontext aller Hauptfächer gewertet. Ihnen wurde ein hoher Vorteil in der nachhaltigen, einprägsamen Anschauung gegenüber Zeichnungen und Beschreibungen zugeschrieben.[23]

Mit einer Modell-Pädagogik verband sich eine Fülle von konkreten, methodischen Vorstellungen, die auf das gesicherte Erfahrungswissen des vorhergehenden Jahrhunderts zurückblickten: Modelle galten als eine Veranschaulichung, das Große im Kleinen maßstabsgetreu wiederzugeben, als Medium der Erkenntnis in Vorlesungen und Führungen.[24] Ihre Anschauung wurde mit Lektionen im kopierenden Zeichnen vertieft und mit Übungen zur Perspektive, der Gestaltung von Licht und Schatten sowie der Darstellung von Materialität kombiniert.

Die zweite Hälfte des 19. Jahrhunderts kann insgesamt auch als eine Epoche des populären Modellbaus gesehen werden, der vor allem in der Jungenerziehung einen hohen Stellenwert einnahm, so mit Anker-Bausteinkästen und zahlreichen Varianten von Modellbaubögen aus Karton und Papier.[25] Von den Kinderstuben aus wurde die Praxis des Modellbaus in den Schulen weiter fortgeführt, vor allem im Werkunterricht. Die damit verbundenen didaktischen Konzeptionen wirkten in der Lehrerausbildung über Generationen nach, so beispielsweise in der Schweiz in der schulischen Werkerziehung und dem Knabenunterricht bis in die 50er Jahre des 20. Jahrhunderts hinein.[26]

Modell-Ästhetik: Materialität und Oberflächen

Als neu ernannter Bauleiter eröffnete Michelangelo 1546 in Rom die konfliktreichen Auseinandersetzungen um die bereits vorliegenden Baupläne von St. Peter, Rom mit einem »Modellkrieg«. Er diffamierte das gigantische Holzmodell seines gerade verstorbenen Vorgängers Sangalo, dessen Konstruktion sieben Jahre benötigt hatte, mit allem ihm zur Verfügung stehenden Mitteln. Das bis heute erhaltene Modell Sangalos von St. Peter war detailliert ausformuliert, seine Oberflächen waren sorgfältig bemalt. Es gilt bis heute nicht nur als Ausdruck einer perfekten Illusion, sondern auch als verdichtete

Zusammenfassung der wesentlichen Architekturvorstellungen der Renaissance. »In dem hölzernen Architekturmodell muß er jenen fixierenden Zug erkannt haben, der seinem organischen Bild von Architektur widersprach [...] Jedes Modell, das nicht etwa eine Etappe des Suchens festhielt, sondern das Ende des Vortastens besiegelte, hat Michelangelo irritiert. Hierin wird der Grund gelegen haben, daß er zwar noch Holzmodell verwendete, sein bevorzugtes Modell-Medium aber knetbarer Ton war.«[27]

Michelangelo stand mit seiner Position in direkter Linie zu den Schriften des Architekturtheoretikers Leon Battista Alberti (1404-1472), der in einem bis heute gültigen Grundlagentext zum »richtigen« Umgang mit Architekturmodellen zwischen 1443-1453 klare Vorgaben formulierte, die bis in die Gegenwart in das professionelle Selbstverständnis von ArchitektInnen hineinwirken:

»[...] daß nämlich auf Glanz hergerichtete und sozusagen durch das Lockmittel der Malerei aufgeputzte Modelle vorzuweisen nicht das Vorgehen eines Architekten ist [...] Deshalb soll man keine kunstvoll ausgeführten, ausgefeilten Modelle, ins Auge fallenden, sondern schlichte und einfache Modelle machen, an denen Du den Geist des Erfinders, nicht die Hand des Fertigers bewunderst.«[28]

Die hier bei Alberti postulierte Hierarchisierung zwischen Architekten als Ideengeber und ausführenden Modellbauern und Kunsthandwerkern (als reinen Produzenten) findet bis heute im Modell-Diskurs Anschluss. Eine weitere Fortführung zeigt sich in der höheren Wertung einer Ästhetik von »vernünftigen«, weil sachlich und diskursiv konzipierten Modellen.[29] Bei diesen Modellen geht es um die Sichtbarmachung und Kontrolle der räumlichen Wirkung, also um Konzentration auf das Wesentliche bei der Form des betreffenden Baukörpers.[30]

Dieses Konzept der »nüchternen« Modelle steht in der Kontrastierung und in kritischem Abstand zu jener – bis in die Gegenwart oftmals sehr populären und beliebten Modelltradition, die eine Ausformulierung bevorzugt. Sie zeichnet sich dadurch aus, dass die bemalten und verzierten Modelloberflächen die Materialität von Gebäuden und Landschaftsräumen möglichst detailgetreu und illusionistisch wiedergeben. Bei dieser Gestaltungsstrategie geht es um eine subjektiv-assoziative Oberflächenfassung und eine verstärkte Tiefenwirkung der Formen. Durch Bemalungen werden Texturen und Stofflichkeiten zum Leben erweckt, leere Flächen gefüllt und gegliedert. Dabei ist auch direkt die Entstehung einer Illusion, einer »Beseelung des Modells« das Ziel. Intendiert ist die »Verzauberung« der Betrachtenden, - die Entstehung einer »Modell-Magie«.

Erfreuten sich solche historische Stadt-, Landschafts- und Bühnenmodelle bis heute einer ungebrochenen breiten Wertschätzung, galten sie bis vor kurzem in museologischer und bildungstheoretischer Perspektive als nicht mehr zeitgemäß. Sie wurden in vielerlei Hinsicht als überholte Objekte einer materiellen Kultur und veralteten wissenschaftlichen Konzeptionen wenig wertgeschätzt und in den 70er-Jahren des vergangenen Jahrhunderts flächendeckend vernichtet und entsorgt – ein immenser Verlust für die Wissenschafts-, Rezeptions- und Bildungsgeschichte von Modellen, auch mit Blick auf die Geschichte ihrer Produktions- und Präsentationstechniken.[31]

Als einen »Tabu-Bruch« bezeichneten daher im Sinne des kontroversen Ästhetik-Diskurses die Kuratoren der oben genannten Ausstellung zu Modellen im Frankfurter Architekturmuseum (2012) die Aufnahme eines Architekturmodells von Friedensreich Hundertwasser. Es handelt sich um ein im bekannten Stil des Künstlers ausgestaltetes Entwurfsmodell der Kindertagestätte Heddernheim-Nord, Frankfurt, in Zusammenarbeit mit dem Modellbauer Alfred Schmid gefertigt. Kategorisiert an den Schnittstellen zwischen den überschneidenden Funktionen eines Entwurfsmodells und eines originalen Kunstwerkes, bezeichnet der Katalogartikel den Beitrag von Hundertwasser als puppenhaft, verspielt, niedlich und »pedantisch ausformuliert«[32]. Hundertwasser propagierte mit diesem Modell – wie auch mit anderen seiner ähnlich gefassten Architekturmodelle – seine subversive Intention des Kampfes gegen eine so genannte rationale, technokratische Architektur und der durch sie gestalteten »herzlosen« Lebensräume[33].

Ausblick

So führt die Diskussion um die Ästhetik und Ausgestaltung von Modellen direkt auch zu grundsätzlichen politischen Fragestellungen im Kontext historischer wie aktueller Baukultur. Sie eröffnet wissenschaftshistorische Fragestellungen im Kontext der kulturellen Bildung und Kunstpädagogik, gerade auch unter Berücksichtigung der Modell-Pädagogik und ihrer Facetten. Im Kontext der immer noch weitergehenden Digitalisierung der Lebenswelten können ergänzend wie kontrastierend Fragestellungen in der kulturellen Bildung nach den tieferen Ursachen der ungebrochenen konkreten und Generationen übergreifenden Modellfaszination breiter Bevölkerungsgruppen und den dahinter stehenden Bedürfnissen aufgegriffen werden. Der französische Kulturphilosoph Michael Serres wies bereits 1994 im Rahmen seiner kulturphilosophischen Annäherung an den »Atlas« auf das bewusstseinsfördernde Potenzial des Modellbaus für das Spektrum der sinnlichen Wahrnehmung von Räumen hin:

»Wenn sie Kuben oder Polyeder, Zylinder oder Kegel aus Karton bauen, sind sie Modellbauer oder Typologe, und in beiden Fällen lernen sie, dass ein Körper durch Faltung entsteht, gleichsam impliziert durch seine Ränder. Sie werden in ihrem Haus nicht mehr so wohnen wie zuvor und auch nicht in der Welt mit ihren Tälern und Bergen oder in den Falten und Ausbauchungen der Haut.«[34]

Ähnlich wie bei der Modellbetrachtung, gelten hier bei Serres auch der Modellbau und die damit verbundenen konzeptionellen wie materiellen Erfahrungen als ein Medium zur Erkenntnis von Welt. Ein Aspekt, der durchaus im Kontext neuerer kunstpädagogischer Diskurse und der Frage nach der Bedeutung der Bildwissenschaften von Interesse ist.[35]

---

[1] Vgl. Ansgar Oswald: Meister der Miniaturen. Architekturmodellbau, Berlin 2008, S. 9–10.

[2] Vgl. Richard Sennett: HandWerk, Berlin 2008, S. 170.

[3] Vgl. Oswald 2008 (s. Anm. 1), S. 8–43.

[4] Vgl. Lars Frers: Einhüllende Materialität, Bielefeld 2007.

[5] Vgl. Karl-Heinz Kohl: Die Macht der Dinge. Geschichte und Theorie sakraler Objekte, München 2003.

[6] Ludwig Heinrich Heydenreich: Art. Architekturmodell, in: Reallexikon zur deutschen Kunstgeschichte. Bd. 1, hg. vom Zentralinstitut für Kunstgeschichte, München 1983, S. 918–940.

[7] Vgl. Wolfgang Knoll/Martin Hechinger: Architektur-Modelle. Anregungen zu ihrem Bau, Stuttgart 1999, S. 12–26.

[8] Vgl. Thomas Raff: Die Sprache der Materialien. Anleitung zu einer Ikonologie der Werkstoffe, München 1994, S. 24.

[9] Vgl. Nicolas Faucherre/Guillaume Monsaingeon/Antoine de Roux: Les Plans en Relief des Places du Roy, Paris 2007, S. VIII–IX.

[10] Vgl. Andreas Bürgi (Hg.): Europa Miniature. Die kulturelle Bedeutung des Reliefs. 16. bis 21. Jahrhundert, Zürich 2007, S. 19.

[11] Vgl. Oliver Elser/Peter Cachola Schmal (Hg.): Das Architekturmodell. Werkzeug, Fetisch, kleine Utopie, Frankfurt/M. 2012.

[12] Knoll und Hechinger 1999 (s. Anm. 7), S. 10.

[13] Ebd.

[14] Vgl. Renée Davray-Piékolek/Thomas Bilanges: Paris en maquettes. Une promenade historique dans les rues de la capitale, Paris 2009, S. 4; vgl. Adolf M. Vogt/Werner Jehle: Korkmodelle von Carl May (1747-1822). Architekturmodelle aus Kork aus dem Schloss Aschaffenburg. Bauten der römischen Antike aus Kork, Basel 1988, S. 8–13.

[15] Vgl. Lorraine Daston/Katharine Park: Wunder und die Ordnung der Natur, Frankfurt/M. 2003, S. 25–69.

[16] Evers, Bernd (Hg.): Architekturmodelle der Renaissance. Die Harmonie des Bauens von Alberti bis Michelangelo, München 1995, S. 7; Bürgi 2007 (s. Anm. 10), S. 14–17.

[17] Vgl. Thomas J. Müller-Bahlke: Die Wunderkammer. Die Kunst- und Naturalienkammer der Franckeschen Stiftungen zu Halle (Saale), Halle an der Saale 1998.

[18] Vgl. Heydenreich 1983 (s. Anm. 6), S. 927.

[19] Vgl. Faucherre/Monsaingeon/de Roux 2007 (s. Anm 9), S. 11–85.

[20] Vgl. Norbert Bolz/Willem van Reijen (Hgg.): Ruinen des Denkens, Denken in Ruinen, Frankfurt/M. 1995.

[21] Vgl. Vogt/Jehle 1988 (s. Anm. 14).

[22] Vgl. ebd., S. 30.

[23] Vgl. Karl Marcell Heigelin: Entwurf einer erweiterten Organisation der technischen Zentralschule in Stuttgart 1830.

[24] Vgl. Michael Mende: Technische Sammlungen und industrielle Entwicklung, in: Horst Bredekamp (Hg.): Antikensehnsucht und Maschinenglauben. Die Geschichte der Kunstkammer und die Zukunft der Kunstgeschichte, Berlin 1993, S. 16.

[25] Vgl. Oliver Elser: Zur Geschichte des Architekturmodells, in: Elser/Schmal 2012 (s. Anm. 11), S. 11–21, hier S. 15.

[26] Vgl. Felix Büchler: Reliefs im Schulunterricht. Ein Verlust der Ästhetik, in Andreas Bürgi (Hg.): Europa Miniature. Die kulturelle Bedeutung des Reliefs. 16. bis 21. Jahrhundert, Zürich 2007, S. 193–202.

[27] Horst Bredekamp: Sankt Peter in Rom und das Prinzip der produktiven Zerstörung. Bau und Abbau von Bramante bis Bernini, Berlin 2008, S. 77–78.

[28] Leon Battista Alberti: In the Art of Building in Ten Books. Cambridge Mass 1988, S. 34; übersetzt von Oliver Elser und zitiert in: Elser/Schmal 2012 (s. Anm. 11), S. 16.

[29] Vgl. Teresa Frankhänel: Friedensreich Hundertwasser, Kindertagesstätte, in: Elser/Schmal 2012 (s. Anm. 11), S. 141; vgl. Jutta Ströter-Bender: Didaktik und ästhetische Präsenz. Dreidimensionale Modelle in kulturellen Räumen, in: Wiebke Dannecker/Sigrid Thielking (Hgg.): Öffentliche Didaktik und Kulturvermittlung (Hannoversche Beiträge zur Kulturvermittlung und Didaktik Bd. 2), Bielefeld 2012, S. 207–218, hier S. 213–215.

[30] Vgl. Dimitra Pappa: Modelle an Bauhausstätten, München/Ravensburg 2010, S. 14–16.

[31] Vgl. Büchler 2007 (S. Anm. 27), S. 193–202; vgl. Jutta Ströter-Bender: Modelle, Materielle Kultur und World Heritage Education. Zur Aktualität von Bildungstraditionen, in Jutta Ströter-Bender (Hg.): World Heritage Education. Positionen und Diskurse (Reihe: Kontext. Kunst. Kulturelle Bildung Bd. 4), Marburg 2010, S. 118.

[32] Frankhänel 2012 (s. Anm. 30), S. 141.

[33] Friedensreich Hundertwasser: Grußwort zur Einweihung, Kaurinui, Mai 1999. In Landkreis Wittenberg (Hrsg.). 2004., S. 9–10.

[34] Vgl. Michael Serres: Atlas, Berlin 2005, S. 43. Ebd., S. 43.

[35] Weitere Literatur: Architekturmuseum Basel (Hg.): Carl May (1747-1822). Korkmodelle im Architekturmuseum in Basel, Basel 1988; Corinna Bath: Materialität denken, Bielefeld 2005; Gabriele Beßler: Wunderkammern. Weltmodelle von der Renaissance bis zur Gegenwart, Berlin 2009; Horst Bredekamp (Hg.): Antikensehnsucht und Maschinenglauben. Die Geschichte der Kunstkammer und die Zukunft der Kunstgeschichte, Berlin 1993; Lorraine Daston/Peter Galison: Objektivität, Frankfurt/M. 2007; Christine Flamme: Modelle in der Zeche Zollverein. Schriftliche Hausarbeit im Rahmen der Ersten Staatsprüfung, Paderborn 2009 (unveröffentlicht); Manfred

Hegger/Hans Drexler/Martin Zeumer: Basics Materialität, Basel 2006; Ralph Johannes: Entwerfen. Architektenausbildung in Europa von Vitruv bis Mitte des 20. Jahrhunderts, Hamburg 2009; Valentin Kockel/Werner Helmberger: Rom über die Alpen tragen. Die Aschaffenburger Korkmodelle, Landshut 1993; Landkreis Wittenberg (Hg.): Hundertwasserschule. Lutherstadt Wittenberg, Wittenberg 2004; Gérard Raulet: Die Ruinen im ästhetischen Diskurs der Moderne, in: Norbert Bolz/Willem van Reijen (Hgg.): Ruinen des Denkens, Denken in Ruinen, Frankfurt/M. 1995, S. 179–214; Dietmar Rübel/Monika Wagner/Vera Wolff (Hgg.): Materialästhetik. Quellentexte zu Kunst, Design und Architektur, Berlin 2005; Berthold Schwanzer (Hg.): Architektur-Modelle und -Sammlungen. Architekturführer, Wien 1994; Jutta Ströter-Bender: Museumskoffer, Ideen- und Materialkisten. Projekte für die Primar- und Sekundarstufe und die Museumspädagogik, Marburg 2009; Monika Wagner/Dietmar Rübel/Sebastian Hackenschmidt (Hgg.): Lexikon des künstlerischen Materials. Werkstoffe der modernen Kunst von Abfall bis Zinn, München 2002; Monika Wagner/Dietmar Rübel (Hgg.): Material in Kunst und Alltag, Berlin 2002; Thomas Werner (Hg.): Das K.K. National-Fabrikprodukten-Kabinett. Technik und Design des Biedermeier, München/New York 1995; Isabelle Warmoes: Le musée des Plans-Reliefs, Paris 1997; Isabelle Warmoes: Les plans en relief des places fortes du Nord: Dans les collections du Palais des Beaux-Arts de Lille, Paris 2006.

Kurt Wettengl

Old Chinese Proverb
Glückwunschkarte an Klaus-Peter Busse

Bei bedeutenden Anlässen wird gerne auf die »Weisheiten der Alten« zurückgegriffen. Dieser rhetorischen Tradition schließt sich meine Glückwunschkarte an, deren Ansichtsseite einen Sinnspruch des Konfuzius zeigt und ganz allgemein Lernsituationen anspricht: »I hear and I forget / I see and I remember / I do and I understand.« Das Zitat setzte der Künstler Benjamin Patterson in bunten Lettern dreizeilig auf das Pult einer Schulbank. Das Kunstwerk »Old Chinese Proverb« besteht aus diesem altertümlichen Schulpult für Kinder, das aufgeklappt, zum einen den Schreibtisch bildet und zum anderen eine Rolltafel mit dem Alphabet und Illustrationen zu den unterschiedlichsten Wissensgebieten freigibt. Patterson ergänzte dieses Object trouvé durch die ebenfalls vorgefundenen bunten Großbuchstaben und eine kleine Heugabel, die er auch dem Alltag entnahm und unter den Stuhl legte. Durch seine Kombinatorik verknüpft Ben Patterson den Zeitraum von Konfuzius, d.h. die Zeit von ca. 500 vor Christus, mit dem späten 20. Jahrhundert und damit historische Weisheiten mit der Haltung der Fluxus-Bewegung, die seit dem Ende der 1950er Jahre, die Kunst veränderte.

Für den 1934 in Pittsburgh geborenen Musiker und Fluxus-Künstler Ben Patterson spielt Bildung seit seiner Kindheit eine große Rolle. »Mit vier Jahren« – so gab er sich in seinem Interview »Ich bin froh, dass Sie mir diese Frage gestellt haben« zur Antwort – »hatte ich dank der Radiosendungen der Metropolitan Opera, jede bedeutende Oper mindestens schon zweimal gehört. Mit zwölf Jahren hatte ich jedes Wort bis zum Buchstaben M in der 12. Ausgabe der Encyclopaedia Britannica gelesen, wenn auch nicht immer alles verstanden [...]. Und ich startete einen Kreuzzug: Ich wollte der erste Schwarze sein, der die Rassenschranke in einem amerikanischen Symphonieorchester durchbricht.«[1] Nach seinem Studium der Musik und seinem Abschluss an der Michigan University, spielte Patterson für mehrere Jahre Kontrabass in Philharmonischen Orchestern. Von 1960 bis 1962 in Köln ansässig, gehörte er bald aber zu den wichtigen Protagonisten der Fluxus-Bewegung, deren Akionsradius er 1964 jedoch schon wieder mit seinem Rückgang in die USA für einige Jahrzehnte verließ.

Dass Fluxus keine einmalige historische Erscheinung, sondern eine geistige Haltung zur Kunst und eine Lebenseinstellung ist, zeigt sich biografisch an Ben Pattersons Abschied vom Abschied von der Kunst um 1988. In diese Zeit des »Relaunchs« gehören neben dem »Old Chinese Proverb«, das »Old Latin Proverb«[3] und die Assemblage »Educating White Folk«[4], mithin zwei weitere Kunstwerke, die sich mit Lernen und Bildung befassen. Zu »Educating White Folk« äußerte sich der Künstler ebenfalls in seinem Auto-Interview: »Wie vorhin erwähnt, wuchs ich als Schwarzer in einem Amerika der legalen Rassentrennung auf, in dem nur wenige Protestformen möglich waren, und wir Schwarzen benutzten den satirischen Humor als Form des Protestes. Das beste Beispiel dafür ist [...]›Educating White Folks‹. In diesem Stück zitiere ich einen bei den Schwarzen bekannten Witz, der folgendermaßen geht: *Die Mittel für die schwarze Schule wurden für die weiße Schule verwendet. Der Schulreferent erzählt dies dem schwarzen Rektor, der dagegen natürlich nicht offen protestieren kann. Also sagt er: ›Was wir wirklich am dringendsten brauchen, sind gebildete Weiße.‹«[5]* Schauen wir uns die von Patterson ausgewählte Schulbank noch einmal an, führt uns dieses Objekt in das späte 19. Jahrhundert und zu einer damals neuen Bildungsbewegung. So verweisen die Materialangaben zum »Old Chinese Proverb« auf die Herkunft der Schulbank als »Antique Chautauqua industrial art desk in stand«. Chautauqua ist ein Ort im Bundesstaat New York, nach dem eine 1874 gegründete, ursprünglich religiöse Sommer-/Sonntagsschule benannt worden war. Dass dieses Bildungsangebot jedoch im Folgenden keineswegs nur auf religiöse Inhalte beschränkt war, zeigt uns die Rolltafel mit den verschiedensten Bildern, die in gewisser Weise an die »Weltkästen« des 18. Jahrhunderts erinnern. Die der Assemblage beigefügte Heugabel könnte im Zusammenhang der Chautauqua-Pädagogik auf den Umstand hinweisen, dass diese Angebote insbesondere von kulturell und bildungsmäßig unterversorgten bäuerlichen Schichten wahrgenommen wurden. Da Ben Patterson nun jedoch kein Kulturhistoriker, sondern ein künstlerisch denkender Mensch ist, können wir kaum annehmen, dass er uns in einer Art »Bilderrätsel« die Geschichte dieses Bildungs- und wohl auch Unterhaltungsangebots vermitteln wollte.

Das konfuzianische Zitat stellt die Frage danach, wie wir uns mit der Welt vertraut machen, wie wir sie verstehen, ja wie wir sie begreifen können. Dem Hörsinn wird in diesem Zusammenhang eine geringere Funktion zugesprochen als dem Sehsinn, denn das Gehörte werde vergessen, das Gesehene immerhin erinnert. Der eigenen Handlung hingegen wird die Priorität in der Welterkenntnis zugesprochen. Angesichts der nostalgischen Schulbank, die den Kindern die Welt – je nach Perspektive – immerhin oder doch nur in kleinformatigen Reproduktionen vorstellt, wird deutlich, dass die pädagogische Situation der Chautauqua-Schüle, der eigenen

Praxis wohl keine große Bedeutung zugemessen hatte und diese so im Gegensatz zur »alten chinesischen Weisheit stand, mit der Patterson an andere Möglichkeiten des Lernens erinnert.

Auf die Bedeutung des eigenen Tuns weist uns der Künstler durch die kleine Gabel hin, die er unter den Stuhl legte. Wenn Ben Patterson nach einem Vierteljahrhundert mit Arbeiten wie dem »Old Chinese Proverb« wieder in den Kunstbetrieb zurückkehrt, schafft er im Gegensatz zu den prozessualen Kunstformen der frühen 1960er Jahre zwar nun wieder Werke, bleibt dem Gedanken der Aktivierung des Publikums aber zumindest symbolisch treu. Die Gabel verweist auf die Bedeutung unserer eigenen Arbeit, auf unsere körperlichen Aktivitäten und die damit einhergehenden Wahrnehmungen und Erkenntnisse im Sinne des Konfuzius-Zitates. Im Rahmen der Kunst war es Ende der 1950er, Anfang der 1960er Jahre die Fluxus-Bewegung, die dem Körper eine neue Position im Rezeptions- und Erkenntnisprozess zudachte. Aus den stumm und starr vor den Kunstwerken stehenden Ausstellungsbesuchern sollten Akteure werden, die im Kunstkontext Alltagshandlungen vollzogen, nicht zuletzt um deren Reflexion zu ermöglichen. Mit den Event-Scores, den sogenannten Partituren oder den Handlungsanweisungen formulierten Fluxus-Künstlerinnen und -künstler wie Allan Kaprow, George Brecht, Yoko Ono, Dick Higgins oder Alison Knowles im Rahmen der Kunst kurz gefasste pädago-

Ben Patterson: Old Chinese Proverb, 1988 Chautauqua-Schulbank und -Stuhl, Mixed Media; Tisch: 44 x 58 x 44 cm; Stuhl: 60 x 39 x 34; Gabel: 34 x 17 x 1; Museum Ostwall im Dortmunder U, Schenkung Sammlung S.K.F., 2011 (Fotografie: Jürgen Spiler, Fotorechte: Museum Ostwall im Dortmunder U)

gische Skripte, die durch Ergebnisoffenheit charakterisiert sind. Das Unvorhersehbare tritt hier ebenso ein wie in kunstpädagogischen Situationen.[6] Eine systematische Analyse der Fluxus-Künstlerinnen und -künstler als Pädagogen avant lettre steht noch aus und könnte möglicherweise sowohl der Kunstpädagogik in der Schule wie der Vermittlung im Museum weitere Handlungsperspektiven eröffnen. Neben den umfangreichen Beständen an Kunstwerken, Objekten und Handlungsanweisungen von Fluxus-Künstlerinnen und -künstlern im Bestand des Museums Ostwall wären hier selbstverständlich entsprechende pädagogische Ansätze bei Robert Filliou, die Formen des Action Teaching Bazon Brocks[7] und neuere künstlerische Ansätze einzubeziehen.[8] »Let's do it.«

---

[1]   Ben Patterson: »*Ich bin froh, dass sie mir diese Frage gestellt haben*«, in: Kunstforum International 115, September/Oktober 1991 (Fluxus – Ein Nachruf zu Lebzeiten), S. 166–177, hier S. 169.

[2]   Zu Leben und Werk Ben Pattersons siehe den Ausstellungskatalog: Benjamin Patterson. Born in the State of Flux/us, Valerie Cassel Olivier (Hg.), Contemporary Arts Museum Houston, Houston 2012.

[3]   Abbildung in ebd., S. 79.

[4]   Abbildung in Kunstforum International (wie Anm. 1), S. 171.

[5]   Ebd., S. 176.

[6]   Siehe Klaus-Peter Busse/Karl-Josef Pazzini (Hg.): (Un)vorhersehbares Lernen: Kunst – Kultur – Bild (Dortmunder Schriften zur Kunst, Studien zur Kunstdidaktik Bd. 6), Norderstedt 2008.

[7]   Robert Filliou: Lehren und Lernen als Aufführungskünste/ Teaching and Learning as Performing Arts, Köln und New York 1970. Gut erschlossen sind die entsprechenden Schriften zum Action Teaching auf der Homepage von Bazon Brock: http://www.bazonbrock.de/werke.

[8]   Siehe Dorothee von Hantelmann: How to do Things with Art, Zürich/Berlin 2007; Karin Gludovatz/Dorothea von Hantelmann/Michael Lüthy/Bernhard Schieder (Hgg.): Kunsthandeln, Zürich 2010.

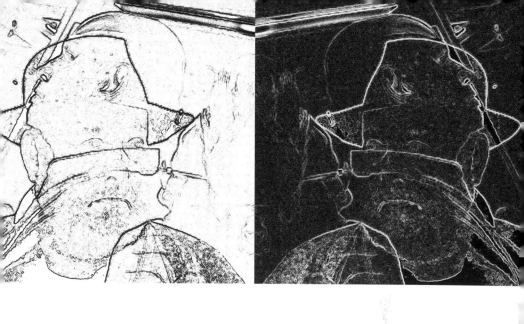

Flurbereinigung

Alexander Glas

Positionsbestimmungen der Kunstdidaktik zwischen Sinnerfahrung, Heterogenität und Diagnostik

.»Meine subjektiven Zustände setzen mich zur übrigen Welt
in Beziehung und der Name dieser Beziehung ist ›Intentionalität‹.«
(John R. Searle)[1]

Eine Festschrift wie diese dient immer auch der Bestandsaufnahme eines Faches und möchte einen Ausblick auf künftige Entwicklungen bieten. Ich »kartiere« zunächst mit Wolfgang Klafki und bringe einen Text in Erinnerung, den er 1967 in Hermann K. Ehmers Bändchen »Kunstunterricht und Gegenwart« publizierte. Die darin vorgetragenen Anmerkungen zum Selbstverständnis kunstpädagogischer Aufgaben haben nichts an Aktualität und Wirkung verloren. Klafki misst in seinen Analysen die Grenzen des Faches Kunst aus und wagt kritisch einige Thesen, die unser Fach auf den ersten Blick in einen engen Rahmen setzen, doch zugleich auch einen weitreichenden Bildungsauftrag zuteilen:

»*Jungen Menschen diese Welt bzw. diesen Aspekt der Wirklichkeit und ihrer Möglichkeiten zu erschließen und damit junge Menschen selbst für diese Welt sichtbarer Gestaltungen aufzuschließen, das bedeutet, ihnen ein weites Feld eigentümlicher und eigenständiger Sinnerfahrungen, eine spezifische Sphäre menschlicher Freiheit, menschlicher Selbst- und Weltdeutung und menschlicher Erfüllung zu eröffnen.*«[2]

Damit sind mindestens zwei Markierungen ausgelegt, die den gegenwärtigen kunstdidaktischen Diskurs, wie ich meine, bereichern und öffnen sollten. Klafki führt ungewollt die gegenwärtige Debatte auf den Kernbestand zurück: auf die Welt der Kunst – wir würden heute den Begriff visuelle Kultur ergänzen – und ihre Erschließung durch eigenständige Sinnerfahrung. Im Anschluss daran lassen sich die kunstdidaktischen Problemfelder mit den Schlüsselbegriffen der gegenwärtigen pädagogischen Diskussion präzisieren: adaptives Lernen, Heterogenität, Relation und Mitverhältnis. Die beiden letzteren wurden noch kaum beachtet, ich möchte daher ihre Bedeutung herausstellen und u.a. mit Plessners Formel einer »Exzentrischen Positionalität« beleuchten.

Klafki unterstreicht seine Forderung mit dem Hinweis, dass die Kunstpädagogik auch daran gemessen werde, inwiefern es ihr gelinge, immer mehr Menschen für die Welt der Kunst und Gestaltung zu interessieren. Schon hier zeigt sich, dass die Erschließung einer visuellen Kultur und die Potentiale der Gestaltung mit einem hohen Grad verantwortlichen Handelns verbunden sind, die primär in den Erschließungsprozessen der Kinder und Jugendlichen selbst zu suchen sind. Damit ist der Bildungsauftrag zwar weit gefasst, im Kern jedoch auch klar umrissen. An folgenden aktuellen Problemfeldern könnte dies weiter erörtert werden, gesucht ist:

- eine Neupositionierung der anthropogenen Grundlagen in deutlicherer Bezogenheit auf die Handlungskompetenzen der Schülerinnen und Schüler; damit verbunden:
- die unabdingbare Setzung menschlicher Freiheit bei der Sinnerschließung von Bildern, einschließlich deren epistemischer Relevanz;
- das fachliche Potential der Bildungsrelevanz, insbesondere bei einer differenzierten bildbezogenen Sinnbestimmung;
- eine Basis hermeneutischen Handelns im Spannungsfeld von Gestalten, Betrachten und Urteilen.

Neupositionierung anthropogener Grundlagen

Die Forderung, Heranwachsenden die Welt der Kunst und deren Gestaltungsformen zu erschließen, ist wahrlich kein Neuland und beschäftigt die Kunstpädagogik seit Beginn an. Der Intention nach wird dies immer wieder an den Parametern von Kind und Kunst ausgerichtet. Ein Blick in die Fachhistorie verdeutlicht auch das Kompendium der Gewichtungen, die je nach pädagogischer bzw. ideologischer Lesart einmal die eine, dann wiederum die andere Seite bevorzugen. So sind z.B. entscheidende historische Wegmarken die Jahre 1959 und 1964. Fast zeitgleich erscheinen zwei Schriften, die in gewisser Weise für lange Zeit und u.U. bis heute das Fach und die kunstpädagogische Auffassung prägen. Gemeint ist der Paradigmenwechsel, den Reinhard Pfennigs Schrift »Bildende Kunst der Gegenwart – Analyse und Methode«[3] (1959) und Gunter Ottos »Kunst als Prozeß im Unterricht«[4] (1964) auslösen. Zeitbedingt propagieren beide eine Akzentverschiebung hin zur zeitgenössischen Kunst. So anerkennend formuliert Otto: »Pfennig fragt nicht vom Jugendlichen her auf die Bildende Kunst zu [...], sondern von der zeitgenössischen Kunst aus zum Jugendlichen hin.«[5]

In der Folge wurden die Gewichte zugunsten der Kunst/visuellen Kultur verteilt. Zu ergänzen ist der Ästhetikbegriff in seiner engen Stellung zur Sinneswahrnehmung. Er liefert gleichsam die Legitimationsbasis, praktisch »alles« zu einem ästhetischen Objekt zu erklären, das visuell erfahrbar ist. Die »Aisthesis« gibt de facto die Begründung vor, um unspezifisch die sinnliche Erfahrung bzw. sinnliche Erkenntnis zu umwerben.

In jüngster Zeit deuten sich Veränderung an – auch getragen von Überlegungen aus der Erziehungswissenschaft – in denen das didaktische Handlungsfeld zunehmend wieder auf die anthropogene Dimension hin hinterfragt wird. Jochen Krautz bezieht dazu eindeutig Position, indem er aus allgemein pädagogischer Sicht einen »relationalen Ansatz« fordert.[6] Er konstatiert, dass die anthropologische Sichtweise nicht »zuerst nach der Bedeutung der Kunst für die Pädagogik« fragt, sondern vom »anthropologisch verankerten Phänomen des sehenden, allgemeiner des wahrnehmenden und gestaltenden Weltbezugs [...], vom Phänomen des Bildes, von der menschlichen Bild- und Imaginationsfähigkeit und seinem Bildbedürfnis« ausgeht.[7] Krautz vollzieht erneut die Wende hin zu den anthropologisch verfassten Bedingungen des pädagogischen Handlungsfeldes. Er bewegt sich damit weg von der ausschließlichen Ausrichtung auf die Kunst und beachtet mehr und mehr die Subjekte im Verhalten ihrer Bezugaufnahme auf die Objekte hin.

Verstärkend kommt hinzu, dass derzeit die Erziehungswissenschaft ebenfalls den Begriff des »adaptiven Lehrens« als Teil einer professionellen Handlungskompetenz diskutiert. Primäres Ziel ist es, der zunehmenden Heterogenität der Schülerschaft Rechnung zu tragen[8] und möglichst vielen Schülerinnen und Schülern einen Lernerfolg zu ermöglichen. Ergebnisse der Lehr-Lern-Forschung weisen in die gleiche Richtung. Hier taucht der Begriff der Differenzierung und Individualisierung auf, wenn es um die Beschreibung »guten Unterrichtens« geht. Hinter einer unterschiedlichen Begriffsauslegung[9] verbirgt sich das zentrale Anliegen des erfolgreichen Umgangs mit unterschiedlichen Lernvoraussetzungen. Anzumerken ist, dass mit keinem anderen didaktischen Konzept derzeit so viele Hoffnungen der Qualitätsverbesserung verbunden werden. Studien der Lehreffektivitätsforschung[10] bestätigen, dass die Verfahren der Differenzierung, vor allem was den kognitiv aktivierenden Unterricht betrifft, erheblich dazu beitragen. Adaptives Lernen setzt eine strikte Orientierung an den individuellen Voraussetzungen der Lernenden voraus. Ebenso ist ein hohes Maß an diagnostischen Fähigkeiten der Lehrer unabdingbar. Der Unterricht gelingt nämlich nur dann, wenn eine möglichst genaue Passung von Lerninhalten und Lernvoraussetzungen vorliegt.

In gewisser Weise reagiert auch die Kunstpädagogik – wenn auch sehr verhalten – auf diese Tendenzen. Als Indiz sei hier das wieder zunehmende Interesse der Forschung an der Kinder- und Jugendzeichnung genannt.[11] Hinzu kommen Ansätze, die einhergehend mit den Ergebnissen der Bildwissenschaft, ein verändertes Nutzerverhalten des Rezipienten beobachten. Hier bieten sich Anschlussmöglichkeiten auf der Suche nach »kulturanthropologisch ausdifferenzierten Konstanten«[12] an. Neue

Forschungsfelder auch in Richtung einer praktizierten Interdisziplinarität ergeben sich durch Ansätze einer anthropologisch-hermeneutisch begründeten Kunstpädagogik. Erste vielversprechende Schritte zeigen z.b. die Forschungen von Hubert Sowa zum Phänomen der Vorstellungs- und Imaginationsbildung.[13]

Unterschiedliche Rezeptionsvoraussetzungen und adaptive Handlungskompetenz

Schon seit längerer Zeit gruppiert sich der kunstdidaktische Diskurs um den Schlüsselbegriff der Perzeptbildung. Der Begriff gehört sicherlich zu den wenigen konsensfähigen des kunstdidaktischen Diskurses.[14] Allgemein bedeutet er, dass das »Gesehene abhängig vom Umfang der Erfahrungen« ist,[15] insbesondere vom Vorwissen, den soziokulturellen und biografischen Konstellationen etc. sowie den durch Erziehung übermittelte Normen und Werten. Eine genauere Betrachtung zeigt jedoch, dass damit die Grenzen des Systems Kunstdidaktik noch lange nicht abgesteckt sind. Je nach Auffassung werden unterschiedliche Lesarten des Begriffs favorisiert. In der Regel sind dies solche, die primär in der Tradition des Absolutheitsanspruchs einer Künstlerpersönlichkeit stehen und einseitig die selbst-referenzielle Seite einer Individualisierung betonen; damit werden die relevanten Fragen der Didaktik weitgehend außer Acht gelassen.

Allerdings wäre der Begriff dialektisch auch in die andere Richtung zu verfolgen und abweichend von einer primär künstlerischen Auslegung aus seiner einseitigen Bezugnahme herauszulösen. Der Begriff betont zunächst die individuellen heterogenen Voraussetzungen, die etwa bei einer Bildbetrachtung, aber auch in künstlerisch produktiven Situationen relevant werden. Dabei begnügen sich die Autoren[16] meist mit einem sehr offen gehaltenen Katalog von Schlussfolgerungen, ohne die genaueren individuellen Lernvoraussetzungen wirklich isolieren zu können, geschweige denn eine verbindliche Didaktik darauf aufzubauen. Ansgar Schnurr argumentiert mit Georg Peez dahin gehend konsequent, wenn er eine ästhetische Erfahrung als radikal subjektive begründet. Darin gehe es nicht darum, »*was außerhalb* von mir stattfindet, sondern *wie* ich dieses Außen wahrnehme, erfahre und bewältige. In diesem Sinne ist die ästhetische Erfahrung stets eine Erfahrung von Subjektivität und Singularität.«[17] Mit dieser Prämisse ist allerdings die Hinwendung zum Kind/Heranwachsenden allein auf die individuelle Verfasstheit ausgerichtet, die Frage nach durchgängigen übergreifenden Dispositionen, die die vermeintlich individuellen Konstrukte kulturanthropologisch wieder verorten, muss so zwangsläufig vernachlässigt werden. In dieser Lesart wird Anschauung zutreffend, aber auch missverständlich, als erweiternde »Selbstvergewisserung des Subjekts« definiert.[18] Indessen ist die Gefahr groß, dass die allseits geforderte »Aisthesis«, verkürzt auf Sinnlichkeit, im Prozess der Selbsterfahrung sich auf eine »Achtsamkeitsübung«[19] beschränkt und dann auch im Bannkreis »subjektiver Selbstbezüglichkeit«[20] stehenbleibt. Wiederholt hat u.a. auch Sowa darauf hingewiesen, dass das Sehen grundlegend hermeneutisch verfasst sei und in einem »hermeneutischen Apriori«[21] stehe. »Das Sehen und Bilden bestimmt sich geschichtlich immer wieder fort als ein Antwortverhältnis, ist verantwortet in die Sichtbarkeit.«[22]

Noch deutlicher widerspricht Pape der Auffassung, dass das Sehen allein ein »solistischer Akt« sei. Diese berücksichtige nicht, was das Sehen erst möglich mache. »Sehen leistet eine komplexe Orientierung und einen Umgang mit der Umwelt [...], weil Sehen eine kulturell geformte Leistung ist, die Menschen nur in kulturellen Gemeinschaften erwerben können.«[23] Folgerichtig wirft Pape die Frage auf: »Wie wirken in gemeinschaftlichen Situationen das spontane visuelle Reagieren und das gezielte visuelle Handeln mit gemeinschaftlichem Sehen zusammen, sodass dadurch menschliches Sehen von Dingen, Objekten und Szenen erst möglich wird?«

Aufgabe künftiger Forschung kann daher nur sein, das Fach Kunst aus den radikalen Positionen subjektivistischer Grundannahmen herauszuführen: zum einen, um diagnostischen Verfahren ein stärkeres Gewicht geben zu können und zum anderen, um eine begründete Didaktik darauf aufzubauen.

Das Bild von Kindheit und Jugendkultur als »universalistisch« generalisierende Vorstellung

Auch der Rekurs auf sozialwissenschaftliche Befunde trägt nur in geringem Maß dazu bei, auf die Herausforderungen der Heterogenität eine angemessene didaktische Antwort geben zu können. Hier werden zwar differenziert, aufbauend auf Fallstudien in generalisierender Form Verhalten und Zugehörigkeit beschrieben, jedoch bleiben didaktische Fragen hinsichtlich des Unterrichts in der gegenwärtigen Fachdiskussion meist ausgeklammert. Aufgabenstellungen mit entsprechend inhaltlicher Ausrichtung nehmen meist nur indirekt darauf Bezug.

Wiederholt werden schnelllebige Veränderungsprozesse diagnostiziert. Dass die Lebenswirklichkeit heutiger Kindheit eine andere ist als noch vor 20 Jahren oder dass nach der flächendeckenden Einführung des Web 2.0 Auswirkungen auf das ästhetische Verhalten der Kinder und Jugendlichen zu verzeichnen sind, ist mittlerweile ein Allgemeinplatz der Pädagogik und muss nicht weiter ausgeführt werden. In den Facetten ist das »Vorstellungsbild« »Kindheit« auch kaum mehr zu beschreiben. Wie der Soziologe Wilfried Ferchhoff feststellt, wachsen Kinder »unter ganz anderen politischen, ökonomischen und sozialkulturellen gesellschaftlichen Lebens- und

Entwicklungsbedingungen auf und setzen sich in ihrem Lebensalltag mit ganz anderen Lebensverhältnissen freilich durchaus schon als handelnde, mitgestaltende und entscheidungsfähige, deutungsmächtige sowie ›produktiv Realität verarbeitende‹ *Subjekte* mit spezifisch eigenständigen, ja eigensinnigen Bedürfnissen, Interessen, Rechten, biographischen Erfahrungen und Kompetenzen auseinander.«[24]

Wenn erweiterte Erfahrungsmöglichkeiten in welcher Form auch immer vorliegen, so stellt sich die Frage, wie Kinder »binnenperspektivisch«[25] als »Konstrukteure ihrer Wirklichkeit« auftreten, insbesondere in der »Interaktion mit anderen Akteuren und ihrer Umwelt«[26]. Nicht eben konkreter für die Kunstdidaktik wird das Vorstellungsbild der »Kindheit«, wenn wir von Medienkindheit, Werbekindheit, Konsumkindheit, »Versportung« und der »verhäuslichten, verplanten und verinselten Kindheit« sprechen.[27] Ein ähnliches Bild ergibt die Etikettierung jugendlicher Kulturen, Subkulturen und Szenen. Anhaltend bemüht sich die Soziologie neueste Trends mit dem Generationenbegriff zu fassen: Generation Golf I und II, Generation »@«, Generation »Handy«, Generation »Facebook« etc. Temporäre Zugehörigkeiten werden mit den Begriffen Hippie, Punk, Gothic, Emo, Skins, Metaller usw. belegt.

Die Frage nach der fachdidaktischen Konsequenz?

Wie schon angemerkt, dürfte der aus diesen Analysen heraus entwickelte kunstdidaktische Ertrag eher gering sein. Was fehlt ist der Bezug zu individuellen Verhaltensformen in Verbindung mit der jeweiligen unterrichtlichen Situation, seien es handwerklich gestaltende oder rezeptive Prozesse.

Dass die Didaktik zu den eben genannten sozialwissenschaftlichen Erträgen wieder auf Distanz geht, ist auch in dem System Schule selbst begründet. Nach Wiater[28] ist Schule unter den zahlreichen gesellschaftlichen Einrichtungen ein Subsystem mit der Besonderheit, dass diese einem konsensfähigen Bildungsauftrag verpflichtet ist. Nicht zu übersehen sind auch die Verflechtungen hinsichtlich einer Qualifikation für ein funktionierendes »Wirtschafts- und Beschäftigungssystem«. Zum anderen muss Schule einem gesellschaftlichen Auftrag nachkommen und zur »Entwicklung der Sach-, Selbst- und Sozialkompetenz« der Heranwachsenden einen entscheidenden Beitrag leisten.[29] »Bei der Wahrnehmung dieser ihrer pädagogischen Aufgabe ist die Schule einer zweifachen Verpflichtung unterworfen, der Verpflichtung gegenüber den Kindern und Jugendlichen mit ihren anthropologisch-psychologischen Vorgaben beim Lernen und ihrem Recht auf individuelle Förderung sowie der Verpflichtung gegenüber den Inhalten der Kultur, die es um der Identität der Mitglieder einer Gesellschaft willen zu tradieren und weiterzuentwickeln gilt.«[30] Aus dieser Verantwortlichkeit heraus, ist eine »Filterung« gegenüber unterschiedlichen (z.B. gesellschaftlich ideologisch, politischen)

Ansprüchen nur zu verständlich, aber auch wie eben gezeigt, die Berücksichtigung individueller Lebensentwürfe immer wieder zu prüfen, man denke nur an radikal fundamentalistische Einstellungen gleichgültig welcher Couleur. Bei fachdidaktischen Entscheidungen ist die Gewichtung der soziokulturellen Bedingungsfaktoren (Klafki) daher mit großer Professionalität zu handhaben. Allerdings sollte der Hinweis auf die doppelte Rolle und der zweifachen Verpflichtung der Pädagogik eine deutlichere Beachtung finden.

Bedingungsfaktoren aus kunstdidaktischer Perspektive – Voraussetzung für eine praxisbezogene Diagnostik

Die Kunstpädagogik steht hier nicht allein, wenn es darum geht, mit Blick auf eine heterogene Schülerschaft nachzuholende Forschungsfelder zu definieren. Wie alle anderen Fächer handelt auch die Kunstpädagogik, abgesehen davon, dass sie traditionell subjektzentrierte Ansätze betont, im Unterricht nach dem Grundsatz relativer Gleichheit. Diese lassen sich z.b. in der Alters- bzw. Entwicklungsspezifik, den Bedingungen der Sozialisation, einem Auffassungs-, Gestaltungs- und Urteilsvermögen etc. zusammenfassen. Gemeint sind damit Schülergruppen, die keine grundsätzlichen Unterschiede, lediglich graduelle, aufweisen: Arnold und Graumann betonen, dass dies schon lange nicht mehr der Unterrichtswirklichkeit entspricht.[31] Auch die Kunstdidaktik bietet bezüglich der Frage des Umgangs mit Heterogenität[32] mit Ausnahme des nicht sehr präzisen Perzeptbegriffs kaum Antworten. Weiterführende fachdidaktische Empfehlungen fehlen weitgehend. Projektunterricht und offene Unterrichtsformen scheinen noch keine hinreichend entwickelten Konzepte zu sein, um dem Heterogenitätsparadigma wirklich entsprechen zu können.

Die Pädagogik entwickelt seit geraumer Zeit diagnostische Verfahren, um auf unterschiedliche Lernvoraussetzungen aufmerksam zu machen.[33] Für die Kunstpädagogik wäre dies ebenfalls Neuland. So etwa bedürfen Schüler, die z.B. in kunstfernen Milieus aufwachsen, ein hohes Maß an didaktischer Betreuung, um thematisch breit angelegte Aufgabenstellungen nur annähernd und auch für sich selbst erfolgreich zu bewältigen. Auch im Fall von bildrezeptiven Unterrichtssituationen sind diagnostische Lehrkompetenzen, was die heterogene Vorbedingung der Schülerschaft betrifft, eine entscheidende Voraussetzung. Fragen wie: welche Bildwelten bevorzugen Schüler einer bestimmten Altersgruppe, welche Vorbedingungen schaffen soziale Milieus,[34] inwiefern spielt Empathie in den Voreinstellungen eine entscheidende Rolle, was bedeutet es, dass einige Schüler mehr begriffliche kognitive Herangehensweisen bevorzugen, bei anderen wiederum der Sehprozess in affektiver Hingabe im Vordergrund steht, bleiben bei gegenwärtigem Kenntnisstand weitgehend unbeantwortet.

Mit der Forderung nach einer möglichst individuellen Förderung kommt der Lehrerrolle in seiner Professionalität ein entscheidender und gestärkter Stellenwert zu: Insbesondere den diagnostischen Fähigkeiten obliegt es, eine Bezugnahme zu den individuellen Lernvoraussetzungen herzustellen. Jedoch ist immer auch die relationale Bezugnahme als unumkehrbare Bedingung mit zu berücksichtigen. Der Ansatz entspricht ebenfalls der eingangs aufgestellten These, dass die Potenziale der Gestaltung mit einem hohen Grad verantwortlichen Handelns verbunden sind, die primär in den Erschließungsprozessen der Kinder und Jugendlichen zu suchen sind.

Relationalität: Eine Didaktik der Beziehung

Um die oben genannten Bedingungen näher an die Belange kunstpädagogischen Wirkens anzuschließen – auch um heterogene Strukturen besser zu verstehen – ist es zunächst notwendig, die Diagnostik zur Verfasstheit des Einzelnen weniger aus dem Blickwinkel einer ausschließlich subjektzentrierten und damit unumkehrbaren Sicht vorzunehmen. Das pädagogische Interesse für den Schüler entwickelt sich nicht mehr aus einer je individuellen Situation und wie es ihm gelingt, dies durch Zeichen seiner Individualität zu äußern, sondern durch seine (kommunikativen) Verhaltensformen in Beziehung zu einem oder etwas Anderem. Auch Tomasello weist in seinem kontextbezogenen Ansatz bezüglich menschlicher Kooperation und Kommunikation auf diesen Umstand hin; demnach weisen sinngebende Wahrnehmungen und referenzielle Handlungen immer auch einen Bezugspunkt veranschlagter Gemeinsamkeit auf.[35] Dieser ist Teil einer psychologischen »Infrastruktur geteilter Intentionalität«[36], offensichtlich eine generelle Voraussetzung menschlicher Kommunikation überhaupt.

Jüngst nimmt sich Jochen Krautz[37] diesen Fragen an, indem er gezielt der Problematik der »Relation, der Persönlichkeit in Beziehung« nachgeht. Es ist der Versuch, dem kunstpädagogischen Diskurs eine andere Richtung zu geben. Verbunden ist damit auch die Verlagerung des Forschungsinteresses, eine unabdingbare Voraussetzung, um den schon skizzierten Forderungen der »Heterogenität« überhaupt nachgehen zu können. Krautz stellt die essenzielle Frage, ob »Persönlichkeit und Beziehung« nicht nur als allgemeinpädagogische, sondern auch als didaktische Kategorien gelten kann.[38] Damit wäre die »Bezogenheit auf Mitmensch und Welt, worin sich Persönlichkeit bildet«[39] als eine wesentlich anthropologische Konstante begründet. Nach Eugen Fink, an den Krautz ebenso anschließt, zeigen sich hier die Dimensionen der »Coexistenz-Strukturen des weltbezüglichen Seins«.[40] Diese konstituieren sich in den Grundphänomenen des menschlichen Daseins: dem »Selbstverhältnis, Mitverhältnis und Weltverhältnis«.[41]

»Exzentrische Positionalität« bei Plessner

Die Betonung der Relationalität als Ortsbestimmung pädagogisch didaktischen Wirkens wird immer dann bemüht, wenn einseitige Ausrichtungen zu verzeichnen sind. So nehmen etwa Maurer[42] oder Brinkmann[43] u.a. auf Plessners Formel einer »exzentrischen Positionalität«[44] Bezug. Auch Plessner verweist bereits Ende der 20er-Jahre des letzten Jahrhunderts, ausgehend von der Problematik des Husserl'schen phänomenologischen Ansatzes, auf die Bedeutung von »Relation« und des Denkens in Beziehung.

Auf den ersten Blick bedeutet der Begriff »exzentrische Positionalität« die wechselseitige Beziehung des Menschen zu einer belebten und unbelebten Umwelt. Besonderen Fokus legt er auf die »Beziehungsformen des Zueinander und Miteinander«. Dabei bedenkt er vorrangig die Beziehung des Organismus zu seiner korrelativen Umwelt.[45] Bemerkenswert ist, dass sein Ansatz von Anfang an von einer doppelten Ausprägung gekennzeichnet ist: Der Mensch ist grundsätzlich weltoffen und hat den Drang nach Erfahrung. »Ohne die Zentrierung durchbrechen zu können«, sei das Leben zugleich aus sich heraus exzentrisch. »Exzentrizität ist die für den Menschen charakteristische Form einer seiner frontalen Gestelltheit gegen das Umfeld.«[46]

Plessner bedenkt die Subjekt-Objekt Relation, indem er diese nicht nur unter den Bedingungen des Leibes (des Subjekts) ansetzt, sondern auch am Pol des fernen Gegenstandes. In Abkehr zu Husserl und entgegen allen reduktionistischen Gepflogenheiten verschiebt er die Wahrnehmung weg von der »Wahrnehmung eines denkenden Ich«[47] ins Gegenüber, hin zur funktionalen Größe des Lebens und damit auch in dessen Vollzug.

Mit dieser Position, die man auch als lateral, intentional gerichtet, interagierend etc. bezeichnen könnte, ist ein Anstoß gegeben, der m.E. die Aufmerksamkeit neu auf die Verfasstheit der Schüler lenkt und die anthropogenen Bedingungen, wie dem Imaginationsvermögen oder den Handlungsformen im Verhalten zu den Objekten hin, thematisiert.[48]

An den Überlegungen Plessners kann nun ebenso die häufig praktizierte Dialektik zweier Blickrichtungen aufgezeigt werden, die analog in den pädagogischen bzw. kunstpädagogischen Fragestellungen anzutreffen sind: zum einen die Kultivierung des Subjekts und der Subjektivität mit der entsprechend dazugehörigen pädagogischen Praxis,[49] die dem Subjekt verhelfen soll, sich als Subjekt zu behaupten, und zum anderen die Anforderungen einer Gesellschaft, die vordringlich nach einer objektiven Verwertbarkeit von Bildung fragt.

Auch die Kunstpädagogik steckt in diesem Dilemma. Unentschieden pendelt sie zwischen der Forderung nach kompromissloser Subjektivität mit einer ästhetischen Praxis der Selbsterfahrung und Selbstentfaltung, in der Regel unter Bezugnahme auf die aktuelle Kunst – Stichwort ist dabei die »identitätsfördernde Praxis«[50] – auf der einen Seite und dem Streben nach Wissensvermittlung innerhalb einer angewandten Kunstpraxis auf der anderen.

Plessner dagegen versucht die Aufmerksamkeit in den Zwischenraum zu verlagern, in den stetigen Austausch mit dem Gegenüber, abweichend von der Leitformel des absoluten Idealismus von Identität und Nichtidentität.[51]

Seine Überlegungen gehen von einer unabhängigen Dynamik des Lebens aus, in der das Individuum sich verorten muss. Die Positionalität des Menschen ist durch die je eigene Grenze gekennzeichnet, geht aber auch über sie hinaus, eine Fügung, »die ihn das lebendige Ding begrenzt«. Durch die »Grenzgesetztheit« ist der Mensch in der Lage, »sich von sich zu distanzieren, zwischen sich und seine Erlebnisse eine Kluft zu setzen«.[52] Allerdings ist auch sein »Membrancharakter« konstitutiv, als Lebewesen lebt er in einem Mitverhältnis in gegenseitigem Austausch.[53]

Beispiel: Sprache als konstitutives Medium

In dem eben beschriebenen Mitverhältnis verortet Plessner auch die Sprache als »Zwischenmedium in dem labil-ambivalenten Verhältnis zwischen Mensch und Welt«[54]. Sprache verdecke die Sache wie ein Kleid, bilde aber zugleich das Skelett, das zur Aussagbarkeit verhelfe. Sprache artikuliere zerstückelt und tue der ungeteilten Sache, dem Gegenstand Gewalt an und folge ihr doch nur, lasse sie erscheinen, entberge sie.[55]

Plessner erweist sich hier als einfühlsamer Beobachter einer Situation, die tief in die pädagogische Arbeit hineinreicht und letztlich auch auf die Unterrichtswirklichkeit übertragen werden kann. In seinen Überlegungen zeigt sich auch die Nähe zu kunstpädagogischen Handlungsfeldern in künstlerisch-gestalterischer und rezeptiver Hinsicht. Bei einer Bildbetrachtung wird z.B. das zunächst grundlegend distanzierte Verhältnis des Rezipienten evident. Aktive Näherungsformen sind jedoch durch Blickverhalten, die Hand als Zeigegeste, die Zeichnung und schließlich der Sprache gegeben. Letztere erhält in der Funktion des Aufbaus einer bilateralen Beziehung zwischen Individuum und Bild einen expliziten Stellenwert, vollends aber im kommunikativen Austausch mit anderen über das Bild.

Mit der Formel »exzentrische Positionalität« gewinnt er Einsichten in die Pendelbewegung und dynamischen Prozesse zwischen Vertrautheit und Fremdheit. »Dass die Dinge, die Mitlebewesen, die eigenen Erlebnisse jeweils eine Bewandtnis haben, entlang derer sich das körperhafte Lebewesen verhalten kann, dafür sorgt ein künstliches, vermitteltes Netz von ›Sinn und Sinnzusammenhang‹, durch das die menschlichen Lebewesen ›etwas als etwas ansprechen‹ können und ›etwas zu etwas machen können‹ – (auch) auf die Gefahr hin, dass sich etwas als etwas anderes entpuppt.«[56] Der Nachvollzug dessen, was auf dem Bild ist, ist demnach nur unter den Bedingungen der geteilten Aufmerksamkeit möglich, wir bewegen uns in einem Geflecht von Bedeutungen, so wie Leben eben ein geteiltes Leben mit anderem ist.[57]

Fazit

Stellt man heute die Frage nach einer praktikablen Fachdidaktik, so ist vordringlich nach den anthropogenen Voraussetzungen der Schülerinnen und Schüler zu fragen, wie sich diese in den Prozessen der Grenzerfahrung in der Begegnung mit Kunst und visueller Kultur verhalten, welche Formen der Sinnzuschreibung möglich sind und wie dazu eine angemessene Sprache des Austauschs gefunden werden kann.

Der von Klafki an das Fach »Kunst« herangetragene Bildungsauftrag, die Erschließung der Welt der Kunst und »die Potenziale der Gestaltung«, wurden aus gegenwärtiger Sicht, einer veränderten Schulwirklichkeit mit einem neuen Anforderungskatalog positioniert. Dabei stellen sich mit Blick auf eine praxistaugliche Fachdidaktik eine Reihe von offenen Forschungsfragen, z.B. wie Kinder und Jugendliche in bestimmten unterrichtlichen Situationen handeln und sich auf der Suche nach Sinnerfahrungen verhalten. In erster Linie sei hier das hermeneutische Handlungsfeld von Wahrnehmen, Vorstellen, Mitteilen, Gestalten und Urteilen genannt. Erste Ergebnisse neuerer Forschungen zeigen sich in den diesbezüglich relevanten Feldern: der Wiederentdeckung der Kinderzeichnung einschließlich des jugendkulturellen Ausdrucks[58], der Imagination und Vorstellungsbildung[59] und den diesbezüglichen Studien zur Zeichnung, Bildrezeption[60] und Sprachbildung. So verlagert sich zwangsläufig der Fokus nicht nur auf das Individuum, sondern vorrangig auf die Prozesse der Begegnung und worauf es sich intentional ausrichtet.

Hingewiesen wurde ferner auf die anthropologische Dimension dieser Fragestellung. Die »conditio humana« zeigt sich nicht als festgeschriebenes ahistorisches Phänomen, sondern, um es mit James zu formulieren als »Stream of consciousness«[61], der jeweils neu zu positionieren ist. Eine vergleichsweise ähnliche Richtung schlägt Krautz ein, indem er ebenfalls den personalen Weltbezug in Hinblick auf Sinnverstehen herausstellt: »Teilnahme an einer *gemeinsamen geistigen Welt*«[62] sei grundsätzlich hermeneutisch. Dieses Verstehen setzte jedoch lebendige Teilnahme voraus und sei als ein Gegengewicht zu einer eher distanzierten, naturwissenschaftlichen Verobjektivierung zu sehen: Vordringlich gilt es zu erkennen, »womit man in einer gelebten Beziehung steht. Daraus ergeben sich andere, teilnehmende Erkenntnishaltungen, wie sie vor allem in den hermeneutischen Wissenschaften [...] kultiviert werden.«[63] Betont sei hier nochmals die avisierte Akzentverschiebung: es geht »nicht um eine von jeder Subjektivität gereinigte Erkenntnis, sondern um einen inneren Mitvollzug, eine

Nachbildung des Wahrgenommenen durch Mimesis, Einfühlung und Verstehen«.[64] Mit der Betonung der anthropogenen Bedingungen liegt vermutlich eine grundlegende Position vor, die Kunstdidaktik in Richtung einer eigenständigen wissenschaftlichen Disziplin zu bewegen.[65]

---

[1] John R. Searle: Geist, Sprache und Gesellschaft, Frankfurt/M. 2004, S. 104.

[2] Wolfgang Klafki: Probleme der Kunsterziehung in der Sicht der allgemeinen Didaktik, in: Hermann K. Ehmer: Kunstunterricht und Gegenwart, Frankfurt/M. 1967, S. 27-45, hier S. 42.

[3] Reinhard Pfennig: Bildende Kunst der Gegenwart – Analyse und Methode, Oldenburg 1959 (5. Auflage 1974).

[4] Gunter Otto: Kunst als Prozeß im Unterricht, Braunschweig 1964.

[5] Otto 1964 (s. Anm. 4), S. 120; Hans-Günther Richter: Geschichte der Kunstdidaktik, Düsseldorf 1981, S. 110.

[6] Jochen Krautz (Hg.): Kunst – Pädagogik – Verantwortung. Zu den Grundfragen der Kunstpädagogik, Oberhausen 2010; Jochen Krautz/Jost Schieren (Hgg.): Persönlichkeit und Beziehung als Grundlage der Pädagogik, Weinheim 2013.

[7] Krautz 2013 (s. Anm. 6), S. 143.

[8] International angelegte Studien wie TIMSS und PISA bescheinigen Deutschland schon seit langem defizitäre Befund zum Umgang mit Heterogenität (vgl. z.B. Jürgen Baumert/Gundel Schümer: Familiäre Lebensverhältnisse, Bildungsbeteiligung und Kompetenzerwerb, in: Deutsches PISA-Konsortium (Hg.): PISA 2000. Basiskompetenzen von Schülerinnen und Schülern im internationalen Vergleich, Opladen 2001, S. 323–407).

[9] Z.B. bei Manfred Bönsch: Differenzierungsformen, in: Erziehung und Unterricht, 4/1989, S. 208–216, hier S. 208; Carol Ann Tomlinson/Jay McTighe: Integrating dfferentiated instruction and understanding by design, Alexandria Virginia 2006.

[10] Z.B. Barry. J. Fraser: Syntheses of educational productivity research, in: International Journal of Educational Research, 11/1987, S. 145–427; Jaap Scheerens/Roel, J.Bosker: The Foundations of Educational Effectiveness, Oxford 1997; Tina Seidel/Richard J. Shavelson:»Teaching effectiveness research in the last decade: Role of theory and research design in disentangling meta-analysis results«. Review of Educational Research, (77) 4/2007, S. 454–499.

[11] Vgl. die Kongressbände zur Kinderzeichnung und des jugendkulturellen Ausdrucks in Augsburg (Constanze Kirchner/Johannes Kirschenmann/Monika Miller (Hgg.): Kinderzeichnung und jugendkultureller Ausdruck. Forschungsstand und Forschungsperspektiven, München 2010) und Leipzig (Frank Schulz/Ines Seumel (Hgg.): U20 – Kindheit Jugend Bildsprache, München 2013).

[12] Hubert Sowa: Grundlagen der Kunstpädagogik – anthropologisch und hermeneutisch, Ludwigsburg 2011, S. 9.

[13] Z.B. Hubert Sowa (Hg.): Bildung der Imagination, Bd. 1: Kunstpädagogische Theorie, Praxis und Forschung im Bereich einbildender Wahrnehmung und Darstellung, Oberhausen 2012; Hubert Sowa/Alexander Glas/Monika Miller (Hgg.): Bildung der Imagination, Bd. 2, Tagungsband zu: interdisziplinäres Forschungssymposium »Bildlichkeit und Vorstellungsbildung in Lernprozessen«, PH Ludwigsburg März 2012, Oberhausen, erscheint 2013.

[14] Vgl. Otto Gunter Otto: Kommunikation im Museum, in: Julia Breithaupt/Peter Joerißen (Hgg.): Museumspädagogik. Kommunikation im Museum, München 1987, S. 10; Kunibert Bering u.a.: Kunstdidaktik, Oberhausen 2004, S. 69; Kunibert Bering: Perzeptbildung. Ein Basisbegriff kunstdidaktischen Handelns, in: Klaus-Peter Busse (Hg.): Kunstdidaktisches Handeln (Dortmunder Schriften zur Kunst), Dortmund 2003, S. 206–213.

[15] Bering 2004 (s. Anm. 14), S. 69; Bering 2003 (s. Anm. 14).

[16] Otto 1987 (s. Anm. 14); Bering 2004 (s. Anm. 14); Bering 2003 (s. Anm. 14).

[17] Ansgar Schnurr: Kunstpädagogik als Beitrag zu einer ›Erziehung zur Mündigkeit‹ – Entwurf der fachspezifischen Konkretisierung eines Bildungsideals, in: Franz Billmayer (Hg.): Angeboten. Was die Kunstpädagogik leisten kann, München 2008, S. 202.

[18] Vgl. Bering 2004 (s. Anm. 14), S. 69.

[19] Krautz 2010 (s. Anm. 6), S. 181.

[20] Ebd.

[21] Hubert Sowa: Verantworteter Blick. Kunstpädagogik als hermeneutische Bildung des Sehens, in: Jochen Krautz (Hg.): Kunst – Pädagogik – Verantwortung, Oberhausen 2010, S. 159–178, hier S. 161.

[22] Ebd.

[23] Helmut Pape: Wir können nur gemeinsam sehen. Die Verschränkung der Blicke als Modell humanen Sehens, in: Horst Bredekamp/John Michael Krois (Hg.): Sehen und Handeln, Berlin 2011, S. 117–139, hier S. 117.

[24] Wilfried Ferchhoff: Aufwachsen von Kindern in mediatisierten Lebenswelten. Kindheit an der Wende zum 21. Jahrhundert, in: Norbert Neuß (Hg.): Ästhetik der Kinder. Interdisziplinäre Beiträge zur ästhetischen Erfahrung von Kindern, Frankfurt/M. 1999, S. 33–45, hier S. 34.

[25] Ebd.

[26] Ebd., S. 35.

[27] Ebd., S. 40–42.

[28] Werner Wiater: Theorie der Schule, in: Hans Jürgen Apel/Werner Sacher (Hgg.): Studienbuch Schulpädagogik, Bad Heilbrunn 2007, S. 29–52, hier S. 34.

[29] Ebd.

[30] Ebd.

[31] Karl-Heinz Arnold/Olga Graumann: Schüler mit besonderen Lernvoraussetzungen, in: Hans Jürgen Apel/Werner Sacher (Hgg.): Studienbuch Schulpädagogik, Bad Heilbrunn 2007, S. 355–376., hier S. 355 f.

[32] Auch die Fragen zu Interkulturalität u. Migration sind hier einzubeziehen.

[33] Vgl. Olga Graumann: Gemeinsamer Unterricht in heterogenen Lerngruppen. Von lernbehindert bis hochbegabt, Bad Heilbrunn 2002.

[34] Vgl. den Beitrag von Ansgar Schnurr in diesem Band.

[35] Michael Tomasello: Die Ursprünge der menschlichen Kommunikation, 2009. Tomasello begründet seine Thesen u.a. auf den sprachphilosophischen Überlegungen des amerikanischen Philosophen John Rogers Searle (s. Anm. 1).

[36] Tomasello 2009 (s. Anm. 35), S. 353.

[37] Krautz 2013 (s. Anm. 6).

[38] Vgl. ebd.

[39] Ebd. S. 145.

[40] Eugen Fink: Grundfragen der systematischen Pädagogik, Freiburg 1978, S. 281.

[41] Hierzu auch Matthias Burchardt: Erziehung im Weltbezug. Zur pädagogischen Anthropologie Eugen Finks, Würzburg 2001, S. 10 u. S. 158.

[42] Friedemann Maurer: Lebenssinn und Lernen. Zur Anthropologie der Kindheit und des Jugendalters, Bad Heilbrunn 1992.

[43] Malte Brinkmann: Üben, in: Jochen Kade (Hg.): Pädagogisches Wissen. Erziehungswissenschaft in Grundbegriffen, Stuttgart 2011, S. 140–146.

[44] Helmuth Plessner: Die Stufen des Organischen und der Mensch: Einleitung in die philosophische Anthropologie, Berlin/New York 1975.

[45] Vgl. Joachim Fischer: Exzentrische Positionalität. Plessners Grundkategorie der Philosophischen Anthropologie, in: Deutsche Zeitschrift für Philosophie, 48. Jg., 2/2000, S. 265–288, hier S. 275.

[46] Plessner 1975 (s. Anm. 44), S. 291 f.

[47] Vgl. u.a. Edmund Husserl: Ding und Raum, Hamburg 1991, S. 10.

[48] Vgl. Handlungsdimension des Pragmatismus bei Ch. S. Peirce, der Leben immer auch als geteiltes Leben mit anderen bedenkt, dazu auch Helmut Pape: Vorstellen als Handeln und Gewohnheit. Die praktisch-semiotische Vernunft der Vorstellungsbilder, in: Sowa/Glas/Miller 2013 (s. Anm. 13).

[49] Z.B. das Programm einer emanzipatorischen Erziehung, in dem es darum geht, das Individuum von jeglicher Art der Bevormundung zu befreien.

[50] Z.B. Manfred Blohm: Identitätsfördernde ästhetische Praxis, Frankfurt/M. 1984; Gunter Otto: Dimensionen der Bildinterpretation – wissenschaftliche Grundlagen und notwendige Subjektivität, in: Samson D. Sauerbier (Hg.): Zum veränderten Verhältnis von Kunst und Wissenschaft heute (Kunst und Therapie. Schriftenreihe zu Fragen der Ästhetischen Erziehung, hg. von Peter W. Rech/Peter Ulrich Hein, Bd. 5), Münster 1984, S. 45–66; Constanze Kirchner/Markus Schiefer Ferrari/Kaspar H. Spinner (Hgg.): Ästhetische

Bildung und Identität: Fächerverbindende Vorschläge für die Sekundarstufe I und II, München 2006.

[51] Vgl. Fischer 2000 (s. Anm. 45), S. 284.

[52] Plessner 1975 (s. Anm. 44), S. 291.

[53] Vgl. ebd., S. 154.

[54] Fischer 2000 (s. Anm. 45), S. 281.

[55] Vgl. Helmuth Plessner: Die Frage nach der Conditio humana (1961), in: ders.: Gesammelte Schriften, Bd. VIII, Frankfurt/M. 1983, S. 136–217, hier S. 177.

[56] Plessner: Lachen und Weinen, S. 360 ff., zit. n. Fischer 2000 (s. Anm. 45), S. 282.

[57] Vgl. Tomasello 2009 (s. Anm. 35).

[58] Kirchner/Kirschenmann/Miller 2010 (s. Anm. 11); Schulz/Seumel 2013 (s. Anm. 11).

[59] Sowa 2012 (s. Anm. 13), Sowa/Glas/Miller 2013 (s. Anm. 13).

[60] Alexander Glas: Wie reden über Kunst?, in: Johannes Kirschenmann/Christoph Richter/Kaspar H. Spinner (Hgg.): Reden über Kunst. Fachdidaktisches Forschungssymposium in Literatur, Kunst und Musik, München 2011, S. 205–223; Alexander Glas: Blickwege als verstehende Deixis. Ein Forschungsansatz zum sehenden Verstehen im Schnittpunkt zwischen Imagination, Sprache und Wahrnehmung, in: Hubert Sowa/Alexander Glas/Monika Miller (Hgg.): Bildung der Imagination, Bd. 2, Tagungsband zu: interdisziplinäres Forschungssymposium »Bildlichkeit und Vorstellungsbildung in Lernprozessen«, PH Ludwigsburg März 2012, Oberhausen, erscheint 2013; Bettina Uhlig: Bild-Rezeption von Kindern. Fallstudie eines siebenjährigen Kindes zur Auswahl von Bildern, deren Wahrnehmung und zu deren zeichnerischen Repräsentation, in: Gabriele Lieber (Hg.): Lehren und Lernen mit Bildern, Baltmannsweiler 2008, S. 268–276.

[61] William James: The Principles of Psychology, 2 Bde., New York 1890; Pape 2013 (s. Anm. 48). Pape weist darauf hin, dass William James diesen Gedanken von Peirce aufgreift und grundlegend in seiner zweibändigen Psychologie weiter verarbeitet.

[62] Krautz 2013, (s. Anm. 6), S. 147.

[63] Ebd.

[64] Thomas Fuchs: Das Gehirn – ein Beziehungsorgan, Stuttgart 2010, S. 285 f.

[65] Weitere Literatur: Wilhelm Dilthey: Gesammelte Schriften, Bd. 1, Einleitung in die Geisteswissenschaften, Göttingen 1990; Thomas Fuchs: Interpersonalität – Grundlage der Entwicklung von Geist und Gehirn, in: Jochen Krautz/Jost Schieren (Hgg.): Persönlichkeit und Beziehung als Grundlage der Pädagogik, Weinheim 2013; Alexander Glas: Anthropogene Voraussetzungen – die Genese der Kinder- und Jugendzeichnung, Ludwigsburg 2006; Alexander Glas: Vom Bild zum Text, vom Text zum Bild. Überlegungen zu einer Hermeneutik medialer Transposition, in: Kunst + Unterricht, 309-310/2007, S. 4–10; Alexander Glas: Bild- und Sprachkompetenz im Kunstunterricht – eine Pilotstudie zum Bildrezeptionsverhalten in der Hauptschule, in: Kunibert Bering/Clemens Höxter/Rolf Niehoff (Hgg.): Orientierung Kunstpädagogik, Oberhausen 2010, S. 111–120; Alexander Glas: Bildhaftes Denken im Wort- und Bildverhältnis, in:

Constanze Kirchner/Johannes Kirschenmann/Monika Miller (Hgg.): Kinderzeichnung und jugendkultureller Ausdruck. Forschungsstand und Forschungsperspektiven, München 2010, S. 43–58; Alexander Glas/Hubert Sowa: Gestaltungskompetenz. Begriffsklärung und Beispielfelder, in: Johannes Kirschenmann/Frank Schulz/Hubert Sowa (Hgg.): Kunstpädagogik im Projekt der allgemeinen Bildung, München 2006, S. 249–262; Wolfgang Klafki: Neue Studien zur Bildungstheorie und Didaktik, Weinheim 1985; Gabriele Lieber (Hg.): Lehren und Lernen mit Bildern, Baltmannsweiler 2008; Georg Peez: Evaluation ästhetischer Erfahrungs- und Bildungsprozesse, München 2005, S. 14 f.; Charles Peirce: Collected Papers, Cambridge 1931-1935; Michael Tomasello: Die kulturelle Entwicklung des menschlichen Denkens, Frankfurt/M. 2006.

Karl-Josef Pazzini

Kunstdidaktik als Wissenschaft existiert nicht, es sei denn diszipliniert

Zu überlegen möchte ich geben, ob es denn eine Fachdidaktik als einen herauslösbaren, eigenen, wohldefinierten, wissenschaftlichen Diskurs geben sollte. Ich wähne mich mit meiner Skepsis in der Nachbarschaft von Klaus-Peter Busse. Aber wissen kann ich das nicht, weil er ganz jemand anderes ist.

Um diszipliniert zu sein, ist es förderlich, das Zusammenfassen und -bringen zu üben, d.h. aus einer Disziplin zu kommen. Kunstdidaktik muss Disziplinen zusammenbringen. Disziplin kommt von lateinisch *discipere*, was wohl heißt, aus der Zerstreuung herausholen, also zusammenbringen. Das ist das, was der *discipulus* (Schüler) tut. Im Unterschied zum Präceptor, der etwas vorwegnimmt (dt. Lehrer). Der gut Disziplinierte holt etwas aus dem Hingestreuten je nach Begehr und Anlass.

Kann es Fachdidaktik als Wissenschaft geben?

Oder wäre die Zuordnung von Kunst und Pädagogik in einem schulischen Fach oder auch einem Fach an der Hochschule oder Universität nicht besser aufgehoben, wenn sie sich keine festen Grenzen gäbe, keine eigenen Methoden, Inhalte, Verfahrensweisen definierte, die auf eine besondere Art kunstdidaktisch seien, keine besondere Wissenschaftsform wäre?

Es ist klar, dass es eine Menge institutioneller Vorteile gibt, was die Sichtbarkeit angeht, die Abgrenzbarkeit, die Alleinstellungsmerkmale (oder auch Alleinstellungsmarktmale). Die Nachteile, wenn das nicht so deutlich ist, kennen alle nicht zuletzt aus den Kämpfen für den Erhalt des Faches in der Schule, aber auch an den Universitäten.

Aber es gibt vielleicht auch die paradoxe Drehung: Je ordentlicher, je monodisziplinärer die Kunstdidaktik wird, um so eher verliert sie ihre Besonderheit und wird verzichtbar. Die Verfahrensweisen tendieren dann zu einer allgemeinen Didaktik.[1] Der Gegenstand der Konjunktion von Kunst und Pädagogik entsteht ja aus singulären Überschneidungen zwischen Inhalten an der Grenze zur Darstellbarkeit, aus dem Belieben im wörtlichen Sinne von Inhalten und Verfahrensweisen der individuellen Subjekte, die damit zu tun haben. Um wirksam zu bleiben, muss sich ein Lehrer immer wieder gegenüber dem, was er über Kunst, das Künstlerische weiß, gegenüber dem, was er meint von Schülern wissen zu können, methodisch fremd machen. Es wäre nicht schlecht, wenn er immer wieder Laie werden könnte. Als ein solchermaßen trainierter Laie kann er im Bedarfsfall einer Evaluation Professionalität simulieren. Ein Großteil des Bedeutungshofes von Professionalität meint ja Beherrschbarkeit.

Es gab und gibt in Nordrhein Westfalen Stellen mit der Charakterisierung »Kunst und ihre Didaktik«. Da gibt es jene Copula »und«. Dies ist meines Erachtens eine sehr geglückte Kurzform – bis auf das Possessivpronomen »ihre«. Kunst ist nicht Besitzerin einer Didaktik, vielleicht gibt es Zuordnungsmöglichkeiten. Erst Recht gibt es kein Possessivverhältnis von der Didaktik ausgehend. Das Verhältnis ist nicht an die juristische Form der Sklaverei angelehnt zu denken (Leibeigenschaft), eher schon wird es gedacht in der Form des Verhältnisses von Herr und Knecht (Ständeordnung). Mindestens müsste es dann gedacht werden in der Hegelschen Form des dialektischen Herrschafts- und Knechtschaftsverhältnisses, das die Grenzen dieser Zuordnung aufzeigt und ins Egalitäre der beiden Partner hinüberweist.

Aber vielleicht sind Kunst und Didaktik und Pädagogik und Bildung gar nicht als je eigene Identitäten zu denken, sondern viel eher als unterschiedliche Zuordnungsformen, die nur in der jeweiligen Zuordnung ihre Existenz gewinnen, in Wirksamkeit kommen, ansonsten bestenfalls Schläfer sind, Statthalter, die irgendwann aktiv werden könnten. Das heißt aber auch, ich schrieb es bereits einmal, dass Kunst als solche nicht existiert, Bildung und Pädagogik als solche ebenfalls nicht.[2]

Werbung Flughafen East London (South Africa) 24.12.2012 (KJP)[8]

Ich plädiere hiermit gegen eine an sich aufgehende Totalität, gegen einen Brei und für eine Form der leeren Mitte, die konzentrativ entsteht, wenn man sich ausrichtet auf existentielle Ziele, von denen man weiß, dass sie nicht zu haben, nicht zu handhaben, nicht beherrschbar sind. Diese Leere wird dann zur Ausrichtung auf Lehre, das heißt auf das Experiment, das wissen will, ob sich von dem, was man für wichtig hält, auch am anderen etwas in Bewegung setzen lässt. Es ist dann nicht nur für den anderen, den Schüler, den Studenten, die Kollegen, sondern diese werden zur Bedingung der Möglichkeit, dass sich hier etwas bewegen kann, dass es zu einem Energieaustausch kommen kann, dass es etwas gibt, dem man in Näherung einen Namen geben kann, etwas, das die Konjunktion von Kunst und Pädagogik, Kunst und Bildung, Kunst und Didaktik wäre. Denkt man im Zentrum einen leeren Ort, dann hat man, bildlich gesprochen, damit zu tun, dass nichts oder nicht alles in dem Loch verschwindet, dass das Dunkel zeitweise ausgeleuchtet oder fiktiv gestopft wird, dass es zu Verlusten kommt, dass es eine zentrifugale Kraft zu entwickeln gilt. Hierzu sind alle Mittel recht, also nicht alle, aber alle möglichen, wie Kunst und Psychologie, Kunst und Soziologie, Ästhetische Theorie, Anthropologie und so weiter. Sie können durch die Anziehung aus dem heraus, was man nicht weiß und nicht beherrscht, auf einmal lesbar werden.

Man kann es auch noch einmal anders sagen: Kunst und Pädagogik entstehen, so meine Erfahrung, hier als These vorgetragen und in der Begründung mit Anderen nur angedeutet, als Schnittstellen zwischen verschiedenen Diskursen (so Torsten Meyer[3]) oder wenn man in einen Engpass der Worte kommt (so Eva Sturm[4]) oder wenn man sich auf die Suche nach dem begibt, was denn eine ästhetische Erfahrung oder eine ästhetische Bildung sein könnte (so Andrea Sabisch[5]), oder wenn angefangen wird die (Schlag-)Löcher zu vermessen und zu kartieren (so Christine Heil[6]) oder den Witz als Sprung und Blitz (so Ansgar Schnurr[7]).

Das Gegenstandsfeld, auch die Sache, die da mit Pädagogik in Berührung kommen soll, d.h. auch mit Kindern, Jugendlichen, Erwachsenen, Schülern, Lehrern, ist äußerst heterogen. Das Heterogene ist das, was man nur anspielen kann, es ist nicht auf dem eigenen Mist gewachsenen, ist fremd, nur durch die Übersetzungen von Schnittstellen erfahrbar (man muss draußen bleiben, jede Tastatur trennt von dem, was sie beschreibt), ästhetische Erfahrung ist nur indirekt erschließbar, Worte treiben aus dem Engpass, der prekäre Pass bleibt, die Karte wird trotz Anstrengung nicht zur Landschaft selber und der Witz bedarf der Überraschung.

Vielleicht ist »unser« fachlicher Tummelplatz mehr als andere darauf angewiesen, dass immer wieder indiziert wird, dass wir ganz genau wissen, dass wir ES nicht wissen und nicht können, das aber so präzise wie möglich und dass wir darauf ange-

wiesen sind, dass wir wenige oder auch mal viele finden, die zu Weiterträgern von
Unbeherrschbarem werden.

Das Gegenstandsfeld reicht von den alltäglichen Gebrauchsgegenständen, den
Medien, der vergangenen und gegenwärtigen Kunst, der visuellen Kultur, der Architektur, dem Design, der Kunst vor der Kunst bis hin zu dem, was nie den Kunstmarkt
erblickt hat, zur Kinderzeichnung und der Malerei der Laien. Da kann niemand
gleichzeitig im gegenwärtigen Sinne professionell sein. Und es gibt auch keinen
Grund, der das Feld schrumpfen lassen könnte auf eine professionell einigermaßen
beherrschbare Spezifität.

Die Professionalität läge im Fach darin, Vertrauen in das, was da Fremdes kommt,
zu gewinnen, sich durch Zugriffsweisen, sei es in der Wissenschaft oder in der Schule,
Vertrauen zu erwerben, auch Zutrauen in sich selbst durch Andere, und dass es andere
gibt, die herausfordernd sind, vielleicht genau davon etwas wissen wollen, was man
angefangen hat zu begreifen.

Klaus-Peter Busse stand oft in der Gefahr jetzt mal reinen Tisch zu machen und die
Kunstdidaktik als Didaktik zu formulieren. Er hat sich aber zu häufig und zu intensiv mit
Cy Twombly befasst und befassen lassen, als das ihm das gelungen wäre. Glückwunsch.

---

[1]   Das konnte man beispielsweise finden bei Gunter Otto zu der Zeit, in der er zusammen
      mit Heimann und Schulz die Didaktik wissenschaftlich machen wollte: Paul Heimann/
      Gunter Otto/Wolfgang Schulz: Unterricht: Analyse und Planung (10. unveränderte
      Auflage), Hannover 1979.

[2]   Karl-Josef Pazzini: Kunst existiert nicht. Es sei denn als angewandte, in: Brigitte Wischnack
      (Hg.): Tatort Kunsterziehung. Thesis. Wissenschaftliche Zeitschrift der Bauhaus-Universität
      Weimar, 2/2000, 46. Jg., S. 8–17.

[3]   Torsten Meyer: Interfaces, Medien, Bildung. Paradigmen einer pädagogischen
      Medientheorie (m. CD-ROM), Bielefeld 2002.

[4]   Eva Sturm: Im Engpaß der Worte. Sprechen über moderne und zeitgenössische Kunst,
      Berlin 1996.

[5]   Andrea Sabisch: Inszenierung der Suche. Vom Sichtbarwerden ästhetischer Erfahrung im
      Tagebuch. Entwurf einer wissenschaftskritischen Grafieforschung, Bielefeld 2007.

[6]   Christine Heil: Kartierende Auseinandersetzung mit aktueller Kunst. Erfinden und
      Erforschen von Vermittlungssituationen, München 2007.

[7]   Ansgar Schnurr: Über das Werk von Timm Ulrichs und den künstlerischen Witz als
      Erkenntnisform. Analyse eines pointierten Vermittlungs- und Erfahrungsmodells im
      Kontext ästhetischer Bildung, Norderstedt 2008.

[8]   Vgl. hierzu: http://www.coronation.com/trustisearned-televisioncommercial

Hubert Sowa

Verhandelte Sichtbarkeit
Die enaktivistischen und hermeneutischen Grundlagen der Kunstpädagogik

Die Frage nach den »Grundlagen« der Kunstpädagogik ist eine der wichtigsten, wenn man den gegenwärtig offenkundig verworrenen und z.t. längst auseinandergebrochenen Diskurs dieser Disziplin nicht mehr als zielführend akzeptieren will[1]. Nicht nur ist in den weiten und durch Diskontinuitäten zerrissenen Feldern des Diskurses die Verbindung zu den Bildungs- und Erziehungswissenschaften gestört, sondern auch zu den philosophischen Grundlagen, letztlich auch zu den Erfordernissen schulischer Bildungspläne.

Nach den Grundlagen fragen
Schon 1973 konstatierte Hans Meyers in seiner »Theorie der Kunsterziehung«: »Wer die derzeitigen Kontroversen der kunstdidaktischen Diskussion verfolgt, kann sich des Eindrucks nicht erwehren, dass die Auseinandersetzungen einen völlig anderen Verlauf nehmen würden, wenn unser Fach über eine philosophisch aufgehellte Begriffswelt verfügte.«[2] Zwei Jahre später erschien ein Buch, das genau diesen Befund illustriert: der von Gunter Otto und Horst-Peter Zeinert neu herausgegebene erste Band des »Handbuches der Kunst- und Werkerziehung«[3]. Es expliziert nicht wirklich tragfähige »Grundlagen«, sondern zeichnet »Kontroversfiguren«, zwischen denen sich die angeblichen »Grundfragen« kaum präzise erkennen geschweige denn beantworten lassen[4]. Methodische Unentschiedenheit, begriffliche Konfusion und disziplinäre Desorientierung leiten hier eine Entwicklung ein, die in den folgenden Jahrzehnten nachhaltig negative Folgen zeitigte. Anthropologische und entwicklungspsychologische Grundlegung, gesamtcurriculares Denken und ein hinreichendes didaktisches Verständnis von praktischer Gestaltungsarbeit im Zentrum des Faches[5] traten in der Otto-Schule von der ersten bis zur dritten Generation zunehmend in den Hintergrund und sind dort mittlerweile großenteils verschwunden.

Ein sprechendes Beispiel kann die gegenwärtige Konfusion verdeutlichen: Im Jahre 2012 wird im Resultatband eines nationalen Kongresses der Kunstpädagogik verlautbart: »Wir folgen einem Hype nach dem anderen, ohne immer zu wissen, was

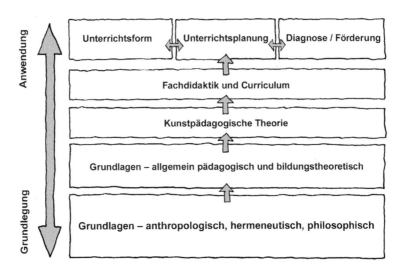

Abb. 1

wir tun.«[6] Von den Autoren wird solches ungeplante Handeln aber – anders als bei Meyers – nicht als Defizit wahrgenommen, sondern ins Positive gewendet: »Nicht alles muss begründbar sein.«[7] Der Satz ist – je nach Lesart – entweder nichtssagend und trivial oder schlicht falsch. Was heißt denn: »nicht alles«? Was denn genau muss begründbar sein und was nicht?

Es ist eine Selbstverständlichkeit: Pädagogik als Wissenschaft, und mehr noch als praktische Kunst ist kein Gebäude cartesisch konstruierter Gewissheiten, sondern hat wesensmäßig immer Stellen der Unbestimmtheit und Offenheit. Das Spiel des Überlegens und Urteilens zeichnet Praxis an sich aus, wie schon Aristoteles wusste[8], also auch die pädagogische Praxis. Doch im Bereich der Pädagogik sind sehr wohl begründete Entscheidungen gefordert, sollen *Verantwortung* und *Verantwortlichkeit* die Richtschnur sein und nicht Zufall und Willkür[9]. Pädagogisches Handeln muss sich – das ist als Ausgangspunkt festzuhalten – Fragen nach der Begründung stellen, und zwar in einem doppelten Sinne: Es müssen Fragen der *theoretischen* Begründung gestellt werden und Fragen der *praktischen* Orientierung. Die einen sichern die Grundlegung, die anderen die Anwendung. Die einen sind mit Hilfe von *empirischen* Bezugswissenschaften zu klären, die anderen mit Hilfe *ethisch-philosophischer* Argumentation und Handlungserfahrung. Für beide Seiten ihrer Begründung benötigt die Pädagogik eine »philosophisch aufgehellte Begriffswelt«. Und beide stehen in einem Wechselverhältnis, das als »hermeneutisch« in dem Sinne zu bezeichnen ist, wie ihn die erziehungswissenschaftliche Hermeneutik definiert.[10] Wenn es um Kunstpädagogik als eine begründete erziehungswissenschaftliche Disziplin und als ein begründetes und an Regeln orientiertes Handeln geht, so ist ein Gefüge von aufeinander aufbauenden Begründungsleistungen nötig, die in einem konsistenten Zusammenhang stehen. Abb. 1 vermittelt eine Vorstellung vom Gesamtkonstrukt einer wissenschaftlichen Kunstpädagogik[11]. An ihm lässt sich ermessen, wie umfassend die heute zu leistende Rekonstruktionsarbeit ist und wo die entscheidenden Defizite bestehender Theorieentwürfe und -fragmente liegen. Eine wirklich konsistente Fachdidaktik gibt es – nimmt man dieses Gesamtkonstrukt zum Maßstab – heute seit vielen Jahrzehnten nicht.

Ein Bild von einer Lernsituation im Kunstunterricht

Ein Bild aus der Gegenwart des Kunstunterrichts (Abb. 2) soll im Folgenden der Bezugspunkt für eine Erörterung dreier wichtiger Topoi sein, die das Fach »Kunstpädagogik« bestimmen. Ich möchte an diesem Bild aufzeigen, in welcher geistigen »Gegend« sich das Fach als eine wissenschaftliche Disziplin begründen läßt[12]. In der Ausdeutung des Bildes werden Erkenntnisse und Probleme sichtbar, die die oben genannten Grundlagen der Kunstpädagogik betreffen. Ich gehe bildhermeneutisch vor, um das Bild hinsichtlich seiner pädagogischen Implikationen zu erschließen[13].

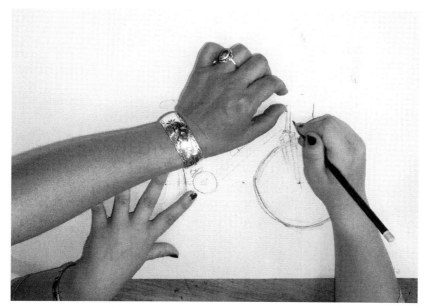

Abb. 2

Das Bild zeigt eine Szene im Kunstunterricht einer 7. Klasse einer Realschule. Ich selbst habe es aufgenommen, um es als eine Art »Modellbild« für die fachdidaktische Hochschullehre zu benutzen. Wir werden in diesem Bild Zeugen einer Unterrichtssituation: Eine Schülerin zeichnet auf einem DIN A2-Blatt mit Bleistift ein Fahrrad, das inmitten des Unterrichtsraumes als Anschauungsmodell präsent ist. Die Schülerin hat die Grundkonstruktion und wesentlichen Winkel und Proportionen vorerst geklärt und wendet sich nun dem Zeichnen des Fahrradlenkers zu. Das durch die Aufgabe gesteckte Ziel ist ein vollständig ausgearbeitetes Bild mit allen funktionalen Details in ihren richtigen Gestaltzusammenhängen. An diesem Punkt des Zeichenprozesses, da die Schülerin mit der nötigen Einteilung der Höhenverhältnisse Probleme bekommt, tritt die Lehrerin hinzu, beobachtet den Arbeitsstand und den Zeichenprozess und verhandelt mit Hilfe ihrer zeigenden und messenden Hand im Gespräch mit der Schülerin über die nun zu zeichnende Höhe des Lenkerrohres.

Sehen ist ein gemeinsam Geteiltes

Es gibt etwas zu sehen im Raum. Beide Personen – die lehrende und die lernende – sind mit den Augen bei einer klar vor Augen stehenden Sache, die im Raum so in Szene gesetzt ist, dass sie möglichst deutlich und in günstigem Winkel und Abstand zu sehen ist. Das spiegelt sich im Foto nur indirekt. Doch ist zu erkennen: Die Schülerin sieht das von der Lehrerin in Augenhöhe vor sie hingestellte Fahrrad genau von der Seite und ist so in der Lage, eine flächenparallele Gesamtdarstellung zu erarbeiten.

Damit hat die Gesamtinszenierung der Situation den Grundcharakter des Zeigens. Zeigen ist eine der wichtigsten Handlungsformen der Pädagogik. Der »Zeigestab« der Lehrenden – oft geringschätzig als überholtes Instrument diffamiert – dient der Präzisierung einer natürlichen Handgeste des deutenden Zeigefingers, ihrer Steigerung zu öffentlich sichtbarer Hervorhebung eines »bedeuteten« Zentrums der Aufmerksamkeit[14]. Im Zeigen geht es um eine genuin dialogische Geste, also um den körperlich-sympathischen Mitvollzug von Akten des Deutens und Wahrnehmens. Pädagogisch inszenierte »Szenen gemeinsamer Aufmerksamkeit« sind die Basis von Sprachverstehen, von Weltverstehen, Handlungsverstehen, Sympathie und Kultur[15]. Zeigen und Mitvollzug des Zeigens sind im verstehenden gemeinsamen Handeln ein einziger, ungeteilt intersubjektiver, bildender Akt. Der Philosoph Helmut Pape spricht – gestützt u.a. auf die semiotische Theorie von Charles S. Peirce, die Sprachphilosophie Ludwig Wittgensteins und die Philosophie der Lebensteilung Rainer Martens – von der »Verschränkung der Blicke« als dem spezifisch menschlichen Modell des Sehens, ja von der »Urszene« verstehenden Zusammenseins[16]. Diese Theorien konvergieren mit der in den letzten Jahren sich entwickelnden Theorie des philosophischen Enak-

tivismus. Auch dort wird hervorgehoben, dass »Sehen« kein sich zwischen Auge
und Hirn abspielender solipsistischer oder neuronaler Bewusstseins-Vorgang ist, wie
es das alte subjektzentrierte cartesische Körper- und Hirnmodell viele Jahrhunderte
annahm, sondern ein Vorgang des gemeinsam verkörperten In-der-Welt-Seins, des
gemeinsamen »enactments« (»to enact« bedeutet im Doppelsinn: etwas aufführen,
inszenieren, spielen, aber auch: etwas normativ verordnen oder verfügen). Der im
Sinn des Enaktivismus argumentierende Philosoph Alva Noë schreibt: »… wir (sind)
nicht … entfremdet voneinander oder von der Welt um uns herum. Wir werden nicht
bloß mit irgendwelchen Lauten, sondern wir werden miteinander konfrontiert. Wir
befinden uns in einem gemeinsamen Kontext, und deshalb müssen wir die Vorgänge in
unserem Umfeld nicht erst entschlüsseln …«[17] Das erinnert an die zentrale hermeneutische Denkfigur, der zufolge wir *immer schon* in ein Kontinuum des wechselseitigen
Verstehens eingebunden sind und dass wir in dieser »Selbstverständlichkeit« in der
Welt wohnen und an ihr teilhaben[18].

Aber es gibt – und dies ist die pädagogische Perspektive – ein Lernen, in dem
sich dieser »gemeinsame Kontext«, in dem wir handeln und in den wir verfügt sind,
bildet und fortbildet[19]. Im Foto sind wir Zeuge dieses Vorgangs. Im Grunde zeigt die
Lehrerin der Schülerin, wie das zu sehen ist, was es zu sehen gibt. Im gemeinsamen
Mitvollzug des Zeigens und Sehens wird auf dem Weg des sich im intersubjektiven
Spiel- und Verhandlungsraum bildenden Sehens eine Differenz abgearbeitet, die das
ungenaue vom genauen Sehen trennt, das »Ungefähr« vom exakt Ausgewiesenen, das
Ungeregelte, Zerstreute vom Geregelten, Konzentrierten. Man kann diese Differenz
unter dem Gesichtspunkt der »ästhetischen Differenz« deuten, der »dialogischen
Differenz« oder aber der »ontologischen Differenz«, die für Martin Heidegger die
Kerndimension von »Wahrheit« ist[20].

In kunstpädagogischer Hinsicht entscheidend ist: Indem die Schülerin versucht,
mitzusehen, was die Lehrerin sieht und zeigt, nämlich das, was es zu sehen gibt,
wird sie zunehmend vertraut mit der Kultur des Sehens und der Sichtbarkeit – sie
kommt in der sichtbaren Welt an und wird ihrer »gewahr«.

Martin Heidegger sprach in seiner hermeneutischen Phänomenologie der
zwanziger Jahre, durchaus im Einklang mit dem Pragmatismus und dem neueren
Enaktivismus, vom differenziellen »Da« – dem deutenden »Da« – und er unterschied
die Dimensionen des umweltlichen, des mitweltlichen und des geschichtlichen
»Daseins«[21]. Im Zentrum der Entdeckung des »Da« stehen die Ausweisung und das
»umsichtige« Hinsehen[22]. Von da her öffnen sich Verweisungsstrukturen und weite
weltliche Bezüge. Das Foto zeigt genau das pädagogische »Da«: Ein szenisches Spiel
von Hinsehen, Deuten, Sich-verständigen, Bedeuten und Verstehen. Es zeigt das her-

meneutische Spiel des »Verhandelns« des Sichtbaren. Es ist kein subjektives, sondern wesentlich intersubjektives[23] oder auch interpersonales Spiel. Es werden zwei in der körperhaft-personalen Differenz notwendig auftretende Blickperspektiven verhandelt. Im Spielraum des Intersubjekts bildet sich ein gemeinsames Bild. Seit der Antike, seit Platon und Aristoteles wird dieses »Gemeinsame« (Koinon) der Miteinander-Wahrnehmung als Basis von Verständigung begriffen. Es spielt eine tragende Rolle im weiteren philosophischen Diskurs, über den »sensus communis«[24], den gemein(sam) en und verbindenden Sinn in der Neuzeit bis hin zur Urteilskraft, die wiederum das begründende Gemeinsame des ästhetischen Urteilens ist (Kant). Dieses »Gemeinsame« eines im Spielraum der Wahrnehmung ausgehandelten Gewahrens und Verstehens hat auch normative Bedeutung. Gerade in der Pädagogik ist das zu betonen, zumal in der Kunstpädagogik, wo oft ein einseitig subjektives und dadurch allgemeinen Regeln entzogenes Verständnis von Perspektivenpluralität, ästhetischem Spiel und singulärem Empfinden in den Vordergrund gestellt wird. Präziser noch wäre zu sagen: Verstehendes Sehen ist different-gemeinsam.

Im Spiel des pädagogischen und gestalterischen Aushandelns ist das Sichtbare nicht beliebig verfügbar, sondern es geht um Richtigkeit und Wahrheit, um ein »so … wie«. Das »Wahre« im Gewahren ist gewährleistet durch Gemeinsamkeit. Die Lehrerin fragt und zeigt: »Sieht es denn wirklich so aus?« Sie fordert vielleicht auch auf: »Schau doch noch mal genauer hin, vergleiche …!« Und eben in diesem Spiel- und Verhandlungsraum, der im Foto von den drei Händen umschrieben wird, wird Sehen gelernt, indem es im Blick auf die Sache wie auf das Bild ausgehandelt wird: Zeigen und Blick haben sich zu entsprechen[25].

Das, was verhandelt wird – das Fahrrad in seinem funktional geprägten Aussehen – ist im Foto allerdings nicht selbst sichtbar. Doch gibt es noch ein weiteres Unsichtbares, das hinzuzudenken ist: Die Vorstellung des Fahrrades. Davon soll nun gesprochen werden.

Vorstellen ist ein gemeinsam Geteiltes

Das, was es im Raum zu sehen gibt, ist nicht nur im Foto nicht zu sehen, es ist auch für die Akteure im Moment des Zeichnens nicht zu sehen. Lehrerin und Schülerin konzentrieren die Aufmerksamkeit gerade auf die entstehende Zeichnung. Das Fahrrad selbst haben sie, da ihr Blick sich gerade auf das Blatt senkt, nur in der Vorstellung. Das Sichtbare ist gleichsam absent und präsent zugleich. Die Schülerin hält mit der linken Hand das Blatt, mit der rechten den Stift, den sie gerade absetzt und innehält. Sehen wir uns die Hände und ihr Handeln genau an: Es sind zwei Hände, die man zum Zeichnen braucht. Neben der Hand, die den Stift führt, ist auch die andere in

Aktion – im vorliegenden Fall die linke. Sie ist nicht nur nötig, um das Blatt auf dem Tisch zu fixieren und in die jeweils richtige Lage zu drehen. Sondern sie spielt auch gestisch mit der Zeichenhand zusammen: Abstand, Lage und Bewegungen der beiden Hände wechseln ständig. Ihr bewegtes Verhältnis zueinander formt die Dimension des Spielraumes, in dem die Zeichnung stattfindet oder aufgeführt wird. Die Choreographie der beiden Hände ist Teil des *Embodiments* des Sehens und Zeichnens[26]. Ihre differenten Doppelgesten definieren oben und unten, links und rechts, sie handeln von der körperlichen Selbstwahrnehmung im Verhältnis zu Gegenstand und Bild, sie handeln auch von imaginierten synästhetischen Tasterfahrungen, vom körperlichen Durchmessen des Raumes mit dem sich-bewegenden Blick und den agierenden Händen, vom Zugreifen, Messen, von Nähe und Ferne, Größe und Detaillierung.

So weit die Hände der Schülerin. Und die Hände der Lehrerin? Eine ist nur zu sehen. Aber funktional braucht sie im Grunde ebenfalls beide Hände. Grob gesagt: Sie muss einerseits auf das Fahrrad zeigen, andererseits auf die Bildstelle. Auch hier ist also eine differente Doppelgeste im Spiel – zumindest imaginär. Die Verknüpfung der doppelten Zeigegeste mit den Augenbewegungen einerseits, mit den Handbewegungen der Schülerin andererseits muss ein perfektes Resonanzsystem bilden, wenn die Erklärung verstanden werden soll. Hinzu kommt die Sprache, hinzu kommt aber – und das allem zuvor! – das Resonanzsystem des gemeinsamen Vorstellens: Mit der im Bild sichtbaren linken Hand zeigt die Lehrerin eine kleine Spanne mit zwei Fingern an. Die Stelle, an der diese Spanne angezeigt wird, liegt im leeren Raum, etwas oberhalb des bisher schon Gezeichneten. Dort ist nichts zu sehen. Aber ein Betrachter des Fotos versteht ebenso, was die Lehrerin zeigen will, wie es wohl die beiden Akteure auf dem Foto verstehen: Es geht um eine Verlängerung des Lenkerrohres nach oben.

Was da gezeigt wird, ist in unserer Vorstellung anwesend. Es ist nicht »sichtbar«. Es ist nur vorstellbar. Jederzeit könnten wir als Bildbetrachter in die Zeichenhandlung eingreifen und sie fortsetzen. Die Zeichnung ist zwar unfertig und fragmentarisch, aber wir können uns genau vorstellen, was fehlt. Im Prozess der Ausarbeitung von Vorstellungen gibt es Fehlstellen, Unbestimmtheiten, und es gibt auch Fehler. Es gibt Zeigegesten, mit denen wir uns zu verstehen geben können, wenn »da« etwas »fehlt« oder nicht »stimmt«.

Die Methodiker des reformierten Kunstunterrichts aus der Zeit ab 1900 bis zum 2. Weltkrieg bedachten in ihren Grundüberlegungen, in ihren curricularen Strukturen und ihren methodischen Ausführungen stets genau das Verhältnis zwischen dem Gestalten nach der Anschauung und dem nach der Vorstellung, oder, wie es damals häufig formuliert wurde, das Verhältnis von »Eindruck und Ausdruck«. Bei den führenden Theoretikern herrschte dabei weitgehend Übereinstimmung, dass das Gedächtnis-,

Phantasie oder Vorstellungszeichnen aus Entwicklungsgründen curricular vor dem Anschauungszeichnen zu stehen hätte[27]. Dennoch wurde das Verhältnis zwischen Anschauung und Vorstellung nicht als Gegensatz begriffen. Das letztere Vorurteil stammt erst aus einer späteren Phase der Fachentwicklung, in der die vage definierte »Phantasie« aus ideologischen Gründen romantisch verabsolutiert und schließlich als entscheidendes Gegenstück zur »Rationalität« verklärt wurde – bis hin zur absurden »Hirnhemisphärentheorie« oder zum ebenso verzerrten Ideologem eines Dualismus zwischen »rationalem« und »wildem« Denken[28], in dem die Kunstpädagogik sich eindeutig und selbstverständlich immer auf die zweite Seite schlug, um »Widerständigkeit« gegen die geradezu dämonisierte »rationale« Weltsicht zu leisten[29].

Weit entfernt von solch antinomischem Denken wussten und beachteten die kunstdidaktischen Methodiker im ersten Drittel des 20. Jahrhunderts, dass der Unterschied zwischen den Praktiken eines gedächtniszentrierten und eines anschauungszentrierten Gestaltens »nur ein gradueller, kein Wesensunterschied« ist[30]. Zielperspektive des curricularen und methodisierten Vorgehens war letztlich die Vorstellungsbildung und die Bildung der Fähigkeit, Vorstellungen und Anschauungen strukturiert zur Darstellung zu bringen.

Abseits von einem ideologisch verkürzten Begriff der »Phantasie« lässt sich im vorliegenden Foto das Wirken der Imagination oder Vorstellungskraft beim Verstehen des Sichtbaren genau erkennen. Das Zeichnen ist hier als Vorstellungshandlung präsent – doch in unmittelbarem Resonanzverhältnis zu dem, was soeben noch vor Augen lag und nun aus der Vorstellung rekonstruiert wird. Wir sehen an den Radierspuren und Verbesserungen den prozessualen Charakter des allmählichen Verfertigens einer Vorstellung. Genauer gesagt geht es um eine Fülle von Vorstellungen, die sich hier sichtbar und unsichtbar sammeln. Gestaltformen und -zusammenhänge, Strukturentsprechungen, technisch-konstruktive Zusammenhänge, Hilfsvorstellungen, Körpervorstellungen – all diese Vorstellungsmomente spielen zusammen. Hinzu kommt die Bewegungsvorstellung, die die Hand steuert. Andere Vorstellungsarten sind eher unterschwellig mitbeteiligt: narrative Vorstellungen, Farbvorstellungen, Vorgangsvorstellungen, räumliche Vorstellungen, szenische und symbolische Vorstellungen usw.[31]

Die Pointe des Bildes liegt aber in einer anderen Dimension: Offenbar stellen sich Lehrerin und Schülerin dasselbe vor – oder: Sie handeln gemeinsam ein sich-bildendes Vorstellungsbild aus, beteiligen sich an seiner Ausarbeitung, indem sie es immer detaillierter in den gemeinsamen inneren Blick nehmen. Sie teilen die Vorstellung und deshalb verstehen sie einander. Sie verstehen nicht nur, was sie sehen, sondern auch, wie es weiter gehen muss – und sie verhandeln den Weg der zeichnerischen Annäherung an die Vorstellung. Der Neurobiologe Gerhard Hüther spricht bezüglich der Imaginationen von »Bildern, die das Werden lenken«[32], er benennt auch das Phänomen der »kollektiven Bilder«[33]. In diesem Licht zeigt sich, dass alles, was in den vorstehenden Ausführungen zum gemeinsam geteilten Sehen gesagt wurde, im gleichen Maße für das Vorstellen gilt: Es bildet sich im Zwischenraum der vorstellenden Intersubjekte. Es arbeitet sich an Differenzen zwischen Norm und Abweichung ab. Es ist ein enaktiver Prozess.

Doch wie ist das möglich? Im Wahrnehmen sind es das Zeigen und der Mitvollzug, die diese Parallelisierung des gemeinsamen Blicks ermöglichen. Beim Vorstellen aber – wie kann da eine Gemeinsamkeit entstehen, wenn doch Vorstellungsbilder nicht »etwas« sind, auf das man »da« zeigen und blicken könnte? Zweifellos können Menschen einer gemeinsamen Vorstellung folgen, wenn sie metaphorisch gesprochen innerlich dasselbe vor Augen haben. Doch woher können sie wissen, dass es »dasselbe« ist? Wir sehen doch nur bei einem anderen, dass er das gleiche tut wie wir, aber könnten nicht die Vorstellungen »innerlich« different sein? Wir lassen ungerne von der Vorstellung ab, dass Vorstellungen tief innerlich und privat sind, wie in einem Geheimversteck unseres Kopfes – exklusiv und privilegiert, und von niemand anders gesehen oder gewusst werden können. Doch woher wollen wir wiederum das wissen? Das ist ein Zirkelschluss, bewegt von einem bloßen Gefühl des »Innen«, das metaphorisch aus der körperlichen Erfahrung abgeleitet ist. Fragen wir uns doch: Wie haben wir denn gelernt, was »vorstellen« heißt? Über »Vorstellen« sprechen, ist ein Sprachspiel, das klare Regeln hat. Das Spiel hat zwei Teile: der eine heißt »öffentlich handeln«, der andere heißt »vor oder nach dem öffentlichen Handeln – jedenfalls außerhalb des öffentlichen Handelns – für sich etwas denken«. Das letztere wird »vorstellen« genannt – und es wird merkwürdigerweise mit dem Charakter des »Geheimen« und »Inneren« assoziiert. Doch auch hier stellt sich natürlich die Frage: Wie lernen wir es, etwas »geheim« zu denken? Wenn wir an »geheim« denken, denken wir immer an bestimmte äußerlich erfahrene Handlungssituationen. Wer »geheim« denkt, handelt noch nicht oder nicht mehr oder setzt die Handlung aus. Die Frage ist auch: Gibt es dieses »vor« oder »nach« der Handlung überhaupt? Ist das Vorstellen außerhalb der Handlung? Kann es außerhalb der Handlung sein? Oder ist es nur eine andere Handlung? Nein, es ist »Teil« der Handlung. Alle Handlungen sind sich-darstellende Vorstellungen, sie sind untrennbar durchdrungen von Vorstellungen, ja *sind* Vorstellungen. Das »Sichtbare« und das »Unsichtbare« einer Handlung sind wesensgleich, sind »Komponenten« derselben. Das eine können wir nicht ohne das andere lernen. Ein Beispiel: Ein Kind zeichnet eine Blume. Man sagt: »Es zeichnet aus der Vorstellung.« Doch man kann es auch anders sehen: Es zeichnet eine Blume, wie es sie zu zeichnen gelernt hat.[34] Das, was wir »vorstellen« nennen, ist der Zeichenakt selbst – und er ist öffentlich. Er hat etwas mit Konzentration zu tun, mit Know-how, mit dem Wissen um Ausführung. Wir sprechen jemandem, der etwas ausführen kann, Vorstellungskraft zu. Von Vorstellungen, deren Ausführung wir nicht kennen, können wir nichts wissen.

Doch weder das Wahrnehmen, noch das Vorstellen sind auf dem Foto wirklich direkt zu sehen. Wir stellen sie uns angesichts des Fotos nur vor. In Wahrheit zeigt das Foto etwas, über das bisher immer nur indirekt gesprochen wurde, aber das entscheidende Mittelglied und der Kristallisationspunkt der Dimensionen von Wahrnehmen und Vorstellen ist: Die Darstellung.

Darstellen ist ein gemeinsam Geteiltes

Das, was es auf dem Foto zu sehen gibt, ist die Arbeit zweier Personen – einer lehrenden und einer lernenden – an einer Darstellung. Diese Darstellung ist eine Zeichnung. Es könnte aber genauso gut eine Plastik, ein Modell, ein Foto, Video, eine Performance usw. sein.

Nach den ausführlichen Erörterungen oben erlaube ich mir nun recht gedrängt argumentieren. In einem enaktivistischen und hermeneutischen Verständnis ist die Darstellung die Kernszene, in der gemeinsames Sehen und Vorstellen zur Verhandlung kommen. »Verhandlung« ist im doppelten tiefen Sinn des Wortes zu verstehen: einerseits als »verhandeln« im Sinne der interpersonalen Annäherung und Grenzziehung, der gemeinsamen Verordnung und Verfügung, andererseits im Sinne der »Hand«, über die die Person sich »handelnd« im Kontakt mit einem Gegenstand und mit anderen äußert und ihr »Inneres« zupackend, tastend und zeigend darstellt[35].

Ein laxes Begriffsverständnis von »Darstellung« in der Kunstpädagogik setzt sie oft mit »Abbildung« (Mimesis) gleich und wertet sie damit zugleich ab[36]. Ein differenziertes Verständnis des Begriffs Darstellung entfaltet der hermeneutische Philosoph Hans-Georg Gadamer[37], für den der Begriff Darstellung »Spiel wie Bild, Kommunion wie Repräsentation in gleicher Weise umfasst«[38]. In diesem Verständnis ist klar, dass Darstellung nicht nur einen Sachbezug hat (Repräsentation, z.B. eines Erlebnisses oder einer Wahrnehmung), sondern auch den interpersonalen Bezug der Mitteilung und Kommunikation (Kommunion). Auch wenn eine Darstellung alleine erarbeitet wird, ist dieser Bezug immer schon wesenhaft mitzudenken. »Wesenhaft«: Ohne den Anderen gibt es gar keine Darstellung. Sie ist immer eine Handlung, die auf Gemeinsamkeit gründet und zugleich zielt. »Darstellen« heißt: mir selbst und anderen etwas zu verstehen zu geben. Im Zwischenraum zwischen Menschen, ins »Da« gestellt, ist Darstellung »veräußerter Geist«[39], genau so, wie es die enaktivistische Philosophie in den Begriffen des »enactments«, der »Performanz« und der »Verkörperung« denkt[40]. In

Martin Heideggers Kunstphilosophie ist der Begriff der »Herstellung« zentral, der eben dasselbe anspricht: Ein Werk wird ins »Da« zwischen den Menschen gestellt, es wird hierher-gestellt, zwischen »uns« – in eine Situation gemeinsamer Aufmerksamkeit.

In der Darstellung kommen Zeigen, Spielen und Deuten zusammen, zugleich das Zu-verstehen-geben. Darin gleichen sich das Bild und die Sprache: Sie sind ein gemeinsames Spiel der Darstellung[41] – und sie ruhen immer schon auf diesem Grund des gemeinsam geteilten Verstehens auf.

Auch wenn man sagen kann, dass im Darstellen Vorstellungen »veräußert« oder »ausgeführt« werden[42], haftet diesen Formulierungen in enaktivistischer Sicht noch etwas Schiefes an. Sie suggerieren, es verhalte sich so, als wäre da *zuerst* ein Inneres (das Bewusstsein »im« Hirn), das erst *dann* z.B. im Zeichenakt als ein Äußeres dargestellt würde. Im Lichte von Noës radikaler Umformulierung der Theorie des »Bewusstseins« ist es vielmehr so: »Wir sind Muster einer aktiven Auseinandersetzung mit fließenden Grenzen und wechselnden Komponenten. Wir sind dezentral verteilt.«[43] Insofern könnte man sagen: In der Zeichnung des Fahrrads *sind* wir. »Wir« sind darin gemeinsam, wir sind darin »enaktiv« tätig, und unsere Wahrnehmungen und Vorstellungen *sind* die Zeichnung. Und die Zeichnung ist – wie oben gezeigt – die Zeichnung vierer Hände.

Abschluss

Ein Zeugnis genau davon gibt das hier interpretierte Foto. Alle darin sichtbaren Beziehungen, die körperlich-räumlichen, performativen und pädagogischen wie die gestalterischen, lassen sich so lesen und verstehen. Obwohl hier, um zu Abb. 1 zurückzukommen, die oberste Ebene der Unterrichtsdurchführung gezeigt wird, ihre sichtbare Oberfläche, werden doch zugleich die Grundlagen sichtbar. Im Vorstehenden wurden drei wichtige Topoi dieser Grundlegung erörtert und präzisiert. Welche curriculare Didaktik sich daraus ableiten lässt, wird an anderer Stelle auszuführen sein[44]. Doch mag man aus der Darstellung des vorliegenden Textes entnehmen, dass die Grundlagenrevision wirklich tiefgreifend ist. Vertraute, aber brüchig gewordene Leitbegriffe wie »Phantasie«, »Kreativität«, »Ausdruck«, »Subjektzentriertheit«, »Originalität« werden im Rahmen einer hermeneutisch und enaktivistisch rekonstruierten Kunstpädagogik wohl kaum mehr viel Platz finden. Auch der heute häufig einseitig geforderte primäre und ausschließliche »Kunstbezug« wird in völlig anderem Licht erscheinen.

Es geht um viel mehr: Um das kunstpädagogische Verhandeln von Sichtbarkeit im Sinne der allgemeinen Bildung[45]. Und genau darin berührt die Kunstpädagogik die Kunst, so wie sie schon in den Anfängen der Menschheit ans Licht trat: In sich-darstellenden Szenen geteilter Intentionalität und gemeinsamer Aufmerksamkeit.

---

[1] Vgl. hierzu die umfangreichen Darstellungen in Hubert Sowa: Der Verantwortung gerecht werden. Kunstpädagogik jenseits »künstlerischer« Autoreferenz, in: BDK-Mitteilungen 1/2008, S. 2–7; Hubert Sowa: Welthorizont und Gemeinsinn. Der Spielraum kunstpädagogischer Urteilskraft, in: Klaus-Peter Busse (Hg.): (Un)Vorhersehbares lernen: Kunst – Kultur – Bild (Dortmunder Schriften zur Kunst, Bd. 6), Dortmund 2008, S. 397–417; Hubert Sowa: In welchem Bezug zur Gesellschaft befindet sich die Kunstpädagogik heute – und wie muss sie sich für morgen orientieren? In: Kunibert Bering/Clemens Höxter/Rolf Niehoff (Hgg.): Orientierung: Kunstpädagogik. Bundeskongress der Kunstpädagogik 22.–25. Oktober 2009, Oberhausen 2010, S. 153–170.

[2] Hans Meyers: Theorie der Kunsterziehung. Reflexionen zur fachwissenschaftlichen und bezugswissenschaftlichen Grundlegung der Kunstdidaktik, Frankfurt/M. 1973, S. 63. In seinem Werk leistet Meyers eine sorgfältige hermeneutische Grundlegung, die heute durchaus – mutatis mutandis – als Verständigungsbasis dienen könnte in der Rekonstruktion der Fachdisziplin.

[3] Gunter Otto/Horst-Peter Zeinert (Hgg.): Handbuch der Kunst- und Werkerziehung, Band 1: Grundfragen der Kunstpädagogik. Materialien und Relationen – Basis- und Bezugsdisziplinen, Berlin 1975.

[4] In dieser Hinsicht ist ein Vergleich mit der ersten Version des Bandes 1 aus dem Jahre 1953 erhellend, vgl. Herbert Trümper (Hg.): Handbuch der Kunst- und Werkerziehung. Band 1: Allgemeine Grundlagen der Kunstpädagogik, Berlin 1953. Vgl. auch den Hinweis auf ihr Dissertationsprojekt zu diesem Thema im Beitrag von Sidonie Engels.

[5] Eine umfassende und tiefgreifende Neubewertung der Fachgeschichte im Hinblick auf die theoretischen Fehlorientierungen der Otto-Schule, zu der dann die Selle-Schule noch als bizarre Fußnote hinzukommt, steht noch aus. Sie wird auf dem Weg einer Neukonsolidierung und Neubegründung des Faches ebenso geleistet werden müssen wie die Aufarbeitung der Fachgeschichte insgesamt. Seit Jahrzehnten werden in Darstellungen der Fachgeschichte meist die Bewertungen und Systematisierungen von Kerbs fraglos übernommen (Diethard Kerbs: Historische Kunstpädagogik. Quellenlage, Forschungsstand, Dokumentation, Köln 1976). Kerbs hat zwar mit seinen ausgedehnten historischen Recherchen dafür gesorgt, dass sich in den 1970ern der Fachgeschichte vermehrt wieder angenommen wurde, doch hat er dabei m.E. auch einige gravierende ideologiebedingte Fehlbewertungen vorgenommen, die seither die historische Fachforschung in die nach »1968« gesteckten ideologischen Bahnen gelenkt und Fehlurteile erzeugt haben, die bis heute ein kritisch aufgeklärtes Fachverständnis behindern. Vor allem Kerbs´ positive Bewertung der eher ideologischen Spielarten

der Reformpädagogik als kindgerechte »Befreiung von Disziplinierung« und seine Unterschätzung der wissenschaftlich-experimentellen und psychologisch fundierten, international vernetzten rationalen Fachdidaktik zwischen 1930 und 1933 hat in der Folge dazu geführt, dass sich in Deutschland seit 1970 kaum Ansätze zu einer wissenschaftlichen Fachdidaktik auf dem Gebiet der Gestaltung entwickelt haben und der Anschluss an den erziehungswissenschaftlichen Diskurs verloren ging. Der Beginn einer gründlichen Neubewertung der Fachgeschichte zeichnet sich ab bei Skladny (Helene Skladny: Ästhetische Bildung und Erziehung in der Schule. Eine ideengeschichtliche Untersuchung von Pestalozzi bis zur Kunsterziehungsbewegung, München 2009), allerdings bedarf der hier verwendete Begriff der »ästhetischen Bildung« seinerseits einer gründlichen Ideologiekritik und Revision (vgl. z.b. Christian Rittelmeyer: »Über die ästhetische Erziehung des Menschen«. Eine Einführung in Friedrich Schillers pädagogische Anthropologie, Weinheim/München 2005; Christian Rittelmeyer: Warum und wozu ästhetische Bildung? Über Transferwirkungen künstlerischer Tätigkeiten. Ein Forschungsüberblick, Oberhausen 2010; Cornelie Dietrich/Dominik Krinninger/Volker Schubert: Einführung in die ästhetische Bildung, Weinheim/Basel 2012), weil er im Grunde in seinem laxen Verständnis als bloß subjektive sinnliche Empfindung für den Zerfall der Disziplin »Kunstpädagogik« maßgeblich mitverantwortlich zu machen ist.

[6]   Robert Hausmann/Matthias Laabs: Denn sie wissen (nicht) immer, was sie tun. Positionen einer jungen Kunstpädagogik, in: Christine Heil/Gila Kolb/Torsten Meyer (Hgg.): shift. # Globalisierung # Medienkulturen # Aktuelle Kunst. Kunst Pädagogik Partizipation. Buch01, München 2012, S. 207–208, S. 208.

[7]   Ebd.

[8]   Aristoteles: Nikomachische Ethik, Buch III, Stuttgart 1969.

[9]   Vgl. dazu umfassend: Jochen Krautz (Hg.): Kunst – Pädagogik – Verantwortung. Zu den Grundfragen der Kunstpädagogik, Oberhausen 2010.

[10] Vgl. Christian Rittelmeyer/Michael Parmentier: Einführung in die pädagogische Hermeneutik, Darmstadt 2001, S. 16–19; Wolfgang Klafki: Probleme der Kunsterziehung in der Sicht der allgemeinen Didaktik, in: Hermann K. Ehmer (Hg.): Kunstunterricht und Gegenwart, Frankfurt/M. u.a. 1967, S. 27–45; Wolfgang Klafki: Hermeneutische Verfahren in der Erziehungswissenschaft (1971), in: Rittelmeyer/Parmentier 2001 (wie Anm. 10), S. 125–148.

[11] Vgl. Hubert Sowa: Grundlagen der Kunstpädagogik – anthropologisch und hermeneutisch, Ludwigsburg 2011, S. 7.

[12] Mit dieser Formulierung beziehe ich mich auf die von Klaus-Peter Busse wiederholt hervorgehobene topographische Metapher (»Kartierung«, »Mapping«) im Zusammenhang kunstpädagogischer Argumentation.

[13] Vgl. zu einer derartigen Vorgehensweise Michael Parmentier: Sehen sehen. Ein bildungstheoretischer Versuch über Chardins »L'enfant au toton«, in: Hans-Georg Herlitz/ Christian Rittelmeyer (Hgg.): Exakte Phantasie. Pädagogische Erkundungen bildender

Wirkungen in Kunst und Kultur, Weinheim/München 1973, S. 105–121; und Theodor
Schulze: Ikonologische Betrachtungen zur pädagogischen Paargruppe, in: Herlitz/
Rittelmeyer 1973, S. 147–171.

[14] Vgl. grundlegend Klaus Prange: Die Zeigestruktur der Erziehung: Grundriss der Operativen
Pädagogik, Paderborn 2005.

[15] Vgl. Michael Tomasello: Die kulturelle Entwicklung des menschlichen Denkens,
Frankfurt/M. 2006, S. 127 ff.

[16] Helmut Pape: Wir können nur gemeinsam sehen. Die Verschränkung der Blicke als
Modell humanen Sehens, in: Horst Bredekamp/John Michael Krois (Hgg.): Sehen und
Handeln, Berlin 2011, S. 117–139. Vgl. im kunstpädagogischen Zusammenhang Hubert
Sowa: Verantworteter Blick. Kunstpädagogik als hermeneutische Bildung des Sehens,
in: Jochen Krautz (Hg.): Kunst – Pädagogik – Verantwortung. Zu den Grundfragen
der Kunstpädagogik, Oberhausen 2010, S. 159–178, Jochen Krautz: Imagination und
Personalität in der Kunstpädagogik. Anthropologische und didaktische Aspekte, in: Hubert
Sowa (Hg.): Bildung der Imagination, Bd. 1: Kunstpädagogische Theorie, Praxis und
Forschung im Bereich einbildender Wahrnehmung und Darstellung, Oberhausen 2012, S.
74–97.

[17] Alva Noë: Du bist nicht dein Gehirn. Eine radikale Philosophie des Bewusstseins,
München/Zürich 2010, S. 207. Vgl. in ähnlichem Sinn: Thomas Fuchs: Das Gehirn – ein
Beziehungsorgan. Eine phänomenologisch-ökologische Konzeption, Stuttgart 2010; Alex
Arteaga: Die Lebendigkeit des Bildes. Ansätze einer enaktivistischen Begründung, in: Horst
Bredekamp/John M. Krois (Hgg.): Sehen und Handeln, Berlin 2010, S. 45–63; John M.
Krois: Bildkörper und Körperschema, hg. von Horst Bredekamp und Marion Lauschke,
Berlin 2011.

[18] Vgl. hierzu Hans-Georg Gadamer: Hermeneutik als praktische Philosophie, in: Manfred
Riedel (Hg.): Rehabilitierung der praktischen Philosophie, Bd. 1., Freiburg i. Br. 1972,
S. 325–344; Hans-Georg Gadamer: Dekonstruktion und Hermeneutik, in: Annemarie
Gethmann-Siefert (Hg.): Philosophie und Poesie. Festschrift Otto Pöggeler zum 60.
Geburtstag, Bd. 1., Stuttgart - Bad Cannstadt 1988; Jean Grondin: Einführung in die
philosophische Hermeneutik, Darmstadt 1991; Jean Grondin: Der Sinn für Hermeneutik,
Darmstadt 1994.

[19] Vgl. hierzu ausführlich in philosophischer, allgemeinpädagogischer und kunstpädagogischer
Perspektive Jochen Krautz: Relationalität gestalten: Persönlichkeit und Beziehung in der
Kunstdidaktik, in: Jochen Krautz/Jost Schieren (Hgg.): Persönlichkeit und Beziehung als
Grundlage der Pädagogik, Weinheim 2013.

[20] Vgl. Martin Heidegger: Vom Wesen der Wahrheit (1930), Frankfurt/M. 1967.

[21] Martin Heidegger: Sein und Zeit (1927) (13. Auflage), Tübingen 1976, drittes Kapitel.

[22] Vgl. ebd., S. 66–72.

[23] Die im Anschluss an Kant, Plessner und Wittgenstein argumentierende anthropologische
Kulturphilosophin Anke Thyen spricht vom »Intersubjekt«. Vgl. Anke Thyen: Moral und

Anthropologie. Untersuchungen zur Lebensform »Moral«, Weilerswist 2007, S. 206 ff.

[24] Vgl. hierzu Joachim Ritter (Hg.): Historisches Wörterbuch der Philosophie, Basel/ Darmstadt 1971 ff., Bd. 3, Sp. 243–247: Gemeinsinn.

[25] Vgl. grundlegend Gottfried Boehm: Die Hintergründigkeit des Zeigens. Deiktische Wurzeln des Bildes, in: ders.: Wie Bilder Sinn erzeugen – Die Macht des Zeigens. Berlin 2007, S. 19–33.

[26] Vgl. grundsätzlich: James J. Gibson: The ecological approach to visual perception, New York/Hove 1986, S. 223 ff.; Krois 2011 (s. Anm. 17), S. 253 ff. und 273 ff.

[27] Vgl. hierzu beispielsweise: Fritz Kuhlmann: Neue Wege des Zeichenunterrichts, Stuttgart 1904; H. Grothmann: Das Zeichnen an den allgemein bildenden Schulen mit besonderer Berücksichtigung der preußischen Lehrplanbestimmungen, Berlin 1908; Ernst Weber: Zeichnerische Gestaltung und Bildungsarbeit, Hannover 1913; Ernst Weber: Der Zeichenunterricht und seine methodischen Probleme, Ansbach 1924.

[28] Vgl. in Zuspitzung: Elmar Daucher/Rudolf Seitz: Didaktik der bildenden Kunst. Moderner Leitfaden für den Unterricht, München 1970, bes. S. 33 ff. und 83 ff.; zur Kritik eines eingeengte Phantasiebergiffs vgl. Alexander Glas: Imagination, Phantasie und Darstellungsformel. Grundriss einer anthropologischen Theorie der Einbildungskraft, in: Hubert Sowa (Hg.): Bildung der Imagination, Bd. 1: Kunstpädagogische Theorie, Praxis und Forschung im Bereich einbildender Wahrnehmung und Darstellung, Oberhausen 2012, S. 98–113.

[29] Zum geistesgeschichtlichen Hintergrund dieser Haltung vgl. Wolfgang Legler: Mythos Widerstand? Historische Anmerkungen zum Verhältnis von Ästhetik, ästhetischer Bildung und Widerstand, in: ders.: Kunstpädagogische Zusammenhänge. Schriften zur Fachdidaktik und zur ästhetischen Bildung, Oberhausen 2009, S. 175–203.

[30] Vgl. Weber 1924 (s. Anm. 27), S. 32.

[31] Zu neueren kunstpädagogischen Forschungen und Theorien der Imagination vgl. ausführlicher Hubert Sowa (Hg.): Bildung der Imagination. Bd. 1: Kunstpädagogische Theorie, Praxis und Forschung im Bereich einbildender Wahrnehmung und Darstellung, Oberhausen 2012; Hubert Sowa: Darstellbarkeit und Verständlichkeit innerer Bilder. Grundrisse eines Theorierahmens für bildhermeneutische Forschungen im Felde imaginativer Bildleistungen, in: Sowa 2012 (s. Anm. 16), S. 147–175; Hubert Sowa: Die Konkretion der bildhermeneutischen Methode in der Analyse, Kategorisierung und Beurteilung von imaginativen Bildschöpfungen, in: Sowa 2012 (s. Anm. 16), S. 176–197; Glas 2012 (s. Anm. 28); Krautz 2012 (s. Anm. 16); Bettina Uhlig: Imagination und Imaginationsfähigkeit in der frühen Kindheit, in: Sowa 2012 (s. Anm. 16), S. 114–129.

[32] Gerhard Hüther: Die Macht der inneren Bilder. Wie Visionen das Gehirn, den Menschen und die Welt verändern, Göttingen 2008, S. 105 ff.

[33] Ebd. S. 43ff. und 88 ff.

[34] Vgl. hierzu ausführlicher Sowa 2012 (s. Anm. 31), S. 165 ff.

[35] Vgl. Thyen 2007 (s. Anm. 23), S. 309 ff.: Person und Hand; ausführlich: Richard Sennett:

Handwerk, Berlin 2008; Hans Dieter Huber: Das Gedächtnis der Hand, in: Johannes Kirschenmann/Frank Schulz/Hubert Sowa (Hgg.): Kunstpädagogik im Projekt der allgemeinen Bildung, München 2006, S. 39–51.

[36] Vgl. allgemein Ritter 1971 ff. (s. Anm. 24), Bd. 2, Sp. 11–14: Darstellung (exhibitio, Hypotypose).

[37] Hans-Georg Gadamer: Wahrheit und Methode. Grundzüge einer philosophischen Hermeneutik (4. Auflage), Tübingen 1975, S. 97–161.

[38] Ebd., S. 144.

[39] Ebd., S. 161.

[40] Auch in Winnicotts Theorie des »Übergangsobjektes« lässt sich dieses enaktivistische Denken nachweisen, vgl. Donald W. Winnicott: Vom Spiel zur Kreativität, Stuttgart 1993. Vgl. im kunstpädagogischen Zusammenhang näher auch Sowa 2012 (s. Anm. 31), S. 153 ff.

[41] Vgl. zum Begriff des Bildspiels vgl. umfassend: Silvia Seja: Handlungstheorien des Bildes, Köln 2009, S. 110–127, vor allem S. 23 ff. und 65 ff.; auch: Hubert Sowa: Bildhandeln, Bildgebrauch, Bildspiel. Bildpragmatische Aspekte der Kinderzeichnung, in: Klaus-Peter Busse (Hg): Kunstdidaktisches Handeln, Dortmund 2003.

[42] Vgl. detailliert Sowa 2012: Darstellbarkeit und Verständlichkeit (s. Anm. 31).

[43] Noë 2010 (s. Anm. 17), S. 207.

[44] Vgl. dazu im Detail z.B. Hubert Sowa/Alexander Glas/Fritz Seydel (Hgg.): KUNST Arbeitsbuch und Lehrerband 2, Stuttgart u.a. 2010/2012.

[45] Vgl. Weber 1913 (s. Anm. 27), S. 189–232.

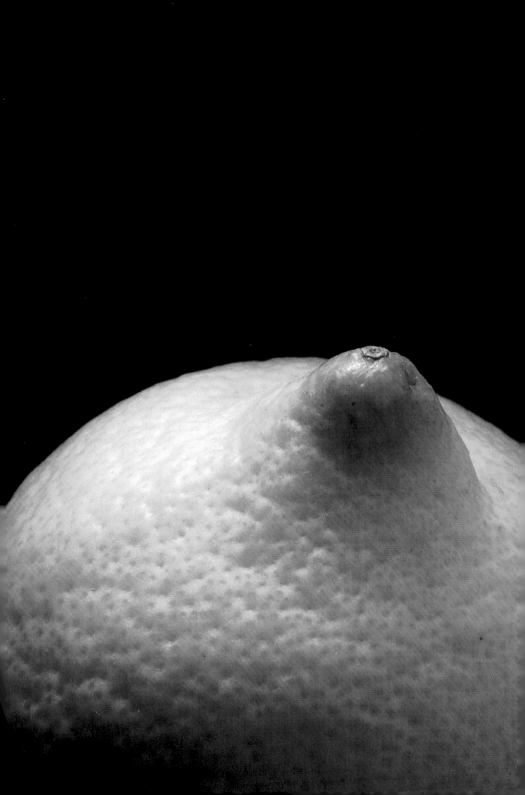

Ursula Bertram

Poröse Zustände
Zitronenschrift als Zukunftsmodell

Als Kind habe ich »Zitronenschrift« geschrieben, wegen der Geheimnisse. Mit Zitrone geschriebene Schrift ist zunächst unlesbar, vor allem für Erwachsene. Eingeweihte halten das Blatt dann über eine Kerze, wodurch die Schrift sichtbar wird. Jetzt bin ich erwachsen und überlege, ob die Zitronenschrift nicht das geeignete Werkzeug ist, um künstlerisches Denken in Worte zu fassen, wozu ich aufgefordert bin.

Das ist fraglos unaufdringlicher als ein sichtbarer Text und wahrscheinlich vielsagender. Dokumenta-Teilnehmerin Karen Barad beschreibt es so: »Das Nichts ist nicht Abwesenheit, sondern die unendliche Fülle von Offenheit.«[1] Zitronenschrift gibt ihr Geheimnis nicht gleich preis, ist nicht gedankenlos zu konsumieren und schließt interesseloses Lesen aus. Eine gute Voraussetzung, um Kunst auf die Spur zu kommen. Eine Steigerung von Zitronentexten sind Wassertexte, deren Geheimnisse auch durch Kerzenlicht nicht mehr an die Oberfläche kommen. In dieser Weise ist das künstlerische Denken ganz hervorragend zu verschriftlichen. Zur besseren Orientierung habe ich jeden Gedanken mit einem Punkt abgeschlossen, und wo erforderlich das Komma gesetzt.

Leseanleitung: Lesen Sie unvoreingenommen. Nehmen Sie sich Zeit. Scheuen Sie sich nicht die Interpunktion durch eigenes Denken zu verändern.

.   .

.

,

.

„   "

.   .

,   .

,

.

,

.

!

.

,   ,

.

,

2   .

.

,

,

.

,

.

?

.

.

,

.

Gehen wir davon aus, dass das Weglassen nur die Buchstaben betrifft, nicht das Denken; dass also die Abwesenheit von Worten nicht Gedankenlosigkeit ist, sondern lediglich die Abwesenheit des Alphabets. Es sind Gedanken, die nicht alphabetisiert werden wollen. Die Nichtanwendung des Alphabets ist eine Form des Wegdenkens konventioneller Lesevereinbarungen. Ein unsichtbares Schreiben zum schärferen Denken. Das hilft auch beim Malprozess. Auch das Kehren eines Ateliers zur Einstimmung auf den Malprozess kann mitunter als unsichtbares Malen empfunden werden. Künstlerkollege Jan Kolata nennt das Luftmalen und beschreibt dazu ein Erlebnis in China. »Auf einem großen gepflasterten Platz in Wuhan malte ein alter Mann, ausgerüstet mit einem Eimer Wasser und einem langstieligen Pinsel, in ganzkörperlicher, fast tanzender Bewegung ein seine Körpermaße übersteigendes Schriftzeichen aufs Pflaster. Gestalt und Ausdehnung des Zeichens bestimmten die beinahe choreografisch anmutende Spur, ein Schriftzeichen, das in prägnanter Schwärze auf dem Pflaster stand, um dann wieder zu verdunsten. Die innere Haltung ist immer entscheidend, das Bild ist die sichtbare Spur.«

Ausgangspunkt war die Definition des künstlerischen Denkens und Handelns, dessen begründeter wissenschaftlicher Nachvollzug in der Unsichtbarkeit des Textes enthalten, aber auch verschwunden ist. Sichtbar wird ein offenes Feld. Jetzt nur nicht in die Sackgasse laufen! Es gilt das Feld zu bespielen, nicht zu entschlüsseln.

Eine Entschlüsselung beinhaltet immer eine bestimmte Wahrheit, die zu finden ist. Folglich befinde ich mich im Defizit, wie bei der Lösung von Mathematikaufgaben. Hier nicht: Die Lösung verbirgt sich nicht im Defizit, sondern auf einer Spielwiese des Möglichen und des intelligenten Nichtwissens. Nichtwissen bedeutet dabei nicht die Erprobung von Dummheit, sondern die Erprobung des Zweifelns, des Loslassens, des nicht normierten Denkens, des Wegdenkens, Experimentierens, des freien Erfindens und des Querdenkens. Solange ich nur auf das Ergebnis fixiert bin, werde ich kaum ans Ziel kommen.

Künstlerisches Denken ist weder eine Kreativtechnik, noch eine Wissenschaft, somit weder in der Anwendung noch im Hoheitsfeld der Logik zu finden. Künstlerisches Denken hat nicht Vereinbarungen wie wissenschaftliches Arbeiten, es sei denn die, dass es keine Vereinbarungen gibt. Es beansprucht keine Worte, und kommt mit dem Produkt gleichzeitig auf die Welt. Es handelt sich um einen gewissermaßen porösen Zustand einer offenen Wahrnehmung und Erfindungskraft, die keinen Konventionen folgt, die nicht auf Wissen basiert, sondern durch ihre Eigenart Wissen hervor bringt. Es ist eine Haltung, die sich in der Zuwendung ins Offene zeigt, auf einer Art Flüssigkeitsmatrix der Möglichkeiten.

[1] Karen Barad, Was ist das Maß des Nichts? Unendlichkeit, Virtualität, Gerechtigkeit; in 100 Gedanken No.099, dOKUMENTA 13, Hantje Cantz 2012

[3] Kolata Jan: Innovation und Invention im Prozess der Malerei. In Bertram, Ursula: Innovation – wie geht das? Studien zur Kunst in außerkünstlerischen Feldern. Band 1, Norderstedt 2010, S.132.

Weiße Flecken

Andrea Sabisch

Graphisch Denken

In den letzten Jahren werden in Kunst, Philosophie, Bild- und Kunstwissenschaft Notationsformen thematisiert, die bislang im kunstpädagogischen Diskurs kaum erwähnt wurden: Diagramme. Wie kommt es dazu, dass »kaum ein aktueller Sammelband zur Bild- und Kunstwissenschaft« diesen »diagrammatischen Hype« ausspart,[1] während er in der Kunstpädagogik bisher nur am Rande vorkommt?[2] Widersprechen sich hier künstlerische und pädagogische Interessen, die die Relevanz dieser Notationen für Bildungsprozesse anbelangen? Oder fallen Diagramme aus dem Kanon kunstpädagogischer »Bilder« heraus, weil sie lange zum »Feld der ›nützlichen Bilder‹ (Gottfried Boehm), der ›Gebrauchsbilder‹ (Stefan Majetschak)« gezählt und infolgedessen als nicht-künstlerische Darstellungsweisen angesehen wurden?[3]

Im Kontext der Strategie des Mappings, das insbesondere Klaus-Peter Busse[4] und Christine Heil[5] in den kunstpädagogischen Diskurs eingebracht haben, werden Diagramme als Notationsformen neben Karten zumindest mit einbezogen. Aber inwiefern bieten diese Notationen ein Potential für wissenschaftliche Forschung in der Kunstpädagogik? Ausgehend von Nikolaus Gansterers und Gerhard Dirmosers künstlerisch-wissenschaftlichen Forschungen zu Diagrammen werde ich ein zukünftiges Forschungsfeld für die Kunstpädagogik skizzieren, in dem sich meine eigenen Forschungsinteressen mit denjenigen von Klaus-Peter Busse möglicherweise berühren.

»Figures of thought« – Figurationen des Denkens
In seinem Forschungsprojekt »Drawing a hypothesis – Figures of thought« sammelte, ordnete und untersuchte der Künstler Nikolaus Gansterer Diagramme aus Büchern und dem Internet, die er (ab-)zeichnete, um deren visuelle Konstruiertheit zu verstehen.[6] Von 2005 bis 2011 forderte er insgesamt 27 Ansprechpartner aus Theorie, Wissenschaft und Kunst dazu auf, sein Archiv diagrammatischer Zeichnungen mit ihrem jeweiligen Hintergrundwissen zu kommentieren, um wiederum zeichnend darauf zu antworten. Unter dem Titel »micrology« bat er um so genannte »Hypothesen«, die in sich kohärente kleine Modelle darstellen und theoretische Strukturen aufweisen.[7] Das Spektrum der Zeichnungen, die Gansterer hier sowohl einzeln auf

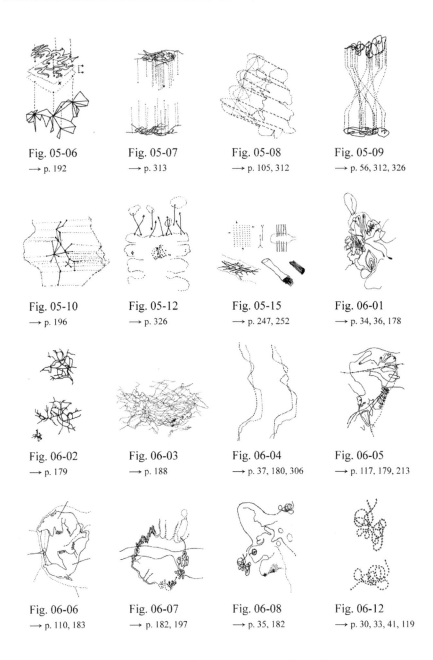

Fig. 05-06
→ p. 192

Fig. 05-07
→ p. 313

Fig. 05-08
→ p. 105, 312

Fig. 05-09
→ p. 56, 312, 326

Fig. 05-10
→ p. 196

Fig. 05-12
→ p. 326

Fig. 05-15
→ p. 247, 252

Fig. 06-01
→ p. 34, 36, 178

Fig. 06-02
→ p. 179

Fig. 06-03
→ p. 188

Fig. 06-04
→ p. 37, 180, 306

Fig. 06-05
→ p. 117, 179, 213

Fig. 06-06
→ p. 110, 183

Fig. 06-07
→ p. 182, 197

Fig. 06-08
→ p. 35, 182

Fig. 06-12
→ p. 30, 33, 41, 119

Abb. 1: ©Nikolaus Gansterer: »Drawing a Hypothesis – Index of Figures III«

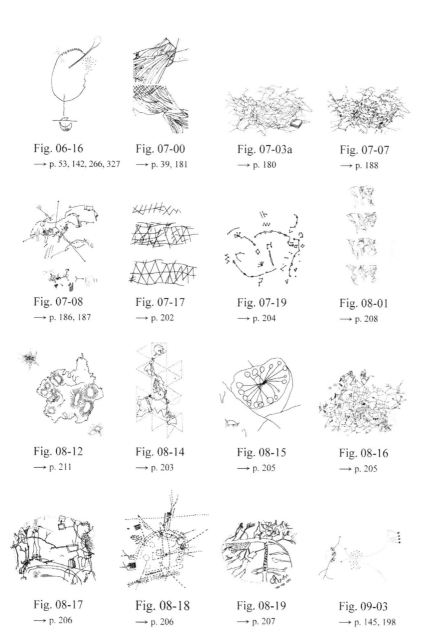

Fig. 06-16
→ p. 53, 142, 266, 327

Fig. 07-00
→ p. 39, 181

Fig. 07-03a
→ p. 180

Fig. 07-07
→ p. 188

Fig. 07-08
→ p. 186, 187

Fig. 07-17
→ p. 202

Fig. 07-19
→ p. 204

Fig. 08-01
→ p. 208

Fig. 08-12
→ p. 211

Fig. 08-14
→ p. 203

Fig. 08-15
→ p. 205

Fig. 08-16
→ p. 205

Fig. 08-17
→ p. 206

Fig. 08-18
→ p. 206

Fig. 08-19
→ p. 207

Fig. 09-03
→ p. 145, 198

diversen Doppelseiten anordnet, als auch als Mapping aufeinander bezogen auf einer
ausfaltbaren Karte, reicht von geometrischen Formen über Darstellungen von Spuren,
Strukturen und Entwicklungen, bis hin zu komplexen relationalen Sequenzen. Das
aufwändig edierte Buchprojekt umfasst auf ca. 350 Seiten Text- und Bildkommentare
zu einzelnen Diagrammen sowie zusammenfassende, übergreifende Begegnungen mit
Diagrammen. Es stellt also dialogisch aufeinander bezogene schriftliche und visuelle
Artikulationen dar. Aber was ist mit den Figurationen des Denkens gemeint? Geht es
allgemein um ein »visuelles Denken« anhand von Diagrammen, welches in Abgrenzung zur Sprache und zur Zahl »dem Anderen, dem ›A-Logischen‹« gedacht wird, wie
dies u.a. in philosophischen Diskursen lange geschah?[8] Oder geht es Gansterer um die
spezifischen Relationen von Denken und Figuration am Beispiel der Diagramme? Um
diese Frage zu klären, werde ich einen Umweg einschlagen und den Zusammenhang
von Diagramm und Bild anhand eines weiteren Künstlers zu erhellen versuchen.

»Das Diagramm ist (k)ein Bild«

So lautet der programmatische Titel eines Diagramms zum interdisziplinären Diskurs
über das Diagramm, das der österreichische Informatiker, Künstler und Forscher Gerhard Dirmoser als »Studie zum Stand der Bildwissenschaften« 2005 in Form eines
semantischen Netzes im Internet publizierte.[9] Die darauf dargestellten Positionen versuchen, Funktion, Relevanz und Aktualität von Diagrammen in Bezug zum Bildbegriff
zu verorten. Laut der Bildhistorikerin Astrit Schmidt-Burghardt umfasst Dirmosers
Schaubild das »bildtheoretische Spannungsfeld [..., AS] zwischen dem Ästhetischen
einerseits und dem Kognitiven andererseits.«[10] Während theoretische Vorläufer das
Diagramm entweder vom Bild abgrenzten (Goodman) oder es subsummierten (Peirce), versuche die »New Art History« diese Frage bewusst offenzuhalten und »das
Diagramm als Denkraum nach allen epistemologischen Richtungen hin auszuloten«.[11]
Auch die Philosophin Sybille Krämer versteht das Diagramm als etwas, das »jenseits
der Dichotomie von Wort und Bild« anzusiedeln ist, das vielmehr *zwischen* Schrift
und Bild (und Zahl) oszilliert.[12] Sie betont, es sei »eine graphische Darstellung, die
Sachverhalte, insbesondere Relationen etwa zwischen Größen, aber auch zwischen
Begriffen und Wissensfeldern anschaulich vor Augen stellt.«[13]
    Vor dem Hintergrund dieses Verständnisses bekommen die »Figures of thought«,
mit denen sich Gansterer explizit auf Dirmosers Auseinandersetzung bezieht[14], eine
radikal andere Bedeutung und ein anderes Gewicht. Sie werden nicht zu einer spezifischen Visualisierungsform neben anderen, sondern zu einer Visualisierung des Da-
zwischens. Man kann sie als Figurationen auffassen, die einerseits Wissen visualisieren

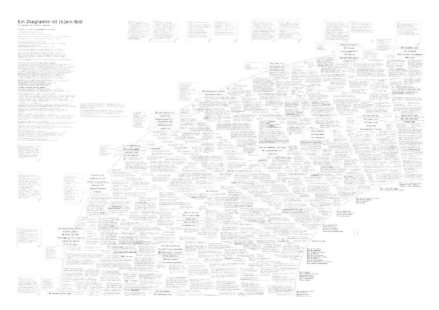

Abb. 2: Ausschnitt aus dem semantisches Netz »Das Diagramm ist (k)ein Bild«, 2004
© Gerhard Dirmoser

und repräsentieren und die andererseits als Instrumente oder Werkzeuge des Wissens fungieren und somit den Akt der Visualisierung in einen Akt des Denkens überführen.

Um die prozessuale Dimension der Verknüpfung im Zwischenreich des Diagramms zu betonen, verstehe ich unter »Figuration« nach Gottfried Boehm »ein visuelles Hervortreten von Etwas, eine auf Dauer gestellte Genese, in der ein Dargestelltes plastische Greifbarkeit gewinnt, sich räumlich und bewegungsmäßig ausdifferenziert.«[15] In, an und durch den Akt der Figuration manifestiert, formiert und kontinuiert sich etwas, das mit kognitiven, rationalen Prozessen zusammenhängt. Aber wie kann man diese Relationen beschreiben, kommunizieren und untersuchen? Dirmoser beschreibt sie als »Zueinander« der Formen; in Analogie zu den bildgebenden Verfahren in Medizin und Naturwissenschaft behauptet er: »Diagramme und Graphen geben dem Zueinander eine Form. Diagramme und Graphen stehen als Begriffe für ein visuelles Zueinander«.[16] Aber wie ist dieses Zueinander zu verstehen? Können Diagramme auch in anderen Visualisierungen, wie z.B. der Malerei vorkommen? Warum aktualisiert sich dieses Zueinander ausgerechnet im Medium der Zeichnung?

Zeichnung

Zeitgleich zur Ausrufung der diagrammatischen Wende (2003)[17] ereignet sich eine »jüngst zu beobachtende Erfolgsgeschichte der Zeichnung«,[18] die sich in diversen Ausstellungen und Publikationen artikuliert.[19] Laut der Siegener Museumsdirektorin Eva Schmidt werden dabei die medialen und technischen Grenzen und Funktionen der Zeichnung ebenso thematisiert, wie die zeichnerische Dimensionen des Raumes, der Relationen von Zeichnung zur Aufzeichnung sowie die »prozessualen Bildfindungen«.[20] Gibt es hier einen Zusammenhang zwischen der Aktualität der Zeichnung und derjenigen des Diagramms?

Etymologisch lässt sich *eine* Bedeutung des Zeichnungsbegriffs von griech. *graphein* herleiten: »›Gráphein‹ verkörpert in den Tätigkeiten von ritzen, einritzen, eingraben, zeichnen und einzeichnen Tätigkeiten des Zeichners. Es ist die dem Wort ›gráphein‹ eigene und vielleicht ursprünglichste Bedeutung, Schriftzeichen in eine Materie einzuritzen, in einen Stoff einzuzeichnen, die die zeichnende Geste im Schreiben hervorhebt und die der Begriff der Aufzeichnung aufzugreifen versucht.«[21] Eine *zweite* Nuancierung leitet der Philosoph Dieter Mersch von griech. *skiagramm*, dem Schattenriss, ab. Bemerkenswert sei, »das beide Ausdrücke die Zeichnung mit *graphein*, der Schreibung, und den *grammata*, den Buchstaben verbinden, wobei interessant ist, dass im Griechischen schreiben und zeichnen dasselbe bedeuten.«[22]

Dass diese erkenntnisgenerierende Operation zwischen Schrift, Inschrift, Zeichnung und Bedeutung ausgerechnet im Medium der Zeichnung vorkommt, beschreibt er folgendermaßen: »Wo hingegen das Bild beauftragt ist, Wissen zu repräsentieren, wo es *etwas* zu erkennen zu geben versucht, ist es wesentlich Zeichnung: Das *Wissensbild* realisiert sich vorzugsweise im graphischen Bild, weil die Linie, indem sie umgrenzt, Innen und Außen oder Figur und Hintergrund voneinander scheidet und dadurch bestimmt, was sichtbar ist und was nicht.«[23] Durch diese Fähigkeit sei die Zeichnung »seit der frühen Neuzeit in den Dienst der Wissenschaften« gerückt, aber erst durch die graphischen Methoden des Aufzeichnens im 19. Jahrhundert entstünde ein Umschlag in eine Bild*gebung*, »eine Sichtbarkeit jenseits des Sichtbaren«, die dazu tendiere, »von einer abstrakten graphischen Inskription wieder in eine Darstellung zurückzuschlagen, der kein reales Korrelat mehr zukommt und deren Index virtuell bleibt.«[24]

Erläutert diese Argumentation den besonderen Status der Zeichnung für wissenschaftliche Diagramme, so stellt sich die Frage, welche aktuelle Bedeutung der Zeichnung innerhalb der Kunst beigemessen wird. Interessant ist, dass ihr auch hier ein Zwischenstatus zugeschrieben wird: Der amerikanische Kunsthistoriker James Elkins bezeichnet ihn als sichtbaren Umschlagsort zwischen Sehen und Blindheit,[25] die Forscherin Jane Tormey als Ort zwischen dem Visuellen und Diskursiven[26] und Nikolaus Gansterer als Vermittlungsort zwischen Perzeption und Reflektion: »Since drawing can mediate between perception and reflection, it plays a constitutive role in the production and communication of knowledge. From my perspective, the genesis of ideas is often directly connected with graphical thinking.«[27] Alle Positionen vereint, dass die erkenntnisgenerierende, heuristische Dimension der Zeichnung in einem medialen Dazwischen angesiedelt ist, welches die Relationen der Diagramme allererst erscheinen lassen.

Transfigurationen

Mersch und Krämer sehen die Bedeutung der Zeichnung insbesondere in dem Doppelereignis der Linie, ihrer Ziehung und Einzeichnung. Mersch schränkt dies allerdings auf den Kontext von Wissensbildern ein, und so wäre zu fragen, welche Diagramme und Zeichnungen keine Wissensbilder darstellen. Nach Krämer könnte man die Relevanz der Linie auch auf andere Bereiche übertragen: »... die Linie ist sowohl Spur einer Geste wie auch eigenständiger Entwurf einer Welt; sie überträgt ein ihr Vorgängiges, ist also ein determinierter Effekt, etwas zu übertragen, und sie verkörpert zugleich das Potential zu freier, nahezu unbeschränkter Gestaltung. Im Kreuzungspunkt dieser beiden Hinsichten: einerseits Spur wie andererseits Entwurf zu sein, stoßen wir auf die Linie zur *Transfiguration*. Und es ist diese Fähigkeit zur Transfiguration, welche die Linie in epistemischer Hinsicht so folgenreich macht. Denn in dieser Perspektive kann ein geometrischer Kreis zugleich eine unausgedehnte mathematische Entität *und* ein ausgedehntes empirisches Objekt sein oder deshalb kann ein Graph sowohl Einzeichnung singulärer Experimentierdaten wie zugleich auch Darstellung eines allgemeinen Gesetzes sein. Linien – das ist unsere leitende Vermutung – können daher zwischen Anschauung und Denken, zwischen Theorie, zwischen dem Einzelnen und Allgemeinen *vermitteln*.«[28]

Während die Linie ebenso wie die Figur einen distinktionsbezogenen Blick der Erkenntnisgenerierung akzentuiert, möchte ich den »an Kontinuität orientierten Blick« hervorheben, denn ich halte die »Grundlosigkeit« der Zeichnung, bzw. die Wechselwirkung von Linie und Grund in diesem Kontext für wesentlich.[29]

Wenn bisher die Linie als *Trans*figuration beschrieben wird, könnte man dies auch für den Grund behaupten: »Als ein Spezifikum der Zeichnung erscheint, dass sie ihre Gründe zwischen den Markierungen offen stehen lässt, sie also nicht etwa, wie Malerei, mit Farbe bedeckt«.[30] Diese Grundlosigkeit führt m.E. erst dazu, dass Zeichnungen digital übertragbar werden, dass Überlagerungen auf verschiedenen Ebenen stattfinden können, dass sie als Verbund von analogen und digitalen Medien fungieren[31] und neue Formen der schriftbildlichen Konnektivität, Sequentialität und Kontinuierung hervorbringen kann.[32] Indem das Potential der Transfiguration sich sowohl auf die Linie und als auch auf den Grund bezieht, gilt dies auch für die Zeichnung selbst. In der Öffnung zur Transfiguration sehe ich eine Parallelität zwischen der Aktualität und Relevanz der Zeichnung und des Diagramms. Inwiefern mit dieser Öffnung gleichzeitig auch eine Systematisierung, z.B. von Übertragungen ins Digitale, eine Vereinheitlichung und Normierung[33] einhergeht, wird sicher in den nächsten Jahren noch genauer erforscht.

Positionierung des Selbst

Das Problem der Grundlosigkeit in Zeichnung und Diagramm besteht darin, dass wir als Betrachter nicht wissen, wie wir uns dazu positionieren können. Genau das führt uns Gansterer mit den diversen Hypothesen vor, die anschließend an Derridas »Hypothesen des Sehens«[34] in den *Aufzeichnungen eines Blinden* die Hypothesen des Denkens kreuzen. Jane Tormey, eine der Autorinnen bei Gansterer, beschreibt die Relation in ihrer Hypothese folgendermaßen: »My overarching hypothesis is that drawing animates thoughts and can hypothesise and invent thought; it can double back on itself and invent again in imagining. So if what we are looking at are hypotheses then I can visualize; I can propose contradictionary states – states of possibility that exist simultaneously. I can conceive a number of simultaneous paradigms/ possibilities. In reversing this process – as in front of the scene – I look within and between. I explore how drawing is discursive in hindsight – how it thinks around a subject.«[35] Bestand das klassische Dispositiv der Zeichnung, dem einschlägigen Artikel *Line as Language* von Rosalind Krauss zufolge, als »projizierter Ausdruck von Subjektivität«, geht es seit der Konzeptkunst um die »Ablösung dieses Dispositivs«, die »ein neues Modell des Selbst verhandelt.«[36] Das ehemalige Dispositiv der Zentralperspektive mitsamt einem fixen Betrachterstandpunkt scheint aufgehoben. Stattdessen schwanken die Betrachter im Graphischen zwischen verschiedenen Möglichkeiten der Blickpunkte (Aufsicht, Ansicht, Außensicht, Innensicht, etc.) und mobilisieren so den Akt des Sehens als visuelle, leibliche und motorische Positionierung, Ausrichtung, Orientierung und Formierung des Selbst.

Zwischen Kunst und Wissenschaft

Die Ausrichtung des Selbst angesichts von diagrammatischen Zeichnungen (in Produktion, Rezeption und Kommunikation) an, mit und durch Adressaten zu erforschen, könnte Gegenstand der wissenschaftlichen Forschung in der Kunstpädagogik sein. Aufgrund des programmatischen Zwischenreichs der Zeichnung kann das Diagramm mehr als nur neue Sichtweisen hervorbringen:»In seiner Fähigkeit, durch Kombination ein mediales Drittes zu erzeugen, generiert das Diagramm seine eigengesetzlich geschaffene Semantik. Darauf beruht der epistemologische Mehrwert des Diagramms«; es bringt also »eine Grammatik eigener Ordnung hervor, die Diagrammatik als Regelwerk operativer Relationalität.«[37] Für ein solches Regelwerk gibt es gegenwärtig jedoch nur Entwürfe.

Bemerkenswert scheint mir, dass diese Entwürfe, wie bei Gansterer und Dirmoser zu sehen, an der Grenze zwischen wissenschaftlicher Repräsentierbarkeit und künstlerischer Darstellung entstehen[38] und die Werkzeugkasten *aller* bild- und subjektwissenschaftlichen Disziplinen[39] öffnen, zu denen ich auch die Kunstpädagogik zähle.

Vor dem Hintergrund, dass mit dem Aufkommen der mechanischen Darstellungsmöglichkeiten und damit der graphischen Methoden, die Polarisierung von Wissenschaft und Kunst im ausgehenden 19. Jahrhundert voranschritt, indem ersterer die Objektivität und letzterer die Subjektivität zugeschrieben wurde[40], stellt sich mir im Hinblick auf das Diagrammatische die Frage, wie ein »Regelwerk operativer Relationalität« diese beiden Relationen zueinander bringen und welche Auswirkungen dies zeitigen könnte. Ist die eingangs beschriebene, mangelnde kunstpädagogische Auseinandersetzung auf eine Berührungsangst mit vermeintlich »objektiven« Darstellungen der Naturwissenschaften zu erklären?

Für eine wissenschaftliche Kunstpädagogik wünsche ich mir, dass sie diese Dimension jenseits des klassischen Dispositivs der Zeichnung mit Schülerinnen und Schülern mit in den Blick nimmt. Das Diagrammatische kann in dieser Hinsicht als »operatives Medium« aufgefasst werden, »welches infolge einer Interaktion innerhalb einer Trias von Einbildungskraft, Hand und Auge zwischen dem Sinnlichen und dem Sinn vermittelt, indem Unsinnliches wie beispielsweise abstrakte Gegenstände und Begriffe in Gestalt räumlicher Relationen verkörpert und damit nicht nur ›denkbar‹ und verstehbar, sondern überhaupt erst generiert werden. Die Signatur unserer Episteme verdankt sich in vielen Hinsichten den Kulturtechniken des Diagrammatologischen – bleibe dies nun implizit oder sei es explizit.«[41]

Wie die spezifischen Verknüpfungen zwischen sinnlichen, leiblichen, medialen, kognitiven und rationalen Erfahrungen von Individuen und Kollektiven gedacht werden, welche Akte der Verknüpfung, Ordnung, Organisation und Ausrichtung des Selbst sichtbar, zeigbar und sagbar werden, muss an dieser Stelle offen bleiben. *Dass* diese Relationen und Verknüpfungen hingegen für kunstpädagogische Lehre und Forschung relevant sind und es nicht nur eine etymologische Verwandtschaft von zeichnen und lehren gibt[42], habe ich mit dem »graphischen Denken« zu zeigen versucht.

[1] Astrit Schmidt-Burkhardt: Wissen als Bild. Zur diagrammatischen Kunstgeschichte, in: Martina Heßler/Dieter Mersch (Hgg.): Logik des Bildlichen. Zur Kritik der ikonischen Vernunft, Bielefeld 2009, S. 163.

[2] Vgl. u.a. Franz Billmayer: Viele Bilder, überall. Bildkompetenz in der Mediengesellschaft, Quelle: http://www.bilderlernen.at/theorie/viele_bilder.html (11.02.2013). Vgl. Torsten Meyer: Tortendiagramme, Bauklötzer und ePush als Grassroot Movement. Quelle: http://medialogy.de/2008/09/28/tortendiagramme-bauklotzer-und-epush-als-grassroot-movement/ (abgerufen am 11.02.2013).

[3] Sybille Krämer: Operative Bildlichkeit. Von der ›Grammatologie‹ zu einer ›Diagrammatologie‹? Reflexionen über erkennendes Sehen, in: Heßler/Mersch 2009 (s. Anm. 1), S. 94–122, hier S. 95.

[4] Vgl. u.a. Klaus-Peter Busse: Den Atlas öffnen, in: Rudolf Preuss (Hg.): Mapping Brackel (Dortmunder Schriften zur Kunst. Studien zur Kunstdidaktik Bd. 7), Norderstedt 2008, S. 15–22, hier S. 15.

[5] Vgl. Christine Heil: Kunstunterricht kartieren. Handlungsräume im Unterricht herstellen und erforschen, in: Schroedel Kunstportal 2008 http://www.schroedel.de/kunstportal/didaktik-archiv.php?autor=CHeil (11.02.2013).

[6] Vgl. Nikolaus Gansterer: Preface. Drawing a Hypothesis, in: ders.: Drawing a Hypothesis. Figures of thought. A project by Nikolaus Gansterer, Wien/New York 2011, S. 21.

[7] Vgl. Ebd. S. 23.

[8] Martina Heßler/Dieter Mersch: Bildlogik oder Was heißt visuelles Denken? In: Heßler/Mersch 2009 (s. Anm. 1), S. 8–62, hier S. 8.

[9] Gerhard Dirmoser: Das Diagramm ist (k)ein Bild. Ein Überblick als Gedächtnistheater, http://www.google.de/url?sa=t&rct=j&q=&esrc=s&source=web&cd=4&ved=0CEIQFjAD&url=http%3A%2F%2Fgerhard_dirmoser.public1.linz.at%2FA0%2FDiagrammbild_3_0_D.pdf&ei=qXgWUebCDsXgtQbQ-4GAAw&usg=AFQjCNEOyL9FztViKFc1LCKJUV5_3hyOlQ&bvm=bv.42080656,d.Yms (13.02.2013).

[10] Schmidt-Burkhardt 2009 (s. Anm. 1), S. 168.

[11] Ebd. S. 167.

[12] Sybille Krämer: Operative Bildlichkeit. Von der ›Grammatologie‹ zu einer ›Diagrammatologie‹? Reflexionen über erkennendes Sehen, in: Heßler/Mersch 2009 (s. Anm. 1), S. 94–122, hier S. 94.

[13] Ebd. S. 106.

[14] Dirmoser verweist auf die Übernahme des Begriffs von Astrit Schmidt-Burkhardt seit 2004, in: Gerhard Dirmoser: Hypothesis #12. Figures of thought. The Use of Diagrams in Science and Art, in: Gansterer 2011 (s. Anm. 6), S. 153–160, hier S. 155, Fußnote 4.

[15] Gottfried Boehm: Die ikonische Figuration, in: Gottfried Boehm/Gabriele Brandstetter/Achatz von Müller (Hgg.): Figur und Figuration. Studien zu Wahrnehmung und Wissen, München 2007, S. 33–52, hier S. 37.

[16] Vgl. den Vortrag Dirmosers »Hat das Zueinander eine Form?« an der FU Berlin, 2009,

http://gerhard_dirmoser.public1.linz.at/Zueinander_Form_V3.pdf (13.02.2013).

[17] Vgl. Steffen Bogen/Felix Thürlemann: Jenseits der Opposition von Text und Bild. Überlegungen zu einer Theorie des Diagramms und des Diagrammatischen, in: Alexander Patschovsky (Hg.): Die Bilderwelt der Diagramme Joachims von Fiore. Zur Medialität religiös-politischer Programme im Mittelalter, Ostfildern 2003, S. 1–22, hier S. 3.

[18] Eva Schmidt: Je mehr ich zeichne – Zeichnung als Weltentwurf / The more I draw– Drawing as a concept fort he world. Katalog zur Ausstellung vom 5. September 2010 bis 13. Februar 2011 im Museum für Gegenwartskunst Siegen, Köln 2010, S. 14.

[19] Zu den Ausstellungen vgl. die Liste von Schmidt 2010 (s. Anm. 18). Weitere Publikationen: Friedrich Teja Bach/Wolfram Pichler (Hgg.): Zur Theorie und Geschichte der Zeichnung, München 2009, S. 9–23. – Béatrice Gysin (Hg.): Wozu zeichnen? Qualität und Wirkung der materialisierten Geste durch die Hand, Bern 2010; Werner Busch/ Oliver Jehle/Carolin Meister, (Hgg.): Randgänge der Zeichnung, München 2007; Simon Downs/Russell Marshall/Phil Sawdon/Andrew Selby/Jane Tormey (Hgg.): Drawing Now. Between the lines of contemporary art, London/New York 2011.

[20] Schmidt 2010 (s. Anm. 18), S. 14.

[21] Isa Wortelkamp: Sehen mit dem Stift in der Hand. Stille Stellen der Aufzeichnung, in: Andreas Gelhard/Ulf Schmidt/Tanja Schultz (Hgg.): Stillstellen. Medien. Aufzeichnung. Zeit. Schliengen 2004, S. 99–106, hier S. 99. Zur Bedeutung und Etymologie von griech. Gráphein vgl. auch Hermann Menge/Otto Güthling (Hgg.): Enzyklopädisches Wörterbuch der griechischen und deutschen Sprache unter Berücksichtigung der Etymologie. 1964, zuerst 1913.

[22] Dieter Mersch: Schrift/Bild – Zeichnung / Graph – Linie / Markierung. Bildepisteme und Strukturen des Ikonischen ›Als‹, in: Sybille Krämer/Eva Cancik-Kirschbaum/Rainer Totzke (Hgg.): Schriftbildlichkeit. Wahrnehmbarkeit, Materialität und Operativität von Notationen, Berlin 2012, S. 305–327, hier S. 307.

[23] Ebd., S. 316.

[24] Ebd., S. 325.

[25] »But drawings are a place to observe the exchange between seeing and blindness and to mediate on the ways that blindness threads its way through vision.« James Elkins: The object stares back: on the nature of seeing, New York 1996, S. 235.

[26] Vgl. Jane Tormey: The Afterthought of Drawing. 6 Hypotheses, in: Gansterer 2011 (s. Anm. 6), S. 258.

[27] Nikolaus Gansterer: Preface, in Gansterer 2011 (s. Anm. 6), S. 21.

[28] Sybille Krämer: Punkt, Strich, Fläche. Von der Schriftbildlichkeit zur Diagrammatik, in: Krämer/Cancik-Kirschbaum/Totzke 2012, S. 79–100, hier S. 85.

[29] Gottfried Boehm: Der Grund. Über das ikonische Kontinuum, in: Gottfried Boehm/ Matteo Burioni (Hgg.): Der Grund. Das Feld des Sichtbaren, München 2012, S. 29–84, hier S. 73.

[30] Friedrich Teja Bach/Wolfram Pichler: »Ouvertüre«, in: dies.: (Hgg.): Öffnungen. Zur

Theorie und Geschichte der Zeichnung, München 2009. S. 9–23, hier S. 12.

[31] Ebd., S. 18.

[32] Vgl. Andrea Sabisch: Vom Unverfügbaren in der Erfahrung sequentieller Zeichnungen, in: Karl-Josef Pazzini/Andrea Sabisch/Daniel Tyradellis (Hgg.): Das Unverfügbare. Wunder, Wissen, Bildung, Berlin 2013.

[33] Mersch 2012 (s. Anm. 22), S. 324.

[34] Jacques Derrida: Aufzeichnungen eines Blinden. Das Selbstportrait und andere Ruinen, hg. von Michael Wetzel, München 1997, S. 10.

[35] Tormey 2011 (s. Anm. 26), S. 258.

[36] Bach/Pichler 2009 (s. Anm. 30), S. 11.

[37] Astrit Schmidt-Burghardt: Die Kunst der Diagrammatik. Perspektiven eines neuen bildwissenschaftlichen Paradigmas, Bielefeld 2012, S. 26.

[38] Vgl. Ebd. S. 22.

[39] Vgl. Dirmoser 2011 (s. Anm. 14), S. 154.

[40] Lorraine Daston/Peter Galison: Objektivität, Frankfurt/M. 2007, S. 39.

[41] Krämer 2009 (s. Anm. 12), S. 105.

[42] Grimmsches Wörterbuch »zeichnen« im Sinne von zeigen, weisen. http://woerterbuchnetz.de/DWB/?sigle=DWB&mode=Vernetzung&lemid=GZ03219 (11.02.2013).

Ansgar Schnurr

Soziale Skripte
Milieubedingte Weltsichten in der Kunstpädagogik vermessen

Systematik der Kultur erkunden

Wenn man vermutet, dass in der Vielfalt künstlerischer Arbeiten bestimmte gemeinsame Methoden und wiederkehrende künstlerische Strategien eine Rolle spielen, kann es sinnvoll sein, sich auf das Erkunden von Strukturen der Kunst im kulturellen Feld zu konzentrieren. Dass dabei von der Besonderheit der einzelnen künstlerischen Arbeit abstrahiert und die Komplexität reduziert wird, geschieht sicherlich nicht, um das Eigentümliche der Kunst in Rationalität aufzulösen oder ihre Vielfalt und Hintergründigkeit in scheinbar eindeutigen Schubladen zu verwalten. Auch dient es keineswegs nur dem »Ökonomiebedürfnis der Wissenschaften«[1], in dem Sinne, dass es schlicht praktischer ist, das Mannigfaltige in Kategorien zu verhandeln. Im Clustern wird das Interesse vielmehr auf die *Systematik der Kultur* gelenkt, also auf ihre immer wieder neu aufgegriffenen Muster, Figuren und Strategien.

Unter anderem von der kulturwissenschaftlichen Systematik des Atlasprojekts Aby Warburgs ausgehend, erkundet Klaus-Peter Busse künstlerisches Arbeiten im kulturellen Feld insgesamt, um darin *kulturelle Skripte*[2] festzustellen. Diese bezeichnen wiederkehrende Handlungs- und Darstellungsroutinen und ausgehandelte Formen, die insgesamt künstlerisches Handeln auf der Makro-Ebene strukturieren. Busse nennt hier beispielsweise »Dinge verdichten«, »andere Blicke wagen«, »Mapping«, »Erinnern und Biografieren«, »Belangloses aufwerten« etc. als wiederkehrende inhaltliche und methodische Formen.[3] Indem diese *kulturellen Skripte* immer wieder aufgegriffen und variantenreich interpretiert werden, stellen sie maßgebliche kulturgemeinsame Weisen der Welterschließung dar. Dabei sind sie schließlich nicht nur kulturspezifisch[4], sondern sie konstituieren Kultur als Gesamtheit. Sie können als Materialien, Bausteine und Grundformen verstanden werden, aus denen heraus das Spezifische der individuellen Arbeit entstehen kann.[5]

Soziale Skripte

In einer Fortführung dieses Systematisierungsprojekts möchte ich auf einen bislang kaum thematisierten Bereich hinweisen, der komplementär zu dem kulturwissenschaftlichen Erkenntnisinteresse liegt. Die Kartierung des kulturellen Feldes nämlich nimmt vorrangig die künstlerischen und sonstigen kulturellen Werke in den Blick und kategorisiert ihre Methoden und Strategien. Die Blickrichtung ist hierbei, dass von Werken ausgehend über die zugrunde liegenden Handlungsweisen auf die Menschen rückgeschlossen wird, die als Künstlerin, Schüler oder Webdesignerin Kultur erzeugen. Das ist ein wahrlich weites Feld und ein großes kulturwissenschaftliches und kunstdidaktisches Projekt. Dennoch führt es methodisch bedingt dazu, – wie jede Methode den Brennpunkt verengen muss, um einen Ausschnitt besonders scharf zu sehen – dass in diesem Rückschluss auf die Personen nur *ein* schematischer und generalisierter Skriptebenutzer sichtbar wird, der beispielsweise die »Entkonventionalisierung des Blicks«[6] anwendet. Welche Personen jedoch dieses Skript überhaupt oder in welcher Weise und mit welcher lebensweltlichen Verankerung *(Sitz im Leben)*[7] nutzen und welche nicht, aus welchen Beweggründen dies geschieht oder unterbleibt und welche Weltsichten sich damit verknüpfen, kann auf diese Weise nicht geklärt werden. Dabei ist es gerade für kunstdidaktische Zusammenhänge ja durchaus relevant, die schließlich hochgradig ausdifferenzierte Diversität der Gesellschaft und damit der Schülerschaft mit ihren ganz verschiedenen Weltsichten in ein Verhältnis zu den kulturellen Handlungsformen zu setzen. Von welchen Blickwinkeln also ausgehend sind welche Skripte tatsächlich als Handlungsroutinen angelegt? Es könnte daher sinnvoll sein, das Modell der Skripte durch einen Blickwechsel zu erweitern, dem zufolge auch die sozial bedingte und in stetiger Veränderung begriffene Vielfalt der Gesellschaft systematisch geclustert wird. Die unterschiedlichen Denk- und Handlungsweisen im Umgang mit kulturellen Werken sollen im Zentrum stehen. Um einem solchen komplementär – wenn auch nicht völlig spannungsfrei[8]– zu den kulturellen Skripten aufgestellten Atlas eine Bezeichnung zu geben, seien *soziale Skripte* zur Diskussion vorgeschlagen.

Milieus

Bei sozialen Skripten muss es insgesamt gesehen um Unterschiede gehen, also um Verschiedenheiten im Umgang mit Kultur, die die Breite der Möglichkeiten abstecken. Gleichermaßen ist damit auch das Kollektive innerhalb dieser Ausdifferenzierung angesprochen. Es geht also um kulturelle Handlungsformen, die sich innerhalb der Gesellschaft immer wieder als Muster zeigen. Diese Muster stellen nach Gerhard Schulze *Orientierungen* dar, also »Regelmäßigkeiten im Verhältnis von Subjekt und Situation.

Menschen gelten als ›orientiert‹, sofern sie unter ähnlichen Umständen Ähnliches tun und dies für sinnvoll halten«.[9] Segmentierungen nach gesellschaftlichem Status, Alter oder etwa Schulform greifen hier jedoch ebenso zu kurz wie Religion, Geschlecht oder natio-ethno-kulturelle Herkunft. Alle diese und weitere Kategorien sind zwar als einzelne Aspekte für Identitäten und Zugehörigkeiten durchaus relevant, jedoch zielen sie unabhängig von der tatsächlichen Lebensweise auf eher statisch vorgeprägte Faktoren. Dies erlaubt es nicht, verbindende Denk- und Handlungsroutinen z.b. im Umgang mit Kunst und Kultur festzustellen, denn fraglos sind die jeweiligen Gruppen, z.b. der Gymnasiasten, weder geschlossen noch homogen, sondern in sich vielfach differenziert. Eine erkenntnisreiche Dimension für eine modellhafte Bestimmung sind *soziale Milieus*, die als verbindende Weltsichten und Handlungsroutinen die genannten Gruppierungen quer durchziehen und damit mehrdimensionale Zugehörigkeiten bilden, wie Arnd-Michael Nohl ausführt:

»In solchen Milieus und Kulturen finden sich auch Geschlechter-, Generations- und Altersunterschiede. Es sind immer mehrere kollektive Zugehörigkeiten, die die menschliche Lebenspraxis prägen. Kollektive Zugehörigkeiten gibt es daher nur im Plural. Niemand ist nur Bosnier, nur Frau oder nur Bildungsbürgerin. Pädagoginnen und Pädagogen haben es immer mit Menschen zu tun, deren praktische Lebensführung durch die Einbindung in unterschiedliche kollektive Zugehörigkeiten geprägt ist.«[10]

Arnd-Michael Nohl und Ralf Bohnsack umschreiben solche mehrdimensionalen Milieus als »das praktische Leben innerhalb kultureller Zugehörigkeiten«[11]. Die Betonung des praktischen Lebens zielt hier eben nicht nur auf Herkunft, sondern auch maßgeblich auf die lebensweltliche Erfahrungsebene. Daher zeichnen sich Milieus durch eine gleichartige »kollektive Erlebnisschichtung«[12] aus, also durch »gelebte Gemeinsamkeiten der Erfahrung«[13]. Dies kann sich zum Beispiel in einer bestimmten Haltung und Handlungsform im Hinblick auf Kunst äußern, was sich mit Bourdieu als *sozialer Habitus* benennen lässt.[14] Dabei ist es nicht erforderlich, dass sich die Personen untereinander kennen oder diese Erfahrungen gemeinsam gemacht werden, z.B. in einer Peer-Group. Nohl verweist hier auf die Gleichartigkeit (nicht Gemeinsamkeit) der Erfahrung.[15] Wichtig ist hier ausdrücklich zu betonen, dass Habitus und Milieuorientierung nicht per Geburt für alle Zeiten festgeschrieben sind. Obwohl die familiäre Vorprägung mit ihren jeweiligen Skripten wichtig ist, kommt es gerade im Jugendalter und in Auseinandersetzung mit dem Umfeld immer wieder zu Verlagerungen und Wandlungen, die sich als Bildungsprozesse begreifen lassen.[16]

Die im Kontext der Marktforschung entwickelten *Sinus-Studien*[17], u.a. auch zu jugendlichen Milieus oder Migrantenmilieus, deren Anschlussstellen für kunstpädagogisches Interesse ich an anderer Stelle skizziert habe,[18] bezeichnen die angesprochene lebensweltliche Dimension als *Grundorientierung* zwischen »traditionell« über »modern« bis »postmodern«. Diese wird konkretisiert durch den Fokus auf Wertorientierungen, Lebensstile[19], Einstellungen sowie kulturelles Kapital, was in der horizontalen Achse des Modells eingetragen wird. In der Vertikalen wird nach sozialer Lage oder auch Bildungsgrad geschichtet, wodurch in den Kreuzungspunkten bestimmte Milieusegmente entstehen. Die Sinusstudien interessieren sich dabei auch für Bild- und Mediennutzung sowie ästhetische Präferenzen im Zusammenhang mit den milieutypischen Einstellungen und Wertigkeiten. Dies macht sehr deutlich, von welchen ganz unterschiedlichen Standorten und mit welchen Lernvoraussetzungen die Schülerinnen und Schüler in Bildungsprozesse geraten und wie tief und existenziell verwurzelt diese Weltsichten sind. Gleichwohl überbetonen m.E. die Sinusstudien (v.a. 2007) das schlichte Vorhandensein von Medien, Bildern, Instrumenten in den Lebenswelten oder die Nutzung z.B. von Museen oder Musicals als *ja-nein*-Entscheidung. Vom hieraus wird auf ästhetisches Verhalten rückgeschlossen. Dies greift m.E. zu kurz, da es für das ästhetische Verhalten weniger entscheidend scheint, auf welche Dinge und Medien es sich richtet, als aus welchen ästhetischen und sozialen Grundhaltungen heraus *wie* mit Bildern und Medien umgegangen wird. Die im Folgenden ausschnitthaft dargestellte eigene Studie versucht gerade diese Ebene der Bildpragmatik aufzunehmen.

Setting der Studie

Die ethnografisch orientierte qualitativ-empirische Studie zur Milieuorientierung von Jugendlichen im Hinblick auf deren ästhetisches Verhalten erfasst die Lebenswelten von insgesamt 35 Jugendlichen zwischen 14 und 18 Jahren. Im städtischen Ballungszentrum des Ruhrgebiets und ländlichen Regionen Westfalens wurden Probanden nach maximaler Kontrastierung ihrer Weltsichten ausgewählt, von der Hauptschule bis zum Gymnasium sowie mit und ohne Migrationshintergrund[20]. Die Lebenswelten werden hierbei in großer Breite erfasst, was sowohl den offline-Bereich des Jugendzimmers beinhaltet, als auch den online-Bereich von social-network-sites. Im Folgenden soll neben Kontextinformationen zum Jugendzimmer und allgemeinem Bildgebrauch vorrangig ein experimenteller Teil der Studie im Mittelpunkt stehen, der so genannte *Bildtest*. Dafür wurden den Jugendlichen 15 Bilder nacheinander vorgelegt (siehe Übersicht, Abb. 1), die sie zunächst einzeln nach Gefallen und spontanem Eindruck laut denkend kommentieren sollten, um sie abschließend in ein Ranking zu legen, das ebenfalls begründet wurde. Die Bilder wurden hierbei aus möglichst unterschiedlichen Bereichen ausgewählt: historische und aktuelle Kunst in Malerei und Installation, Postermotive, die als Topseller von Onlinestores als Mainstream gelten

Abb. 1: Übersicht der 15 Bilder, die im Bildtest den Probanden zur Kommentierung vorgelegt wurden.

können, Graffiti, Fantasy. Die Bilder stellten methodisch einen visuellen Impuls dar, um grundlegende Weltsichten und Orientierungen wachzurufen und zur Sprache zu bringen (*fotogeleitete Hervorlockung*).[21]

An dieser Stelle kann es in der gebotenen Kürze noch nicht darum gehen, ein vollständiges Milieumodell auszuarbeiten, das die gesamte Breite abbildet. Hier soll zunächst eine sehr knappe und die jeweiligen Fälle stark verkürzende Gegenüberstellung zweier lebensweltlicher Orientierungen genügen, um die Fragen nach einer differenzierenden Vermessung des kunstpädagogischen Feldes anzustoßen. Dafür werden Einzelfälle skizziert, deren Weltsichten jedoch im Kontext der Gesamtstudie auf übergreifende Milieulagerungen verweisen, also als *typisch* angenommen werden können. Die hier angeführten *exemplarischen* Interviewausschnitte gestatten freilich für sich genommen noch keine sichere Interpretation. Erst vor dem Hintergrund des weitaus breiteren Datenmaterials, das hier nicht dargestellt werden kann, werden bestimmte Milieuzugehörigkeiten plausibel.

Sören

Sören[22] ist 15 Jahre alt, Realschüler im ländlichen Bereich Westfalens. Abweichend von den Studiengängen der Eltern ist der Vater als ungelernter Handwerker tätig, die Mutter nicht erwerbstätig. Mit Kunst ist Sören bislang wenig in Kontakt gekommen, weder über seine Familie noch über den schulischen Kunstunterricht, den er zugunsten des Faches *Streitschlichter* abgewählt hat. Im Gespräch äußert er wiederholt: »Bin nicht so `n Kunstmensch.« »Ich bin nicht sehr kreativ, davon abgesehen, dass ich Dinge an Wände hänge.« In der Tat ist sein dunkelrot gestrichenes Zimmer in allen Winkeln und Wänden flächendeckend mit verschiedenartigen Dingen, Zetteln, Erinnerungsstücken und Bildern ausgekleidet. Sammlungen z.B. von Energydrinkdosen und Fan-Ecken zu Borussia Dortmund befinden sich neben aufgeklebten Eintrittskarten, Postern, Zeitungsartikeln, Notizzetteln, einem alten Spielautomaten, Masken usw. (Abb. 2). Während er seine Eltern als »stilvoller« einschätzt, sagt er von sich, eine »alternative Lebensweise« zu haben.

Abb. 2: Jugendzimmer von Sören. Foto d. Verf.

Im Bildtest spricht er über das Bild 5, eine Installationsansicht von Olaf Metzel (»*112:104*«, 1991), die die Elemente eines dekonstruierten Basketballfeldes zeigt, welche zu einem ggf. an C.D. Friedrichs Eismeer erinnernden Haufen zusammen geschoben sind. (Anmerkung: (.) steht im Transkript für Mikropausen, die Anzahl der Punkt steht für die Länge.)

> *Sören: Ich mag das Bild. Ehm, das (4 Sek Pause) ich find dieses Weiße drum herum und dann auf einmal diese ganzen Farben in der Mitte, diese ganzen kaputten Basketballkörbe (.) und Sportgeräte, ich weiß nicht was da alles drin rum liegt, (..) gefällt mir irgendwie. Weil es auch nicht so gemalt ist, weil ich mag allgemein nicht so Gemaltes nicht so, ich mag eher so Fotos und Fotomontagen lieber als (.) gemalte Bilder. [...]*
>
> *I: Sag nochmal genauer warum. Was magst du daran, davon abgesehen, dass es ein Foto ist?*
>
> *Sören: Mhm (4 Sek Pause) Da gibt's (..) auch (.) viel mehr (.) so [...] zu gucken (.) so, es ist weder (.) verstörend noch (.) kitschig, (2 Sek Pause) gerade dieses Weiße drum herum und auf einmal diese ganzen Farben in der Mitte, finde ich ganz cool, weil es so'n Kontrast ist. (3 Sek Pause) Ich weiß nicht genau wie ich es so ausdrücken soll.[...]*
>
> *I: Und wie wäre das Bild, wenn die ganzen Basketballteile am richtigen Ort wären, dann wären die Farben ja immer noch auf dem Foto, weiß du wenn der Boden auf dem Boden läg und der Korb an der Wand und so?*
>
> *Sören: Dann, ach stimmt das ist Boden? Das ist mir ja jetzt erst aufgefallen (lacht) ok, dann wär's halt ne normale Sporthalle, also dann wär's auch nicht so'n Kontrast zu den weißen Wänden und dem grauen Boden, dann wär's halt ganz normal so. Und ne Sporthalle, wenn ich ne Sporthalle sehen will, dann fahre ich halt zum Sportunterricht (lacht) und guck mir kein Bild davon an oder häng es mir irgendwo hin und das ne normale Sporthalle finde ich halt auch nicht so unglaublich interessant.*

Obwohl er sich ausdrücklich als nicht kunstnah bezeichnet, lässt sich Sören sehr intensiv auf die Rezeption des Bildes ein. Im Vergleich zu andern Jugendlichen spricht er recht lang darüber und geht seinen Gedanken und Eindrücken intensiv nach. Drei Aspekte fallen besonders auf:

Dies sind zunächst die Langsamkeit seines Sprechens und die vielen Pausen in der Betrachtung des Bildes. (*Da gibt's (..) auch (.) viel mehr (.) so [...] zu gucken (.) so, es ist weder (.) verstörend noch (.) kitschig, (2 Sek Pause) gerade dieses Weiße drum herum...*) Sören scheint hier kaum die Dinge rasch visuell zu identifizieren und sprachlich einzuordnen, wie es einem alltäglichen Sehmodus[23] und gewohnheitsmäßigem Sprachgebrauch entspricht. Eher scheint er die Gedanken im ästhetischen Prozess nach und nach zu finden. Ein solcherart tastendes Erkunden der Kunst durch Blick und Wort beschreibt Maria Peters unter Bezug auf Merleau-Ponty als *Sprechendes Sprechen*: »Für den Sprechenden ist das Wort nicht bloß Übersetzung schon fertiger Gedanken, sondern das, ›was den Gedanken erst wahrhaft vollbringt‹«.[24] Es ist leicht, in seiner Kunstrezeption einen ästhetischen Modus zu erkennen, eine ästhetische Wahrnehmung, vielleicht sogar Spuren ästhetischer Erfahrung.

Auffälligerweise äußert sich Sören nicht zu dem in der Installation durchaus erkennbaren Moment der Verwüstung und Zerstörung. Ohnehin scheint er zunächst einmal gar nicht an der Inhaltlichkeit interessiert, was gerade bei Jugendlichen dieses Alters erstaunt. Im ästhetischen Modus seiner Betrachtung beschreibt er die Installation rein als Bild mit seinen formalästhetischen Qualitäten, der Verteilung von Formen und Farben, in Zusammenhang mit Empfindung und Erfahrung. (... *gerade dieses Weiße drum herum und auf einmal diese ganzen Farben in der Mitte, finde ich ganz cool, weil es so'n Kontrast ist.)* Erst nachdem er den Boden, also eine Dingidentifikation, angesprochen ist, sagt er: »*Dann, ach stimmt das ist Boden? Das ist mir ja jetzt erst aufgefallen (lacht) ok...*«Diese Art, die Welt als Bild zu sehen, bezeichnet W. Welsch als *ästhetizistisch*[25].

Beide genannten Aspekte setzen voraus, dass Sören sich intensiv auf die Fremdheit der künstlerischen Arbeit einlässt und ihr nachgeht, statt sie durch schnelle Einordnungen und Bewertungen zurückzudrängen. Gerade das Andersartige, das Neuartige des Bildes scheint ihn zu reizen und ihn auf anregende Art herauszufordern, während er das Normale als eher uninteressant einschätzt. *(...dann wär's halt ne normale Sporthalle, [...] wenn ich ne Sporthalle sehen will, dann fahre ich halt zum Sportunterricht (lacht) und guck mir kein Bild davon an oder häng es mir irgendwo hin und das ne normale Sporthalle finde ich halt auch nicht so unglaublich interessant.)* An dieser und vielen weiteren Stellen des Interviews wird insgesamt deutlich: Ein Bild scheint für Sören gut, wenn es ohne zu deprimieren das Sehen herausfordert, die sattsam bekannten Wahrnehmungsroutinen durchbricht und neue Impulse des Sehens und Handelns bietet.

Zwar bezeichnet er sich in seinen expliziten Selbsteinschätzungen als »nicht so'n Kunstmensch«, was auf eine durch familiäre Sozialisation gelernte Milieuzugehörigkeit hindeuten kann, die sich von der hochkulturell und intellektuell eingeschätzten Kunst distanziert und sich eher auf als bodenständig empfundene Werte beruft.[26] Unerwartet zeigt Sören aber auf der tatsächlichen Denk- und Handlungsebene eine starke Offenheit und Affinität zu bildlichen Experimenten, ästhetischen Erfahrungen im Andersartigen und zu künstlerischem Ausdruck. Seine Orientierung ist weitgehend auf ein Milieu bezogen, das experimentell, erfahrungsoffen und kunstnah ausgerichtet ist und mit Lust am Andersartigen die Verunsicherung des eingeschliffenen Blicks durch fremdartige Bilder als reizvoll empfindet.

Lisa

Ganz anders orientiert im Hinblick auf soziale Skripte im Umgang mit Bildern und künstlerischer Fremdheit ist Lisa, eine ebenfalls 15-jährige Realschülerin, auch aus einem ländlichen Bereich Westfalens. Beide Eltern sind im pflegerischen Bereich berufstätig. Lisa hat den Kunstunterricht abgewählt und gibt an, hier »keine Stärken« gehabt zu haben. Musikunterricht hingegen passe besser zu ihr. Ihr Jugendzimmer ist in Rot- und Rosatönen gestrichen, die Wände sind mit Filzblumen, Fotografien von Freundinnen sowie einem auf Keilrahmen gezogenen Posterdruck eines gemalten Herzens gestaltet (Abb. 3). Lisa ist der warme Eindruck und das harmonische Zusammenspiel von Farbe und Symbolik wichtig: »*Ja, ich hab´ immer so Herzen oder*

Abb. 3: Jugendzimmer von Lisa. Foto d. Verf.

so, ich bin echt so jemand, so, auch so, (lacht) [...] ich brauch´ einfach so, also ich find´ so Herzen und Rot und so warme Farben einfach total toll, ich könnt´ mir auch nie ein blaues Zimmer machen. Weil ich find´, das gefällt mir einfach nicht, das ist zu kühl, ich brauch´ so dieses Warme.« Zum Herzbild sagt sie: »*Ich weiß nicht, [...] ich find´ das sieht so`n bisschen so wie selbstgemacht aus, so als hätt´s halt nicht jeder und es ist halt so (.) diesen (..) Es vermittelt auch noch mal so `nen bisschen Wärme, find´ ich.*«

Obwohl die jeweiligen Vorlieben der beiden 15-Jährigen, Sören und Lisa, vermutlich auch eine gewisse Genderspezifik aufweisen, unterscheidet sich ihr Umgang mit Bildern und mit Kunst auch in geschlechtsunabhängigen Orientierungen. Dies wird in Lisas Äußerungen zu den ihr im Bildtest vorgelegten Bildern deutlich. Zu Ernst Ludwig Kirchners »Mädchen mit Katze« (1917) und nachfolgend zum Postermotiv eines gemalten roten Herzens auf orangem Grund sagt sie:

Lisa: Ja, also das gefällt mir persönlich nicht, (lacht) weil´s irgendwie (.) schlechte Laune verbreitet das Bild selbst. Das Mädchen ist halt einfach nicht (.) gut gelaunt irgendwie, die sieht so aus als wär die alkoholabhängig oder so zumindest stehen da die ganzen Flaschen neben, und daher nee. lieber nicht. (lacht)Das ist jetzt nicht so besonders schön. ja.

I: Ja, und woran siehst du das, dass es schlechte Laune macht?

Lisa: Ja, die Farben, also schwarz ist ja eh also das; dieses dunkle Grün, ist halt total (.) scheiße, (lacht) ähm und die hat die Augen nicht richtig offen und die sitzt halt in so `ner Haltung da is´ das irgendwie alles kacke. (lacht)

Lisa: Das nächste Bild mit dem Herzen, das find ich schön. Weil so ein ähnliches Bild hab´ ich in meinem Zimmer, (lacht) ja. Keine Ahnung, das gefällt mir, ich mag das Motiv. Das Herz halt. Find ich voll schön.

I: Kannst du da mehr zu sagen? Warum gefällt dir das Bild?

Lisa: Naja die Farben sind halt besonders und das ist halt wie gesagt `n schönes Motiv und ja. (2 Sek Pause) Mehr fällt mir dazu auch nicht ein.

I: Du hast bei dem Anderen gesagt, es macht dir schlechte Laune. Wie wär das bei diesem hier?

Lisa: Ich weiß nich´, ich find´s schöner, ich glaub´ das Bild gibt mir irgendwie keine gute Laune oder `ne schlechte Laune, aber ich glaub es wär eher so mein Fall.

I: Ist das gut oder schlecht fürs Bild, dass es keine Laune macht?

Lisa: Also für mich ist es gut, (lacht) ich kenn´ kein Bild, was mir gute Laune macht.

In dieser und vielen weiteren Passagen fällt auf, dass Lisa die ihr vorgelegten Bilder sehr schnell und eindeutig in gute/angenehme/passende und schlechte/unangenehme/ unpassende einordnet, wobei sie gegenüber den abgelehnten Bildern oftmals sehr emotional reagiert (*nee. lieber nicht; halt total scheiße; irgendwie alles kacke*). Hier, bei den als unangenehm empfundenen Bildern, beschreibt sie durchgängig jedoch recht differenziert, was ihr nicht gefällt. Bei Kirchner etwa geht sie auf die Stimmung des Mädchens, auf Bilddetails wie Flaschen, Haltung und Blick der Figur und die Farben ein. Ähnlich auch bei Metzels Basketballfeld, bei dem sie die Zerstörung des Feldes im Raum und die als »kalt« und »komisch« empfundene Bildwirkung beschreibt. Bei den Bildern hingegen, die ihr gefallen, geht sie kaum auf die bildlichen Details ein und sagt, auch auf Nachfrage, im Vergleich insgesamt viel weniger. Sie verweist dabei sehr allgemein auf das Motiv und auf Ähnlichkeiten zu ihrem Zimmer. (*Keine Ahnung, das gefällt mir, ich mag das Motiv. Das Herz halt. [...] das ist halt wie gesagt 'n schönes Motiv und ja. Mehr fällt mir dazu auch nicht ein.*) Dass Lisa Abbildungen gefallen, begründet sich nicht aus den Details der Bilder, sondern scheinbar eher daraus, dass sie sie als passend für ihr Umfeld identifiziert. Sie scheint die als schön empfundenen Bilder viel stärker schematisch zu betrachten und sich an der Passung zu freuen.

Interessant ist in diesem Zusammenhang, dass die unangenehmen Bilder zwar »schlechte Laune« verbreiten, was auch ihre emotionale Sprache färbt. Die schönen Bilder hingegen beschreibt Lisa in ihrer Wirkung eher neutral. (*... ich find's schöner, ich glaub' das Bild gibt mir irgendwie keine gute Laune oder 'ne schlechte Laune [...] ich kenn' kein Bild, was mir gute Laune macht.*) Die Bilder, die Lisa schön findet und mit denen sie ihr Lebensumfeld einrichtet, scheinen in ihrem Bildumgang keine Reibungspunkte darzustellen, sie scheinen kaum spannungsvolle Auseinandersetzungen oder symbolisch-imaginäre Identifikationen zu bieten. Eher bestehen ihre Qualitäten im Dekorativen und damit darin, zurückhaltend eine Gesamtstimmung zu unterstützen, die sie als Wärme bezeichnet. Bei Lisa wird auch an vielen anderen Stellen deutlich: Ein Bild scheint für sie gut, wenn es sich in einer gewissen Reibungslosigkeit in die Normalität einpasst, wenn es ohne zu stören das harmonische Gesamtbild unterstützt und wenn es keine Verunsicherungen des Blicks hervorruft.

Alteritätstoleranz

Anders als Sören, der die Reibung an der Andersartigkeit von Bildern, die sich nicht schnell erschließen und verstehen lassen, als interessant empfindet, äußert Lisa hier wiederkehrend eine starke Abneigung, auch zu Dalís »Geopolitisches Kind beobachtet die Geburt eines neuen Menschen« (1943): »*Das Bild geht gar nicht! Das is' richtig, also das find ich total schrecklich (betont). Weil einfach, was auch immer, wo auch immer der da grade drinsteckt, oder was auch immer der da grade macht, das sieht einfach irgendwie eklig (betont) aus. [...] Das is einfach bäh (leise).*« Bemerkenswert ist nicht, dass sie das Bild nicht mag, das teilt sie mit den meisten befragten Jugendlichen, sondern dass sie das Unklare des Bildes als sehr unangenehm darstellt und dieses offenkundig auch gar nicht erkunden will *(was auch immer, wo auch immer... was auch immer)*. Es entsteht im Verlauf des Gesprächs immer wieder der Eindruck, dass sie die Vieldeutigkeit und Spannung unklarer Bilder schützend von sich abzuhalten versucht. Rainer Kokemohr spricht über das Unklare, Chaotische jenseits der bekannten Wege als ein »Grauen«, als »die Angst vor dem ungefasst Gestaltlosen, dem meine Ordnung abgewonnen ist«.[27] Der Zug zum übersichtlichen und bedrohungsfreien Gesamtbild jenseits des Grauens, zum möglichst spannungsfreien Lebensumfeld, weist auf eine Milieuorientierung hin, die vielfach beschrieben ist, z.B. durch G. Schulzes *Harmoniemilieu*[28] oder in der u18-Sinusstudie als das Milieu der *Konservativ-Bürgerlichen*. In der Spezifik des Bildumgangs ist hierbei eine im sozialen Selbstverständnis verwurzelte Abneigung festzustellen, ein Grauen gegenüber bestimmten künstlerischen Formen der Welterschließung in hintergründigen und mehrdeutigen/ambiguen Formen. Dieselben werden in anderen Milieus als lustvoll empfunden, z.B. von *Expeditiven Jugendlichen* (Sinus 2012).

Als das maßgebliche Kriterium zur Unterscheidung dieser beiden exemplarisch skizzierten Orientierungen kann daher die Fähigkeit gelten, das Andersartige, Fremde und Mehrdeutige im Bildumgang auszuhalten. Entlang der unterschiedlichen Stärken und Formen der *Alteritätstoleranz* differenzieren sich klar die beiden Orientierungen und Bildpragmatiken von Sören und Lisa. Obwohl die Unterscheidung von Milieus soziologisch betrachtet wertfrei geschehen soll, erscheint im kunstdidaktischen Kontext die Alteritätstoleranz als durchaus normative Fähigkeit: In den Beispielen wurde deutlich, wie sehr sie den Zugang zu Erkenntnis- und Bildungsprozessen in Auseinandersetzung mit Kunst entweder erleichtert oder in erhebliche Ferne rückt.[29] Interessant ist darüber hinaus, dass die sehr ähnliche *Ambiguitätstoleranz* als ein wichtiges Kriterium für Kreativität gilt.[30] An dieser sensiblen Stelle zwischen empirisch gegebener gesellschaftlicher Vielfalt und der Normativität kunstpädagogischer Bildungsziele liegt die fachliche Herausforderung des Themas.[31]

Kontraste

Dem kultursoziologischen Systematisieren von Personen in bestimmten Clustern geht gerade im pädagogischen Umfeld ein schaler Geschmack von Schubladendenken voraus. Tatsächlich erfordert es gewissen Mut zur Komplexitätsreduktion und zur Generalisierung, was Gerhard Schulze als »Kunst der Grobeinstellung«[32] umschreibt.

Dies muss jedoch immer im Bewusstsein geschehen, dass der Einzelne nur im Rahmen eines theoretischen Modells in bestimmten Milieus erfasst wird und hier nur die Grundorientierung abgebildet wird. Die tatsächlichen Lebenswirklichkeiten weisen breite Rand- und Grauzonen, Widersprüche und Mehrfachzugehörigkeiten sowie Veränderungsdynamiken auf, die sich in einem theoretisch und empirisch fokussierten Modell nicht abbilden lassen. Daher sind solche Kategorisierungen im pädagogischen Rückschluss auf Personen kaum geeignet, um die tatsächliche Lebenswelt von Individuen gänzlich zu verstehen oder sogar zu psychologisieren. Die im Modell gezeichneten scharfen Kontraste sind jedoch in der kunstdidaktischen Theoriebildung sehr hilfreich, um grundlegende Orientierungen in der Bildpragmatik Jugendlicher auszumachen.[33] Versteht man die beiden Einzelfälle als Typen solcher allgemeiner Milieuorientierungen, erlaubt dies, hilfreiche oder problematische *Lernvoraussetzungen* eben nicht nur rein individuell sondern *systemisch* zu verstehen.

Es gilt nun weiter zu klären, ob kunstdidaktisches Denken bereits hinreichend die empirische Breite der Orientierungen wahrnimmt. Im Hinblick auf die normativen Bildungsziele des Kunstunterrichts, die vielfach bestimmten alteritätstoleranten Milieus entgegenkommen, ist des Weiteren zu fragen, wo sich die Standorte der Kunstdidaktik befinden: Von wo aus – und wo hin[34] – werden Bildungsprozesse initiiert? Milieus und deren soziale Skripte zu thematisieren, kann an dieser Stelle den Blick für unterschiedliche lebensweltliche Orientierungen schärfen, Kontraste sichtbar machen und Bildumgangsweisen differenzieren.

---

[1] Lars Zumbansen: Die Kunst der Grobeinstellung – Review zu Ansgar Schnurr: »Weltsicht im Plural«. Über jugendliche Milieus und das »Wir« in der Kunstpädagogik, in: onlineZeitschrift Kunst Medien Bildung | zkmb, Review, 2011, www.zkmb.de/index.php?id=81; Zugriff: (02.03.2013).

[2] Die kulturellen Skripten systematisiert K.P. Busse in Weiterführung des Skriptemodells von Schank & Childers (1984) in einer Untergliederung als thematische und mediale Skripte, im kunstdidaktischen Handeln sieht er methodische, didaktische und performative Skripte. Zu den Skripten vgl.: Klaus-Peter Busse: »Methodenatlas künstlerisches Arbeiten«. Online: http://www.fb16.tu-dortmund.de/kunst/cms/busse.html (04.04.2013).

[3] Vgl. Klaus-Peter Busse: Blickfelder: Kunst unterrichten – die Vermittlung künstlerischer Praxis, Norderstedt 2011; ders.: Blickfelder: Kunst unterrichten. Die Vermittlung von Kunstgeschichte und künstlerischem Arbeiten. Norderstedt 2013-14, i.V.

[4] Zur Kulturspezifik des kulturellen Skriptes »Entkonventionalisierung des Blicks« vgl. Ansgar Schnurr: Raum ohne Begrenzung? Zur Kulturspezifik ästhetischer Erfahrung,

in: Andreas Brenne/Birgit Engel/Dagmar Gaedtke-Eckardt/Bianca Siebner (Hgg.):
Raumskizzen. Interdisziplinäre Annäherungen an aktuelle kulturelle Übergangsräume,
München 2011, S. 37–54.

[5] Eine Schnittstelle des Skriptemodells für die Kunstdidaktik besteht darin, dass Busse
zufolge sowohl die bildende Kunst als auch z.b. alltägliche und sogar wissenschaftliche
Handlungsformen aus demselben Repertoire kultureller Skripte schöpfen, womit auch
einhergeht, dass dieses gleichermaßen Künstlerinnen und Künstlern als auch Schülerinnen
und Schülern zugänglich ist.

[6] Klaus-Peter Busse: Bildumgangsspiele. Kunst unterrichten, Norderstedt 2004, S. 223.

[7] »Sitz im Leben« bezeichnet als ursprünglich religionswissenschaftlicher Terminus
Hermann Gunkels die pragmatische Verankerung eines z.b. historischen Textes
im damaligen Leben der Menschen. Hier wäre der Ausdruck mit »Bildpragmatik«
zu erweitern. Vgl. Werner Klatt: Hermann Gunkel. Zu seiner Theologie der
Religionsgeschichte und zur Entstehung der formgeschichtlichen Methode, Göttingen
1969.

[8] Auch wenn es diese Benennung nahelegt, liegen kulturelle und soziale Skripte nicht auf
einer Ebene. Die kulturellen Skripte stellen Inhalte und Methoden dar, die gewählt und
angewandt werden können. Die sozialen Skripte hingegen entsprechen den gegebenen
sozio-kulturellen Voraussetzungen, pädagogisch verstanden: Lernvoraussetzungen. Jedoch
sind mit diesen Voraussetzungen ebenfalls Routinen des Denkens und Handelns verknüpft,
also Figuren ästhetischen Verhaltens, auf die zurückgegriffen und die angewandt werden
– wenn auch sicherlich mit geringerer Wahlfreiheit als bei den kulturellen Skripten. Die
Verschiedenen Ebenen zwischen kulturellem Skript und sozialer Orientierung benennt
Flechsig wie folgt: »Kulturelle Skripte schweben jedoch nicht unverbunden nebeneinander
im gesellschaftlich-kulturellen Vakuum, sondern sind eingebettet in übergeordnete
Einheiten, die gelegentlich als ›Weltbilder‹ und ›Lebensstile‹ bezeichnet werden.
Sie heben sich also als ›Figuren‹ vor einem ›Hintergrund‹ ab, wobei dieser tragende
Hintergrund zugleich die Bedingung für Sinngebung und Verstehen ist.« Karl-Heinz
Flechsig: Kulturelles, interkulturelles und transkulturelles Lernen als Aneignung kultureller
Skripte. Online: http://wwwuser.gwdg.de/~kflechs/iikdiaps9-96.htm (12.04.2013).

[9] Gerhard Schulze: Die Erlebnisgesellschaft. Kultursoziologie der Gegenwart, Frankfurt/M.
2005, S. 80. Vgl. hier besonders Lars Zumbansen, der Schulzes kultursoziologische
Milieutheorie im Kontext der Kunstpädagogik diskutiert: Zumbansen 2011 (s. Anm. 1).

[10] Vgl. Arnd-Michael Nohl: Bildung, Kultur und die Mehrdimensionalität kollektiver
Zugehörigkeiten, in: Barbara Lutz-Sterzenbach/Ansgar Schnurr/Ernst Wagner (Hgg.):
Bildwelten remixed. Transkultur, Globalität, Diversity in kunstpädagogischen Feldern,
Bielefeld 2013, S. 47.

[11] Arnd-Michael Nohl: Konzepte interkultureller Pädagogik. Eine systematische Einführung,
Bad Heilbrunn 2010, S. 148.

[12] Nohl 2013 (s. Anm. 10), S. 49.

[13] Ralf Bohnsack: Rekonstruktive Sozialforschung. Einführung in die Methodologie und Praxis qualitativer Forschung, Opladen 2008, S. 112.

[14] Vgl. den Beitrag von Johannes Kirschenmann in diesem Band.

[15] Nohl 2013 (s. Anm. 10), S. 49.

[16] Zur bildungstheoretischen Sicht auf die Dynamik der Veränderung von Milieu- und Habitusorientierung vgl. Florian von Rosenberg: Bildung und Habitustransformation. Empirische Rekonstruktionen und bildungstheoretische Reflexionen, Bielefeld 2011.

[17] Vgl. folgende Sinusstudien: Carsten Wippermann/Marc Calmbach/BDKJ/Misereor (Hgg.): Wie ticken Jugendliche? Sinus Milieustudie U27, Düsseldorf 2007; aktueller: Marc Calmbach/Peter Martin Thomas/Inga Borchard/Bodo Flaig: Wie ticken Jugendliche 2012? Lebenswelten von Jugendlichen im Alter von 14-17 Jahren in Deutschland, Düsseldorf 2012; Staatskanzlei des Landes NRW (Hg.): Von Kult bis Kultur. Von Lebenswelt bis Lebensart. Ergebnisse der Repräsentativuntersuchung »Lebenswelten und Milieus der Menschen mit Migrationshintergrund in Deutschland und NRW«, Düsseldorf 2010, online: https://broschueren.nordrheinwestfalendirekt.de/broschuerenservice/mfkjks/von-kult-bis-kultur-von-lebenswelt-bis-lebensart/645 (12.04.1013).

[18] Vgl. Ansgar Schnurr: Weltsicht im Plural. Über jugendliche Milieus und das »Wir« in der Kunstpädagogik, in: onlineZeitschrift Kunst Medien Bildung | zkmb, Review, 2011, www.zkmb.de/index.php?id=81; Zugriff: (02.03.2013); Ansgar Schnurr: Weltsichten zwischen Tradition und Experiment. Kunstpädagogik in unterschiedlichen jugendlichen Milieus, in: BDK-Mitteilungen 4/2011, S. 12–16.

[19] Hier zeigen sich Schnittmengen etwa zu dem soziologischen Lebensstilmodell z.B. von Gerhard Schulze 2005 (s. Anm. 9), S. 95; auch Helene Karmasin: Produkte als Botschaften, Frankfurt/M. 2004, S. 102–106. Vgl. in hilfreicher Zusammenfassung: vgl. Zumbansen 2011 (s. Anm. 1).

[20] Zur interkulturellen Dimension der Studie vgl.: Ansgar Schnurr: Fremdheit loswerden – das Fremde wieder erzeugen. Zur Gestaltung von Zugehörigkeiten im Remix jugendlicher Lebenswelten, in: Lutz-Sterzenbach/Schnurr/Wagner 2013 (s. Anm. 10), S. 73–92; ders.: Zwischen Bilderskepsis und Facebookalbum, in: Frank Schulz/Ines Seumel (Hgg.): U20 – Kindheit, Jugend, Bildsprache. i.V.

[21] Zur »bildgeleiteten Hervorlockung« vgl: Douglas Harper: Fotografie in sozialwissenschaftlichen Daten, in: Uwe Flick u.a. (Hgg.): Handbuch Qualitative Forschung. Reinbeck b. H. 2000, S. 414; ebenso zur »photo-elicitation«: Rosalind Hurworth: photo-Interviewingforresearch, in: Social research update Nr. 40, 2003, online: http://sru.soc.surrey.ac.uk/SRU40.html (10.04.213).

[22] Alle Namen und personenbezogenen Daten sind geändert.

[23] Vgl. Franz Billmayer: Tunnelblick und Gipfelglück, in: BDK-Mitteilungen 4/05, S. 10 ff.

[24] Maria Peters: Blick, Wort, Berührung : Differenzen als ästhetisches Potential in der Rezeption plastischer Werke von Arp, Maillol und F. E. Walther, München 1996, S. 44.

25   Wolfgang Welsch: Ästhetische Rationalität modern: Familienähnlichkeiten des Ausdrucks
     ›ästhetisch‹, in: Dietrich Grünewald/Wolfgang Legler/Karl-Josef Pazzini (Hgg.):
     Ästhetische Erfahrung. Perspektiven ästhetischer Rationalität, Seelze 1997, S. 69–80.

26   In der U27-Jugendstudie entspräche dies etwa dem Milieu der »Bürgerlichen
     Jugendlichen«.

27   Rainer Kokemohr: Bildung als Welt- und Selbstentwurf im Anspruch des Fremden,
     in: Hans-C. Koller/Winfried Marotzki/Olaf Sanders (Hgg.): Bildungsprozesse und
     Fremdheitserfahrung. Beiträge zu einer Theorie transformatorischer Bildungsprozesse,
     Bielefeld 2007, S. 32.

28   Schulze 2005 (s. Anm. 9), S. 255.

29   In der Ambiguitätstoleranz erkennt Jörg Grütjen auch ein Differenzkriterium für
     verschiedene Schülercharaktere im Umgang mit zeitgenössischer Kunst. Vgl. Jörg
     Grütjen: Der Umgang mit zeitgenössischer Kunst in der Schule als kommunikativer
     Prozess – Komparative, qualitative empirische Unterrichtsforschung im Kunstunterricht
     der Oberstufe, Dissertation Duisburg-Essen 2012, S. 323. Online: http://duepublico.
     uni-<wbr></wbr>duisburg-essen.de/servlets/<wbr></wbr>DerivateServlet/Derivate-
     <wbr></wbr>32379/GrütjenSammelmappe1.pdf; Zugriff: 28.05.2013.

30   Vgl. Constanze Kirchner/Georg Peez: Kreativität in der Schule, in: Kunst + Unterricht
     331-332/2009, S. 11. Vgl. Kirchner in diesem Band.

31   Genauer: Schnurr 2011 (s. Anm. 18).

32   Gerhard Schulze: Die beste aller Welten. Wohin bewegt sich die Gesellschaft im 21.
     Jahrhundert?, Wien 2003, S. 206. Vgl. Zumbansen 2011 (s. Anm. 1).

33   Jörg Grütjen kommt in seinen empirischen Analysen von Schülertypen zu einem ähnlichen
     Schluss:»Für Kunstunterrichtende deutet die Skizzierung von Rezeptionscharakteren die
     für das Fach spezifischen Wertehorizonte und Orientierungsrahmen der Schüler an, die
     deren Betrachtungseigenarten prägen.« Grütjen 2012 (s. Anm. 29), S. 357.

34   Gunter Otto: Ästhetik als Performance – Unterricht als Performance?, in: Hanne Seitz
     (Hg.): Schreiben auf Wasser. Performative Verfahren in Kunst, Wissenschaft und Bildung,
     Essen 1999, S. 199.

Sidonie Engels

Bilder für Kinder

In seiner vor 10 Jahren angeregten Bestandsaufnahme der Kunstdidaktik – gefasst in dem Band »Kunstdidaktisches Handeln« – unterscheidet Klaus-Peter Busse zwischen den Bildern der Kunst, den Bildern des Alltags und den Bildern der Kinder und Jugendlichen.[1] Diese drei Bildgattungen sind traditionell Gegenstand einer wissenschaftlichen Kunstpädagogik, wie sie spätestens seit den 1950er-Jahren betrieben wird.[2] Sowohl 1953[3] als auch 50 Jahre (und mindestens drei große Paradigmenwechsel)[4] später findet eine vielseitige Gattung keine oder nur marginale Beachtung: die Bilder FÜR Kinder.[5] Die Produktion und Rezeption von Bilderbüchern oder »Wandschmuck« für das Kinder- und Jugendzimmer wird vom kunstpädagogischen und -didaktischen Radar derzeit nicht erfasst.[6] Im Folgenden werden daher nach einem kurzen Blick auf die »Ordnung in der Kunstpädagogik« und einem Ausflug in ein Nachbarfach Überlegungen angestellt, worin die Gründe für diese Marginalisierung liegen könnten, um abschließend einen Appell zu formulieren, dieser Bildgattung aus kunstpädagogischer und -didaktischer Perspektive vermehrt Aufmerksamkeit zu schenken.

Ordnung in der Kunstpädagogik[7]

Eine sich an dem Bildumgang in der Gegenwart orientierende Ordnung der Gegenstände, wie Busse sie expliziert, folgt einer anderen Logik als etwa jene der disziplinären Kunstgeschichte, in der u.a. nach Technik, ursprünglichem Funktionszusammenhang, Raum und Zeit kategorisiert wird.[8] In einem kunstpädagogischen Gattungsverständnis, das den gegenwärtigen Gebrauchszusammenhang zur Grundlage macht, kann beispielsweise »Malerei« – eine traditionelle Gattung in der Kunstgeschichte – ein Bild der Kunst oder zigfach reproduziert ein Bild des Alltags sein, eine Malerei kann aus Kinderhand stammen oder eben in erster Linie von Kindern rezipiert werden. Als eigenständige Disziplin mit einer eigenständigen Ordnung und eigenständigen Methoden könnte sich die Kunstpädagogik in diesem Sinne als »angewandte Bildwissenschaft«[9] verstehen, die u.a. durch reflektierende künstlerische oder gestalterische Praxis und durch Planung und Erleben von »Handlungschoreografien«[10] gleichsam rückgekoppelt wird. (Dass es nicht mehr ausschließlich um »Kunst« gehen kann, ist längst ein Allgemeinplatz im kunstpädagogischen wie -didaktischen Fachdiskurs.)

Zusammengenommen würde sich eine derart aufgefasste Kunstpädagogik[11] weniger als pädagogische Disziplin verorten, sondern vielmehr als Kunst-/Bildwissenschaft, die Wissen über Bilder, das Bildermachen und über Bildhandlungen generiert, aus dem die Kunstdidaktik als Fachdidaktik schöpfen kann. Vermeintliche Spannungen zwischen Kunst und Kunstsystem oder Kunst und Pädagogik lösen sich in dieser Sicht vollends auf. Denn als Fachdidaktik bezieht sich die Kunstdidaktik auf die Pädagogik/ Erziehungswissenschaft sowie insbesondere auf Fragen der Allgemeinen Didaktik, wie sie von Wolfgang Klafki oder Paul Heimann für die neuere Zeit grundlegend festgehalten wurden, sodass die Zielfrage und damit die Frage nach der Legitimation auf dieser Ebene zu verhandeln wäre. Dass es sich bei schulischem Unterricht um eine institutionelle Erziehung von Kindern und Jugendlichen mit gesamtgesellschaftlichem Auftrag handelt, würde dabei stets beachtet werden. Diese notwendige Trennung zwischen Kunstpädagogik und Kunstdidaktik wurde in den Anfängen der Disziplinen noch deutlicher vollzogen, im gegenwärtigen Fachdiskurs scheint sie jedoch weitgehend aus dem Fokus geraten zu sein.[12]

Kinder- und Jugendliteratur

Ein Blick hinüber auf das Schulfach Deutsch zeigt, dass dort eine spezielle Gattung, die Kinder- und Jugendliteratur, präsent ist.[13] Eine ausdifferenzierte Kinder- und Jugendliteraturforschung, die unabhängig von schulischen Kontexten u.a. Korpusbildung, Distributionssysteme oder entsprechende Poetikdiskurse sowie das Kritikwesen untersucht, hat sich seit geraumer Zeit etabliert.[14] Auf der anderen Seite gibt es die Literaturdidaktik, in der sich eine Abteilung mit Kinder- und Jugendliteratur im Unterricht befasst. Hier geht es bezüglich der Legitimation u.a. um »Leseförderung«, aber auch um Fragen der »literarischen Enkulturation« und der »Unterstützung der Identitätsentwicklung, der moralischen Bildung, der Fähigkeit des Fremdverstehens«.[15] »Schlagwortartig kann man sicherlich sagen, dass Heranwachsende spontane Lesefreude, ja Leselust eher mit KJL erleben als mit den Texten der literarischen Tradition. Dass gerade die Überwindung von Fremdheit und Widerstand, die Auseinandersetzung mit ›Alterität‹, Genuss bedeuten kann, lernt man erst, wenn man überhaupt die Erfahrung machen konnte, dass Lesen belohnend ist – und wenn man eine stabile Lesemotivation entwickelt hat [...].«[16]

Kinder- und Jugendliteraturforschung und Kinder- und Jugendliteraturdidaktik treten folglich als verschiedene Disziplinen auf, die in unterschiedlichen Kontexten verortet werden können (Literaturwissenschaft – Fachdidaktik Deutsch). Außerdem lassen sich klassische Legitimationsfiguren der Kunstdidaktik in der Literaturdidaktik wiederfinden, sodass die Frage nach den Bildern für Kinder auch aus dieser Perspektive nicht abwegig erscheint. Bleibt zu klären, wie es um eine »Kinder- und Jugendbildforschung« und die Stellung der »Bilder für Kinder« in der Kunstdidaktik steht.

»Kinder- und Jugendbildforschung«

Während die »Kinderzeichnung« oder auch das »ästhetische Verhalten von Kindern und Jugendlichen« traditionell in der Kunstpädagogik erforscht wird, erscheint die Welt der Bilder für Kinder und Jugendliche beinahe als »terra incognita«. Eine »Kinder- und Jugendbildforschung« gibt es nicht, jedoch Bilder für Kinder und Jugendliche – für die Wand oder das Buch (oder für Puzzles oder das Handy etc.). Sie könnten, analog zur Literaturwissenschaft, als »intendierte Kinder- und Jugendbilder« bezeichnet werden.[17] Die Angebote für »Wandschmuck« beispielsweise sind zahlreich: Eine kursorische Recherche lässt erahnen, dass für das Kinderzimmer die Welt von Disney vorherrscht; Zootiere, Schmetterlinge und Janosch-Figuren sind ebenfalls zu finden. Für das Jugendzimmer scheinen Fraktale, Ansichten von New York sowie wiederum Schmetterlinge beliebt zu sein.[18] Ein zu beforschender Gegenstand ist folglich zur Genüge vorhanden. Wie oben beschrieben, untersucht die Kinder- und Jugendliteraturforschung neben dem Gegenstand auch die Theorien sowie das Distributions- und Kritikwesen. (Auch die Kunstwissenschaft verfährt nicht anders.) Eine »Theorie des Kinder- und Jugendbilds« sowie ein Forum für Kritik sucht man jedoch genauso vergeblich wie eine entsprechende Forschung.

Ansätze für eine Theorie sowie ein Kritikwesen finden sich dagegen im Bereich Bilderbuch. In Bilderbüchern steht das Bild allerdings traditionell in Verbindung mit einem Text, sodass dementsprechend auch meist von »Illustration« die Rede ist.[19] Was ein Kritikwesen betrifft, können Besprechungen von Bilderbüchern im Feuilleton-Teil der großen Zeitungen und Preise genannt werden. Beispielhaft sei hier auf die Wochenzeitung DIE ZEIT hingewiesen, in der regelmäßig Bücher für Kinder und Jugendliche und in diesem Rahmen auch häufig Bilderbücher (oder bebilderte Bücher) empfohlen werden.[20] Neben Rezensionen geben Kriterien für Preisverleihungen Aufschluss über Vorstellungen von Bildqualität in Bilderbüchern. So heißt es etwa beim »Gemeinschaftswerk der evangelischen Publizistik«, das seit 1992 den »Illustrationspreis für Kinder- und Jugendbücher« vergibt: »Es werden Buchillustrationen prämiert, die ausdrucksstark sind, innere Bilder wachrufen und die Fantasie anregen, die der sichtbaren und unsichtbaren Wirklichkeit Gestalt verleihen und ein christliches Selbstverständnis im Sinne von Frieden, Gerechtigkeit und Bewahrung der Schöpfung anschaulich unterstützen.«[21] Auch der »Deutsche Jugendliteraturpreis« – seit 1956, zunächst als »Jugendbuchpreis«, vom Bundesministerium für Familie und Jugend verliehen – prämiert in der Sparte »Bilderbuch«. In der »Nominierungsbroschüre«

des jeweiligen Jahres werden die Kriterien benannt, nach denen die Jury aus der Vielzahl der Neuerscheinungen auswählt.[22] Vergleicht man die Begründungen für die Preisvergabe, so lässt sich feststellen, dass den Illustrationen im Laufe der Jahre mehr und mehr Aufmerksamkeit geschenkt wird.[23]

Neben Bilderbüchern, in denen in erster Linie über den Text erzählt wird oder in denen Text und Bild in enger Verbindung stehen, gibt es auch Bilderbücher ohne Text. Demnach handelt es sich bei den Bildern darin nicht mehr um »Illustrationen«, sondern gewissermaßen um Bilder in Reinform. Allgemein bekannt dürften sogenannte »Wimmelbücher« sein, deren wohl prominenteste Vertreter die Bücher von Ali Mitgutsch sind, der mit »Rundherum in meiner Stadt« im Jahr 1969 den Jugendliteraturpreis gewann. In der Begründung für die Preisverleihung heißt es u.a.: »Mit fröhlichen, kräftigen Farben und einer Fülle von Details erzählen sie Geschichten ohne Worte und verleiten die kleinen Betrachter dazu, mit dem Zeigefinger auf Entdeckungsreise zu gehen.«[24] Waren Mitgutschs Alltagsszenen in den späten 1960ern noch ein Novum, so scheinen Wimmelbücher unterschiedlichster Machart inzwischen zum Grundrepertoire eines jeden Bilderbuchverlags zu gehören. Wesentlich seltener dagegen sind Bilderbücher, die sich an ältere Kinder wenden und in denen der Text eine untergeordnete Rolle spielt oder gar überhaupt nicht vorhanden ist. Hingewiesen sei schließlich noch auf jene bebilderten Bücher, die weniger für Kinderhände gedacht sind, sondern eher »Liebhaberstücke« darstellen: aufwendig gestaltete Editionen wie etwa »Nussknacker und Mausekönig« mit Bildern von Maurice Sendak oder »Phantastes« mit Bildern von Friedrich Hechelmann.[25] Warum eine grundlegende Verselbstständigung der Bilder im Bereich Bilderbuch auf sich warten lässt, scheint eine Untersuchung wert.[26] Denn durchaus denkbar wäre es, dass sich diese Marktlücke schließen lässt – zumal es auch einen Markt für sogenannte »Coffee-Table-Books« über Kunst mit großen farbigen Abbildungen und wenig Text gibt.

Mit der Forschung über »Kinder- und Jugendbilder« verhält es sich wie mit dem Kritikwesen: Sie beschränkt sich auf Bilderbücher und findet meist im Rahmen kinder- und jugendliteraturwissenschaftlicher Fragen statt. Auf die Bilder bezogene Bilderbuchforschung dagegen ist weniger verbreitet. Neben der historischen Aufarbeitung[27] sind hier vor allem die Publikationen von Jens Thiele zu nennen,[28] der selbst als Autor von anspruchsvollen Bilderbüchern in Erscheinung tritt, regelmäßig Bilderbücher rezensiert und für Preise vorschlägt – und damit folglich auf allen Ebenen der Zunft präsent ist.

Außerdem werden auf Tagungen aktuelle Fragen zur Bilderbuchforschung vorgestellt und diskutiert.[29] Oft sind diese mit Überlegungen zur Einsetzbarkeit von Bilderbüchern in Kontexten von Erziehung und Bildung verbunden – allerdings weniger aus kunstdidaktischer Perspektive.[30] Erklärungsansätze hierfür mag die Fachgeschichte liefern.

Das »Kinder- und Jugendbild« in der Kunstdidaktik

Anfang der 1970er-Jahre, als im Zuge der Einführung eines »erweiterten Literaturbegriffs« auch Kinder- und Jugendliteratur Einzug in den Deutschunterricht hielt,[31] kaprizierten sich die ›Gegenspieler‹ der Vertreter eines an der »Kunst der Gegenwart« ausgerichteten Kunstunterrichts auf die alltäglichen, massenmedial produzierten Bilder, insbesondere die Bilder der Werbung.[32] Im Gegensatz zur Literaturdidaktik kam es in der Kunstdidaktik nicht zu einer Aufnahme der adressatenbezogenen Bildproduktion jenseits von Produktwerbung und Comics.[33] Für die unteren Schulstufen scheint sich aus Gründen der Praktikabilität der Blick auf »Hochkunst« zu fokussieren. Hermann Hinkel etwa plädiert zwar in seinem weit verbreiteten Buch zur kindlichen Bildbetrachtung für einen Einbezug »aller optischen Erscheinungen unserer Kultur« in den Kunstunterricht, meint aber, dass »die der Kunst entnommenen und in andere Bereiche (z.B. Werbung) übertragenen optischen Präsentationsformen (z.B. Bildstrategien) und Symbole in ihrer Bedeutung und Wirkungsweise oft erst durch Erfahrungen mit der Kunst verständlich« werden, denn »die im Kunstwerk konzentriert und sublimiert vorliegenden Ordnungssysteme führen zu Verdichtungen, die dem Betrachter den Zugang erleichtern.«[34] In seiner (z.T. empirischen) Untersuchung der Einstellung von Grund- und Hauptschülern zu Bildern hält er fest, dass »für die ersten beiden Klassen z.B. die Darstellung eines Kindes mit einem Tier oder auch nur eine Reihe von Gegenständen vollkommen genügen«, im weiteren Verlauf »eine deutlich dargestellte Bildhandlung immer stärker bevorzugt« würde, »der Wunsch nach Handlung und Bewegung im Bild« bestehe und Details gefragt seien.[35] Das Buch, das sich explizit auch an Lehrer ohne Fachausbildung wendet, liefert nach Schulstufen und -arten getrennt entsprechende »Arbeits- und Bildvorschläge« und listet nach »Allgemeinen Vorschlägen«[36] katalogartig »Einzelvorschläge von Kunstwerken« auf (für die Grundschule z.B. Brueghels »Schlaraffenland«, Rubens' »Kind mit Vogel« oder Picassos »Kind mit Taube«). Bemerkenswert ist Hinkels Anmerkung zur Auswahl der Werke: »Die Bildvorschläge […] sind eine Auswahl, wobei für die Kunstwerke innerhalb der Einzelvorschläge die Erreichbarkeit als Kunstpostkarte oder billiger Veröffentlichung für die Berücksichtigung ausschlaggebend war.«[37] Diese Bemerkung lässt deutlich werden, wie sehr die Kunstdidaktik von der Verfügbarkeit der entsprechenden Medien geprägt war und heute sicherlich noch ist.[38]

Auf der anderen Seite hat möglicherweise auch die heute noch verbreitete Vorstellung, eine Begegnung mit dem Original sei die ideale Vermittlungssituation, dazu geführt, dass die auf Vervielfältigung angelegten Bilder in beispielsweise Bilderbüchern für kunstdidaktische Zwecke nicht als geeignet wahrgenommen werden.[39] Außerdem hat die Vorrangstellung der Malerei in der schulischen »Kunstbetrachtung« womöglich mit dazu beigetragen, dass die traditionell grafisch angelegte Bildproduktion im Kinder- und Jugendbereich nicht einbezogen wird.[40]

Trotz der Neuerungen im Bereich der Produktionstechniken[41] haben Bilder für Kinder und Jugendliche bislang keinen festen Ort in der schulischen Kunstdidaktik – obwohl schon früh auf ihre Potenziale hingewiesen wurde. Gemäß der damaligen Perspektive wurden diese vor allem in der »Geschmackserziehung« gesehen, die heute (offiziell) nicht mehr als Unterrichtsziel ausgegeben wird.[42] Dass anhand von Bildern für Kinder und Jugendliche aufgrund ihrer adressatenbezogen Konzeption Phänomene der visuellen Kommunikation lebensweltlich nah erfahren werden können, klingt bereits bei Hinkel an. Darüber hinaus eröffnen sie vielfältige Wege, allgemeinbildende Aspekte zu vermitteln, derer sich die Kunstdidaktik annehmen könnte – u.a. jene, die auch für die Kinder- und Jugendliteratur angesprochen werden (s.o.).

Bilder für Kinder in der Kunstpädagogik und in der Kunstdidaktik

Die Bildgattung »Bilder für Kinder und Jugendliche« bietet, wie gezeigt wurde, umfassendes Forschungsmaterial, für das sich die Kunstpädagogik als angewandte Kunst-/Bildwissenschaft zuständig fühlen könnte. Verschiedene Beiträge zum Bilderbuch beispielsweise legen offen, dass es hinsichtlich der Bilder großen Bedarf an Theoretisierung und Forschung gibt.[43] Die Kunstdidaktik wiederum könnte Ergebnisse aus der Kinder- und Jugendbildforschung unter pädagogischen sowie didaktischen Aspekten aufbereiten und für (schulische) Vermittlungssituationen fruchtbar machen.[44] Auch hier gäbe es noch viel zu tun – zumal auf der einen Seite die Ausbildung der Erzieherinnen und Erzieher in Kindergärten stärker in den Blick gerät und es auf der anderen Seite vielfältige Bildangebote für Kinder und Jugendliche gibt, die nicht nur Kindergartenkinder ansprechen.

---

[1] Klaus-Peter Busse: Ästhetische Erziehung und die Allgegenwart des Bildes, in: ders. (Hg.): Kunstdidaktisches Handeln, Norderstedt 2003, S. 17–42. Innerhalb der Gattung »Bilder von Kindern und Jugendlichen« weist Busse eine spezifische Bildform gesondert aus: die (didaktisierten) Bilder der Schüler (ebd., S. 21).

[2] Damals freilich noch nicht mit dem Objektiv »Mythenbildung«, das Busse in seinem einleitenden Beitrag einsetzt. Dass eine wissenschaftliche Kunstpädagogik erst in den 1970er-Jahren eingesetzt habe, und ebenfalls erst etwa zu dieser Zeit »Bilder des Alltags«

Einzug in den Kunstunterricht erhalten hätten, konnte genauso als Mythos identifiziert werden. Vgl. Sidonie Engels: Kunstbetrachtung in der Schule. Theoriebildung im »Handbuch der Kunst- und Werkerziehung« – ein Grundstein der Kunstpädagogik, in Vorbereitung (erscheint voraussichtlich 2014).

[3] In diesem Jahr erscheint der erste Band des Handbuchs der Kunst- und Werkerziehung »Allgemeine Grundlagen der Kunstpädagogik«, herausgegeben von Herbert Trümper.

[4] Gemeint sind die Paradigmenwechsel hin zu einem »rationalen Kunstunterricht« in den 1960er-Jahren, gefolgt von dem über den Umweg »Visuelle Kommunikation« erfolgten Paradigmenwechsel zu einer »Ästhetischen Erziehung« in den 1970er-Jahren, an den wiederum jener zu einer »Ästhetischen Bildung/Erfahrung« in den späten 1980er-Jahren anschloss. Auch dieses Paradigma scheint überholt. Inwiefern eine bestimmte kunstpädagogische Praxis (der Kunstunterricht) davon überhaupt berührt wurde, ist eine andere Frage ...

[5] Eine Ausnahme bilden hier die Comics, die mit dem Heft 10 der Zeitschrift »Kunst + Unterricht« 1970 erstmals breitenwirksam verhandelt wurden.

[6] Bereits auf dem ersten Kunsterziehungstag im Jahr 1901 trugen Woldemar von Seidlitz und Gustav Pauli Überlegungen zum »Künstlerischen« in Bilderbüchern und Wandschmuck vor (vgl. Woldemar von Seidlitz: Das Bilderbuch, in: Kunsterziehung 1902, S. 130–140 und Gustav Pauli: Der Wandschmuck, ebd., S. 98–105). Vgl. auch Nobumasa Kiyonaga: Reformpädagogik und Medien. Am Beispiel der Diskussion um Bilderbuch und Wandschmuck in der Schule im frühen Stadium der Kunsterziehungsbewegung, in: Andrea Dreyer/Joachim Prenzel (Hgg.): Vom Schulbuch zum Whiteboard. Zu Vermittlungsmedien in der Kunstpädagogik, München 2012, S. 239–351. Kiyonaga weist auf die »totalitären Ansprüche der Kunsterziehungsbewegung« hin (ebd., S. 248), die in der NS-Ideologie Entsprechung gefunden haben. Eine Untersuchung, inwiefern die Ideen der Kunsterziehungsbewegung den Wandschmuck und das Bilderbuch betreffend tatsächlich verwirklicht wurden, steht noch aus (vgl. ebd.). Die kunstpädagogische und -didaktische Theoriebildung der Nachkriegszeit scheint die Impulse der Kunsterziehungsbewegung nur z.T. wieder aufgenommen zu haben, etwa wenn auf die Bedeutung des »Wandschmucks« im Schulgebäude hingewiesen wird, für den der Kunstlehrer sich verantwortlich zeigen sollte (vgl. Emil Betzler: Kunsterziehung und Gegenwart, in: Herbert Trümper (Hg.): Grundfragen der Kunstpädagogik, S. 83). In seinen Seminaren zum ästhetischen Verhalten von Kindern und Jugendlichen regt Klaus-Peter Busse zur Beachtung der Gestaltung der Kinder- und Jugendzimmer an (deren heutige Ausprägung sich erst in den 1970er-Jahren gebildet hat). In diesem Zusammenhang verweist Busse auf das Ausstehen einer systematischen Analyse des Bildangebots für die Ausschmückung von Wohnräumen.

[7] Vgl. zur Ordnung in der Kunstgeschichte: Barbara Bader: Modernism and the Order of Things, Oxford 2009; Christian Demand: Wie kommt die Ordnung in die Kunst?, Springe 2010.

8   Vgl. z.B. Martin Warnke: Gegenstandsbereiche der Kunstgeschichte, in: Hans Belting
    u.a. (Hgg.): Kunstgeschichte. Eine Einführung, Berlin 2008, S. 28 f.; Jutta Held/Norbert
    Schneider: Grundzüge der Kunstwissenschaft, Köln 2007, S. 129.

9   Um einen »Theorierahmen« für alle »Bildwissenschaften« bemüht sich Klaus Sachs-
    Hombach. (Vgl. Klaus-Sachs-Hombach: Konzeptionelle Rahmenüberlegungen zur
    interdisziplinären Bildwissenschaft, in: ders. (Hg.): Bildwissenschaft, Frankfurt/M.
    2005, S. 11.) Bemerkenswert erscheint der Umstand, dass zum einen in diesem Band,
    der in unterschiedliche bildwissenschaftliche Disziplinen einführt, die Kunstpädagogik
    nicht vertreten ist, und zum anderen, dass Sachs-Hombachs nachfolgender Band zu
    »Bildtheorien« im Kapitel »Theoriegeschichte« die wichtigsten Ansätze und Autoren
    vorstellt, auf denen die Kunstpädagogik u.a. beruht: Konrad Fiedler, Aby Warburg, Erwin
    Panofsky sowie Bildsemiotik und Phänomenologie des Bildes. Vgl. Klaus Sachs-Hombach
    (Hg.): Bildtheorien, Frankfurt/M. 2009.

10 Dieser Begriff von Klaus-Peter Busse umschreibt in erster Linie Planung und Durchführung
    von Kunstunterricht (vgl. z.B. Klaus-Peter Busse: Kunstpädagogische Situationen kartieren
    (Kunstpädagogische Positionen 15) Hamburg 2007, S. 13), kann aber auch auf andere
    Situationen, in denen »Bildumgang« stattfindet, angewendet werden.

11 Über eine aktualisierte, weniger irreführende Bezeichnung darf freilich nachgedacht
    werden. Jedoch gehen auch die Inhalte von »Kunstgeschichte« weit über das hinaus, was
    die Fachbezeichnung vermuten lässt.

12 Vgl. Engels [2014] (s. Anm. 2).

13 Z.B.: Bettina Hurrelmann: Kinder- und Jugendliteratur im Unterricht, in: Klaus-Michael
    Bogdal/Hermann Korte (Hgg.): Grundzüge der Literaturdidaktik, München 2010 und
    die 2008 beschlossenen »Ländergemeinsamen inhaltlichen Anforderungen für die
    Fachwissenschaften und die Fachdidaktiken in der Lehrerbildung« für das Fach Deutsch
    (http://www.kmk.org/fileadmin/veroeffentlichungen_beschluesse/2008/2008_10_16-
    Fachprofile-Lehrerbildung.pdf – 13.2.2013).

14 Vgl. Hans-Heino Ewers, Literatur für Kinder und Jugendliche, Paderborn 2012.

15 Hurrelmann 2010, S. 141–145 (s. Anm. 13).

16 Ebd., S. 143.

17 Hinsichtlich einer Korpusbildung für die Kinder- und Jugendlektüre unterscheidet Ewers
    u.a. »faktische« und »intendierte Kinder- und Jugendlektüre«. Vgl. Ewers 2012, S. 14 f. (s.
    Anm. 14).

18 Außerdem ist in Online-Einrichtungsratgebern zu lesen, dass sich in der Wanddekoration
    das Hobby des jugendlichen Bewohners widerspiegeln sollte, u.a. in Form von Fanartikeln.
    Mit der Bildwelt in Jugendzimmern befasst sich Ansgar Schnurr (vgl. seinen Beitrag in
    diesem Band, ferner Ansgar Schnurr: Fremdheit loswerden – das Fremde wieder erzeugen.
    Zur Gestaltung von Zugehörigkeiten im Remix jugendlicher Lebenswelten, in: Barbara
    Lutz-Sterzenbach/Ansgar Schnurr/ErnstWagner (Hgg.): Bildwelten remixed. Transkultur,
    Globalität und Diversity in kunstpädagogischen Feldern, Bielefeld 2013, i.V.)

[19] Vgl. auch Jens Thiele: Das Bilderbuch. Ästhetik – Theorie – Analyse – Didaktik – Rezeption, Oldenburg 2003, S. 44 ff. Hier stehen das Bild-Text-Verhältnis sowie das Erzählende im Bild im Vordergrund. Thiele spricht sich gegen eine Verwendung des verengenden Terminus »Illustration« aus. Indem von »Bild« gesprochen werde, würde die »bildnerische Ebene mehr Autonomie gegenüber dem Text« gewinnen. (Ebd., S. 45.) Eine vollständige Autonomie (s.u.) ist hier jedoch nicht angedacht.

[20] Zusammen mit Radio Bremen vergibt DIE ZEIT den Kinder- und Jugendbuchpreis »Luchs«. »Die Zielrichtung: ›Gegen schicke Trends, Booms, Klischees, keine Allzweck-Literatur, kein Gefühls-Schrott, keine bequeme Konsumier-Vorlage zum Weiterdösen.‹ Dieser Anspruch wurde 1986 bei der Luchs-Gründung formuliert. Seitdem wählt eine unabhängige Jury den ›Luchs des Monats‹ aus. Das prämierte Buch wird im Gespräch vorgestellt.« (http://www.radiobremen.de/funkhauseuropa/serien/luchs/luchs100.html – 6.2.2013)

[21] http://www.gep.de/preise/illustrationspreis/ (6.2.2013). Der Jury gehört unter anderem der Kunstpädagoge Dietrich Grünewald an. (Vgl. ebd.) Darüber hinaus gibt der »Arbeitskreis Jugendliteratur e.V.« Empfehlungen heraus, z.B.: Doris Breitmoser/Kristina Bernd (Hgg.): Das Bilderbuch. Ein Empfehlungskatalog, München 2008.

[22] Vgl. beispielsweise die Nominierungsbroschüre zum »Deutschen Jugendliteraturpreis 2012«. (http://www.jugendliteratur.org/downloads/pressematerial/DJLP%20 2012_Nominierungsbroschuere_Download.pdf – 6.2.2013) Auskunft über sämtliche Preise seit 1956 gibt eine Datenbank (http://www.djlp.jugendliteratur.org/archiv_ datenbanksuche-26.html – 6.2.2013). Einen zusammenfassenden Überblick über Preisvergaben der Vergangenheit geben Publikationen des »Arbeitskreis Jugendliteratur e.V.« Hier sind neben Überblicksdarstellungen zu Ausschreibungen und Preisen auch Laudationes wiedergegeben sowie Begründungen zur Vergabe, darunter auch jene zur Vergabe in der Sparte »Bilderbuch«. Vgl. Arbeitskreis für Jugendliteratur e.V. (Hg.): Der deutsche Literaturpreis 1956-1983. Ausschreibungen, Begründungen, Laudationes, Kriterien, München 1984, S. 25–36 und Heide Peetz/Dorothea Liesenhoff: Deutscher Jugendliteraturpreis. Eine Dokumentation, München 1996 sowie Monika Blume (Hg.): Deutscher Jugendliteraturpreis. Eine Dokumentation. Ergänzung 1996-2000, München 2000. (Otto Brunken arbeitet heraus, dass es sich bei dem Jugendliteraturpreis ursprünglich um eine Reeducation-Maßnahme handelt: Otto Brunken: Vom »guten Jugendbuch« zur ausgezeichneten Jugendliteratur. Bewertungskriterien im Wandel oder »Preiswürdige Bücher dürfen ruhig schwierig sein«, in: Hannelore Daubert/Julia Lentge (Hgg.): Momo trifft Marsmännchen. Fünfzig Jahre deutscher Jugendliteraturpreis, München 2006, S. 56–79.)

[23] Vgl. auch Binette Schroeder: Illustration im zweiten Rang? Das Bilderbuch, die Innovation und der Deutsche Jugendliteraturpreis, in: ebd., S. 95–105.

[24] Deutscher Literaturpreis e.V. 1984, S. 27 (s. Anm. 22).

[25] E.T.A. Hoffmann/Maurice Sendak: Nussknacker und Mausekönig, München 1985;

George MacDonald/Friedrich Hechelmann: Phantastes. Eine märchenhafte Geschichte, München 1982.

[26] Wie sich die Bilder in der Geschichte der Kunst – allerdings ohne Berufung auf ihre spezifischen rhetorischen Fähigkeiten – verselbstständigt haben, beschreibt anschaulich Wolfgang Ullrich (Wolfgang Ullrich:»ut pictura poesis«, in: ders.: Was war Kunst?, Frankfurt/M. 2005, S. 76–99.) Bis heute ist im Bilderbuch meist der Text bestimmend und weniger das Bild. Als ein Versuch, das Verhältnis umzudrehen, lässt sich beispielsweise»Der Weg durch die Wand. 13 abenteuerliche Geschichten von Robert Gernhardt zu Bildern von Almut Gernhardt« (Frankfurt/M. 1982) – 1983 mit dem Jugendbuchpreis ausgezeichnet – werten. Vgl. auch Arbeitskreis für Jugendliteratur e.V. 1984, S. 50 (s. Anm. 22). Zu neuartigen Bild-Text-Anordnungen sowie der Rolle des Buchmarkts s. Mareile Oetken, Bilderbücher der 1990er-Jahre: Kontinuität und Diskontinuität in Produktion und Rezeption. Dissertation, Universität Oldenburg 2008, online-ressource (http://oops.uni-oldenburg.de/747/1/oetbil08.pdf – 13.2.2013).

[27] Beispielhaft können hier die Forschungen von Friedrich C. Heller genannt werden sowie Ausstellungskataloge insgesamt. (Z.B.: Friedrich C. Heller: Die bunte Welt. Handbuch zum künstlerisch illustrierten Kinderbuch in Wien 1890-1938, Wien 2008 oder Albert Schug (Hg.): Die Bilderwelt im Kinderbuch. Kinder und Jugendbücher aus fünf Jahrhunderten, Katalog zur Ausstellung der Kunst- und Museumsbibliothek und des Rheinischen Bildarchivs der Stadt Köln, Josef-Haubrich-Kunsthalle Köln, 17. Juni 1988 – 11. September 1988.) Regelmäßig präsentiert das Bilderbuchmuseum der Stadt Troisdorf, das neben verschiedenen Bilderbuchsammlungen auch Originalwerke von Bilderbuchillustratoren besitzt, Wechselausstellungen und gibt entsprechende Kataloge heraus (vgl. http://www1.troisdorf.de/museum/main.htm – 13.2.2013). Außerdem ist hinzuweisen auf die systematische Aufarbeitung von Illustrationen der Grimm'schen Märchen durch Regina Freyberger (Regina Freyberger: Märchenbilder – Bildermärchen. Illustrationen zu Grimms Märchen 1819–1945. Über einen vergessenen Bereich deutscher Kunst, Oberhausen 2009) sowie auf den historischen Überblick zur Bilderbuchillustration des 20. Jahrhunderts und die Zusammenstellung der Forschungsliteratur bei Mareile Oetken (Oetken 2008, s. Anm. 26).

[28] Z.B.: Jens Thiele: Bilderbücher entdecken. Untersuchungen, Materialien und Empfehlungen zum kritischen Gebrauch einer Gattung, Oldenburg 1985 oder Thiele 2003 (s. Anm. 19). Vor Thiele hat insbesondere Monika Niermann die Bedeutung des Bilderbuchs erforscht (Monika Niermann: Erziehungsziele in Bilderbüchern für Kinder, Frankfurt/M. 1977 und Monika Niermann: Das Bilderbuch in der pädagogischen Diskussion. Materialien zum Bilderbuch in Elternhaus, Kindergarten, Schule und Bibliothek, Düsseldorf 1979, S. 77–108).

[29] Z.B. Jens Thiele (Hg.): Neue Impulse der Bilderbuchforschung, Baltmannsweiler 2007 oder Iris Kruse/Andrea Sabisch (Hgg.): Fragwürdiges Bilderbuch. Blickwechsel – Denkspiele – Bildungspotenziale. München 2013 (i.V.).

[30] Vgl. auch: Heft 1/2007 (»Thema: Bilderbücher«) sowie Heft 1/2013 (»Bilderbücher. Aktuelle ästhetische Bildwelten und ihr didaktisches Potenzial«) der Zeitschrift »kjl&m. forschung. schule. bibliothek« oder die Dissertation von Mareile Oetken, die für die »Forschungsstelle Kinder- und Jugendliteratur« der Universität Oldenburg tätig ist (Oetken 2008, s. Anm. 26). Darin übernimmt Oetken die Auffassung Bernd Dolle-Weinkauffs, der die Kinder- und Jugendliteratur »zum Bestand der Erziehungswissenschaften« rechnet (vgl. ebd., S. 13). Dementsprechend richtet Oetken u.a. auch ihre Aufmerksamkeit auf das Kindheitsbild in der Geschichte der Kunst (vgl. ebd., S. 142–153) und weniger auf bildspezifische Erzählhaltungen. Beispielhaft außerdem: Friederike Plaga: Bilderreich & Wortgewandt. Kindliches Bildverstehen und Frühpädagogik, München 2012.

[31] Hurrelmann 2010, S. 137 (s. Anm. 13).

[32] Anschaulich und mit entsprechenden Literaturangaben schildert Wolfgang Legler diese Epoche: Wolfgang Legler: Geschichte des Zeichen- und Kunstunterrichts, Oberhausen 2011, S. 303–324. Interessanterweise liest sich Hurrelmanns Bewertung des Versuchs, anhand von Texten »Emanzipation« zu lehren, ähnlich wie Leglers Bewertung der entsprechenden Epoche der Kunstdidaktik.

[33] An Überlegungen der Kunsterziehungsbewegung, in der Wandschmuck und Bilderbücher Beachtung fanden, konnte aus einer ideologiekritischen Haltung heraus auch nicht angeknüpft werden (s.o. Anmerkung 5).

[34] Hermann Hinkel: Wie betrachten Kinder Bilder. Untersuchungen und Vorschläge zur Bildbetrachtung, Gießen 1975, S. 8. (Bei der Ausgabe von 1975 handelt es sich um die dritte Auflage; die erste Auflage erschien 1972; vgl. zu Hermann Hinkel auch Beitrag Peez in diesem Band.)

[35] Ebd., S. 23. Eine andere Sichtweise bietet Constanze Kirchner (Constanze Kirchner: Kinder und Kunst der Gegenwart. Zur Erfahrung mit zeitgenössischer Kunst in der Grundschule, Seelze (Velber) 1999).

[36] Hierunter finden sich neben »Konsumwerbung« und Spielzeug auch »Einzeltafeln aus Bilderbüchern«. Konkrete Bilderbücher werden nicht genannt. (Vgl. Hinkel 1975, S. 26, s. Anm. 34.)

[37] Ebd., S. 26–29 und Anmerkung 58 auf S. 200.

[38] So wird im »Handbuch der Kunst- und Werkerziehung« im Rahmen von Anregungen zur Organisation von Unterricht stets die Beschaffung von geeignetem Unterrichtsmaterial thematisiert. Vgl. Engels [2014] (s. Anm. 2). Hierzu außerdem aktuell: Andrea Dreyer/ Joachim Prenzel (Hgg.): Vom Schulbuch zum Whiteboard. Zu Vermittlungsmedien in der Kunstpädagogik, München 2012.

[39] Die Bedeutung des Originals betonen heute z.B. Ulrike Hess und Helmut G. Schütz (Ulrike Hess: Kunsterfahrung an Originalen. Eine kunstpädagogische Aufgabe für Schule und Museum, Weimar 1999; Helmut Georg Schütz: Kunst und Analyse der Betrachtung. Entwicklung und Gegenwart der Kunstrezeption zwischen Original und Medien, Baltmannsweiler 2002). 1961 empfiehlt Herbert Trümper, ein Original in die

Schule zu holen, als Leihgabe eines Bekannten oder eines Kunsthändlers, dem durch den Verweis auf potentielle Kunden die Umstände schmackhaft gemacht werden könnten (Herbert Trümper: Malen und Zeichnen in Kindheit und Jugend, Berlin 1961, S. 239). Siegfried Neuenhausen, ein kritischer Vertreter der 1970er-Jahre, macht sich ebenfalls für das Original stark und plädiert in der von ihm mitherausgegebenen Zeitschrift »Kunst + Unterricht« für eine Verwendung von Originalgrafiken im Unterricht als »Anleitung zum Sammeln von Graphik« (vgl. Siegfried Neuenhausen: Besser Posters als gar keine Graphik?, in: Kunst + Unterricht 2/1968, S. 11–13 – dem heutigen Leser fällt die Werbung für »Zeitgenössische Original-Druckgrafik · im Kunstunterricht · im Schulraum · in der Wohnung · als Geschenk«, darunter auch Grafiken von Neuenhausen – in unbegrenzter Auflagenhöhe und »auf Wunsch zu jedem Blatt ein didaktisch-methodischer Kommentar gratis« – unmittelbar unter dem Beitrag ganz besonders ins Auge).

[40] Auch in der Kunstgeschichte wird die Grafik oft der Malerei als »beigeordnet« verhandelt. Vgl. Warnke 2008, S. 28 (s. Anm. 8). Einen kurzen Überblick über die Produktionstechniken vom Bilderbogen bis zum heutigen Bilderbuch gibt Mareile Oetken (Mareile Oetken: Neue Ansätze in der Bilderbuchillustration, in: kjl&m 1/2007, S. 20 f.).

[41] Auf die vielen verschiedenen neuen Produktionsmöglichkeiten, die auch der Malerei den Zugang zum Bilderbuch eröffnen, weist Mareile Oetken hin. Vgl. ebd. S. 21. – Man denke nur daran, wie lange die Farbtafeln in Kunstbänden nachträglich eingeklebt wurden.

[42] Vgl. die Berichte zum Bilderbuch und zur Wandgestaltung auf dem ersten Kunsterziehungstag in Dresden (Seidlitz 1902, S. 130–140 und Pauli 1902, S. 98–105, s. Anm. 6). Auch in den 1950er-Jahren wird kein Hehl daraus gemacht, dass Kunstunterricht der Geschmackserziehung dient. So erwähnt Emil Betzler 1953 die geschmackserzieherische Wirkung von Schülerarbeiten in der elterlichen Wohnung (Emil Betzler: Kunsterziehung und Gegenwart, in: Herbert Trümper (Hg.): Allgemeine Grundlagen der Kunstpädagogik, S. 82 f.). Ebenso bekräftigt Gunter Otto, der sich bekanntlich von älteren Positionen dezidiert abzugrenzen suchte, in einem frühen Aufsatz die geschmackserzieherische Wirkung von Kunstunterricht (vgl. Gunter Otto: Über das Betrachten von Bildern, in: Westermanns Pädagogische Beiträge 12/1958, S. 468–475.) Dass die Geschmackserziehung auch heute noch in einem »heimlichen Lehrplan« wirksam scheint, deutet Helene Skladny an (vgl. Helene Skladny: Ästhetische Bildung und Erziehung in der Schule, München 2012, S. 289).

[43] Vgl. die Beiträge in kjl&m 1/2007 (»Thema: Bilderbuch«) sowie in kjl&m 1/2013 (»Bilderbücher. Aktuelle ästhetische Bildwelten und ihr didaktisches Potenzial«, insbesondere darin: Sarah Wildeisen: Kunst am Bilderbuch. Aspekte einer bildfokussierenden Bilderbuchanalyse, in: kjl&m 1/2013, S. 3–10) und in Kruse/Sabisch 2013 (s. Anm. 29) sowie Ada Bieber: Kunst im Bilderbuch oder Über die Notwendigkeit einer ästhetischen Kompetenz, Berlin 2012.

[44] Einen wichtigen Vorstoß in diese Richtung unternimmt Gabriele Lieber mit ihren Forschungen (vgl. zuletzt Gabriele Lieber/Jana Hampel: Das »Ding«. Bilderbücher

als Vermittlungsmedien im Vor- und Grundschulalter, in: Dreyer/Prenzel 2012, S. 265–278 (s. Anm. 6); vgl. außerdem Kirsten Winderlich: Experimentelle Bilderbücher als ästhetischer Erfahrungsraum, in: ebd., S. 279–291 sowie Kirsten Winderlich: Räume bilden – Bilden Räume? Zum Schulraum als Begleiter und Initiator von Bildungsprozessen, in: ebd., S. 252–264).

Birgit Richard/Katja Gunkel

Sheroes ohne Raum?

Popikonen von Lara Croft bis Lady Gaga und ihre Kartografien von Weiblichkeiten

Der vorliegende Aufsatz beschäftigt sich mit blinden Flecken auf der Karte der kunstpädagogischen Felder und versucht den multiplen ästhetischen Landschaften zwei weitere Inseln hinzuzufügen. Konkret handelt es sich dabei um Gefilde des Weiblichen, angesiedelt auf dem »feindlichen«, weil männlich dominierten, Terrain der Computerspielkultur. Obgleich das populärkulturelle Feld der Games mitsamt seinen Aktanten zentral für die Lebenswelten von Kindern und Jugendlichen als potentiell identitätsstiftender Faktor gelten kann,[1] steht es bislang immer noch am Rande kunstpädagogischer Forschungsuniversen.

Auf dieses Forschungsdefizit in diesem Gebiet soll nachfolgend vor allem unter einem Genderaspekt, d.h. bezüglich seiner Identifikationsangebote an devianten Weiblichkeitsmodellen, abseits der heterosexuellen Norm und den anhängigen Rollenklischees, aufmerksam gemacht werden. Im Anschluss werden daher verschiedene Computerspielheldinnen vorgestellt; die prominenteste unter ihnen ist Lara Croft. Die folgenden Ausführungen werden erkunden, ob sich neben ihr weitere weibliche Figuren als Hauptcharaktere in Computerspielen durchsetzen konnten. Hierzu wird der Autonomiegrad der jeweiligen Heldin unter folgenden Fragestellungen näher untersucht: Agiert sie autonom und bleibt sie es auch oder wird ihre Eigenständigkeit letztlich doch durch männliche Figuren gebrochen? Kann sie sich verteidigen, bspw. durch den Besitz und gekonnten Einsatz von Waffen? Wenn ja, welche sind das und wie lassen sie sich anwenden? Damit wird die Bedeutung der Gegenstände für die räumliche Ausdehnung von Geschlecht als wesentliches Kriterium für weibliche Abweichung eingeführt. Die Kategorie der Autonomie soll hier als methodischer Schlüssel in der Analyse von Ästhetik und Handlungsspielraum dienen, der es erlaubt, die Konstruktion von Weiblichkeiten zu bewerten.

Hierbei wird auch analysiert, ob sich die 2004 aufgestellte These, der zufolge autonome Heldinnen ausschließlich in futuristischen bzw. historischen Szenarien, niemals jedoch in einem zeitgenössischen Setting, anzutreffen sind,[2] noch auf aktuelle

Spiele anwenden lässt und inwiefern sich Kriterien von autonomer Weiblichkeit aus dem Feld der Spiele in der aktuellen Musikkultur wiederfinden lassen, etwa in den Performances von Madonna und Lady Gaga.

Lara Croft noch immer Vorbild für alle Heldinnen von Bayonetta bis Aveline?

Bis 2010 ist Lara Crofts Stellung als außergewöhnliche Heldin in Computerspielen unangefochten, da sich das Design der virtuellen Protagonistin durch Ambivalenz auszeichnet und alterniert zwischen Fetisch für den männlichen Blick und Identifikationsfigur für Spielerinnen. Diese eignen sich die Figurenvorlage bspw. durch Doubles und Re-enactement[3] im Web 2.0 an und verlebendigen sie somit. Die negative Zurichtung ihrer Gestalt für den *male gaze* zeigt sich insbesondere in der Existenz sogenannter *nude mods*[4], welche ihre Kleidung durch hautfarbene Polygone ersetzen und somit den Eindruck von Nacktheit evozieren.[5]

Bis 2010 waren alle Game-Versionen[6] ausschließlich im Soloplayer-Modus spielbar, mit Lara Croft als alleiniger Protagonistin. Die Sicht der SpielerIn beschränkte sich hierbei auf die *Third-Person*-Perspektive, so dass Lara fast ausschließlich von hinten zu sehen war. Drehungen ihres Körpers waren lediglich möglich, wenn sie sich nicht bewegte. In der Version *Lara Croft and the Guardian of Light* (2010) wird erstmalig die Vogelperspektive eingeführt. Zusammen mit der Modifikation des Gameplays führt diese neue Ansicht auch zu einem Genrewechsel: Anders als alle Versionen davor, ist das Spiel kein reines Action-Adventure, sondern vielmehr ein Rollenspiel, das nun optional auch zu zweit im Multiplayermodus gespielt werden kann.[7]

Diese entscheidende Neuerung des Spielkonzepts schadet jedoch Lara Crofts Autonomie und bringt den Kultstatus der Figur ins Wanken. Im Coop-Modus verliert sie sprichwörtlich die für sie charakteristische Eigenständigkeit und bekommt einen männlichen Helden, Totec, den Wächter des Lichts, als gleichberechtigten Partner zur Seite gestellt. Beim Durchqueren der Dungeons sind beide auf die Fähigkeiten des anderen angewiesen. Waffenarsenal und Fertigkeiten werden unter den Figuren aufgeteilt, wodurch ein Teamplay zwingend erforderlich wird: So verfügt Lara Croft beispielsweise über ein Lasso, mit dem sie den Wächter des Lichts an Wänden emporziehen kann. Umgekehrt ist Totec in der Lage, Speere in Wänden zu verankern, auf die Lara anschließend springen kann. Diese wechselseitige Abhängigkeit mag konzeptionell fraglos sinnvoll sein, sie geht allerdings zu Lasten der bislang unabhängigen und unantastbaren weiblichen Ikone Lara Croft, die einerseits ihren Status als autonome Soloheldin einbüßt und andererseits durch das »Regulativ« eines männlichen Helden wieder in die bipolare, heteronormative Matrix eingepasst wird.

Analog hierzu erfährt der Charakter von Lara Croft in der neusten, für März 2013 geplanten, Veröffentlichung *Tomb Raider* einen weiteren Backslash in der Entwicklung einer autonomen Figur: Die Story des Spiels zentriert auf ihren psychischen Werdegang und bemüht hierfür vor allem weibliche Stereotype, wie Schwäche, Ohnmacht und Hilfsbedürftigkeit: Nach einem Schiffsunglück findet sich Lara Croft schwer verletzt und völlig wehrlos auf einer Insel wieder und muss in dieser feindlichen Umgebung aufs Äußerste um ihr Leben kämpfen. Der bereits veröffentlichte Trailer deutet im Prolog eine Vergewaltigung an, der Lara nur knapp entgeht, indem sie nach einem Handgemenge mit letzter Kraft die Waffe ihres Peinigers ergreift und ihn aus Notwehr erschießt. Ihr kompletter Charakter erfährt somit einen Reboot: Wir haben es nicht mehr bzw. noch nicht mit einer toughen, unerschrockenen und autonomen Heldin, sondern mit einer ängstlichen und hilflosen jungen Frau zu tun, die sich nur mit Mühe gegen männliche Gewalt erwehren kann. Motivation für diese Neuinszenierung ist den Entwicklern, die Spieler dazu zu ermutigen, Lara Croft beschützen zu wollen, was die Figur für eine autonome Aneignung nahezu unbrauchbar macht. Dem zufolge gibt es eine sogenannte menschlichere Darstellung, die aber die Leerstellen der Figur für die NutzerInnen zerstört. Lara soll durch physische wie psychische Gewalt immer wieder gebrochen werden, so lange, bis sie zu der wird, die wir bereits kennen, zur toughen Kämpferin. Das Bemühen um eine realistische Inszenierung spiegelt auch das optische Design der Figur: Lara ist zwar immer noch schlank und zierlich, ihre Körperformen sind jedoch nicht mehr hypersexualisiert (vgl. Abb. 1). War ihr Körperbild bislang immer unversehrt, so ist sie in der neuen Version bereits anfangs schwer verwundet; ihr Körper ist beschmiert mit eingetrocknetem Blut, sie hat Schrammen und tiefe Wunden, deren Blutung notdürftig durch Abbinden gestoppt wurde. Die Veränderung des Designs und des Handlungsspielraums von Lara Croft bestätigen die These von 2004, dass je realitätsnaher Charaktere gestaltet sind, desto näher sind sie an der gesellschaftlichen Benachteiligung von Frauen in der materiellen Realität. Wenn sie naturalistisch gestaltet sind, werden sie zugleich als schutzbedürftig und ohnmächtig konzipiert. Weibliche Aggression und Gewalt im Spiel muss hier wie auch in anderen Medien durch Notwehr gerechtfertigt werden, da das soziale Konzept einer attraktiven, aber gewalttätige Frau nicht existent ist. Gewalt bedarf der Rechtfertigung, so muss Lara auch, um nicht zu verhungern, ein Lebewesen, einen Hirsch, töten und sie entschuldigt sich dafür bei der Natur – für eine männliche Figur ein undenkbares Szenario. Es wird bei Lara suggeriert, sie handle gegen ihre »weibliche Natur«, da sie doch wie alle Frauen Erdverbundenheit symbolisiert. Diese unnötige Psychologisierung in dem Sinne »warum sie so (untypisch) weiblich wurde, wie sie ist« stereotypisiert die Figur konservativ aus der Gegenwartsperspektive mit dem

Blick in die Geschichte auf sehr raffinierte Weise. Laras vormals starke Körperoberfläche war zwar sexualisiert, aber stark und mächtig, wehrhaft. Ihre Autonomie
verschwindet in dem Moment, wo die für Zuschreibungen offene Oberfläche in eine
scheinbare psychologische Tiefe ausgebaut wird. Diese Vorgeschichte der Lara nutzt
die Gelegenheit, um den heldischen Charakter von Lara Croft und ihre unabhängige
Lebensweise im Spiel bis 2010 zurückzudrehen und Freiräume für das Imaginieren
von Autonomie bei den Rezipienten zunichte zu machen.

Die nächste aktuelle weibliche Spielfigur ist aus dem gleichnamigen Spiel: Bei
Bayonetta handelt es sich ebenfalls um ist ein *Hack'n'Slay*-Spiel (2009/2010): Aus
der *Third-Person*-Perspektive steuert man eine gleichnamige Hexe, die ihr Erinne-
rungsvermögen verloren hat.

Die Rahmenhandlung zentriert auf zwei Clans, die bösen Umbra-Hexen und
die guten Lumen-Weisen, deren Antagonismus eine Balance zwischen Gut und
Böse gewährleistete. Bayonetta ist das Resultat einer verbotenen Liebe zwischen
einer Umbra-Hexe und einem Lumen-Weisen. Gemäß der Prophezeiung leitet die
Existenz eines solchen Mischwesens das Ende der Welt ein. Aufgrund dieser Gefahr
wurde Bayonetta nach ihrer Geburt in einem See versiegelt. Als sie 500 Jahre später
erwacht, haben sich beide Clans gegenseitig ausgerottet, somit ist sie eine der letzten
Überlebenden der alten Ordnung. Als schwarz gekleidete, böse Hexe begibt sich
Bayonetta auf die Suche nach ihrer Vergangenheit und kämpft dabei zumeist gegen
engelsgleiche himmlische Wesen. Hierbei verfügt sie über ein großes Waffenarsenal,
das jedoch zunächst freigespielt werden muss. Zu Anfang besitzt sie lediglich vier
Pistolen; zwei davon werden mit den Händen geführt, die beiden anderen befinden
sich in ihren Schuhen und werden bspw. durch Tritte ausgelöst.[8] Zu den Pistolen
gesellen sich im weiteren Spielverlauf noch Schrotflinten, Katans, Kettensägen sowie
ein historisches Folterinstrument, die Eiserne Jungfrau.

Bayonettas Körper ist extrem schlank und unproportional lang, vor allem ihre
Beine sind extrem gelängt und werden ebenfalls als Waffen eingesetzt. Hier sind
Referenzen an die Darstellungen in japanischen Mangas festzustellen. Auch ihre
langen schwarzen Haare sind in der Lage, riesige Fäuste oder Monster zu beschwö-
ren. Unter dem Topos »Waffen einer Frau« sind lange Beine zentraler Bestandteil
der Motivtradition,[9] die magische Besetzung des weiblichen Haares ist ebenfalls eine
gängige Darstellungsform weiblicher Verführungskunst wie dämonischer Bedrohung
(vgl. bspw. die Gorgone Medusa). Bekleidet ist Bayonetta mit einem hautengen
schwarzen Overall, die applizierten Riemen und die Beschaffenheit der Oberflächen-
textur erinnern an Fetisch-Kleidung der SM-Szene und befördern sexuelle Phantasien
der Unterwerfung. Diese Assoziation wird durch Bayonettas spitz zulaufende *High*

Abb. 1: Lara Croft in *Tomb Raider* (2013) und in der Vorgängerversion *Tomb Raider: Underworld* (2008)

Heels, die nicht nur als Accessoire, sondern auch als »bestrafende« Waffe fungieren, verstärkt. Auf allen Ebenen evoziert sie konsequent durch Handlung, Kleidung und Körperbau das konsequente Bild einer strengen Domina. Der Schuh als Fetisch wird zur weiblichen Waffe – auch Bayonettas Körper ist hypersexualisiert bzw. fetischisiert und entspricht durch sein Design – überdimensionale Oberweite, schmale Taille und endlos lange Beine – einer zumindest virtuell »fleischgewordenen« Männerphantasie. Ihr Charakter fügt sich somit widerspruchsfrei in das Bildprogramm zur männlichen Verfügbarkeit ein.

Als eine ganz aktuelle Anwärterin auf den Heldinnenstatus wird *Aveline de Grand-pré* gehandelt. Damit wird erstmals eine weibliche Protagonistin in die *Assassin's Creed*-Reihe eingeführt. Sie ist der zentrale Charakter in *Assassin's Creed III – Liberation*, das im Oktober 2012 exklusiv für PlayStation Vita erschienen ist. Aveline wird 1747 als Tochter eines reichen, angesehenen französischen Kaufmanns und einer ehemaligen afrikanischen Sklavin in der Nähe von Louisiana geboren. Im Kindesalter verschwindet ihre Mutter auf mysteriöse Weise beim Besuch eines Wochenmarktes. Aveline sucht erfolglos nach ihr. Ziellos herumirrend wird sie wegen ihrer Hautfarbe irrtümlicherweise für eine Sklavin gehalten und auf dem ansässigen Sklavenmarkt verkauft. Agaté, eine geflohene Sklavin und Assassine, befreit sie, zieht sie auf und wird ihre Mentorin. Aveline wächst zu einer willensstarken jungen Frau heran und beginnt die sozialen Unterschiede in der Gesellschaft wahrzunehmen und insbesondere die Sklaverei zu verurteilen.

Als Assassine der Bruderschaft verfügt sie über verschiedene Waffen: So z.B. eine Zuckerrohr-Machete, ein Blasrohr, eine versteckte Klinge sowie zwei Pistolen. Neben Agilität und Schnelligkeit, besteht ihre besondere Fähigkeit jedoch in ihrer vestimentären Maskerade. Aveline verfügt über drei Outfits, die es ihr ermöglichen, sich optisch an verschiedene soziale Gruppen anzupassen und ihre tödlichen Missionen unbemerkt zu vollenden (Abb. 2). In Bekleidungsgeschäften kann sie zwischen einem aristokratischen Kleid, ihrer androgynen Assassinen-Montur und der ärmlichen Kleidung einer Bettlerin wählen. Als mittelloser gesellschaftlicher Outlaw wird sie von den meisten Menschen ignoriert und kann sich daher nahezu unsichtbar bewegen. Als reiche Aristokratin erhält sie wiederum uneingeschränkten Zugang zur feinen Gesellschaft, ihr enges Kleid schränkt dabei jedoch die Bewegungsfreiheit ein und macht es unmöglich, das gesamte Waffenarsenal mitzunehmen. Die Figur der Aveline thematisiert verschiedene Aspekte von Weiblichkeit, die hier zum ersten Mal zusammengedacht werden müssen: Race, Class und Gender spielen hier eine große Rolle, da die Figur in einen historischen Kontext eingebettet ist, der um Kolonialisierung und Sklaverei kreist. Aveline setzt ihren weiblichen »Charme«, d.h. ihre körperlichen Reize – hervorgehoben durch ein tief dekolletiertes Kleid – stereotyp ein, um die Männer-Feinde anzulocken und dann zu töten.

Aktuell weisen die Computerheldinnen eine größere Bandbreite in den visuellen Darstellungen als zu Beginn der Spielentwicklung auf, was aber relativ marktkonform zu verstehen ist, nämlich durch das Angebot vieler Ästhetiken unterschiedliche Vorlieben zu bedienen, es soll aber nicht zum Aufbrechen stereotyper Geschlechternormen dienen. Hier ist ein Blick auf die außergewöhnlichen Visualisierungen zeitgenössischer Stars im Popbusiness aufschlussreich und könnte vielleicht Anregungen für ein zeitgemäßes Design von Heldinnen geben.

Heldinnen im medialen Shift: Vom Computerspiel zur Musik

Von den originär virtuellen Computerheldinnen geht es zu den musikalischen Performance-Heldinnen aus Fleisch und Blut, wie Madonna und Lady Gaga. Die »Künstlichkeit« dieser – virtuellen wie realen – Ikonen dient nachfolgend als wirkungsvoller Gegenentwurf zu relativ aktuellen, von uns als »neoliberal« bezeichneten Weiblichkeitsbildern, deren scheinbare Natürlichkeit auf ein bildungsbürgerlich-konservatives Konstrukt rekurriert. Prominent verkörpert wird diese restaurative Ideologie beispielsweise durch die Sängerinnen Lena Meyer-Landrut und Stefanie Heinzmann sowie ihr virtuelles Pendant, die Gamefigur Bayonetta, deren visuell

inszenierte Weiblichkeitskonstrukte unbewusst ein
»normopathisches«[10] Frauenbild verschleiern.
Ein modernes Idol kann heutzutage komplett digital
erzeugt und virtuell sein, so wie die Spielheldin Lara
Croft, deren computergenerierte visuelle Inszenierung Lookalikes in der materiellen Realität nach sich
zieht. Um die entscheidenden Charaktermerkmale
des Idols reproduzieren zu können, gilt es, seine
Ikonizität sowie seine immanente Künstlichkeit
und Virtualität in der Bildkonstruktion festzuhalten.
Betrachtet man die verschiedenen Level künstlicher
Weiblichkeiten, so ist zunächst ihre Vor- und Rück-
projektion auf verschiedene Realitätsmodelle zu
beobachten. In Computerspielen sind ausschließlich
weibliche Heldinnen diesen Sprüngen zwischen
verschiedenen Virtualitätsebenen unterworfen. Die
potentielle Rückführbarkeit der virtuellen Spielfigur
in lebendige weibliche Repräsentationen ist eine
zentrale Verheißung der Games und konstitutiv
für die Bedeutung der weiblichen Figur, die somit
immer eine Wandlung von Virtualität in Realität und
vice versa suggeriert. Gleichzeitig schwingt jedoch
ebenso die Unmöglichkeit dieses Ebenenwechsels
mit. Konzentriert man die medialen Figuren-
Transformationen z.B. auf Lara Croft als virtuelles
Original, das das reale Abbild nicht erreichen kann,
wird der Prozess der medialen Verschiebung[11]
verfehlt. Das terminologische Spannungsfeld von
Original, Kopie und Abbild lässt unberücksichtigt,
dass der weibliche Körper permanent an künstliche
Originale, an verschiedene Realitätsmodelle von
Weiblichkeit, angepasst wird. Die Unterschiede
zwischen der computergenerierten Gestalt Laras
und den – medial propagierten – realen Körpermodellen sind daher nur graduell. Folglich findet
diese Tendenz ihre Fortsetzung auch im Bereich der
Popmusik und deren Diven, wie Lady Gaga, Rihanna

Abb. 2: Aveline mit ihren drei
Outfits

oder der Altmeisterin Grace Jones. Interessant ist in diesem Zusammenhang der – seit den 1980er-Jahren existierende – Typus des »post-humanen« Idols[12], personifiziert durch Popstars wie Michael Jackson und Madonna. Status und Image sind nicht mehr ausschließlich Konstrukte der Musikindustrie, vielmehr ist der Popstar selbst aktiv an der eigenen Genese beteiligt und durch multiple, künstlich hergestellte Identitäten und Körper charakterisiert. Das nonchalante Spiel mit Geschlechterrollen, Maskeraden und Crossdressing wird von Stars wie Madonna und ihren Nachfolgerinnen zeitgemäß perfekt beherrscht. Wie nachfolgend verdeutlicht wird, ist speziell Lady Gaga ein sich permanent selbst entwerfendes Idol und daher eine künstliche Heldin, die mit der »Realness« einer Cosplayerin agiert.

Mediale und materiale Weiblichkeiten: Visuelle Konstrukte von Lara und Madonna

Madonna generiert den Prototyp des post-humanen, bereits künstlich-virtuellen Idols und legt somit den Grundstein für die artifiziellen, eklektizistischen Bild-Exzesse der Lady Gaga. Da Weiblichkeit per se konstruiert ist und somit auf dem terminologischen Paradoxon multipler künstlicher Originale basiert, ist diese Gegenüberstellung durchaus legitim: Bezüglich des Konstruktions- und Virtualitätsgrades besteht zwischen der computergeschaffenen Gestalt Lara Croft und Madonnas medial propagierten Körpermodellen lediglich eine punktuelle Differenz.[13] Auf dem Bildschirm visualisieren beide Kunstfiguren die Fluidität visueller Inszenierungen von weiblichen Körpern.

Madonnas Star-Image ist maßgeblich durch ihre wandelbaren vestimentären Artikulationsformen charakterisiert und bietet daher unterschiedliche Rollen und Kostümierungen an. Der permanente Imagewandel ist bei Madonna Programm und fungiert als invarianter Kern ihrer Selbstinszenierung. Doubeln können Fans sie deshalb nur unter Rekurs auf ihr »ursprüngliches« Erscheinungsbild: Ungeachtet ihrer vielfältigen modischen »Skins« konzentrieren sich die Madonna-Lookalikes daher häufig auf bestimmte Posen ihrer frühen Karriere, die Sicherheit vor Madonnas schnelllebigem Imagewandel versprechen. Dagegen bleibt Laras Erscheinungsbild in den ersten Spielversionen von *Tomb Raider* relativ konstant, die digitalen Umgestaltungen ihrer Fans sind deshalb umso vielfältiger. Während Madonnas Körper qua Mode konstruiert wird, resultiert Laras Körperkonstrukt aus grafischem Bodysampling. Beide verkörpern athletisch-weibliche Idole, die keinem konventionellen Schönheitsideal entsprechen und eher Modell-Kämpferinnen darstellen. Als visuelle Strategien treten weibliche Reize, deviante Genderperformance und aggressive Entschlossenheit offensiv dem Blick des – als männlich antizipierten – Betrachters bzw. Spielers entgegen. So präsentiert sich Madonna z.B. im Videoclip *Die another day* (2002) als starke unerschrockene

Einzelkämpferin, die erfolgreich in verschiedenen Disziplinen antritt. Die uniformierten Männer mit Stahlgebiss sind hier ebenso Widersacher wie die Monster bei Lara. In den ersten Versionen von *Tomb Raider* ist Laras Körperoberfläche unverwundbar, sie trägt keine Blessuren vom Kampf davon. Ihr physisch angeschlagener Zustand lässt sich nur auditiv – an ihrem Stöhnen – ablesen. Selbst wenn sie im Spiel stirbt, bleibt ihr Körperbild unversehrt. Madonna hingegen präsentiert in besagtem Musikvideo ihre Wunden mit Stolz. Ihr drahtiger Körper visualisiert jene Ambivalenz von tougher Weiblichkeit und Sexiness, die auch bei Lara anzutreffen ist, und vestimentär durch die typische Mischung aus männlich und weiblich konnotierten Kleidungsstücken symbolisiert wird. Mit der neuen Lara Croft Figur von Tomb Raider von 2013 ist nun von der Gleichzeitigkeit der Versehrtheit als Ausweis von weiblicher Autonomie und von Schutzbedürftigkeit auszugehen. Bei Madonna konnte dies noch als Abweichung verstanden werden, bei der neuen Lara ist es die Aufforderung, die »wilde Frau« wieder als eine Schutzbedürftige in die heteronormative Matrix einzupassen.

Bei Popikone Lady Gaga lässt sich eine Artifizialität feststellen, die sich weit vom einem als realistisch eingeschätzten fleischlichen Körper entfernt hat und ihr fast den Charakter einer, wenn auch nicht steuerbaren unkontrollierbaren »Spielfigur«, gibt.

Nackte Kanonen ohne Raum: Trashige Heldinnen suchen ein Zuhause

Die skizzierten, überdreht künstlichen Inszenierungen werden nun dem Konstrukt einer »authentischen Natürlichkeit« entgegengesetzt. So ist bspw. die sorgsam konstruierte visuelle Inszenierung der Abiturientin Lena Meyer-Landrut durch mediale Posen tausendfach gespiegelt und gebrochen. Dieser neue Frauentypus einer »wulffisierten Emanzipation«[14] ist eine penibel hergerichtete Photoshop-Existenz, die strategisch als Antonym zu den proletarisch »gangbangenden« Medien-Mädchen lanciert wird. Die »harmlosen«, »putzigen« Mädchen von nebenan dienen als mediale »Authentizitätsbrücken«, mit den Funktionsweisen und Strategien der heutigen bastardisierten Medienwelt haben sie jedoch rein gar nichts gemein.

Eine aktuelle, konservative Heldin ist auch die virtuelle Spielfigur Bayonetta, die – wie damals April Ryan[15] – im realistischen Stil visualisiert wird. Diese Heldinnen besitzen nicht den »unverschämt dreckigen« Sexappeal von teils futuristisch oder historisch gestalteten Wesen à la Lara Croft, Julie Strain oder Aveline. Da in der aktuellen medialen Ästhetik der Gegenwart immer noch genderbinäre Rollenstereotype dominieren, hilft nach wie vor nur das Ausweichen auf Formen der Vergangenheit und Zukunft.[16] Wenn Spielfiguren aussehen wie etablierte Juristinnen und auch so sprechen (vgl. Bayonetta-Trailer), dann werden emanzipatorische Tendenzen suspendiert und Fragen nach bestehenden Ungleichheiten vermeintlich überflüssig.

Diese heteronormativ geprägten Starbilder werden vor allem durch die klassischen Medien (TV und Print) geformt. Im Web 2.0 lässt sich dagegen insbesondere die Feier der extremen Künstlichkeit des »Fame Monster« Lady Gaga entdecken, bei der sich alles um die kontinuierliche Selbstdarstellung dreht. Die für das Web 2.0 symptomatische Reprofilierung und Vervielfältigung wird von ihr auf die Spitze getrieben: Aliengleich bringt Lady Gaga Bildmonster zur Welt (vgl. bspw. das Musikvideo *Born this Way*). Für die Bildproduktion der neuen Heldinnen sind auch Rihanna und Beyoncé interessant, da sie ebenfalls einen Körperpanzer besitzen[17]: Sie zeigen die extrem künstliche »Nacktheit« eines bis unter die Haut gestalteten Körpers und werden so zu comichaften Figuren. Durch die Umgestaltung der UserInnen wird auf diese dann, vor allem im Online-Video und in der Fotografie, erneut visuell Bezug genommen.

Lady Gaga eignet eine sehr viel überdrehtere und opulentere Selbstdarstellung als Madonna. Was sie mit Madonna verbindet ist eine, für die jeweilige Zeit adäquat gestaltete, aggressive Weiblichkeit, die sich – auch mithilfe sexueller Mittel – bewusst zur Wehr setzt. In der Boulevardpresse führt dies regelmäßig zur stereotypen Diskussion über das »eigentliche« biologische Geschlecht. Dieser Zweifel an ihrer Weiblichkeit wird sowohl von Madonna als auch von Lady Gaga ironisch in die Konstruktion ihres Star-Images integriert.[18] Lady Gaga verdeutlicht dies im Musikvideo *Telephone* mit der Feststellung der Wärterinnen, dass sie wohl doch kein männliches Geschlechtsteil habe. In ihrer Rolle als aggressive Rächerin vernichtet sie zudem niederträchtige Männer (vgl. bspw. *Bad Romance*); geduldete BegleiterInnen sind einzig Frauen wie Beyoncé.

Die überdrehte Sexualität und Hypernacktheit von Lady Gaga, die sich auch bei der Sängerin Rihanna wiederfindet, wird auch dadurch deutlich, dass die zweite Haut der Mode strategisch zum Einsatz kommt. Bekleidung wird sprichwörtlich wie eine zweite Haut über den Körper gestreift, erscheint jedoch transparent: Sie wird zu einer Körperhülle, die nichts Erwartetes oder Erhofftes preisgibt, sondern den ZuschauerInnen scheinbar selbstausbeutend Rätsel aufgibt. Diese werden auf mangaesk verdrehte Art mit einem sexuellen Overkill konfrontiert, der eine einfache Objektivierung für sexuelle Zwecke verhindert. Dieses Überangebot an nackten weiblichen Körperteilen ist nur scheinbar eine sexuelle Verheißung – uneinlösbar und vergiftet wird sie in dieser Form ungenießbar.[19] Die neuen Heldinnen präsentieren auf verschiedenen Ebenen fiktionalen Sex nonstop und generieren mittels dieser ästhetischen Modi realistisch anmutende Eigenfiktionalisierungen. Gefährlicher und düsterer als Madonna und Lara es je waren, sind sie zu etwas anderem, etwas android-alienartigem, mutiert: Ihre offensiven Sexualitäten sind für den »Normopathen«[20] ungenießbar und repräsentieren die Zuflucht des Anderen.[21]

Zu eckig, zu kantig, zu sehr Film und Architektur – so erscheint auch die visuelle Strategie von Lady Gaga. Die Anbindungen ihrer Körpertechniken an jene Kunstformen werden von den Fans und CosplayerInnen visuell adaptiert. Zu sehen sind diese Transformationen u.a. auf YouTube (vgl. bspw. das Videotutorial *Lady Gaga Bad Romance Look*)[22]. Indem sie auf die Ästhetik gezeichneter Heldinnen, z.b. Sailor Moon, rekurrieren, entwachsen die neuen Heldinnen unmittelbar ihren virtuellen Vorbildern aus Manga und Anime (vgl. bspw. Lady Gaga's Augen-Makeup in *Bad Romance*) und liefern damit auch eine direkte Anleitung zum *Real Life Cosplay*.

Die überdrehten, pompösen Fiktionalisierungen von Rihanna, Beyoncé und Lady Gaga sind eine visuelle Kriegserklärung an »Authentizitätsbrücken« und weibliche Biologismen. Durch Strategien wie Mangaisierung, Androidisierung oder Stereometrisierung etablieren diese Heldinnen neue Nischen der Weiblichkeitsdarstellung: Sie erschaffen Bilder von futuristischen, orgasmatronen Körpern, die durch die Galaxien der »Normopathen« rasen, diese temporär irritieren, aber zu fremd und alienesque bleiben, um von der heterosexuellen Matrix komplett absorbiert werden zu können.

Die weiblichen Heldinnen definieren den Begriff des Mashup neu und erweitern ihn zudem um permanente Medienwechsel. Mithilfe der Visualisierungen ihrer Fans werden sie somit zu Wanderinnen und Wandlerinnen zwischen Materialisierung und Ent-Materialisierung.

Im Spiel verschwinden die Heldinnen nach und nach bzw. werden in stereotype Rollen gepresst, bilden die Games auf der Landkarte der Geschlechter einen immer größeren blinden Fleck aus, den vor allem ein bildaffines Fach wie die Kunstpädagogik in ihren visuellen Kartographien sichtbar machen kann. Der Raum für Heldinnen ist in seiner Vermessung ein winziger, er hat bisher winzige Inseln, die schrumpfen, obwohl sie eigentlich der Vergrößerung bedürfen, insbesondere zu weiblichen ästhetischen Autonomisierungen innerhalb und außerhalb kunstpädagogischer Territorien. Hier bieten die musikalischen Heldinnen und Popikonen neuartige Modelle an, um die weiblichen Räume zu vergrößern.[23]

Online-Videos

IGNentertainment: TGS 09 – Bayonetta Trailer, auf YouTube hochgeladen am 24.09.2009, URL: http://www.youtube.com/watch?v=qqgtpTkCQ3Q (14.10.2012).

Madonna: Die another day (2002), auf YouTube hochgeladen von MadonnaMusicVideo am 28.10.2009, URL: http://www.youtube.com/watch?v=XOf4MyY032c&feature=related (14.10.2012).

Michelle Phan (2010): Lady Gaga Bad Romance Look, auf YouTube hochgeladen am 18.01.2010, URL: http://www.youtube.com/watch?v=bHVOxhEpjp0&feature=related

(14.10.2012).

Lady Gaga: Bad Romance (2009), auf MyVideo hochgeladen von urban am 10.11.2009, URL: http://www.myvideo.de/watch/7082579/Lady_Gaga_Bad_Romance (14.10.2012).

Lady Gaga feat. Beyoncé: Telephone (2010), tape.tv, o.D., URL: http://www.tape.tv/ musikvideos/Lady-Gaga-feat-Beyonce/Telephone (14.10.2012).

Lady Gaga: Born This Way, auf MyVideo hochgeladen von Universal_Music_Group am 28.02.2011, URL: http://www.myvideo.de/watch/8017654/Lady_Gaga_Born_This_Way (14.10.2012).

---

1   Vgl. Medienpädagogischer Forschungsverbund Südwest: JIM 2011. Jugend Information (Multi-)Media. Basisstudie zum Medienumgang 12- bis 19-Jähriger in Deutschland, Stuttgart 2011, S. 42 f. http://www.mpfs.de/index.php?id=283 (13.6.2013).

2   Vgl. Birgit Richard: Sheroes. Genderspiele im virtuellen Raum, Bielefeld 2004, S. 111 ff.

3   Reenactment bezeichnet ursprünglich die Nachstellung, das erneute Aufführen historischer Ereignisse oder Lebenswelten. Der Begriff wurde mittlerweile entgrenzt und lässt sich auf die Nachstellung von Filmen, Game-Szenen, Performances u. a. anwenden.

4   Als Abkürzung vom englischen Nomen modification, bezeichnet mod eine Veränderung oder Erweiterung des ursprünglichen Spieles. Abgeändert werden vor allem optische Elemente (z.B. das äußere Erscheinungsbild der ProtagonistIn bzw. der Spielumgebung) und Inhalte (bspw. die Erweiterung der verfügbaren Waffen, Austausch der Audiospuren).

5   Diese Modifizierungen erfreuen sich insbesondere unter den männlichen Gamern großer Beliebtheit, zu jedem neuen Teil der Tomb Raider-Serie wird relativ schnell ein entsprechender nude mod programmiert und online zum kostenlosen Download bereit gestellt.

6   Die Tomb Raider-Serie startete 1996 mit dem gleichnamigen Spiel, darauf folgten Tomb Raider II (1997), Tomb Raider III (1998), Tomb Raider – The Last Revelation (1999), Tomb Raider: The Angel of Darkness (2003), Tomb Raider: Legend (2006), Tomb Raider: Anniversary (2007), Tomb Raider: Underworld (2008) und in 2013 die neunte Spielversion – ein Reboot, der bezeichnenderweise den gleichen Titel wie die erste Veröffentlichung trägt (s.u.).

7   Lara Croft and the Guardian of Light ist eine Auskopplung der Hauptreihe und als einzige Version nicht als Retail auf CD/DVD erschienen, sondern ausschließlich als Downloadversion verfügbar.

8   Als Vorbild dient hier bspw. die Filmfigur Rosa Klebb, Gegenspielerin von James Bond in From Russia with Love (1963). Sie beabsichtigt den Agenten mithilfe einer vergifteten Klinge, die in ihrer Schuhsohle integriert ist, zu töten.

9   Reminiszenzen hierauf finden sich auch im Spielfilm, vgl. bspw. die parodistische Bezugnahme in Robert Rodriguez' Death Proof (2007): Die Hauptdarstellerin, Stripperin

Sherry Darling, trägt hier eine Maschinengewehr-Beinprothese, wodurch Bein und Waffe sprichwörtlich gleichgesetzt werden.

[10] Manfred Lütz: Irre! Wir behandeln die Falschen. Unser Problem sind die Normalen. Eine heitere Seelenkunde, 10. Auflage, Gütersloh 2009.

[11] Astrid Deuber-Mankowsky: Lara Croft – Modell, Medium, Cyberheldin, Frankfurt/M. 2001, S. 69.

[12] Vgl. Jeffrey Deitch (Hg.): Post human. Neue Formen der Figuration in der zeitgenössischen Kunst, Feldkirchen 1992.

[13] So ist das virtuelle Modell bei Lara Croft vorgängig und zieht dessen Verlebendigung in Fleisch und Blut - qua menschlichem Lookalike – sowie die Remedialisierung im Film nach sich.

[14] Moritz von Uslar: Christian Wulff. Eine Stilkritik, Die Zeit, Nr. 24, 10.06.2010, S. 46.

[15] Vgl. Richard 2004 (s. Anm. 2).

[16] Vgl. ebd.

[17] Philipp Oehmke: Die nackten Panzer. Die jungen Sängerinnen Rihanna und Lady Gaga legen den Einsatz von Sexualität im Pop für sich neu aus, Der Spiegel, 49/2009, 10.11.2009, S. 166, abrufbar im Internet unter: http://www.spiegel.de/spiegel/print/d-67964007.html.

[18] Andreas Borcholte: Pulp Fiction mit Lady Gaga und Beyoncé, spiegel online, 13.03.2010, URL: http://www.spiegel.de/kultur/musik/videoclip-kunstwerk-pulp-fiction-mit-lady-gaga-und-beyonce-a-683423.html.

[19] Aus diesem Grund suchen die meist männlichen Fans im Internet auch nach dem »authentischen« Körper unter der Körperhülle (vgl. den Suchbegriff lady gaga naked): Durch die Paparazzi-Fotos soll die »echte Nacktheit«, und damit die verborgene Weiblichkeit von Lady Gaga, wiederhergestellt werden.

[20] Vgl. Lütz 2009 (s. Anm. 10).

[21] Diedrich Diederichsen (Hg.): Loving the Alien. Science Fiction – Diaspora – Multikultur, Berlin 1998.

[22] Bzgl. einer YouTube-Typologie vgl. Birgit Richard/Jan Grünwald/Marcus Recht/Nina Metz: Flickernde Jugend – rauschende Bilder. Netzkulturen im Web 2.0, Frankfurt/M. 2010.

[23] Weitere Literatur: Manuela Barth (Hg.): Lara Croft:ism, München 1999; Daily Mail Reporter: Is Lady GaGa's new video Telephone too explict for TV? Dailymail online, 12.03.2010, URL: http://www.dailymail.co.uk/tvshowbiz/article-1257443/Lady-GaGa-Beyonces-Telephone-video-Is-promo-explicit-TV.html; Robert Quigley: Five Tarantino References Worth Catching in Lady Gaga's »Telephone« Music Video, geekosystem.com, 12.03.2010, URL: http://www.geekosystem.com/tarantino-telephone-music-video-gaga/.

Autorinnen und Autoren

Kunibert Bering, Prof. Dr., Jg. 1951; Studium der Kunstgeschichte, Klassischen Archäologie, Geschichte und Philosophie in Bochum und Rom; 1976 Erstes und 1977 Zweites Staatsexamen für das Lehramt am Gymnasium; Tätigkeit im gymnasialen Schuldienst (bis 1998); 1978 Promotion; 1987 Habilitation; seit 1998 Professur für die Didaktik der Bildenden Künste an der Kunstakademie Düsseldorf; 2008–2011 Gastprofessur an der Universität Bern. Zahlreiche Publikationen zu Fragen der Kunstdidaktik und Kunstgeschichte (des Mittelalters und der frühen Neuzeit, zur Skulptur des 20. Jahrhunderts); Beiträge in Lehrbüchern, Unterrichtsmaterialien, Lehrerkommentaren etc.

Ursula Bertram, Künstlerin und Professorin an der Technischen Universität Dortmund, Senatsmitglied. Gründerin des Zentrums für Kunsttransfer mit der [ID]factory als Lehr- und Entwicklungsraum für non-lineares, künstlerisches Denken. Verschiedene Professuren und Gastprofessuren in Deutschland, den USA und Venezuela. Künstlerische Arbeiten im öffentlichen Raum und Sammlungen in Deutschland, USA, Russland und Venezuela. Lebt und arbeitet in Dortmund, Mainz und Quimper/Frankreich.

Franz Billmayer, Jg. 1954, hat Bildhauerei und Kunsterziehung an der Kunstakademie München studiert, war Gymnasiallehrer in Bayern, von 1998–2003 Professor für Kunst und ihre Didaktik mit Schwerpunkt Bildhauerei an der Universität Paderborn. Seit 2003 ist er Professor für Bildnerische Erziehung an der Universität Mozarteum in Salzburg. Er betreibt *www.bilderlernen.at* und ist leitender Redakteur des Fachblatts des BÖKWE.

Manfred Blohm, Dr. phil., seit 1995 Professor für Bildende Kunst und ihre Didaktik an der Universität Flensburg, zuvor Lehrer an einer Gesamtschule in Hannover und wiss. Mitarbeiter an der Universität Essen. Herausgeber diverser Bücher und Autor von Aufsätzen zu Fragen der Kunst- und Mediendidaktik, insbesondere zu biografischen Aspekten ästhetischen Lernens. Initiator und Mitherausgeber der Buchreihe Medien – Kunst – Pädagogik (mit Barbara Bader/Bern und Franz Billmayer/Salzburg).

Hans Breder, Prof. Dr. h.c. gründete 1968 das weltweit erste Intermedia and Video Art Program, an der University of Iowa in Iowa City. Vor seiner Übersiedlung in die USA Mitte der 1960er-Jahre studierte er von 1960 bis 1964 Malerei an der Hochschule für Bildende Künste, Hamburg. 1965 war er Assistent des Bildhauers George Rickey in New York. Zahlreiche Ausstellungen im In- und Ausland. Kooperation mit der Technischen Universität Dortmund seit 1997.

Andreas Brenne, Prof. Dr., Jg. 1966; Studium an der Westfälischen Wilhelms-Universität Münster (Lehramt) und an der Kunstakademie Münster (freie Kunst) von 1987–1997. Ernennung zum Meisterschüler durch Prof. Dr. Lili Fischer. Wissenschaftlicher Mitarbeiter an der Goethe-Universität in Frankfurt/M. von 1999–2000. Dort Promotion zum Thema „Künstlerische Feldforschung in der Primarstufe – Qualitative Erforschung eines kunstpädagogischen Modells" (2003). Von 2000–2007 Lehrer an Grundschulen in NRW im Kreis Warendorf. 2007–2012 Professor für „Ästhetische Bildung und Bewegungserziehung" an der Universität Kassel. Seit 2012 Professor für Kunstdidaktik/Kunstpädagogik an der Universität Osnabrück.

Carl-Peter Buschkühle, Prof. Dr., Jg. 1957; Studium der Kunst, der Philosophie und der Erziehungswissenschaften in Paderborn, Wuppertal und Köln. Professor für Kunstpädagogik, seit 2007 an der Justus-Liebig-Universität Gießen, zuvor an der Pädagogischen Hochschule Heidelberg. Arbeitsschwerpunkte: Theorie und Praxis der künstlerischen Bildung und des künstlerischen Projekts, philosophische Ästhetik; intermediale künstlerische Arbeit in der Verbindung von Malerei und digitaler Bildproduktion.

Felix Dobbert, geboren 1975 in Hamburg, studierte von 1996 bis 2004 an der Folkwang Universität der Künste, Essen. Abschluss mit fotografischem Diplom »still under construction« bei Prof. Jörg Sasse. Felix Dobbert setzt seitdem seine Arbeit am Genre Stillleben fort. Es folgten zahlreiche Ausstellungen im In- und Ausland sowie Auszeichnungen und ein mehrmonatiges Stipendium in Toulouse, Frankreich. Seit 2007 lehrt er Fotografie am Seminar für Kunst und Kunstwissenschaft der TU Dortmund.

Sidonie Engels M.A., Jg. 1975; 1995–2002 Studium der Kunstgeschichte, Klassischen Archäologie und Germanistik an der Ruhr-Universität Bochum. 2006–2008 Lehramtsstudium Kunst an der TU Dortmund (Erstes Staatsexamen). Seit 2008 wissenschaftliche Mitarbeiterin im Fach Kunst der Bergischen Universität Wuppertal mit dem Forschungsschwerpunkt »Fachgeschichte«.

Alexander Glas, Prof. Dr. phil. Jg. 1955; Professur für Kunstpädagogik/Ästhetische Erziehung an der Universität Passau. Studium der Malerei und Kunstpädagogik an der Akademie der Bildenden Künste München; Studium der Kunstgeschichte und Philosophie in München und Bamberg; Staatsexamen für das Lehramt an Gymnasien; Wissenschaftlicher Assistent am Lehrstuhl für Kunstpädagogik und Kunstdidaktik an der Otto-Friedrich-Universität Bamberg; Promotion an der Universität Augsburg; tätig als Kunstpädagoge an mehreren Gymnasien in Bayern; seit 2006 Professor für Kunstpädagogik/Ästhetische Erziehung an der Universität Passau. Arbeitsschwerpunkte in den Bereichen: Kinder- und Jugendzeichnung; Relation von Bild – Wort – Text; Begriffs- und Sprachbildung durch Aisthesis, Untersuchungen zur Vorstellungsbildung und Imagination in bildrezeptiven Prozessen.

Bettina van Haaren, 1961 in Krefeld geboren; 1981–1987 Studium der Bildenden Kunst an der Universität Mainz, Malerin, Zeichnerin, Druckgraphikerin, seit 2000 Professur für Zeichnung und Druckgraphik an der Technischen Universität Dortmund, zahlreiche Preise und Stipendien, zahlreiche Ausstellungen und Ausstellungsbeteiligungen, zahlreiche Publikationen über die Arbeit von Bettina van Haaren, Werke in vielen privaten und öffentlichen Sammlungen.

Constanze Kirchner, Dr. phil., Jg. 1962; Professorin an der Universität Augsburg, Inhaberin des Lehrstuhls für Kunstpädagogik. Grundschullehrerin, M.A. Kunstpädagogik mit Psychologie, Soziologie. Mitherausgeberin der Zeitschrift Kunst+Unterricht, Mitherausgeberin der Reihe KREAplus im kopaed Verlag München. Arbeitsschwerpunkte in den Bereichen didaktische Theorie, Vermittlung zeitgenössischer Kunst, ästhetisches Verhalten und bildnerischer Ausdruck von Kindern und Jugendlichen, Kreativitätsförderung, Lehr-/Lernforschung zur Qualität im Kunstunterricht, interkulturelle Kunstpädagogik, künstlerische Projekte.

Johannes Kirschenmann, Dr. phil., Jg. 1954, studierte Kunstpädagogik und Politikwissenschaften an der Universität Tübingen und der Kunsthochschule Kassel. Während seiner 20jährigen Tätigkeit als Lehrer am Gymnasium war er in der Lehrerfortbildung und Curriculumentwicklung tätig. Die Promotion erfolgte 2001 an der Universität Leipzig mit der Dissertationsschrift »Medienbildung in der Kunstpädagogik«. Seit 2001 hat Johannes Kirschenmann den Lehrstuhl für Kunstpädagogik an der Akademie der Bildenden Künste München inne. Von 1990 bis heute ist er Mitherausgeber der Fachzeitschrift Kunst+Unterricht, zusammen mit Maria Peters und Frank Schulz ist er

Herausgeber der Reihe KONTEXT KUNSTPÄDAGOGIK im kopaed Verlag München. Er ist als Kuratoriumsmitglied für Stiftungen tätig.

Jan Kolata, 1949 geboren in Immenstadt/Allgäu; 1970–77 Kunstakademie Düsseldorf; Meisterschüler von Erich Reusch; 1976 Cité Internationale des Arts, Paris; 1988 Norwegen-Stipendium Kultusminister Nordrhein-Westfalen; 1989 Malereisymposion Celje, Slowenien; 1990 UdSSR-Reisestipendium; 1991 Villa-Romana-Gastatelier; 1992–93 Arbeitsstipendium in Rotterdam; 2000 Kunst-und-Bau-Wettbewerb Fachhochschule Bochum, Farbglasfenster, realisiert; zahlreiche Ausstellungen im In- und Ausland; seit 2006 Professur für Malerei an der Technischen Universität Dortmund; 2010 Gastprofessur an der Shaanxi Normal University, Wuhan, China; 2012 Gastprofessur an der Art University, Chengdu, China; lebt in Düsseldorf und Dortmund.

Karl-Josef Pazzini, Prof. Dr. Professor für Bildende Kunst und Erziehungswissenschaft (Universität Hamburg), Psychoanalytiker in eigener Praxis, Mitbegründer der „Assoziation für die Freudsche Psychoanalyse" und des „Psychoanalytischen Kollegs", der Hamburger Forschungsgruppe für Psychoanalyse (HAFPA), des Jüdischen Salons im Grindel (Hamburg) und der Wissenschaftlichen Sozietät Kunst Medien Bildung sowie der Psychoanalytischen Bibliothek Berlin. Mitherausgeber der Reihen „psychoanalyse" und „Theorie Bilden" (transcript). Arbeit an: Bildung vor Bildern, Psychoanalyse und Lehren, Setting in der Psychoanalyse, Unschuldige Kinder, Übertragung und Grenze von Individuum und Gesellung.

Maria Peters, Prof. Dr.; Studium: Hochschule der Künste/Universität Hamburg. 1.+2. Staatsexamen: Kunstpädagogik. 1994-1998 Promotion und Habilitation im Bereich Wahrnehmung, Sprache, künstlerische Strategien, Universität Hamburg. Seit 1998 Professorin für Kunstpädagogik und Ästhetische Bildung, Universität Bremen. Seit 2000: Kooperations- und Forschungsprojekte zwischen Museum, Schule und Universität. Arbeitsschwerpunkte: Forschungen in den Bereichen performative und ästhetisch-biografische Arbeit in der Kunstvermittlung, Sprache (Schreiben/Reden) in Auseinandersetzung mit Kunst und Kultur; Medien und Ästhetische Bildung; Radiokunst und ihre Vermittlung (2011-2014 Forschungsprojekt Radiokunst); Kompetenzorientierungen in der Kunstpädagogik (2009 bis 2013 Forschungsprojekt komdif/alles»können, Hamburg).

Georg Peez, Dr. phil., ist Professor für Kunstpädagogik an der Goethe-Universität in Frankfurt/M. Er studierte an der Staatlichen Hochschule für Bildende Künste, Frankfurt/M., Städelschule, Freie Malerei und Grafik u.a. bei Thomas Bayrle, Johannes Schreiter und Hermann Nitsch sowie Kunstpädagogik an der Goethe-Universität, Frankfurt/M., wo er 1992 promoviert wurde und sich 2000 habilitierte. Seine Forschungsschwerpunkte lauten: Qualitative empirische Forschung in der Kunstpädagogik; Evaluations- und Wirkungsforschung in kunst- und kulturpädagogischen Bereichen; Dimensionen ästhetischen Verhaltens; Kreativitätsforschung. Seit 2005 Redaktion der BDK-Mitteilungen, Fachzeitschrift des BDK Fachverbandes für Kunstpädagogik (bis 2009 gemeinsam mit Klaus-Peter Busse, ab 2010 gemeinsam mit Tobias Thuge).

Rudolf Preuss, Dr. phil.; Studium: Kunstgeschichte, Archäologie, Geschichte bis 1976, Kunst und Kunstpädagogik 1996–2000, Medien und Informationstechnologien 2002–2005. 25 Jahre Lehrer an einer Dortmunder Gesamtschule. Ab 2005 Abordnungen an die Technische Universität Dortmund und die Universität Paderborn. Gründung der Jugendkunstschule Dortmund 1987 und des Kindermuseums Dortmund 2007. Forschungsschwerpunkte: Intermedia (Aufbau des Intermedia Archiv Hans Breder in Dortmund) und kulturelle Bildung.

Birgit Richard, Prof. Dr., ist Leiterin des Lehrstuhls für Neue Medien in Theorie und Praxis am Institut für Kunstpädagogik der Goethe-Universität in Frankfurt/M. Ihre Hauptarbeitsfelder und Forschungsprojekte konzentrieren sich insbesondere auf mediale Bildkulturen (Jugend – Kunst – Gender), Todesbilder, audiovisuelle Mediengestaltung sowie jugendkulturelle Ästhetiken. 1994 initiierte sie das Jugendkulturarchiv, eine stetig wachsende Privatsammlung, die unterschiedlichste Objekte der ästhetischen Lebenswelten von Jugendlichen und Subkulturen beherbergt und momentan an der Goethe-Universität in Frankfurt/M. untergebracht ist. Als Kuratorin realisierte sie Ausstellungen im In- und Ausland, u.a. inter-cool 3.0. Jugend, Bild, Medien (2010, Dortmund), DEAD Lines. Der Tod in Kunst, Medien, Alltag (2011/2012, Wuppertal und Remscheid) Megacool 4.0 – Jugend und Kunst (2012, Wien).

Andrea Sabisch, Prof. Dr., Jg. 1970, Studium Kunst, Musik, Germanistik, Anglistik in Göttingen und Flensburg, Referendariat und Lehrerin in Hannover, Wissenschaftliche Assistentin an der Universität Dortmund, Vertretungsprofessur »Kunst – Vermittlung – Bildung« an der Carl von Ossietzky Universität Oldenburg; Wissenschaftliche Mitarbeiterin (Post-Doc) an der Universität Hamburg. Seit 2010 Professorin für Erziehungswissenschaft mit dem Schwerpunkt Ästhetische Bildung. Forschungsschwerpunkte: Visuelle/Ästhetische Erfahrungsprozesse, Bild-Sprache-Relationen, Methodologie der qualitativen Forschung.

Holger Schnapp, geb. 1951 in Hagen. Kunst - und Germanistikstudium in Dortmund und Wuppertal (Prof. Bazon Brock), lebt und arbeitet in Köln und in der Haute Provence.

Ansgar Schnurr, Dr. phil., Jg. 1977. Studium Kunstpädagogik, kath. Theologie und freie Kunst an der Universität Paderborn und der Kunstakademie Münster, Meisterschüler von Timm Ulrichs, Referendariat und Lehrtätigkeit an einer Gesamtschule, Dissertation »Über das Werk von Timm Ulrichs und den künstlerischen Witz als Erkenntnisform«, Lehraufträge für künstlerisches Arbeiten an der Uni Paderborn, Akademischer Rat für Kunstpädagogik und Kunstdidaktik an der Technischen Universität Dortmund. Schwerpunkte: Postmigrantische Kunstpädagogik, Studien zur ästhetischen Sozialisation, Theorie ästhetischer Bildungsprozesse. Mitherausgeber der onlineZeitschrift www.zkmb.de

Helene Skladny, Prof. Dr. phil., ist Professorin für Kunstpädagogik im Fachbereich Soziale Arbeit, Bildung und Diakonie an der Evangelischen Fachhochschule Rheinland-Westfalen-Lippe in Bochum. Lehrgebiet: Ästhetische Bildung, Ästhetik und Kommunikation. Zuvor unterrichtete sie als Lehrerin der Berliner Wald-Oberschule die Fächer Kunst, Deutsch und Ethik.

Hubert Sowa, Prof. Dr. phil, Jg. 1954; seit 2001 Professor für Kunst und ihre Didaktik an der pädagogischen Hochschule Ludwigsburg; Studium der Kunst, Kunstpädagogik, Kunstgeschichte, Philosophie und Pädagogik an der SHfBK und TU Braunschweig, der Akademie der Bildenden Künste Nürnberg und der Universität Erlangen-Nürnberg; Staatsexamina Kunstpädagogik und Promotion in Philosophie; 20 Jahre im gymnasialen Lehramt in Bamberg; Mitherausgeber von Kunst+Unterricht und des Lehrwerks »Kunst« im Klett-Verlag. Forschungsschwerpunkte und Veröffentlichungen: Imagination und Bildlichkeit in Lernprozessen; curriculare Entwicklungsforschung; Können und Wissen in Gestaltungsprozessen, Schwerpunkte Zeichnung und Plastik.

Jutta Ströter-Bender, Prof. Dr., Hochschullehrerin, lehrt seit 2000 Kunst, Didaktik, Malerei und Kulturerbe-Vermittlung am Institut Kunst, Textil und Musik, Universität Paderborn. Kooperation mit UNESCO-Welterbestätten und der Deutschen UNESCO-Kommission. Seit 2008 Gründungsmitglied der bundesweiten Forschungsgruppe und des Arbeitskreises World Heritage Education (WHE). Zahlreiche Veröffentlichungen zum Kulturerbe wie zur interkulturellen Kunstpädagogik. Seit 2009 Gründerin und Herausgeberin der Internet-Zeitschrift World Heritage and Arts Education. Initiatorin des Museumskofferprojektes für das Welterbe, Ausstellungen mit Studierenden im In- und Ausland. Aktuelle Forschungen zur Modell-Ästhetik an Welterbestätten.

Barbara Welzel, Univ.-Prof. Dr. phil., Lehrstuhl für Kunstgeschichte und Prorektorin Diversitätsmanagement an der Technischen Universität Dortmund, Mitglied im Vorstand des Verbandes Deutscher Kunsthistoriker. Veröffentlichungen zur deutschen und niederländischen Kunstgeschichte des 15. bis 17. Jahrhunderts und zu sammlungsgeschichtlichen Fragen, zur Hofkultur, zur spätmittelalterlichen Stadtkultur sowie zum kulturellen Gedächtnis. Modellprojekte und Publikationen zu Kunstgeschichte und Bildung.

Kurt Wettengl, Prof. Dr.; Studium der Kunst/Visuelle Kommunikation, Geschichte und Erziehungswissenschaften in Kassel; Studium der Kunstgeschichte in Marburg und Osnabrück (Promotion). Seit 2005 Direktor des Museums Ostwall, Dortmund. Zuvor wissenschaftliche Leitung der Sammlungen der Gemälde und Grafik am Museum für Kunst und Kulturgeschichte, Dortmund, Kustos und Leiter der Gemäldesammlung, der Grafischen und Fotografischen Sammlung, der Sammlungen der Glasgemälde und der Skulpturen am Historischen Museum, Frankfurt/M., sowie Stellvertretender und zuletzt Kommissarischer Direktor des Historischen Museums. Seit 1986 Kurator von mehr als 50 auch internationaler Ausstellungen von der Kunst des Spätmittelalters bis zur Kunst der Gegenwart sowie Autor und Herausgeber zahlreicher Publikationen. Von 1991 bis 2004 Lehrtätigkeit in Kunstgeschichte in Frankfurt. 2006/07 Lehrbeauftragter und 2008 Ernennung zum Honorarprofessor für Kunstgeschichte/Kunstwissenschaft an der TU Dortmund, Seminar für Kunst und Kunstwissenschaft.

Kontext Kunstpädagogik

herausgegeben von Johannes Kirschenmann, Maria Peters und Frank Schulz

zuletzt erschienen:

Johannes Kirschenmann / Christoph
Richter / Kaspar H. Spinner (Hrsg.)
Reden über Kunst
Projekte und Ergebnisse aus der
fachdidaktischen Forschung zu Musik,
Kunst, Literatur
Band 28, München 2011, 300 Seiten,
€ 19,80 ISBN 978-3-86736-128-6

Georg Peez (Hrsg.)
**Kunstunterricht – fächerverbindend
und fachüberschreitend**
Ansätze, Beispiele und Methoden
für die Klassenstufen 5 bis 13
Band 29, München 2011, 184 Seiten
mit zahlr. farb. Abb.,
€ 18,80 ISBN 978-3-86736-129-3

Monika Miller
**Indikatoren zeichnerischer Begabung
bei Kindern und Jugendlichen**
- in historischen und aktuellen Diskursen
Band 30, München 2013, 450 Seiten
mit zahlr. farb. Abb.,
€ 24,80 ISBN 978-3-86736-130-9

Stefan Mayer
**Unsichtbare Kunst und ihre
didaktischen Perspektiven**
Band 31, München 2011, 300 Seiten,
€ 19,80 ISBN 978-3-86736-131-6

Andrea Dreyer / Joachim Penzel (Hrsg.)
Vom Schulbuch zum Whiteboard
Zu Vermittlungsmedien in der Kunstpädagogik
Band 32, München 2012,
379 Seiten mit zahlr. farb. Abb.,
€ 19,80 ISBN 978-3-86736-132-3

Edith Glaser-Henzer / Ludwig Diehl /
Luitgard Diehl Ott / Georg Peez
**Zeichnen:
Wahrnehmen, Verarbeiten, Darstellen**
Empirische Untersuchungen
zur Ermittlung räumlich-visueller
Kompetenzen im Kunstunterricht
Band 33, München 2012, 199 Seiten,
€ 18,80 ISBN 978-3-86736-133-0

Thomas Klemm
Keinen Tag ohne Linie?
Die kunst- und gestaltungstheoretische
Forschung in der DDR zwischen Professio-
nalisierung und Politisierung (1960er bis
1980er Jahre)
Band 34, München 2012, 443 Seiten,
€ 24,80 ISBN 978-3-86736-134-7

Frank Schulz / Ines Seumel (Hrsg.)
U20 - Kindheit Jugend Bildsprache
Band 35, München 2013, 817 Seiten,
€ 29,80 ISBN 978-3-86736-135-4

Timo Bautz / Bernhard Stöger
Verstehen wir, wenn Kinder zeichnen?
Der Prozess des Gestaltens
aus systemtheoretischer Sicht
Band 36, München 2012, 122 Seiten,
€ 14,80 ISBN 978-3-86736-136-1

Jörg Grütjen
**Kunstkommunikation
mit der »Bronzefrau Nr. 6«**
Qualitativ empirische Unterrichts-
forschung zum Sprechen über zeitgenössische Kunst am Beispiel einer
Plastik von Thomas Schütte
Band 37, München 2012, 404 Seiten,
€ 22,80 ISBN 978-3-86736-137-8

kopaed (muenchen) www.kopaed.de